国家社科基金青年项目"《钦钦新书》与中朝传统法律文明交流研究"(21CFX012)最终成果

《钦钦新书》研究

张钧波 著

中国社会科学出版社

图书在版编目（CIP）数据

《钦钦新书》研究／张钧波著. —北京：中国社会科学出版社，2023.6
ISBN 978 - 7 - 5227 - 2346 - 4

Ⅰ.①钦⋯　Ⅱ.①张⋯　Ⅲ.①法制史—研究—朝鲜　Ⅳ.①D931.25

中国国家版本馆 CIP 数据核字(2023)第 140404 号

出 版 人	赵剑英	
责任编辑	范晨星	
责任校对	杨　林	
责任印制	王　超	

出　　版	中国社会科学出版社	
社　　址	北京鼓楼西大街甲 158 号	
邮　　编	100720	
网　　址	http://www.csspw.cn	
发 行 部	010 - 84083685	
门 市 部	010 - 84029450	
经　　销	新华书店及其他书店	

印　　刷	北京明恒达印务有限公司	
装　　订	廊坊市广阳区广增装订厂	
版　　次	2023 年 6 月第 1 版	
印　　次	2023 年 6 月第 1 次印刷	

开　　本	710×1000　1/16	
印　　张	30	
字　　数	478 千字	
定　　价	158.00 元	

凡购买中国社会科学出版社图书，如有质量问题请与本社营销中心联系调换
电话:010 - 84083683

序 言

以朝鲜王朝法律史回应东亚世界论

赵 晶

（中国政法大学法律古籍整理研究所 教授）

近年来，偶有校内外同学来函，询问出国留学的建议。受限于个人经验与识见，我的回答始终没有太大变化：无论选择哪个国度，都应着眼于该国最好的学问，如对历史感兴趣，不妨研习留学国的国史学，接受最严格的专业训练、感受最前沿的治学理路、直面最挑剔的学术评判。事实上，与其说这是给他人的建议，不如说是自己未能实现的愿望。正因如此，我一直很羡慕、崇敬拥有这种留学经验的同人，而长年留学韩国，于韩国学中央研究院韩国史专业获得博士学位，深耕朝鲜半岛法律史的张钧波兄就是其中之一。2021 年，他的专著《朝鲜王朝法律史研究》出版，皇皇六十余万言，结构井然、引证赅博，尤其是与韩国学界既往研究成果的对话意识，使其大著不再限于"照着讲"。现在，他的第二部专著《〈钦钦新书〉研究》即将问世，依然延续前作史料丰赡、图表并举的风格，试图通过追考朝鲜王朝时代大儒丁若镛的《钦钦新书》对中、朝法制资料的广泛引用与评论，析出两国刑事法文明的异同，由此超越韩国学者就朝鲜王朝论"新书"的单一视野，植入中国学者的"域外之眼"，可见其"接着讲"的学术雄心。

"照着讲"与"接着讲"的区分，源自冯友兰先生对"新理学"的说明："我们说'承接'，因为我们是'接著'宋明以来底理学讲底，而不是'照著'宋明以来底理学讲底。"① 研究外国法制史（以下简称"外

---

① 冯友兰：《贞元六书》（上），华东师范大学出版社 1996 年版，第 5 页。

法史")的学者其实也面临这一问题。随着学术发展、社会进步,中国学者可以"照着讲"的底本,也从编译自苏联的《国家与法权通史》、名为"外国法制史"的汉语统编教材、少量翻译过来的英文著述,陆续更换为各语种的国别法制通史、专题性研究论著等。然而,若仅限于此,那么外法史研究只能说是一种重述,难以在独创性层面回答"什么是你的贡献",所以王志强先生曾感慨:"自己这一代学人,如果治西洋法史,与其著书立说,不如译介一些西方学者的优秀著述和经典资料,以方便更多的初学者渐窥堂奥,激发其深入钻研的兴趣"。[①]

研究本身无非是"论据 + 论证 = 论点"的思维过程。为提出"新论点"、实现"接着讲"的知识增量,学者可选择的模式只有"旧论据 + 新论证""新论据 + 旧论证""新论据 + 新论证"(当然,这些只是得出"新论点"的"必要条件",而非"充分条件")。以本国为研究对象的中国学者,之所以需要密切追踪国际中国学的前沿动态,是因为海外学者别出心裁的"异域"想象、浸润于不同学术脉络的思维养成与方法训练等,可以带来"论证"上的新刺激,至于在全球范围内地毯式地普查与中国相关的多语种史料,从中析出不同于中国境内传世与出土文献的历史信息,其新意更不待言。

这一创新标准自然也适用于中国学者的外法史研究。易言之,中国的外法史研究只有成为世界范围内某国或某地域法史研究的重要知识来源时,才可以说是完全摆脱了编译、重述的状态。如苏力先生曾畅想:"中国的历史和传统,不仅如同我们通常认为的那样,只是我们研究的原料;而且可能,甚或应当,作为中国学人的学术前见或学术参照系,会形成我们的学术视野、学术关切和研究视角,有助于研究外国法律制度、社会和历史,成为一种潜在的学术可能,一种甚或可以出口的学术可能。"[②]

当然,对于深受中华法文明辐射的东亚诸国的法史研究,中国学者的这种"学术前见"想要发挥应有的作用,可能需要花费更多的心血。

---

① 王志强:《对抗式刑事审判的起源·译后记》,复旦大学出版社 2010 年版,第 370 页。

② 苏力:《要一点理论自信(代序)》,载于明《司法治国:英国法庭的政治史(1154—1701)》,法律出版社 2015 年版,第 6 页。

毕竟在这个地区，诸国文明皆源于中国或受其影响，由此形成了一个自律、完结的历史性世界，以汉字文化、儒教、律令制、佛教为共通的指标性元素。① 作为文化母国的研究者，我们很容易陷入中国文化影响周边论（如杨鸿烈先生《中国法律在东亚诸国之影响》的经典示范）而不能自拔，作为"他者"的外在观察视角或将因此丧失，甚至可能因共享"汉字文化"这一元素而造成名同实异的误解。

如汤用彤先生在检讨中国佛教宗派时，曾着力分辨中、日史籍中"宗"字的指向，"日本记载说中国佛教有三论宗、成实宗、毗昙宗、俱舍宗、涅槃宗、地论宗、摄论宗等。但是在中国记载中，这些名称甚为罕见（而常见者则为成论师、摄论师等）。即偶有之，亦仅指经论的宗义，或研究这些经论的经师、论师。其中只有三论可说已形成教派。而且假使我们称经论或经论师为宗的话，则中国流行之经论亦不只此数"，并指出自清末海通以来，日本关于中国宗派的记载开始影响中国学者，日僧凝然（1240—1321）的十宗、十三宗说经梁启超先生、杨仁山居士的转介而在中国大为流行。②

"混同"易谬，"标异"也是如此。刘欣宁女史指出，日本古代从中国移植律令制，其中包括政务运行全赖文书上行下达的行政体制，但因其本身拥有口头传达的传统，所以日本古代史学界倾向于将文书行政与口头传达分别视为外来与本土要素，而在这种"前见"的影响下，"日本学者研究秦汉简牍文书亦常带着文书与口头关系的问题意识，以排除口头、一律透过文书传达的'文书行政'揭示中国古代政治文化的特殊性。然而，高举严格、彻底的'文书行政'必然引起批判——文书有幸得以流传至今，口语则船过水无痕，以文书为史料展开论证，极可能低估政

---

① 参见西嶋定生《中国古代国家と東アジア世界》，東京大学出版会 1983 年版，第 398—399 页。

② 参见汤用彤《论中国佛教无"十宗"》，《哲学研究》1962 年第 3 期，后收入《汤用彤全集》第 2 卷，河北人民出版社 2000 年版，第 380 页。又，汤一介先生曾将该文与《中国佛教宗派问题补论》删并为《隋唐佛教史稿》第四章"隋唐之宗派"第十节"综论各宗"，相关段落亦见《汤用彤全集》第 2 卷，第 231 页。至于佛教宗派问题，此后言人人殊，争论纷纭，兹不赘述。

务运作中口头传达的运用"。①

以上二例皆是以"域外之眼"论中国时产生的问题，之所以未及中国学者论外国时的"橘枳"之误，实乃学力积累不足之故。至于如此不着边际地谈论个人心中理想的研究方式，其实也是为了藏拙，毕竟外行如我，很难立足学术史，恰如其分地标举出这本新著在"接着讲"层面的方法论意义和创新价值。

但从直观的阅读感受来说，本书并未囿于"寻章摘句"式的人物思想研究，而是借由对朝鲜王朝法律文献的中国"寻根"，彰显文本编纂者甄选、裁剪原始资料的文化心理，颇能回应中国史学界时兴的范式与命题；对于既往中华法系研究中的"输出（影响）—输入（继受）"模式，本书也有清醒的认知，尤其是措意"相似但不相同的制度和文化"，自然可以避免望文生义的错误；再加上交互利用未被朝鲜王朝法史学者充分发掘的中国文献、未引起中国法史学者关注的朝鲜王朝汉文文献，本书在史料运用上自然满足"新"的标准。然而，这些泛泛而谈的"广告词"大约只能聊充同侪荐语，为免"大而无当"之讥，以下将尝试略陈一些细枝末节的浅见，求教于钧波兄。

就我有限的阅读来看，近三四十年来，中国学界确有不少立足本国文史哲之学、而将笔触延至东亚诸国的范例，尤其是带有哲学底色的东亚儒学、佛教研究，以及立足"燕行录"的中朝文化交流史研究，更是蔚为风气。本书是以法律为主题的"预流"之作，必然会产生跨学科效应。钧波兄未来若欲继续推进这一研究，也理应将目光适当地移出"单调的"法律史学，而与汉语学界的东亚之学进行对话与互动。

如本书专门讨论丁若镛的人性论及通过"以暴制暴"抑制民众私欲的主张，其民本思想与天主教教义之间可能存在的关系、与"社会契约论"之间的相通性等，由此关联至丁若镛对刑事司法的关注、对法政文献的编纂等。这就与哲学史的讨论密切相关，如蔡振丰先生认为，丁若镛的治道理想是从"威迫人民服从"的"以法（刑律）为法（制度）"回到"以礼而为法（制度）"的古道上（钧波兄也认同这一点，认为二

---

① 刘欣宁：《汉代政务沟通中的文书与口头传达：以居延甲渠候官为例》，《"中研院"历史语言研究所集刊》第 89 本第 3 分，2018 年，第 452 页。

者是恶政与善政的主要区别，但这就与丁若镛"以暴制暴"的主张有所冲突），其所论"天理"是由"心之嗜好"呈现，以"心之嗜好"调解人情欲望的冲突，"不但有启发人心的意义，也有尊重他人的平等观"；① 关于丁若镛思想中的独创性究竟属于儒学内部的传统，还是受到西学的影响，韩国学界争论颇夥，钧波兄似乎倾向后者，但蔡先生则在系统论证后认为与天主教教义有相当差距；② 至于丁若镛政治思想中的现代性，蔡先生也同样对接至"社会契约论"，只不过其立论点是以"二人相与"诠释"仁"的意义。③

如文学研究者李隆献先生曾全面探讨《钦钦新书》所收复仇案件及丁若镛的相关论述，彰显其复仇观念迥异于时的个人特色等，④ 自然可与本书所论复仇法理的篇章合读，而且本书在讨论继母杀父问题时特意标出丁若镛对"孝"的苛求与同时代的官员、民众存在较大差距，同样也可回应李先生在复仇观上的看法。我也因此产生一个疑惑：既然丁若镛的思想有别于当时的主流观念，这是否会损及其代表朝鲜王朝的典型性？

如复仇、孝义等等皆是礼、法交织的问题，这就涉及丁若镛的礼学与礼论，本书也曾论及《钦钦新书》《经世遗表》对《周礼》等经书的引用以及对郑玄、贾公彦等汉唐注疏的偏好。三礼学者彭林先生曾专文考察丁若镛，认为在礼学问题的解释上，他每每立足人情判断诸家注经的是非对错，如《丧礼四笺》的特色在于以是否合于人子的心情来诠释经文，而且他虽然也究心郑注，但对郑玄的学术评价颇低，多加辩难、抨击。⑤ 这自然有助于进一步理解丁若镛在生母杀父等问题上的立场，也

---

① 蔡振丰：《丁茶山的政治论——与朱子学、徂徕学的比较观点》，《台湾东亚文明研究学刊》2014 年第 11 卷第 2 期，第 204 页。

② 参见蔡振丰《朝鲜儒者丁若镛的四书学：以东亚为视野的讨论》，台湾大学出版社中心 2010 年版，第 79—112 页。

③ 参见蔡振丰《丁茶山政治思想中的契约论特色》，载张宏生主编：《人文中国学报》第 30 期，上海古籍出版社 2020 年版，第 169—196 页。

④ 参见李隆献《朝鲜儒者丁若镛的复仇观》，《台大文史哲学报》2015 年第 82 期，后收入氏著《复仇观的省察与诠释（宋元明清编）》，台湾大学出版中心 2015 年版，第 355—403 页。

⑤ 参见彭林《丁茶山礼学与清人礼学之比较研究》，饶宗颐主编：《华学》第 6 辑，紫禁城出版社 2003 年版，后收入氏著《中国礼学在古代朝鲜的播迁》，北京大学出版社 2005 年版，第 276—317 页。

可对引用郑注的定量分析保持一定警醒。

如本书以 1822 年成书的《钦钦新书》收录 1811 年的清朝案件为例，推测清朝法律图书从刊刻到流入朝鲜半岛的时间可能不超过五年，以及可能存在中国法律书籍快速流入彼地的途径。事实上，《燕行录》或是解答这一问题的重要线索。如杨雨蕾女史曾讨论 16 世纪到 19 世纪初以燕行使臣为主体的汉籍东传的史事，且据其所制"燕行年表"可知，在 1811—1822 年，每年有一到四次不等的燕行使团西来，这应该就是相关刑案得以迅速流入的原因。① 只不过，目前似乎未见学界专门整理法律书籍的流播状况，或可期待钧波兄的后续考索。

此外，与上述部分学者自中国学延伸至韩国学乃至东亚学的治学经历不同，钧波兄应是自韩国学而反求中国学。无论哪种路径，都需兼顾两国之学及其二手研究，诚可谓"读书万卷余，一事不知，深以为耻"，令我这种仅就某断代论中国的学者汗颜。如本书所呈现的朝鲜王朝社会实态与《大明律》刻板规定之间的张力、朝廷上下为调和这种冲突而作出的种种努力，以及丁若镛综合运用中、朝的文化资源以及个人独到的思想观念，对两国刑案判决进行的臧否等，这不仅为朝鲜王朝法史学提供了中国视角，更响应了"从周边看中国"的学术理念，在《大明律》的域外适用等方面对明清法史学亦多裨益。不过兼跨两国之学，难免在中国法律史的细节部分出现未尽周延的论述。如钧波兄在考索《钦钦新书》从《折狱龟鉴》转引宋代墓志时，认为宋代墓志的篇幅变长，所以可对墓主生前的判案详为记录。且不论唐宋间墓志篇幅的增长规律说能否成立，若非"政府对普通文官法律素养要求的不断提高，从唐代的提倡、鼓励政策到宋朝制度上的要求"，② 恐怕法律事功未必会受到这般重视。

至于本书最亮眼的贡献之一，是对《钦钦新书》所收中、朝案例进行溯源式追考，如通过分析《刑案汇览》的材料出处，勾连起《钦钦新

---

① 参见杨雨蕾《燕行使臣与汉籍东传朝鲜》，载沈善洪主编《韩国研究》第 6 辑，学苑出版社 2002 年版，后收入氏著《燕行与中朝文化关系》，上海辞书出版社 2011 年版，第 107—158 页；至于所附"燕行年表"的相关部分，则见该书第 297—299 页。

② 叶炜：《论魏晋至宋律学的兴衰及其社会政治原因》，《史学月刊》2006 年第 5 期，第 44 页。

书》"拟律差例"篇与《成案所见集》的关系；以"检案阙"为线索，讨论《钦钦新书》"祥刑追议"篇所引朝鲜王朝案例资料的两大类型；以丁若镛对"戏杀"的解读为例，指出《钦钦新书》按语中的"辑注""增注"分别指向《大清律辑注》的"律上注"与"律后注"等，笔触细腻，极尽苦劳。

　　然而，因中国法律类书籍流播朝鲜半岛的情况未明，因此丁若镛对明代以前案例的引用究竟源自原初的正史、文集，还是明清两代刊行的类书，令人略感犹疑。因暂时无法直接对照《钦钦新书》原文，所以我仅据本书表 3-9 "'经史要义'篇引自中朝史书及各类典籍的条目及其出处"给出的有限信息，利用"中国基本古籍库"粗略地核查了 24 个中国案例，发现《仁狱类编》收载 13 例，比例最高；以下依次是《敬由编》10 例、《山堂肆考》与《牧津》各 7 例、《金罍子》与《续文献通考》各 6 例、《折狱要编》与《大学衍义补》各 4 例等，这些皆是明代所刊汇编性文献，多为专题性法律类书，似乎更便于直接取材。当然，这只是我一厢情愿的"懒人"思维，如第 64 条出自南宋王栐的《燕翼诒谋录》，虽亦收入部分类书，但钧波兄在书中称《钦钦新书》引及王栐的评论，我核查了相关文字，未见于他处，这或可说明丁若镛直接征引自宋代笔记；虽然第 65 条的主体论述亦见于《大学衍义补》等，但钧波兄指出其引文还包括"唐顺之曰""茅坤曰"等评语，应摘自茅坤所编《唐宋八大家文钞》，可见其取材对象的多样化。若然，第 22 条原出自胡宿的《文恭集》，后又见于南宋吴曾的《能改斋漫录》、元代叶留的《为政善报事类》（第 41 条亦见于此书），丁若镛不必非得引用清代所编《宋稗类钞》。此外，若不考虑取材于后世类书，则表 3-9 对于少数案例的出处追考，也有补正的空间，如第 16 条原出朱熹所编《三朝名臣言行录》，《宋史·胡宿传》并无梦告环节；第 32、53 条可追至《续资治通鉴长编》，《宋史》并非最早的史源等。

　　以上凭借些许外围知识，对钧波兄的新著"说三道四"，在学有专精的钧波兄与学界同仁看来，自然是班门弄斧。钧波兄在"结语"末尾谈道："《钦钦新书》于道光二年（1822）春正式编撰完成，距今恰好度过了二百个春秋。在这短短的二百年中，中朝两国的法制和社会均经历了翻天覆地的变化……然而，始终不变的是编撰者留给世人的勇于质疑、理性批判的风范，不畏险阻、探索真知的求道精神……在《钦钦新书》成书二百周年之际，谨以本书追念集中朝两国律学及历代判例之大成的茶山先生丁若镛。"就我的本意而言，遵从钧波兄的嘱咐，为其新著写下这些刍荛之言，其实也是践行茶山先生的风范与精神，祈请钧波兄与其他同人不吝赐正。

最后，回到前述"学术出口"的话题。在中国的外法史学群尚未取得国际声誉之前，汉语作品很难激发国外学者专门为此研习一门新外语的热情。这一领域的研究若要走向世界、接受全球学术共同体的评判、成为国际学术研究的知识来源、积累中国学群的学术口碑，至少应当迻译为研究对象国的语言或国际通用的英语，发表在这一领域最具声望的外文期刊上。数年前，我曾在京都大学图书馆的网站上看到矢木毅先生博士论文"高丽官僚制度研究"（2009）的审查意见摘要，现将其中一段话草译如下："可惜的是，在现在的日本国内，若论高丽官僚制的研究，几乎可以说作者是独擅其业，在很长的一段时间内，作者提出的许多宝贵意见恐怕最终都无法由国内的其他研究者加以检证。因此衷心希望本文能够尽早被译为韩语。"在中国，钧波兄的研究同样堪称"独步"，这一建议自然也是我对其著的期待。

壬寅岁暮草成于宁波源和巷家中

目　录

第一篇
旧邦维新：丁若镛与《钦钦新书》

第二篇
集大成：《钦钦新书》与中朝法律典籍

第三篇

礼与法：十三经与《钦钦新书》法理

第四篇

犯罪类型与个案分析：《钦钦新书》
与中朝法文化

图 目 录

表 目 录

总　　论

第一节　研究意义

丁若镛（1762—1836）是朝鲜王朝后期的著名学者和思想家。他犹如百科全书一般，不仅集朝鲜经学之大成，而且于经世学领域亦有极高的建树。以《经世遗表》《牧民心书》和《钦钦新书》为代表的"一表二书"集中反映了丁若镛经世致用的学术取向，也充分而完整地体现了他的法律思想。

其中，《钦钦新书》一书集中记载了中朝两国历代各类犯罪案例，在许多案例后不乏丁若镛对案件和相关判决的点评与批判。《钦钦新书》是目前为止已知的东亚地区传统判例集中唯一一部同时记录两国以上案例的著述，具有很高的史料和学术价值。《钦钦新书》对研究同属中华法系的东亚各国间的法律文化交流，窥见中朝两国古代法律制度和法律文化的异同，以及理解丁若镛的法律思想方面都有十分重要的意义。

纵览《钦钦新书》全文，可知其所援用的资料与案例在时间上从我国周代初期直至丁若镛生活的 19 世纪初（即朝鲜王朝后期、清代中期），在空间上横跨朝鲜半岛和中国本土的广大区域，具有极为开阔的学术视野。从中亦可获知，《钦钦新书》的学术志向是为集结"天下"（东亚地区）法律文明而作。

朝鲜半岛古代的法律制度和法律文化深受中华文明影响，因而要深入理解朝鲜半岛法律史，对我国古代法律的脉络及各时期中朝两国间法制交流的把握必不可少。《钦钦新书》作为传统时期唯一一部同时记录中朝两国案例的著述，对研究韩国法律思想史、中朝两国比较法文化提供了极好的文本。现存法制资料中，极少有传统时期的域外学者对我国古代判决作出批判性分析的文本。而朝鲜大儒丁若镛却以比较法的视野加以评述，其对中朝两国法律制度和法律文化的深刻洞见和犀利批判，更加彰显出《钦钦新书》独有的学术价值。

这其实亦是朝鲜半岛法律史研究的独特价值和魅力所在。朝鲜半岛古代法制文明与我国不同，其本身就具有某种超越单一国家的国际特性。与中国法制文明主要以时间纵轴传承和变迁、除北方游牧文明外极少受到外部的影响不同，历史上的朝鲜半岛则在保持本土文化的基础上，持续吸收以中华文明为主的外来文明，使得朝鲜（韩国）历史上的法制文明呈现出兼容并蓄的特征，相较中国本土略显开放性。因此像《钦钦新书》这类同时记录两国以上判例的文本，只可能诞生在中国本土之外的中华法系域外地区。

相较先前韩国学者有关《钦钦新书》研究成果中对朝鲜判例的偏重，本研究意在突出《钦钦新书》对中国法制资料的广泛援用和中朝两国法律文化的交流借鉴。纵览《钦钦新书》全书，其所收录的中国资料不仅涵括中国历代判例集，同时也包括了十三经等儒家经典、中国正史、历代中国法典、律学注解书籍及公案小说、法医检验类图书等，可谓包罗万象，集中朝两国律学研究之大成。以上各类资料在经过丁若镛的甄选、剪裁，并融入其个人的独到见解后，于道光二年（1822）撰写序文并以《钦钦新书》为名呈现在朝鲜读者面前。也就是说，《钦钦新书》所载的中国资料经过了作为"他者"的丁若镛以外部视角的剪辑与整理，其与所援引的中国原始资料已产生某种差异，从中体现出朝鲜古代法制和丁若镛刑事法律思想的某种特性。

基于《钦钦新书》的此类特性，若想深入研究此书，就需要研究者在充分理解朝鲜王朝后期和清代法制的基础上，追随着丁若镛目光所及之处，尝试思考如何超越一朝和一国之限界，而站在东亚整体法律文明、中华法文化圈的高度来驾驭和剖析《钦钦新书》。只有具备这种宏观视野，才能借《钦钦新书》窥见东亚地区法律文明的独特价值和中朝两国法律文化的微妙差异。

第二节　研究现状

　　关于《钦钦新书》的研究目前尚处在起步阶段，并以韩国本国的学者为主。以下将列举和分析其中具有代表性的研究成果。沈羲基教授在 20 世纪 80 年代对《钦钦新书》全书的内容和整体结构作了初步且较为系统的探讨。① 其研究表明，丁若镛正是忧愤于朝鲜后期当时混乱的刑政制度和草菅人命的现实而编撰了《钦钦新书》，随后他又逐篇论述了《钦钦新书》五篇的基本构成和意义，特别是粗略考究了《钦钦新书》中未言明出处的案例的出处，确认了部分条目的来源，对学界更好地把握《钦钦新书》的编撰过程及其所参考的各类书目大有裨益。但遗憾的是，其对中国案例出处的把握不甚准确详尽，本研究正可弥补这样的缺憾。此外，该研究对丁若镛的名词解释（"解曰"）和按语（"按""案"）等个人评论的叙述方式作了说明，并通过对《钦钦新书》各篇的分析，阐明了朝鲜王朝律学的专门性和特殊性，对《钦钦新书》的史料和学术价值作了很高的评价，将之定性为朝鲜后期司法实务的指南书。

　　权延雄教授的研究②着重分析了《钦钦新书》"经史要义"篇，阐明了"经史要义"篇部分条目的出处。该研究从整体上说明了该篇的内容构成，并将所载案例的类型再次分类。但不足的是，该研究仅系统分析了"经史要义"一篇，且其中部分条目的出处亦未阐明，对《钦钦新书》剩余四篇的构成和出处未能作出持续分析。从该论文"研究一"这一标题来看，该作者当时曾打算有后续的推进，但后来却未有相关成果问世，可谓不了了之，也从侧面说明了考证《钦钦新书》全书的难度之高。本研究力图弥补这样的遗憾，对《钦钦新书》全书（共计五篇）的构成、编撰过程、出处及其所参考中朝两国典籍加以系统阐释，特别是对先行

---

　　① 심희기, 1985, "《흠흠신서》의 법학사적 해부", 《사회과학연구》5—2, 31—62면.

　　② 권연웅, 1996, "《흠흠신서》연구 1 : '경사요의'의 분석", 《경북사학》19, 151—191면.

研究中未被阐明且认识有误的关于记载清代乾嘉年间命案判决的"拟律差例"篇加以系统分析。

　　柳载福教授的研究①以书志学视角分析了《钦钦新书》的成书过程，并考察了作为《钦钦新书》前身的《事案》《钦刑典书》《明清录》等典籍的内容和特征，大致阐明了《钦钦新书》的成书过程。此外，该研究还确认了现存于世的《钦钦新书》的 34 种异本，并对照"广文社本"和"新朝鲜社本"这两种版本，纠正了文字上的错漏，对日后学界的研究有所助益。而沈载祐教授的最新研究②则通过分析《钦钦新书》的体裁和相关写本，重现了丁若镛编撰《钦钦新书》的全过程，修正了柳载福的部分观点。而本研究再其研究的基础上，通过发掘《钦钦新书》所载中国判例的细节信息，将提出与以上两位学者不同的观点，对《钦钦新书》编撰阶段的划分和各篇的完成时间提出异议。

　　朴昭贤教授详细分析了《钦钦新书》所载中国判例并取得了一定成果。她比较分析了《钦钦新书》"拟律差例"和"祥刑追议"两篇中分别记录中朝两国夫妻之间发生的命案③，以此阐明了乾嘉时期东亚地区夫妻与两性间的法律关系，以及其所映射出的性别政治学，令读者得以窥见当时中朝两国法律文化和法律叙事的细微差别。此外，她还对载于《钦钦新书》"批详隽抄"篇的明代《廉明公案》相关案例加以分析④，以此点明《钦钦新书》中的文学成分及法律和文学间的互动关系。朴昭贤研究的特色是利用多语种文献和西方社会科学理论，以《钦钦新书》为文本来探讨法律与文学、东亚地区古代两性间的互动关系。

　　① 유재복, 1991, "《欽欽新書》의 編纂과 그 異本의 比較", 《서지학연구》 7, 181—214 면。

　　② 심재우, 2019, "정약용의《흠흠신서》 편찬 과정에 대한 재검토", 《 한국사연구》 186, 363—394 면。

　　③ 박소현, 2013, "18 세기 동아시아의 성 정치학:《흠흠신서》의 배우자 살해사건을 중심으로", 《대동문화연구》 82, 301—334 면。

　　④ 박소현, 2011, "진실의 수사학:《흠흠신서》와 공안소설 (公案小說) 의 관계를 중심으로", 《중국문학》 69, 107—132 면。

金滽教授的研究专门探讨了《钦钦新书》中过失致人死亡①、纲常犯罪②、义气杀人③、威逼人致死④、借尸图赖⑤等人命案件的具体类型，以此来解读丁若镛的刑事法律思想。白敏祯教授的研究探讨了《钦钦新书》中女性相关的犯罪和丁若镛的女性观⑥，阐述了"经史要义"篇所体现的法理⑦，并分析了丁若镛法律思想中所蕴含的道德和礼治的问题意识。⑧此外，其他研究者还通过学位论文的形式，分别从刑事法⑨、刑事侦查⑩、伦理文化⑪、叙述方式⑫等角度探讨了《钦钦新书》的学术价值和相关内涵。

　　在韩国，近来关于《钦钦新书》的校注和翻译事业也在如火如荼地进行。原文的校注和准确的译本作为研究传统典籍的基础，乃是《钦钦新书》研究的重要一环。20 世纪 80 年代，韩国法制处曾出版发行过《钦钦新书》的谚文（韩文）译本。⑬ 这一译本基本遵照汉文原文译出，该

---

① 김호, 2010, "《흠흠신서》의 일고찰: 다산의 과오살 해석을 중심으로", 《조선시대사학보》54, 233—267 면.

② 김호, 2012, "조선 후기 강상의 강조와 다산 정약용의 정·리·법", 《다산학》20, 7—39 면.

③ 김호, 2012, "의살의 조건과 한계 —다산의 《흠흠신서》를 중심으로", 《역사와 현실》84, 331—362 면.

④ 김호, 2013, "조선후기 '인간위핍률'의 이해와 다산 정약용의 비판", 《진단학보》117, 119—145 면.

⑤ 김호, 2015, "조선후기의 '도뢰'와 다산 정약용의 비판", 《한국학연구》37, 447—477 면.

⑥ 백민정, 2016, "《흠흠신서》의 여성 관련 범죄 분석을 통해 본 정약용의 여성 인식과 시대적 의미", 《동방학지》173, 161—200 면.

⑦ 백민정, 2017, "《흠흠신서》에 반영된 다산의 유교적 재판 원칙과 규범: '경사요의'의 법리 해석 근거와 의미 재검토", 《대동문화연구》99, 375—417 면.

⑧ 백민정, 2014, "정약용의 형법사상에 반영된 德과 禮治의 문제의식: 《欽欽新書》연구사의 분석 및 문제제기", 《한국실학연구》28, 269—325 면.

⑨ 최영철, 2011, "《欽欽新書》의 刑事法的 意味에 대한 一研究", 동아대학교 석사학위논문.

⑩ 석봉구, 2013, "《欽欽新書》에 나타난 조선시대 科學搜查에 관한 연구", 동아대학교 석사학위논문.

⑪ 강정훈, 2008, "정약용의 형정사상 연구: 《흠흠신서》에 대한 윤리문화적 이해를 중심으로", 동국대학교 박사학위논문.

⑫ 강혜종, 2009, "《흠흠신서》의 구성과 서술방식 연구", 연세대학교 석사학위논문.

⑬ 정약용 저, 홍혁기·이명진 역, 1985—1987, 《欽欽新書 1—3》, 법제처.

韩文译本的特点是其中包含较多的汉字词。但由于一些历史上的法律专有名词在生活中较少使用，因而该译本有不便于理解的缺憾。1999 年由韩国现代实学社出版了由朴锡武、丁海廉两位先生校注和翻译的版本，分别是"《钦钦新书》原文"①和"译注《钦钦新书》1—3"。② 这一译本较多使用韩语固有名词加以翻译，使韩国读者更容易理解。但这一译本为了易读，曲解了一些历史名词和法律词汇，未十分尊重原文本意。另外，由沈载祐教授为首的"《钦钦新书》研究会"专门将《钦钦新书》"剪跋芜词"篇加以译注并正式出版。③ 此外，新近由朴锡武等学者译出的"译注《钦钦新书》（1—4 卷）"，已由韩国人文古典研究所出版发行。④ 这一版本力图克服上述译本的缺憾，在翻译的信、达、雅方面更进一步。

　　总的来说，我国学者基本未对《钦钦新书》开展系统研究。而韩国学者的相关研究则更多是站在朝鲜半岛的视角上加以解读，对涉及中国案例的部分因不够了解而研究不足。韩国学者的研究多偏重《钦钦新书》中的朝鲜案例，未能深究涉及中朝法律文明的交流、两国法律制度和法律文化差异的部分，更未站在中华法系、中朝两国刑事法律文明的整体视角上去把握《钦钦新书》的价值和意义。因此，关于《钦钦新书》的现存成果在宏观和微观层面上都略显不足，本研究力图弥补这样的遗憾。《钦钦新书》编者的学术视野横跨同属中华法系的中朝两国，文本本身的跨国语境要求研究者打破地理的隔绝和国界的限制，以《钦钦新书》这一特色文本和编者丁若镛的批判性视角作为切入点，对两国法律制度和法律文化的异同加以剖析，以把握中华法系的整体特征和中华法系内部不同法域间法律文明的交流盛况，从而最大限度地挖掘《钦钦新书》文本的特有价值和深刻意涵。

---

① 정약용 저, 박석무·정해렴 교주, 1999a,《欽欽新書·원문》, 현대실학사。
② 정약용 저, 박석무·정해렴 교주, 1999b,《역주 欽欽新書 1—3》, 현대실학사。
③ 정약용 지음, 다산학술문화재단《흠흠신서》연구회 옮김, 2017,《역주 흠흠신서 "전발무사" 편》, 시암。
④ 정약용 저, 박석무·이강욱 역주, 2019,《역주 흠흠신서 1—4》, 한국인문고전연구소。

第三节　相关史料

本节概述本研究需要涉猎的基本史料。首先，《钦钦新书》既是本研究的研究对象，该书全文也是本研究最重要的史料。其他相关史料皆服务于《钦钦新书》，并从《钦钦新书》中引出。本研究所参考的《钦钦新书》版本主要依据 1999 年由韩国现代实学社出版，并由朴锡武、丁海廉两位先生校注的汉文原本，① 为准确理解原文，偶尔也对照参考《钦钦新书》的各韩文译本。《钦钦新书》历史上存在过上百种异本，现存的 30 余种写本分别藏于韩国各大学和研究机构的图书馆中。从书志学的视角看，在各类版本中，"广文社本"和"新朝鲜社本"被公认是其中的善本。而本研究所依照的韩国现代实学社出版的朴锡武、丁海廉校注本，其所选择的底本就是"新朝鲜社本"。在此基础上，两位先生将"新朝鲜社本"和韩国国立中央图书馆所藏的写本逐字逐句加以对照后，方才完成了全书的校勘。与此同时，两位先生在校勘过程中也参考了朝鲜近代学者玄采（1886—1925）所刊行的"光武本"，并通过对照，将"新朝鲜社本"中的错别字加以勘误。先前刊行的写本均采用句读的方式加以断句，而现代实学社的校注本则通过空格的形式断句，使之更符合现代读者的阅读习惯。鉴于现代实学社校注本的准确性和阅览的便利性，笔者因此采用该版本作为本研究的底本，本研究所有引自《钦钦新书》的语句均出自现代实学社的校注本。因本研究全篇将系统介绍《钦钦新书》，故而在此不再赘述。

第二，《钦钦新书》中涉及大量当时的法律规定，因而须对中朝两国历代法典加以把握。丁若镛在记载案例的同时，时常将该案件涉及的法律条文一并载入。不仅如此，了解案发当时所适用的法律对准确解读相关案例也是必不可少的。《钦钦新书》作为一部涵括中朝两国案件的判例汇编，法典与判例相互佐证、互相结合的方法是系统深入地解读《钦钦新书》的必由之路。因此，本研究中参考了许多历代中朝两国的法典，如我国的《大明律》《大清律例》、朝鲜的《续大典》《大典通编》等，

---

① 정약용 저, 박석무·정해렴 교주, 1999a, 《欽欽新書·원문》, 현대실학사.

其中《大明律》占据核心地位（见图 0 - 1）。

图 0 -1　写本《钦钦新书》（一作"钦钦心书"）

　　一部成文法典被一个国家奉若圭臬，适用长达 500 年之久，本身就可堪称世界法律史上的奇迹。一国之法典被另一个国家主动用作一般刑事法，且适用长达 500 年不动摇，更是世界法律史上绝无仅有的奇迹。在一个政权覆亡之后，其所制定的法律在另一个国家仍坚持适用将近 300 年不动摇，更足以令世人震撼。这部法典就是《大明律》。《大明律》创制于明太祖洪武年间，历经数次修订后，于洪武三十年（1397）最终颁行，共计 30 卷。《大明律》共分七篇、30 门、460 条。作为我国有明一代近 300 年的刑法典和朝鲜王朝 500 年的一般刑法典，《大明律》的适用范围早已溢出一国之国境，对中朝两国乃至东亚的法律文明和中华法系之发展完善影响至深至远。而考虑到《大清律例》脱胎于《大明律》，朝鲜后期制定的《续大典》"刑典"的相关法规也仅是立足朝鲜国情而补全《大明律》未尽之处，可以断言在丁若镛编撰《钦钦新书》的 19 世纪初，中朝两国享有同种法律文明和相似的法律制度，而《大明律》正是当时两国法律的共同分母。正是由于两国法制的相似性，两国案例被辑录于《钦钦新书》一书之中才显得毫无违和感，其相似性也成为比较两国法律制度和法律文化的基础和前提。只不过随着时代变迁，中朝两国逐渐制定了更多的法律条文以因应社会现实的变化，在《大明律》的基础上都有了更多的发展，而以《大明律》为共同分母的两国法制时代变迁所产生的差异恰恰能够成为比较两国传统制度文明的绝好切入点。

《大明律》之于《钦钦新书》的关系，丁若镛也早已于该书序言既已阐明："明启此书，以引以翼，为《洗冤录》《大明律》之藩阃"。① 由此可见，丁若镛在编撰当时，既已将《钦钦新书》定位成《大明律》和《洗冤录》的羽翼和藩篱，起到佐助《大明律》在朝鲜更精确适用的目的。因此，不了解和熟知《大明律》，便无从理解《钦钦新书》的深刻内涵，因为《钦钦新书》乃至整个朝鲜王朝法制均建筑在《大明律》的基础之上。本研究所引《大明律》律文均以洪武三十年律为准，主要参考法律出版社由怀效锋教授点校的《大明律（点校本）》。② 该版本依现代读者的阅读习惯加注了标点符号，断句亦十分精当，宜作为本研究援引《大明律》时所参照的底本。

在《大明律》之外，《钦钦新书》中同样能够见到丁若镛多次援引《续大典》《大典通编》等朝鲜法典条文的现象，因此对朝鲜法典的参详于本研究而言同样不可或缺。此外，丁若镛受到同时期清代学术的巨大影响。他不仅在《钦钦新书》中援引《大清律例》的条例原文，并将域外（大清国）法制的最新发展介绍到朝鲜，而且经笔者考证，其还在《钦钦新书》中援引过清初学者沈之奇编写的《大清律辑注》，并以此阐明在朝鲜不甚明了的法律概念，因而本研究亦对《大清律例》和沈之奇的《大清律辑注》予以关注。

第三，因《钦钦新书》荟萃中朝两国历代判例之精华，在编撰过程大量参考并援用两国各代判例集（含公案小说），因此本研究对中朝两国古代判例汇编的考究也是必不可少的。如作为《钦钦新书》首篇的"经史要义"篇中，就出现了大量源自《折狱龟鉴》（含《疑狱集》）的案例。又如作为《钦钦新书》第二篇的"批详隽抄"中，即有来自李渔《资治新书》"判语部"和余象斗《廉明公案》的判词和探案故事。又如作为《钦钦新书》第三篇的"拟律差例"篇中，经笔者考证，其所载驳案应出自马世璘、王又槐等人纂辑的《成案所见集》（含《新增成案所见集》）。再如作为《钦钦新书》第四篇的"祥刑追议"篇中，丁若镛明言

---

① 《钦钦新书》序。

② 怀效锋：《大明律（点校本）》，法律出版社 1999 年版。

该篇案件出自朝鲜正祖年间编撰的《祥刑考》（已佚）。且该篇所载的多数案例（144 件中的 107 件）也出现在同时期的朝鲜官撰判例集——《审理录》之中，但二者所记录的信息却有不同侧重。通过将该篇案例和《审理录》相关案例加以比较和对照，可以发现许多隐藏其中的秘密。因此，若深入探究《钦钦新书》，须同时参酌中朝历代各类判例集。唯有如此，方能还原《钦钦新书》的成书全过程。

第四，《钦钦新书》不仅是一部判例汇编，而且文以载道，其集中体现了丁若镛精微而富于思辨的法律思想，该书与经学、礼学等儒学经典有着广泛的连接，部分内容已上升到法哲学的层面。因此，要想宏观地把握《钦钦新书》的编撰精神和整体内涵，须对我国和朝鲜古代的经书和史书较为了解，其中最富代表性的便是丁若镛最常援引的《尚书》和《周礼》，其次是《左传》《礼记》《易经》《孟子》等儒家经典，《钦钦新书》于经学上大致不出十三经的范畴，这些儒家经典共同构成了丁若镛法律思想的源泉。在史书方面，我国正史和朝鲜国史（《国朝宝鉴》）等资料也是丁若镛所时常运用的，并以《宋史》为最。不仅如此，十三经原文和我国历代正史中所载案件和判决结果时常作为朝鲜王朝裁决案件时援引的"先例"等法源，因此经、史资料在朝鲜王朝还具有法源的地位，儒家经典原文更是被抬高至类似"自然法"的地位，并时常在众臣审断案件时的论辩中被抬出。因此，中国经史在某种程度上即是朝鲜王朝的现行法，这可能也是丁若镛将"经史要义"篇置于《钦钦新书》卷首的原因。所以正确了解和把握中朝两国经书、史书，对了解《钦钦新书》乃至朝鲜王朝法律制度是不可或缺的。

第五，因《钦钦新书》涉及不少刑事侦查和司法检验的内容，且该书秉持"为《洗冤录》《大明律》之藩阃"的定位，编者丁若镛认为该书的实用性在于佐助朝鲜各级官吏更好地运用《大明律》和《无冤录》，以达到"庶亦有裨乎审拟，而天权不误秉"① 的效果。在丁若镛看来，编撰此书的预期效果便是对朝鲜王朝官员的命案审理和拟判有所裨益，从而减少冤假错案的发生率，防止代行天权的官员草菅人命。而这一切的前提均建筑在朝鲜各级官员熟知律文和《无冤录》中司法检验常识的基

---

① 《钦钦新书》序。

础上，唯有如此，方能正确地审断刑事案件。在"经史要义"篇中，丁若镛记录了一些我国古代的破案手法和司法检验技巧。而在"祥刑追议"和"剪跋芜词"篇所载朝鲜案件中，均存在大量的初检、复检时的检验跋词。与我国古代更加熟知宋慈的《洗冤集录》不同，元代法医学家王与的《无冤录》反而在朝鲜和日本更为普及，所以丁若镛在《钦钦新书》序言中提及的《洗冤录》实际上指代的是王与的《无冤录》。朝鲜王朝于世宗二十年（1438）编撰刊行了《新注无冤录》，后于英祖二十四年（1748）编撰刊行了《增修无冤录》，又于正祖二十年（1796）刊行了《增修无冤录大全》《增修无冤录谚解》，使《无冤录》的结构和内容不断趋于完善，使之更适宜于朝鲜本国的国情。经笔者考证，在《钦钦新书》"祥刑追议"等篇中所提到的《无冤录》，实际指的是英祖二十四年（1748）刊行的《增修无冤录》，而非王与的原始《无冤录》。朝鲜后期刊行的这一版本的《无冤录》，在结构和内容上均对王与的《无冤录》作了大幅调整，删去了部分与元代背景相关的实用性较差的内容，增加了一些新的尸体检验内容，在编排上更加简洁实用。从《钦钦新书》中朝鲜各地官员在检验时均援引该书内容，且所引出处并非元代《无冤录》原文而是从朝鲜《增修无冤录》的现象来看，到正祖大王在位时，《增修无冤录》已成为朝鲜官员人手一本的工具书。联想到"祥刑追议"篇所载案件的案发时间大多集中于公元1776年至1791年，即正祖大王的执政前期，当时正祖二十年（1796）刊行的《增修无冤录大全》和《增修无冤录谚解》尚未问世，因而当时普遍以《增修无冤录》作为司法检验之依归也就不难理解了。而丁若镛也已关注到同时期我国清代司法检验的最新成果，并将之纳入《钦钦新书》，这主要体现在"批详隽抄"篇所载增福于乾隆三十五年（1770）关于"检骨图格"的奏议之中。因其奏议，"检骨图格"被纳入清代新刊行的《洗冤录》版本之中，而这些新刊版本以极快的速度流入朝鲜半岛。根据笔者推测，丁若镛在编撰《钦钦新书》之时，很可能参考了嘉庆元年（1796）王又槐辑录的《洗冤录集证（会纂）》。由此可知，若能对传统时代中朝两国的司法检验技术有所了解和对照，对了解《钦钦新书》的部分内容也是大有助益的。

　　第六，《钦钦新书》是丁若镛"一表二书"（也称"政法三书"）之一。作为体现丁若镛经世思想的一环，其被嵌入丁若镛庞大的学术著述和思想体系之中。因此，想要更为深入地了解《钦钦新书》的编撰背景，须结合丁若镛的所有著作（如《与犹堂全书》）特别是与《钦钦新书》密切相关的"政法三书"的另外两部——《经世遗表》《牧民心书》，并加以综合考察，方能准确把握丁若镛经世思想特别是法律思想的意涵。因此，本研究也将视野扩大至丁若镛的《经世遗表》《牧民心书》等各类著述，且着重考察与《钦钦新书》关联最为密切的《牧民心书》"刑典"，以便从整体上把握丁若镛的政法思想。

综上所述，本研究所依据的主要史料除《钦钦新书》外，主要有《大明律》《续大典》《大清律例》等中朝历代特别是明清时期法典，《折狱龟鉴》《资治新书》《廉明公案》《成案所见集》《审理录》《秋官志》等中朝两国判例与公案汇编，《尚书》《周礼》等以十三经为主的儒家经典，二十三史、《国朝宝鉴》《朝鲜王朝实录》等中朝两国历史记录，《洗冤集录》《无冤录》《增修无冤录》等中朝两国司法检验用书，《经世遗表》《牧民心书》等与《钦钦新书》密切相关的丁若镛其他著作等，从而整体上了解《钦钦新书》的全貌和丁若镛的法律思想。

第四节　研究方法与创新

本研究是中华法系研究的一种全新尝试和探索。中华法系不仅在时间上绵延数千年，而且在空间上远播至周边的朝鲜、日本、越南、琉球等广大的域外地区。朝鲜、日本、越南、琉球等中华法系子法区域与中国本土一道，在漫长的历史时空中共同构建了恢宏灿烂的中华法系。因而笔者认为，研究中华法系时，母法和子法应相辅相成，本土和域外不可偏废。对中华法系外延部分的研究，是作为中华法系策源地的中国学界的应有之义。

对中华法系的研究应涵括但不限于以下几个方面。第一，对中华法系母法本身的系统研究；第二，对中华法系各子法本身的系统研究；第三，中华法系内部各法域间的比较研究，包括其母法和子法间的比较研究，以及中华法系各子法间的比较研究；第四，对中华法系国际法（如封贡体系、天下秩序等）的系统研究；第五，中华法系与世界各主要法系间的比较研究；第六，对中华法系当代价值的研究，包括中华传统制度文明与原中华法系区域内各国现行法的关系研究，以及传统法制文明借鉴之可能、中华法系（包括国内法和国际法）复活和再造可能的研究。

而涉及朝鲜半岛等中华法系子法区域的研究，应至少包括三种面向。一是对子法法域本身的系统研究，这是最基础亦是最重要的；二是其与中华法系内部的其他法域（含母法法域和其他子法法域）间法律制度的继受和变异、法律文化比较等涉及比较法及法律文明交流的研究；三是对中华法系的母法和子法法域、各子法法域间国际法的研究。而本研究则通过《钦钦新书》这一横跨中朝两国案例的绝佳文本，追随该书编者丁若镛的脚步，对中朝两国传统法律文明的交流、法律制度和法律文化的异同作初步的探索和考察。学界先前的比较法研究主要以西方为参照系，大多难以脱离"东方（或中国）—西方"的二元结构，而极少有从中华法系或东亚文明圈内部开展比较的研究成果，即便存在，也主要以"输出（影响）—输入（继受）"的二元模式加以处理，而未能真正将中华法系子法区域当作一个平等的客体、平行而对等的参照系加以比较，本研究力图克服这一缺憾。相似但不相同的制度和文化间的比较，才更易发现二者之间的微观差异，也才更易找出富于价值的线索。

对包括朝鲜半岛在内的中华法系外延部分法律史的研究，首先应具备的是一种"中立"和"平视"的视角，即承认中华法系各子法本身与母法一样，也同样具备重要的内涵和价值。唯有如此，才能克服民族中心主义的偏见，客观公正地看待中华法系内部各法域的制度文明和彼此的异同。在这一点上，《钦钦新书》的编撰者丁若镛早在 200 年前既已做出极好的示范。他通过打通并打破地理隔绝和国界限制，在学术视野极为开阔的基础上，荟萃了中朝两国历代案例，比较了两国法律文化和风俗习惯的异同，为后世学者做出了极好的表率。如果今日《钦钦新书》研究者在学术视野上无法涵括和覆盖丁若镛目光之所及的话，是无法深究《钦钦新书》之奥义的。

因此，基于研究文本的特殊性，本研究将比较法视角贯穿始终。即便是载入该书的中国案例，也尽量通过《钦钦新书》这面朝鲜的镜子，并结合丁若镛的个人见解和评论，以及与朝鲜本国案例间的比较，赋予其比较法的内涵。本研究的比较法视角不仅有对传统时期中朝两国法制文化的比较，也有对古代法理与现代法理间的比较借鉴，从而力图展现古今、中外之间的对话，以此来贯通中华法系的母法和子法，以便整体上认识和把握中华法系的价值和内涵。

在研究视角上，本研究力图将微观视角和宏观视角结合起来，在分析《钦钦新书》的内容构成及其所参考的中朝两国文献时，力图先用鸟瞰般的宏观视野展示两国法律文明交流碰撞并集于《钦钦新书》一身的盛况。而后在对各犯罪类型和个案加以分析时，则使用显微镜般的微观视角，以显现在面对相似的犯罪类型和类似的案件时，中朝两国间不同的法律逻辑和法理叙事。

本研究的亮点之一还在于考察法律制度和法律思想时的有机融合，这也是本研究的难点所在。丁若镛通过判例和其后所附的法律条文来叙述法律制度及其实践的同时，还不时在案例之后附上自己对该案的评论和批判，使得《钦钦新书》越出了普通判例集的范畴，而成为丁若镛阐发个人法律思想的载体和窗口。丁若镛作为朝鲜王朝后期的著名大哲和不世出的思想家，具有极强的思辨精神和批判意识，其法律思想与包括儒家经典在内的中国古代哲学有着很深的连接，特别是丁若镛本人在相关案例之后的评论（按语），其部分内容已上升到法律哲学的高度而不易准确把握。本研究力图结合丁若镛的其他著述，通过与丁若镛本人展开虚拟对话的方式，设身处地地理解丁若镛的各类观点，以精确把握丁若镛法律思想的内涵。

本研究以《钦钦新书》这一广泛选取中朝两国各类法制资料的文本作为切入口，注重考察《钦钦新书》参考和涉猎的中朝两国各种史料，以此最大限度地还原《钦钦新书》成书的全过程。此外，本研究注重法典与判例的相互佐证。通过将判例和相对应的法律条文结合起来加以考察，力求展示法律制度与法律实践间的对照与差异，以显现书面上的法律和行动中的法律间的内在张力。

此外，朝鲜王朝时期的法制资料中常见有吏读的汉字，包括杨鸿烈先生在内的我国研究者大都不知其解。本研究对正文中出现所有吏读汉字均依韩国学界的惯例使用下划线加以标注，并在脚注和附录中对常用吏读的用法加以注释和疏解，一定程度上为我国研究者解读朝鲜古代法律文献扫清文字上的障碍。

第 一 篇

旧邦维新:丁若镛与《钦钦新书》

第 一 章

丁若镛的生平与思想

第一节　丁若镛的生平和时代背景

　　丁若镛生于乾隆二十七年（朝鲜英祖三十八年，1762）的朝鲜国京畿道广州草阜面马岘里（今大韩民国京畿道南杨州市鸟安面陵内里），卒于道光十六年（朝鲜宪宗二年，1836），字归农、颂甫、美镛，号三眉子、俟庵、茶山、籜翁、苔叟、紫霞道人、铁马山人，堂号"与犹堂"。丁若镛历经清代乾隆、嘉庆、道光三朝及朝鲜国英祖、正祖、纯祖、宪宗四代国王。父亲丁载远（1730—1792）出身罗州丁氏，曾受恩荫出任庆尚道晋州牧使，母亲海南尹氏（1728—1770），丁若镛是家中幼子。其家族虽说是士族，但自高祖以来的三代均未能出任官职。

图1-1　丁若镛画像

　　丁若镛自幼聪颖,7 岁即通晓历法、算术,10 岁始习经史、诗律。丁若镛 15 岁那年迎娶丰山洪氏为妻,婚后的家庭生活并未对勤勉好学的他造成丝毫影响。丁若镛在其《自撰墓志铭》中提到,其在早年对家事并无太多关心。此时,丁若镛得益于父亲从地方调入中央任户曹佐郎的契机,随父亲迁入京城汉阳居住。他受到李家焕、李承薰等人影响,在乾隆四十二年(1777)开始接触并学习星湖先生李瀷的遗作,自此开始志于学术,也使得其平生的学术思想都深受李瀷的影响。丁若镛于 22 岁(乾隆四十八年,朝鲜正祖七年,1783)参加会试,进士科合格而进入成均馆(朝鲜国太学),为日后被正祖大王发掘和赏识奠定了基础,这得益于他过人的学识和出众的才华。其时,正祖大王向太学发出了关于“四七理气论”中李退溪和李栗谷两位朝鲜先哲间理论差异的论题,要求太学生们作答。这时李蘗等人均主张退溪先生的观点正确,唯有丁若镛更认可栗谷先生的论点,而丁若镛的这一主张正合正祖大王之意,得到了国王的称许。其后丁若镛在太学生涯的屡次考试中以自身卓越的才华连续受到正祖大王的赏识和器重。次年(乾隆四十九年,1784),一个偶然的机会使丁若镛首次接触到了天主教的书籍。他在短暂地信奉天主教后又随即脱离,而天主教日后也成为丁若镛遭遇人生重大磨砺的根因。

图 1-2 　“与犹堂”牌匾

　　乾隆五十四年(朝鲜正祖十三年,1789),28 岁的丁若镛参加殿试,以甲科第二名及第,从而开启了他的仕途生涯。他从禧陵直长(七品官)做起,十年间历任艺文馆检阅、司谏院正言、司宪府持平、弘文馆修撰、司谏院司谏、同副承旨、右副承旨、左副承旨、谷山府使、兵曹参知、刑曹参议等中央和地方官职,直到 39 岁时(嘉庆五年,1800)正祖大王薨逝。

爱才惜才、赏识丁若镛才华的正祖大王之薨逝成为丁若镛人生的最大转折点。正祖薨逝后，年仅 12 岁的纯祖大王即位，贞纯大妃听政，"老论"和"南人"等党派的斗争最终导致朝廷对天主教信徒的强力镇压，属于"南人"一系的丁若镛被指为天主教徒而含冤入狱，后获刑并遭受流放，这就是朝鲜史上著名的"辛酉邪狱"。丁若镛在流放地度过了十八年的时光，直到嘉庆二十三年（1818）方才获释。流配生涯是他取得学术成就的主要时期，丁若镛在流放地聚徒讲学、著书立说，留下了数量庞大的著述。

由此可知，丁若镛的生命历程大致可分为四个阶段，分别是学习时期（1762—1789）、官僚时期（1789—1799）、流放时期（1801—1818）和晚年时期（1818—1836）。其中，流放时期（1801—1818）是他学术生命的巅峰。于个人而言，被牵连而遭遇流放虽说是不幸，但他却因此获得了充分的闲暇以著书立说。

图 1-3　四宜斋（1801 年冬至 1805 年冬居住于此）

丁若镛的流配时期又可大致分为前后两个阶段，大致以嘉庆十三年（1808）春移居"茶山草堂"为界。流放前期的丁若镛分别居住于"四宜斋"（1801 年冬至 1805 年冬）、"宝恩山房"（1805 年冬至 1806 年秋）、弟子李鹤来家中（1806 年秋至 1808 年春），这一时期的丁若镛生活条件艰辛，受到各种因素制约，其学术成果的产出不及后期，但随着他的不断搬迁移居，生活环境逐步获得改善，在嘉庆十三年（1808）移居茶山草堂后，治学条件获得极大跃升，至此不再搬迁，使得流放后期涌现出以"一表二书"为代表的各种杰出著作。诚然，丁若镛若没有前期积累，这些著述也很难在短时间内完成。但不得不说，流配后期（1808—1818）的丁若镛无论是在精神状态还是客观条件上，都与流配前期（1801—1808）有着显著的差异。

图1-4　宝恩山房（1805年冬至1806年秋居住于此）

图1-5　茶山草堂（1808年春至1818年流放结束居住于此）

正如孟子所言："故天将降大任于是人也，必先苦其心志，劳其筋骨，饿其体肤，空乏其身，行拂乱其所为，所以动心忍性，曾益其所不能。"① 丁若镛亦非例外。艰苦的流放生活使他更加深刻体察到当时朝鲜

---

① 《孟子·告子下》。

社会面临的各类问题，对普通百姓的疾苦有了切身感受，对人生和人性的认知也更加达观，因此他才能于逆境中创作出具有独立思想的作品。而他遭受流放时的年龄（40—60岁）又恰恰是人文学者学术生涯的黄金时期，这一年龄段的学者不仅在学识上具有一定的积累，而且在体力和精力上也跟得上，正是盛产学术成果的黄金时期。命运在丁若镛的中年时期给予他心智之磨砺的同时，也赐予他丰沛的精力和闲暇。

丁若镛获释后的晚年时期（1818—1836）并不多产。在生命的最后阶段，他痴迷于《尚书》不能自拔。历经磨难的丁若镛为何埋头钻研《尚书》，《尚书》到底有何独特魅力呢？或许他被书中最古老的东方智慧所吸引吧。《钦钦新书》中已不难看出丁若镛对《尚书》的推崇。无论是《钦钦新书》序言，还是作为首篇的"经史要义"的首条，均援引《尚书》原文。他把中国古典教义视作解决朝鲜现实社会问题的钥匙，从文明的源头探寻真理，以此来革新朝鲜王朝的黑暗现实。就像江河流至下游会变得越发混浊一样，丁若镛因而溯溪而上，去找寻那清澈的源泉。上古的经典赋予他锐意改革的勇气、正义感和合法性，他渴望回到上古时代，他的进步与保守在此实现了对立统一。丁若镛也由此成为朝鲜后期最具改革意识的哲人，这从他"一表二书"中所饱含的经世济民思潮中可见一斑。

图1-6 丁若镛夫妇之墓（碑文：文度公茶山丁若镛先生、
淑夫人丰山洪氏 之墓）

朝鲜王朝后期，朝廷内部的党争更加激烈。英祖和正祖大王在位时，通过"荡平策"的施行，党争虽看似一定程度上被抑制，各个派系的斗争实则更加剧烈。到正祖大王在位时，老论派与南人派均被二分为"时派"和"僻派"。到丁若镛人生后半段的19世纪初，取代党争的是外戚把持朝政，连朝鲜的王权都变得有名无实了。

经济社会方面，朝鲜王朝后期的农具和水利灌溉得到一定的发展，工商业得到较大的发展。与此同时，由于田政、军政、还谷等"三政"施行中存在的混乱，贪污腐化的朝鲜地方官僚、吏胥不断借此对广大百姓巧取豪夺，致使许多普通农民面临饥饿和破产的窘境，也因而导致了朝鲜后期的饿死者不计其数，许多连温饱都解决不了的朝鲜农民由此变成了流民和盗贼，致使社会秩序被不断破坏。

在阶级方面，朝鲜后期的许多贫苦的士族阶级沦为小农，而良人、特别是中人层中有经济实力的人士却通过买官成为士族。这一时期的公奴婢和私奴婢阶级大量减少，甚至追讨逃亡奴婢的民事诉讼在19世纪初（1801）直接被国家取缔，朝鲜王朝的阶级秩序在后期趋于瓦解。但是大量困苦的良人的生活处境却与奴婢无异。朝廷在逐渐丧失民心的情况下，各类挂书等谶纬事件在京城和朝鲜各道不断涌现，最终在嘉庆十六年（1811）爆发了大规模的叛乱——"洪景来乱"。①

在思想和价值体系上，程朱理学在朝鲜王朝立国初期便被奉为官方正统学说。而陆王心学在16世纪传入半岛后在朝鲜士人中产生了广泛影响，17世纪以后的朝鲜思想界又衍生出了富于本国特色的"实学"。到朝鲜王朝后期，天主教等西学思想、清代的考据学陆续传入朝鲜半岛，均在当地产生了广泛的影响。这些学说和思潮不断推高了朝鲜士人对正统理学学说的批判，并试图以此改变朝鲜的现状。因此，17世纪后的朝鲜儒学在内容、方法和风格上呈现出与朝鲜王朝前期完全不同的面貌，其对经典的诠释也逐渐摆脱了朱子思想的束缚。

李氏朝鲜立国之初便通过"崇儒抑佛"不断抑制佛教在朝鲜半岛的影响力，通过对程朱理学的尊崇，一定程度上克服了佛教的局限，并在王朝前期发挥了积极的作用，使得朝鲜前期较尊崇佛教的高丽王朝显得

---

① 윤사순, 1986, "다산의 생애와 사상", 《철학》 25, 4 면。

更为理性开放、更加进步和富于建设性。然而到 16 世纪末之后，程朱理
学自身的局限以及朝鲜士族对朱子学说教条般的遵守，导致丧失活力的
程朱理学再也无法促成朝鲜王朝的进步和变革，其局限随着时间的推移
日渐显露，朝鲜王朝所奉行的思想体系日渐僵化。

　　这时，被理学抵制和排斥的佛教与巫俗等各类民间信仰趋于复活，
并呈现出"巫佛合作"的态势。各类诽谤朝政的挂书、榜书和"弥勒到
来说"等关于改朝换代的预言更助长了民心的叛离。这时，被朝鲜理学
家所长期抑制的朝鲜道教也假借风水学说抛出预示"郑代李兴"的《郑
鉴录》等有关改朝换代、易姓革命的预言。心学（阳明学）虽被李滉等
朝鲜正统理学家所排斥，但却受到"少论"这一政治派别的秘密支持，
以此形成了与尊奉理学并以正统自居的老论派对峙的格局。

　　利玛窦（Matteo Ricci）所撰写的《天主实义》等天主教义在 17 世纪
即已传入朝鲜半岛。各类证据表明，丁若镛极有可能短暂信奉过天主教
并随即脱离。作为西方一神教的天主教，其诠释世界的方法与儒佛道等
东亚传统思想（信仰）截然不同，其伴随西洋发达的器物、兵器和自然
科学，对朝鲜士人的思想理念造成了严重冲击。朝廷将天主教定为邪教
并极力镇压。此时，李承熏、李家焕、李檗、权哲身、丁若铨、丁若锺
等围绕在丁若镛周围的旧交、姻亲甚至亲兄弟均受洗成为天主教徒，使
得丁若镛也难以洗脱信奉天主的嫌疑，直至后来受其牵连而遭遇流放。

　　朝鲜后期的实学主张实事求是、崇实黜虚、经世致用，较程朱理学
更为务实，更加讲求实际。在丁若镛之前，李晬光、柳馨远。李瀷、安
鼎福、朴趾源、洪大容等朝鲜大哲已开始了这一探索，丁若镛在其基础
上加以创造性的综合，最终得以集朝鲜实学之大成。①

　　丁若镛的经世思想在其生前未能得到广泛传播，思想的超前性使之
不易被当世之人理解。"百世吾可矣"，他将希望寄之于后世。这种渴望
得到知音的心境与庄子"万世之后而一遇大圣，知其解者，是旦暮遇之
也"② 的期待如出一辙，孤独而又自信。直到日据朝鲜时期，随着朝鲜爱
国启蒙运动的兴起，作为文化上独立运动的一环，丁若镛思想的独特价

---

① 윤사순, 1986, "다산의 생애와 사상", 《철학》25, 5—6 면。

② 《庄子·齐物论》。

值才被朝鲜本国知识分子重新认识和发掘。他的《与犹堂全书》直至其逝世百年后的 1936 年方才得以刊行。

笔者认为，丁若镛的一生完全合乎林语堂对中国（东亚）文化最高理想的概述。"中国文化的最高理想始终是一个对人生有一种建筑在明慧的悟性上的达观的人。这种达观产生了宽怀，使人能够带着宽容的嘲讽度其一生，逃开功名利禄的诱惑，而且终于使他接受命运给他的一切东西。这种达观也使他产生了自由的意识，放浪的爱好，与他的傲骨和淡漠的态度。一个人只有具着这种自由的意识和淡漠的态度，结果才能深切地热烈地享受人生的乐趣。"① 丁若镛的一生正是如此。他的生命于中国文化看来有如宋代苏轼一般曲折却又完美，而使他能够逃开功名利禄的诱惑并接受命运给他的一切东西、从而建筑起明慧悟性上之达观境界的恰恰是他那长达十八年的康津流配生涯。

第二节　丁若镛的著述与《与犹堂集》

丁若镛一生涉猎广泛、著述颇丰。他在生前就极其渴望自己的作品能够流传后世。他不仅叮嘱自己的子孙将这些著作妥善保管，还曾给身处岭南（庆尚道）的申颖老写信，表达了希望本人作品在身后能够保存和传播的祈愿。因此，丁若镛为让自己的思想传之后世，对自身著作的版刻和装裱也格外用心。《与犹堂集》的写本历经资料收集—速记—誊写—校正—装裱等多个环节。而丁若镛规模庞大的著述仅靠他一人之力是绝不可能顺利面世的。因此，《与犹堂集》的问世也少不了弟子和友人的帮助与协作。丁若镛玄孙丁奎英（1872—1927）整理的《俟庵先生年谱》中提到："其弟子之阅经考史者数人，口呼受写如飞者数三人，常替臂易稿正书者数三人，劳之助役如乌丝栏濯误唱准踏纸妆潢者三四人。"② 此句基本道出了《与犹堂集》成书的整个流程。由此可见，《与犹堂集》在某种程度上乃是团队协作的产物。

在花甲之年所作的《自撰墓志铭》中，丁若镛回顾了自己的一生，

---

① 林语堂：《人生的盛宴》，湖南文艺出版社 1988 年版，第 2 页。
② 《俟庵先生年谱》跋。

对自己一生的经历和学术作品也有系统的阐述。按照丁若镛《自撰墓志铭》中对自己平生著述的总结，可将其著作分成诗集和文集两大类，如表 1 - 1 所示。

表 1 - 1   丁若镛在《自撰墓志铭》中对本人著作的概述与分类

书名	卷数	备注
经集（共二百三十二卷）①		
《毛诗讲义》	十二卷	
《毛诗讲义补》	三卷	
《梅氏尚书平》	九卷	
《尚书古训》	六卷	
《尚书知远录》	七卷	
《丧礼四笺》	五十卷	
《丧礼外编》	十二卷	
《四礼家式》	九卷	
《乐书孤存》	十二卷	
《周易心笺》	二十四卷	
《易学绪言》	十二卷	
《春秋考征》	十二卷	
《论语古今注》	四十卷	
《孟子要义》	九卷	
《中庸自箴》	三卷	
《中庸讲义补》	六卷	
《大学公议》	三卷	

---

① 《茶山诗文集》卷16，墓志铭，自撰墓志铭，以先大王所批《毛诗讲义》十二卷为首，而别作《讲义补》三卷，《梅氏尚书平》九卷，《尚书古训》六卷，《尚书知远录》七卷，《丧礼四笺》五十卷，《丧礼外编》十二卷，《四礼家式》九卷，《乐书孤存》十二卷，《周易心笺》二十四卷，《易学绪言》十二卷，《春秋考征》十二卷，《论语古今注》四十卷，《孟子要义》九卷，《中庸自箴》三卷，《中庸讲义补》六卷，《大学公议》三卷，《熙政堂大学讲录》一卷，《小学补笺》一卷，《心经密验》一卷，已上经集共二百三十二卷。

续表

书名	卷数	备注
《熙政堂大学讲录》	一卷	
《小学补笺》	一卷	
《心经密验》	一卷	
文集（二百六十七卷）①		
诗律	十八卷	"删之可六卷"
杂文前编	三十六卷	
杂文后编	二十四卷	
注：以下属文集中的"杂纂"类（原文"又杂纂门目各殊"）		
《经世遗表》	四十八卷	"未卒业"
《牧民心书》	四十八卷	
《钦钦新书》	三十卷	
《我邦备御考》	三十卷	"未成"
《我邦疆域考》	十卷	
《典礼考》	二卷	
《大东水经》	二卷	
《小学珠串》	三卷	
《雅言觉非》	三卷	
《麻科会通》	十二卷	
《医零》	一卷	

　　从表 1-1 可知，《自撰墓志铭》的著作可分为"经集"和"文集"两大类，其中经集 232 卷，文集 267 卷，共计 499 卷。这些著作多藏于丁若镛位于京畿道马岘的故居之中。除《牧民心书》《钦钦新书》等实用性较强的经世之作外，多数不为世人所知。丁若镛的故居曾在 1925 年遭遇

---

　　① 《茶山诗文集》卷 16，墓志铭，自撰墓志铭，又所作诗律十有八卷，删之可六卷，杂文前编三十六卷，后编二十四卷，又杂纂门目各殊。《经世遗表》四十八卷，未卒业，《牧民心书》四十八卷，《钦钦新书》三十卷，《我邦备御考》三十卷，未成，《我邦疆域考》十卷，《典礼考》二卷，《大东水经》二卷，《小学珠串》三卷，《雅言觉非》三卷，《麻科会通》十二卷，《医零》一卷，总谓之文集，共二百六十余卷。

特大洪水，在家具和书籍即将被大水冲走之际，玄孙丁奎英冒着生命危险跳入江水之中，奋力将盛放先祖遗作的箱子从水中救出，却视其他家产和财物如粪土，任其流失。

图1-7 写本《与犹堂集》

时间到了20世纪30年代，朝鲜半岛正处于日据时期，民族主义和追求独立的思潮方兴未艾，其时适逢丁若镛逝世一百周年，受到爱国启蒙运动的影响，在《新朝鲜》杂志上陆续刊登了安在鸿（1891—1965）、郑寅普（1893—1950）等学者的社论，向大众普及了丁若镛的学术和思想。在两位先生的主导下，新朝鲜社历经四年，1934年10月至1938年10月间陆续刊行了《与犹堂全书》，共计76册154卷，共包含诗文集10册25卷、经集24册48卷、礼集12册24卷、乐集2册4卷、政法集19册39卷、地理集4册8卷、医学集3册6卷。《与犹堂全书》的刊行在日据时期的朝鲜可谓文化界的一大盛事，被时人谓之"朝鲜出版界的金字塔"。安在鸿先生认为丁若镛是"近代国民主义的先驱者""近代自由主义的开山鼻祖"，郑寅普先生认为"对丁若镛一人之考究即是对朝鲜史的研究、对朝鲜近代思想的研究、对朝鲜心魂之

名医乃至对全朝鲜兴衰有灭的研究",两位朝鲜近代学者均高度评价了
丁若镛的历史地位和学术贡献。

图1-8 新朝鲜社本《与犹堂全书》

　　而通过表1-1也可得知,丁若镛在《自撰墓志铭》中对自身著作的
描述与20世纪30年代新朝鲜社的《与犹堂全书》截然不同。通过比较,
二者存在以下区别。第一,二者对著作的分类体系和编排顺序完全不同。
新朝鲜社刊行的《与犹堂全书》将丁若镛的著作依次分为诗文集、经集、
礼集、乐集、政法集、地理集、医学集七集,而丁若镛在《自撰墓志铭》
中仅仅将本人著作划分为"经集"和"文集"两种类别。"文集"中除
诗歌和杂文外,其他如政法、地理、医疗等领域的著述均又归入"杂纂"
一类。以"经集"为例,在出现顺序上《自撰墓志铭》依次是诗、书、
礼、乐、易、春秋、四书,而新朝鲜社版的《与犹堂全书》却将四书置
于六经之前,且将礼、乐两部分开。可见《与犹堂全书》在分类和次序
上对丁若镛本人的原意有所曲解。第二,二者所载书名并不完全一致。
个别载入《自撰墓志铭》的著作未见于《与犹堂全书》,而《与犹堂全
书》所载的个别书目亦未见于《自撰墓志铭》。第三,在《自撰墓志铭》

和《与犹堂全书》均有提及的著作中，二者在卷数上却略有差异，可见丁若镛花甲之年作《自撰墓志铭》之后，到去世之前对一些著作有一定的增补和完善。第四，在《自撰墓志铭》中，丁若镛对自身所作的杂文分成了"前编"和"后编"，而在《与犹堂全书》中则不分前后而予以统一。第五，二者存在同一作品书名却不同的情形，如《自撰墓志铭》中的《周易心笺》《毛诗讲义补》《小学补笺》在《与犹堂全书》中分别称作《周易四笺》《诗经讲义》及《诗经讲义补遗》《小学枝言》。第六，《自撰墓志铭》中对著作有"册"和"卷"的区分，而《与犹堂全书》中则不划分"册"与"卷"，《与犹堂全书》中的一册大致就是一卷。第七，个别《自撰墓志铭》中单独成书的著作在《与犹堂全书》被归入其他著作而成为其他作品的一部分。

图1-9　《与犹堂全书补遗》

在《自撰墓志铭》所列著述体系之外，还有一些未被纳入"墓志铭"体系的著述。这些著述有些作于《自撰墓志铭》完成之后，所以未被纳入《自撰墓志铭》的体系，但也不乏完成于写作《自撰墓志铭》前的著作。这些著作后来多数都被纳入景仁文化社刊行的《与犹堂全书补遗》

之中，但也有少数著作未被纳入。景仁文化社于 1973—1975 年出版刊行了《与犹堂全书补遗》共 5 册，以此对新朝鲜社版的《与犹堂全书》查漏补缺。这五册"补遗"后来被纳入 2012 年出版的《定本与犹堂全书》35—37 册。

随着时间的推移，20 世纪 30 年代所刊《与犹堂全书》的局限愈发明显。新朝鲜社版的《与犹堂全书》中不仅有许多错别字，且丁若镛的个别著作并未收录，却收录了个别非丁若镛本人的著作，其编排顺序不同于写本而不尽科学。因此，茶山学术文化财团于 2001 年启动了《与犹堂全书》的定本化工程，从 2002 年开始广泛收集和对照散见于韩国和其他国家的丁若镛著作的写本，于 2004 年开始对各类写本和新朝鲜社版《与犹堂全书》加以校勘，为更好地理解和断句，其使用了共计 14 种现代标点符号，终于在 2012 年出版了点校版的《定本与犹堂全书》①，共计 37 册。点校本《定本与犹堂全书》的构成如表 1－2 所示。

表 1－2　　　　　　　《定本与犹堂全书》（共 37 册）目次

册数	书名	笔者的分类
第 1 册	诗集	文学
第 2 册	文集 1	
第 3 册	文集 2	
第 4 册	文集 3	
第 5 册	（杂纂集）《文献备考刊误》《雅言觉非》《耳谈续纂》《小学珠串》	语言文字（辞书）
第 6 册	《大学公议》《大学讲义》《小学枝言》《心经密验》《中庸自箴》《中庸讲义补》	经学（四书）
第 7 册	《孟子要义》	
第 8 册	《论语古今注》1	
第 9 册	《论语古今注》2	

---

① 정약용 저, 다산학술문화재단 편, 2012, 《정본 여유당전서》, 사암.

册数	书名	笔者的分类
第 1 册	诗集	文学
第 2 册	文集 1	
第 3 册	文集 2	
第 4 册	文集 3	
第 10 册	《诗经讲义》《诗经讲义补遗》	经学（六经）
第 11 册	《尚书古训》1	
第 12 册	《尚书古训》2	
第 13 册	《梅氏书平》	
第 14 册	《春秋考征》	
第 15 册	《周易四笺》1	
第 16 册	《周易四笺》2	
第 17 册	《易学绪言》	
第 18 册	《丧礼四笺》1	
第 19 册	《丧礼四笺》2	
第 20 册	《丧礼四笺》3	
第 21 册	《丧礼外编》	
第 22 册	《丧仪节要》《祭礼考定》《嘉礼酌义》《礼疑问答》《风水集议》	
第 23 册	《乐书孤存》	
第 24 册	《经世遗表》1	经世学（政法）
第 25 册	《经世遗表》2	
第 26 册	《经世遗表》3	
第 27 册	《牧民心书》1	
第 28 册	《牧民心书》2	
第 29 册	《牧民心书》3	
第 30 册	《钦钦新书》1	
第 31 册	《钦钦新书》2	
第 32 册	《我邦疆域考》	经世学（地理）
第 33 册	《大东水经》	

续表

册数	书名	笔者的分类
第 1 册	诗集	文学
第 2 册	文集 1	
第 3 册	文集 2	
第 4 册	文集 3	
第 34 册	《麻科会通》	经世学（医疗）
第 35 册	《与犹堂全书补遗》1	新朝鲜社
第 36 册	《与犹堂全书补遗》2	《与犹堂全书》
第 37 册	《与犹堂全书补遗》3	未收录内容

图 1 – 10　《定本与犹堂全书》

从表 1 – 2 可知,《定本与犹堂全书》在编排顺序上基本沿袭了新朝鲜社版的《与犹堂全书》,而未能恢复丁若镛本人对自身著作的分类方式。如在丁若镛的认识中,属于经世之学的"政法三书"和地理、医疗类著作与诗律、杂文等均应属于"文集",六经和四书则属于"经集"。而在《定本与犹堂全书》中,则与新朝鲜社版《与犹堂全书》一样,把诗文置于全套丛书的最前面,而将归属"杂纂"的政法、地理类书目置于丛书的最后,从而使同属文集的"诗文"和"杂纂"被强行拆分。不仅如此,丁若镛本人始终将关于六经的著作置于四书相关著述的前边,这一定源自丁若镛认为六经的学术地位高于四经这一基本观点。如在其《自撰墓志铭》中"六经四书,以之修己,一表二书,以之为天下国家,所以备本末也"① 的论述,便可见"六经"先于"四书",而"一表"又先于"二书",其编排顺序一定其来有自而不应随意颠倒。未能尊重作者对先后次序的意愿,这是

① 《茶山诗文集》卷 16,墓志铭,自撰墓志铭。

《与犹堂全书》和《定本与犹堂全书》在编排上的遗憾。

　　而"六经"先于"四书"出现是丁若镛著述最鲜明的特征之一。丁若镛认为六经描绘了尧舜时代的理想政治，其所创设的许多制度和政策富于借鉴性。虽然"六经四书，以之修己"，但六经较四书有更多"治人"的内容，这些内容对丁若镛关于朝鲜改革的构想有着积极的意义。这与程朱理学将四书置于六经之前的做法截然不同，可见丁若镛已然跳出朱子学的藩篱。若将丁若镛和朱熹的六经四书相关著作加以对比，则能发现二者的明显区别，如表1-3所示。

表1-3　　　　　　　　丁若镛和朱熹的"六经四书"著述对比

经典		丁若镛	朱熹
六经	《诗》	《诗经讲义》《诗经讲义补遗》	《诗集传》
	《书》	《梅氏书平》《尚书古训》《尚书知远录》	《书传》
	《礼》	《丧礼四笺》《丧礼外编》《四礼家式》	《仪礼经典通解》《家礼》《古今家祭礼》
	《易》	《周易四笺》《易学绪言》	《周易本义》《易学启蒙》《周易参同契考异》
	《乐》	《乐书孤存》	无
	《春秋》	《春秋考征》	无
四书	《论语》	《论语古今注》《论语手箚》	《论语集注》《论语训蒙口义》《论语精义》《论语要义》《论语或问》
	《孟子》	《孟子要义》	《孟子集注》《孟子要略》《孟子或问》
	《中庸》	《中庸自箴》《中庸讲义补》	《中庸章句》《中庸或问》
	《大学》	《大学公议》《大学讲义》	《大学章句》《大学或问》
其他	《小学》	《小学枝言》《小学珠串》	《小学》
	《心经》	《心经密验》	无

　　从表1-3可知，朱子的经学著作主要集中于四书领域，而丁若镛的

著述则更偏重六经领域，二人所看重的经典有较大的差异。朱熹对《乐经》和《春秋》几乎未予关注，而丁若镛对六经四书均有所涉猎。在个人的研究生涯方面，丁若镛也优先研究六经，继而研究四书，尤其是将《小学》《心经》等典籍放在最后论述。在研究领域方面，丁若镛单独对《乐经》加以研究。《乐经》是六经中唯一一部未能传之后世的经典。丁若镛在综合考证《尚书》《周礼》《左传》《国语》等经典的基础上，完成了他的《乐书孤存》。在研究侧重点上，丁若镛对《尚书》和《周礼》倾注的时间和精力最多，因而与两部经典有关的著述也最多，而这两本书的内容多与制度设计相关。也就是说，丁若镛的经学研究也带有强烈的现实关怀和经世济民倾向，从这一角度来看，其经学和经世学在某种意义上是一体的两面，而最终所指向的正是治国平天下这一终极目标。

第三节　丁若镛的人性论

既然《钦钦新书》是中朝历代刑事案例的选编，涉及丁若镛对东亚传统刑事犯罪的评论和研究，而这些案件和相应的判决又充分显露了人性恶的一面以及善恶之间的交锋，那么考察丁若镛如何看待人性的问题就显得很有必要了。可以说，丁若镛对人性的看法是中道而理性的。他认为人性既有善的一面，也有恶的一面，但又主张人性本善。

那么人在善与恶、天使与魔鬼面前是如何抉择的呢？丁若镛认为这种选择取决于人后天的习得。他在其著作《论语古今注》中赞成孔子"性相近，习相远"的观点，对孔子所指的"性"定义为"本心之好恶也"，认为圣人与凡人在好德耻恶的本性上本就相同，因此称为"性相近"。他对朱子所认为的"此所谓性，兼气质言者也"的观点明确表示反对，并详加批驳。他认为如果"性"指的是先天气质的话，那么"以气质之故，善恶以分，则尧舜自善，吾不足慕，桀纣自恶，吾不足戒，惟所受气质，有幸不幸耳"[1]，人便会由此丧失后天学习和成长的动力。因此，他主张孔子所说的"性"乃是"道义之性"而非"气质之性"。他认为"甲乙两人，以性之故，其贤不肖本相近也，以习之故，其贤不肖，

---

[1] 《论语古今注》卷9，阳货下，子曰："性相近也，习相远也"；子曰："惟上知与下愚不移。"

终相远也。"① 他主张这里的"习"指的是"亲习"而非"驯习",乃是"习于人也",强调了人的主观能动性和后天学习进步、见贤思齐的重要性。

丁若镛在《论语古今注》中引证东汉学人荀悦《申鉴》中所列举的我国学者对人性的不同观点,并以此加以比对辨析。

> 引证。荀悦《申鉴》曰:"孟子称性善,荀卿称性恶,公孙子曰'性无善恶',扬雄曰'人之性,善恶浑',刘向曰'性情相应,性不独善,情不独恶'。曰'问其理。'曰'性善则无四凶,性恶则无三仁。人无善恶,文王之教一也,则无周公、管、蔡。性善情恶,是桀纣无性而尧舜无情也。性善恶皆浑,是上智怀惠,而下愚挟善也。理也未究矣,惟向言为然。'"②

荀悦的《申鉴》中列举了性善说、性恶说、人性本无善恶说、人性有善有恶说等历史上四种代表性说法。性善说以孟子为代表,历史上持此说的还有苏格拉底、亚里士多德、薄伽丘、莎士比亚、歌德、朱熹、陆九渊、刘基、王夫之、曾国藩等人。性恶说以荀子为代表,历史上持此说的还有孟德维尔、黑格尔、汪世铎、章炳麟等人。人性本无善恶说以公孙龙为代表,历史上持此说的还有孔德、斯宾诺莎、康德、边沁、洛克、卢梭、费尔巴哈、巴尔扎克、伏尔泰、老子、孔子、告子、王充、嵇康、王安石、程颐、苏轼、龚自珍、谭嗣同等人。人性有善有恶说以扬雄为代表,历史上持此说的还有达·芬奇、培根、席勒、亚当·斯密、休谟、泰戈尔、纪伯伦、傅玄、韩愈等人。以此来看,历史上主张人性本无善恶(如趋利避害、性相近习相远)的哲人最多,其次是性善说和人性有善有恶说,主张性恶说的哲人最少。主张人性恶的学者数量最少,也同样符合人性,即人们总希望获得认同。所以赞美人的天性与美德的

---

① 《论语古今注》卷9,阳货下,子曰:"性相近也,习相远也";子曰:"惟上知与下愚不移。"

② 《论语古今注》卷9,阳货下,子曰:"性相近也,习相远也";子曰:"惟上知与下愚不移。"

学者也更受欢迎。丁若镛同样也不例外。他在考察《申鉴》中所列的有关人性的各种说法后,表示更支持孟子的性善说。

> 诸说皆有所据,惟孟子性善之说,得大体之本面耳。何以言之?人者妙合神形,而混然为一者也。故其发之为心者,有因道义而发者,谓之道心,有因形质而发者,谓之人心。以其有道心,故能明别善恶,又能好德而耻恶,终以至于杀身而成仁,此孟子所谓性善之本也。以其有人心,故贪财好色,怀安慕贵,从善如登,从恶如崩,此荀子所谓性恶之说也。道心为之主而可使为善,人心陷其天则可使为恶。善恶成于行事之后,而未定于生静之初,此公孙子所谓无善恶者也。道心人心交发而胥战,此扬子所谓善恶浑者也。然人之所以为人者,以其好德而耻恶,此天命也,此本性也。惟其形躯相围,为沮善陷恶之具也。故人心得横发于其间,而道心为之陷溺,是岂本性也哉?孟子所言者,性也。荀子所言者,性之因形而坏者也。公孙子所言者,自性之遇形,功罪未分者而言之也。扬子所言者,自性之遇形,敬怠交战者而言之也。言性者,顾不当以孟子为本乎?夫惟好德而耻恶,曷不谓之纯善乎?此孟子之言,所以独得其本者也。孟子以性为性,荀、扬、公孙以性与形为性,孰得而孰失乎?
>
> 又按刘向之说,理所不通。性善与人善不同。性善者,谓天赋之性,好德而耻恶。养之以善则浩然以充,饷之以恶则歉然以馁,明本性纯善也。人善者,率此善性,正心修身,毕竟行义而成仁,以全其德者也。①

丁若镛认为善恶分别缘起于"性"和"形",并分别由"道心"和"人心"所主导。当"道心"主导时人便会向善,"人心"主导时人便会作恶。因为"善"缘起于"性",那么"性"理所当然是"本善"的了,并据此认为荀子、扬雄、公孙龙等人混淆了"性"与"形",只有孟子的

---

① 《论语古今注》卷9,阳货下,子曰:"性相近也,习相远也";子曰:"惟上知与下愚不移。"

"以性为性"独自认识到了"性"的原初要义。丁若镛之后又批判了西汉学者刘向的观点，并将"性善"和"人善"二者区分开来。他认为人的"天赋之性"是纯善和好德耻恶的。而人后天对"天赋之性"是"养之以善"还是"饷之以恶"才是至关重要的，后天的人文环境、学习熏陶、自我完善等都是养"性"的重要因素，孟母三迁之教即是明证。笔者认为，如果按丁若镛之逻辑加以推导的话，那么只有孟子"性善说"是合理的这一观点便会成立。但可否将善恶拆分后认为其分别缘起于"性"和"形"，却是值得商榷的。孟子、荀子、扬雄、公孙龙四位中国哲人的观点分别代表了人性论的不同流派和解读人性的不同面向，连丁若镛也不得不承认"诸说皆有所据"，这四种人性说都有各自的依据和一定的说服力。

提到"道心"和"人心"，就不能不提到丁若镛的"性嗜好说"，此为丁若镛解读人性的核心概念。"道心"和"人心"的概念源自《尚书》。[①] 由此可见丁若镛思想中的多数核心理念均源自《尚书》，包括《钦钦新书》的书名和阐述其刑罚基本理念的首篇——"眚怙钦恤之义"，这或许也是丁若镛在生命的最后十几年深度沉迷《尚书》的原因。丁若镛在其《自撰墓志铭》中说道："性者，嗜好也。有形躯之嗜，有灵知之嗜，均谓之性"，"孟子曰'动心忍性'，又曰耳目口鼻之嗜为性，此形躯之嗜好也。天命之性、性与天道、性善尽性之性，此灵智之嗜好也。"[②] 丁若镛将嗜好分为"形躯之嗜"和"灵知之嗜"，也就是上文所说的"形"与"性"。灵智的嗜好乃是对道德的嗜好，即"道心"；形躯的嗜好乃是对肉体欲望的嗜好，即"人心"，从而将身体的欲望和求知求道、追求智慧的欲望视作两极，并使之对立起来。

丁若镛虽然主张以性善论为基础的"性嗜好说"，却与孟子的思想存在一定的差距。孟子认为人性本善，并以此通过"为政以德"引导百姓，希望百姓能自然而然地得到教化。也就是说，孟子认为道德可以通过人的自律实现。相反，丁若镛主张若无像官长和君王之执法和刑罚等他律

---

① 《尚书·大禹谟》："人心惟危，道心惟精，惟精惟一，允执厥中。"
② 《丁若镛诗文集》卷16，墓志铭，自撰墓志铭。

的手段,任何人都无法摆脱私欲的诱惑。① 可见李瀷和丁若镛在人性论上一定程度吸收了荀子对于人性的解读。

> 民之生也,不能无欲,循其欲而充之,放辟邪侈,无不为已。然民不敢显然犯之者,以戒慎也,以恐惧也。孰戒慎也?上有官执法也。孰恐惧也?上有君能诛殛之也。苟知其上无君长,其谁不为放辟邪侈者乎?夫暗室欺心,为邪思妄念,为奸淫,为窃盗,厥明日正其衣冠,端坐修容,粹然无瑕君子也。官长莫之知,君王莫之察,终身行诈而不失当世之美名,索性造恶而能受后世之宗仰者,天下盖比比矣。圣人以空言垂法,使天下之人,无故戒慎,无故恐惧,岂迂且暗哉?人性原自乐善,使之戒慎,犹之可也,夫恐惧为物,非无故而可得者也。师教之而恐惧,是伪恐惧也。君令之而恐惧,是诈恐惧也。恐惧而可以诈伪得之乎?暮行墟墓者,不期恐而自恐,知其有魅魈也。夜行山林者,不期惧而自惧,知其有虎豹也。君子处暗室之中,战战栗栗,不敢为恶,知其有上帝临女也。②

在上文中,丁若镛认为“师教”和“君令”等道德说教是苍白无力的,不足以使人产生畏惧,而是需要通过国家机器“以暴制暴”的方式才能使民众克制自己的私欲,使其私欲不得随意蔓延。他认为如果民众得知没有君长等任何外力的制约,那么民众就会任由自己的邪念而做出奸淫窃盗之事。他举出人在夜行墓地时,因为知晓有鬼魅而恐惧;夜行山林时,因为知晓有虎豹而恐惧;身处暗室时,因知道有上帝而恐惧,因而不敢作恶。人总是因知晓外部存在某种更大的或不确定的力量的制约而感到恐惧。这也是为什么丁若镛对刑事司法如此重视并倾心编撰《钦钦新书》的原因所在,其根植于他对人性的准确把握。

---

① 方浩范:《茶山丁若镛经学哲学思想》,《周易研究》2014 年第 5 期,第 81 页。
② 《中庸自箴》一:“是故,君子戒慎乎其所不睹,恐惧乎其所不闻。”

第四节　丁若镛的民本思想

丁若镛的法律思想可以总结为鲜明的民本和民权思想、区分"礼""法"的思想、罪刑法定原则、追求程序正义和司法的公正高效，以及重视预防犯罪等多个方面。而其法律思想中所体现的民众观和民本意识尤值得称道。

丁若镛与程朱理学注重"修己"的倾向不同，认为"修己"（经学）和"治人"（经世学）应该并重。丁若镛主张人是拥有自主权的行为主体。他不同意程子将"亲民"变更解释为"新民"的主张，在其著作《大学公议》中更倾向王阳明的主张，认为原文中的"亲民"本身就是正确的。① 百姓不是统治者需要革新的对象，百姓也非统治和教化的对象，而是圣人和君王需要爱惜的对象。

丁若镛在他的《跋顾亭林生员论》中，结合朝鲜的实际与顾炎武所作《生员论》，将中朝两国的士族阶级加以比较和批判。他指出："中国之有生员，犹我邦之有两班。亭林忧尽天下而为生员，若余忧通一国而为两班。然两班之弊，尤有甚焉"②，对当时朝鲜社会秩序的紊乱和阶级秩序的崩坏深表担忧。他在该文最后援用《管子》"承马"篇的观点，认为："一国之人不可以皆贵，皆贵则事不成而国不利也。"③ 丁若镛批判了当时朝鲜民众人人渴望在阶级上求上升以跃升为士族的现象。由此可见，丁若镛的经世济民思想受到了《管子》的部分影响，他是朝鲜王朝众多学者中极少数关注并吸收《管子》一书的哲人。《管子》相较传统儒家经典在风格上更加务实，对经济、民生问题和治国方略更为关注，这些都隐约反映在丁若镛的经世思想中。

在朝鲜王朝后期阶级秩序崩坏、社会秩序混乱的时代大背景下，丁若镛是如何看待当时不同阶级、不同职业的百姓的呢？他明确主张士农

---

① 《大学公议》，卷一，在亲民，"程子曰：'亲，当作新。'王阳明曰：'亲字，不误。'议曰：明德既为孝弟慈，则亲民亦非新民也。舜命契曰'百姓不亲，汝敷五教。'五教者，孝弟慈也。舜令契敷孝弟慈之教，而先言百姓不亲，则孝弟慈者，所以亲民之物也。"

② 《与犹堂全书》，文集卷14，跋，跋顾亭林生员论。

③ 《与犹堂全书》，文集卷14，跋，跋顾亭林生员论；《管子》，承马第五。

工商四民平等，其哲学基础却是孟子的"天爵"和"人爵"之辨。

> 天道以德之善恶为尊卑，如人道以爵之高下为尊卑。人苟仁矣，其位之为士为庶，天所不问，岂非天之尊爵乎？若以为天地生物之心，又以为本心全体之德，则洪匀赋予，本无不均，人人腔内，皆具天地生物之心，林林葱葱，无一而非得天之尊爵者也，岂可通乎？人之为物，欲仁则仁，不欲仁则不仁。故仁者为功，不仁者为罪，仁者可褒，不仁者可贬。若仁为本心全体之德，则人虽欲离仁不居，其可得乎？阙党不知长幼，互乡难与接言，市廛有贾衒之俗，学校习俎豆之礼。是四里者，皆不在吾身之内，故我得择其一而居之。仁与不仁，亦不在吾心之内，故我得以意拣择，舍此取彼。若仁在本心，则离不得矣，何以择矣？①

这一段落中，丁若镛对朱子主张的"仁者，天地生物之心。得之最先，而兼统四者，所谓元者善之长也。故曰尊爵"这一观点予以批判。朱子希望通过自己的解释将"天爵"和"人爵"统一起来，认为天道的"德之善恶"即对应于人道的"爵之高下"。而丁若镛却认为，朱熹的这一观点本身就前后矛盾，是伪善的。"德之善恶"和"爵之高下"并无必然的关系。他认为，若如朱熹所认为的"以仁为天地万物之心、本心全体之德"的话，则每个人都会被赋予天地万物之心，且均匀分布，并不会存在个体的差异，也不会存在先后或多寡，所以"得之最先"者为"尊爵"的观点无法成立。如果仁是本心全体之德，那么仁就是先天生成的，而个体也无法脱离"仁"，那么"仁"就非个体在后天自主的选择，从这一论点出发也同样可以否定朱子"本心全体之德"的观点。如果每个人的先天资质相同，通过后天的修习也都有"成仁"的可能，那么就可以得出"人人生而平等"的观点。即人在本性上是平等的，平等是自然的，而不平等是由于个体后天修习、精进与否造成，是人为的。"人爵"应以"天爵"为基础并服从"天爵"，而非让"天爵"适应并服务现存的"人爵"，或通过解释"天爵"而将现存"人爵"合理化。

---

① 《孟子要义》卷1，公孙丑 第二，矢人函人章，镛案。

这一观点也见于他对《尚书》"尧典"的诠释。在解释"尧典"中的"光被四表，合于上下"一句时，丁若镛不同意既往学者将"上下"释义为"天地"的观点，他认为"上者天也，下者人也"①，从而将"尧典"中的"上下"释义为"天人"或"天与人"。这一观点不知是否受到他所接触的天主教的影响，但与西方一神教的世界观却不谋而合，即在上天（或"上帝"）面前人人都是平等的。人只做上帝的奴仆，而不做人的奴仆。正因为他是上帝的奴仆，才不会做人的奴仆。他在《论语古今注》中明确提出，"天下君牧，皆上帝之臣。"② 也正因有了至高无上的上天（或"上帝"）的权威，与之对应的是在一个平面上的众人，众人既在一个平面上，个体间才有一种作为人的平等。丁若镛的某些观点若是受天主教等西学影响的话，那么其很可能是隐晦地使用西学观点来阐释先秦经典，通过阐发先秦经典中与西学相通的部分且作出变通的解释，以此来隐晦地证明西学观点的某种合理性，从而将某些西学观点在朝鲜合法化。这种试图打通东西古今学理的做法可能并非丁若镛有意为之，而是他同时接触多种东西方思潮后无意识中形成的。

那么丁若镛又认为权力该如何产生和更迭呢？这一争点集中体现在"商汤灭夏"这一重大历史事件中。当夏王桀暴虐而失去天命和民心，以致统治合法性尽失之时，作为夏王桀臣属的商汤是否具有放伐无道之君的权利呢？丁若镛通过《汤论》一文明确阐释了商汤灭夏的合法性。"汤放桀可乎？臣伐君而可乎？曰古之道也，非汤创为之也。"③ 他举出黄帝讨伐炎帝的先例，以证明商汤灭夏、武王伐纣等朝代更迭都是合法的。那么丁若镛又是如何设计君王和百姓的关系的呢？他主张天子的位置和权力应由百姓推举而来，即君主执政的合法性来自广大民众。他在其《汤论》中明确论述道：

　　夫天子何为而有也？将天雨天子而立之乎，抑涌出地为天子乎？

---

① 《尚书古训》卷1，尧典上，"曰若稽古，帝尧曰放勋，钦、明、文、思、安安，允恭克让，光被四表，格于上下。"

② 《论语古今注》卷10，尧曰 第二十（凡六章），补曰。

③ 《与犹堂全书》卷11（文集），论，汤论。

五家为邻,推长于五者为邻长,五邻为里,推长于五者为里长,五鄙为县,推长于五者为县长,诸县长之所共推者为诸侯,诸侯之所共推者为天子,天子者,众推之而成者也。夫众推之而成,亦众不推之而不成,故五家不协,五家议之,改邻长,五邻不协,二十五家议之,改里长,九侯八伯不协,九侯八伯议之,改天子。九侯八伯之改天子,犹五家之改邻长,二十五家之改里长,谁肯曰臣伐君哉?又其改之也,使不得为天子而已,降而复于诸侯则许之。①

丁若镛认为,作为最高执政者的天子,应从基层开始,经过层层推举而产生。即权力是由下到上地不断赋权,而非相反。改换天子应如改换邻长、里长一样简便,天子若不称职可以降为诸侯,人民可以自由地决定君长的交替和任免,而不应受到君臣大义的羁绊,他对权力的世袭和君权神授持否定看法。丁若镛的权力观已不限于传统的"为民"思想,而是更进一步并将百姓置于本位,认可并赋予民众享有正当权利的民权思想。可见他对权力来源的观点已接近现代,体现出他鲜明的主权在民理念。在上文中,他亦主张天子必须来自基层,必须有基层工作的实践经验,需要经过基层的长期考验和磨炼方才能够胜任。每一位上级长官都是来自下级官员中的佼佼者,比如里长中的优秀者可以任县长,县长中的优秀者可以任诸侯,诸侯中的最优秀者可被推举为天子,这才是理想而稳健的政治体制。但是,不应将他论述中的推举("推")简单地等同于现代政治中的选举。丁若镛在他的《原牧》中进一步阐述道:

牧为民有乎?民为牧生乎?民出粟米麻丝,以事其牧;民出舆马骑从,以送迎其牧;民竭其膏血津髓,以肥其牧。民为牧生乎?曰否否,牧为民有也。邃古之初,民而已,岂有牧哉?民于于然聚居,有一夫与邻哄莫之决,有叟焉善为公言,就而正之,四邻咸服,推而共尊之,名曰里正。于是数里之民,以其里哄莫之决,有叟焉俊而多识,就而正之,数里咸服,推而共尊之,名曰党正。数党之民,以其党哄莫之决,有叟焉贤而有德,就而正之,数党咸服,名

① 《与犹堂全书》卷11(文集),论,汤论。

之曰州长。于是数州之长，推一人以为长，名之曰国君。数国之君，推一人以为长，名之曰方伯，四方之伯，推一人以为宗，名之曰皇王。皇王之本，起于里正，牧为民有也。当是时，里正从民望而制之法，上之党正，党正从民望而制之法，上之州长，州上之国君，国君上之皇王，故其法皆便民。

　　后世一人自立为皇帝，封其子若弟及其侍御仆从之人以为诸侯。诸侯简其私人以为州长，州长荐其私人以为党正里正。于是皇帝循己欲而制之法，以授诸侯，诸侯循己欲而制之法，以授州长，州授之党正，党正授之里正。故其法皆尊主而卑民，刻下而附上，一似乎民为牧生也。今之守令，古之诸侯也。其宫室舆马之奉，衣服饮食之供，左右便嬖侍御仆从之人，拟于国君。其权能足以庆人，其刑威足以怵人，于是傲然自尊，夷然自乐，忘其为牧也。有一夫哄而就正，则已蹴然曰："何为是纷纷也。"有一夫饿而死，曰："汝自死耳。"有不出粟米麻丝以事之，则挞之楚之，见其流血而后止焉。日取筹缗，历记夹注涂乙。课其钱布，以营田宅，赂遗权，贵宰相，以徼后利。故曰民为牧生，岂理也哉？牧为民有也。①

　　丁若镛《原牧》中的论述极为精彩，故而在此全文引出。其文章首句便以"牧为民有乎？民为牧生乎？"这样的设问直指问题核心，即君民（官民）间的关系到底是君（官）为民，还是民为君（官），对这一问题的解答触及他法律思想的核心。他首先明确点出"牧为民有"。他认为最初的各级官僚产生于定止百姓间纠纷之时，因某人的仲裁得到了四邻或乡里的认同，因此他被推尊为里正和党正。"政者，正也"，"正"字本身就说明了权力应有的本然面貌。丁若镛认为，官员执政的最初与最终的合法性都是基于对正义的维护。而法律在最初产生之时也是由下到上的，"里正从民望而制之法，上之党正，党正从民望而制之法"。法律的制定最初都源于"从民望"，即顺应民意、合乎民心。如此一来，所有行政级别的法令在制定和推行时，都应出自下级既有法令在基层成功实践的先例，均源于对基层现实情况的深刻把握。因为制定的法律有牢固的现实

① 《茶山诗文集》卷10，原，原牧。

基础,因此便不会出现大的偏差,也就没有水土不服或难以推行的情况,新的法律反而因其顺应了百姓的意愿,回应了百姓的利益诉求而广受欢迎。

然而,后世却有一人自立为皇帝,在皇帝出现后原本自下而上的关系变得颠倒,原来自下而上时对"俊而多识""贤而有德"之人的推举,变成了自上而下对"私人"的授命。皇帝和诸侯等人在制定法律时"循己欲",他们循着自己的私欲自上而下地授权。因为法律制定的主体和服务的对象由"民"变成了"君",所以必然导致法律本身也"尊主而卑民,刻下而附上",君民、官民关系也自然从"牧为民有"变质为了"民为牧生",并通过权能和刑威奴役百姓。当百姓希望其为民主持正义时,官员却认为其是制造纷乱的刁民;当百姓穷困到难以过活而死亡时,官员却认为这是百姓自身的责任。官员极尽所能搜刮民脂民膏,养肥自身的同时也用其贿赂上司。丁若镛认为,这些现象均源于权力关系的颠倒,以及法律制定主体和服务对象的颠倒。人才在被任用之时,到底是出于公心还是私心,即能够辨别其是"选贤与能"的贤能政治,还是徇私枉法的帮派政治。由此可见,丁若镛的许多灼见已接近同时期哲学家卢梭的"社会契约论"。而丁若镛对"礼""法"二者的概念辨析,也具有独到的见解:

> 兹所论者,法也。法而名之曰礼,何也?先王以礼而为国,以礼而道民,至礼之衰,而法之名起焉。法非所以为国,非所以道民也。揆诸天理而合,错诸人情而协者,谓之礼;威之以所恐,迫之以所悲,使斯民兢兢然莫之敢干者,谓之法。先王以礼而为法,后王以法而为法,斯其所不同也。①

丁若镛认为,"法"的本然应为"礼"。夏禹、商汤、文王等先王理政之时以礼治国,在礼衰落后,以"法"治国才得以兴起。他将"礼"定义为"揆诸天理而合,错诸人情而协者",即认为礼源自对天理、人情的顺应与调和。他将"法"定义为"威之以所恐,迫之以所悲,使斯民

① 《经世遗表》卷1,邦礼艸本引。

兢兢然莫之敢干者"，即使百姓恐惧、悲痛和战战兢兢的力量。丁若镛所谓的"法"在此处有两种含义。第一种含义是普遍之规则，即"道"；而第二种含义是商鞅韩非之法，是手段，是必要之恶。他认为"以礼而为法"和"以法而为法"是善政与恶政的主要区别。我们可将丁若镛眼中的"礼"理解为近乎现代意义上的自然法，而将他眼中的"法"理解为现代意义上的制定法，而"礼"是法的本然，是最高层次的"法"。由此可见，他在推崇"天理"等自然法的同时，认为成文法（制定法）不能与自然法相抵触，自然法（"礼"）先于并高于成文法（"法"）存在，二者是目的和手段的关系。

第五节　"一表二书"

丁若镛经世致用的精神品质集中体现在他的"一表二书"——《经世遗表》《牧民心书》《钦钦新书》之中。在"一表二书"中，充当总论性质的是《经世遗表》。他在其"自撰墓志铭"中是这样定义"经世"二字的。"经世者何也？官制、郡县之制、田制、赋役、贡市、仓储、军制、科制、海税、商税、马政、船法……营国之制，不拘时用，立经陈纪，思以新我之旧邦也。"① 从中可知，丁若镛经世之学的落脚点在于对朝鲜王朝国家制度、行政组织的全面革新。丁若镛在写下"思以新我之旧邦"时，其联想到的定是《诗经》"周虽旧邦，其命维新"② 的语句，间接反映出他常将周代等上古三代作为其改革朝鲜王朝国家制度的标本与典范，某种程度上也反映出丁若镛思想中的复古主义倾向。

《经世遗表》原名《邦礼艸本》，在未完成的状态下问世于嘉庆二十二年（1817），原定 48 卷，在誊写过程中调整为 15 册 44 卷。"邦礼"立足于番邦（诸侯国）朝鲜的礼乐典章，而"艸本"意味着文稿有待修改完善。在编撰时，丁若镛立足于建构朝鲜的国家基本制度，故而在大量参考《尚书》《周礼》的基础上，设想了适合朝鲜本

---

① 《茶山诗文集》卷 16，墓志铭，自撰墓志铭。
② 《诗经·大雅·文王》。

国国情的改革方案。其中,因相传《周礼》记载了尧舜等上古圣王治国平天下的各项典章,丁若镛因而将之作为构想朝鲜国家制度的基本范本。《周礼》全书以"六官"划分,分为"天官冢宰第一""地官司徒第二""春官宗伯第三""夏官司马第四""秋官司寇第五""冬官考工记第六"等六篇。因《周礼》乃天子之礼,丁若镛根据诸侯国的等级和规模,在《经世遗表》中将之分为"天官吏曹""地官户曹""春官礼曹""夏官兵曹""秋官刑曹""冬官工曹",且在官缺数量上较天子之礼有了大幅缩减。因该书未能最终完成,丁若镛仅对"天官"和"地官"的改革方案有过详尽的描述,其中对土地制度("田制")的改革设想最具代表性。丁若镛认为应秉持"耕者有其田"的原则,提出"闾田制"的构想。

《牧民心书》类似我国古代的官箴书。"牧民者,何也?因今之法而牧吾民也。"① 这里的"牧"字乃是"守护"的意思。《牧民心书》共分 48 卷,初成于嘉庆二十三年(1818),最终完成于道光元年(1821)。在其序言中,丁若镛明确说明了编撰的目的、著作的结构以及援用的资料。

> 穷居绝徼十有八年,执五经四书,反复研究,讲修己之学。既而曰"学学半",乃取二十三史及吾东诸史及子集诸书,选古司牧牧民之遗迹,上下绸绎,汇分类聚,以次成编。而南徼之地,田赋所出,吏奸胥猾,弊瘼蘽兴,所处既卑,所闻颇详,因亦以类疏录,用着肤见。共十有二篇,一曰赴任,二曰律己,三曰奉公,四曰爱民,次以六典②,十一曰赈荒,十二曰解官。十有二篇,各摄六条,共七十二条,或以数条合之为一卷,或以一条分之为数卷,通共四十八卷以为一部。虽因时顺俗,不能上合乎先王之宪章,然于牧民之事,条例具矣。③

---

① 《茶山诗文集》卷16,墓志铭,自撰墓志铭。
② 六典:吏、户、礼、兵、刑、工六典。
③ 《牧民心书》,序。

从上文可知，《牧民心书》的编撰目的与《钦钦新书》相近，乃是出于对百姓疾苦的深切体察，以及对地方治理不完备和官吏腐败无知的痛心疾首。《牧民心书》共计十二篇，环环相扣，在编撰体例上十分规整，乃是"上下绸绎，汇分类聚，以次成编"，这与《钦钦新书》"荟萃相附，不能浑成"①的开放性特征形成了鲜明的对比。值得注意的是，丁若镛在《牧民心书》中明确阐明"修己之学"（经学）只是"学学半"，而另一半正是以"一表二书"为标志的"治人之学"（经世学）。这在《牧民心书》序言中亦有类似的叙述。他认为："君子之学，修身为半，其半牧民也。"②丁若镛将经学和经世学相提并论，而在分量上亦不分伯仲，这在首倡经学的传统社会确是难能可贵的。也正因为他将"修己"和"治人"并驾齐驱，故而我们可清楚地看到二者在丁若镛思想中的相互渗透。他通过释读经典原文，不断挖掘先王的治国之道和经世济民的良方，在经世之学中又不断回归经典而使治国平天下上升至哲学的高度。正是经学和经世学在丁若镛思想体系中的交相辉映，使得丁若镛的著述呈现出多数学者所难以达到的理想主义与现实主义的完美融合。

而本研究主题——《钦钦新书》初成于嘉庆二十三年（1818），时名《明清录》，共计24卷，最终成书于道光二年（1822），经完善后扩充至30卷，主要涉猎的是人命案件和刑事司法。"钦钦者，何也？人命之狱，治者或寡，本之以经史，佐之以批议，证之于公案，咸有商订，以授狱理，冀其无冤枉，镛之志也。"③由此可知，"一表二书"这三部著作相辅相成并互为犄角。《经世遗表》是为负责整个朝鲜国家体制改革的君王和中央官员所写；《牧民心书》是为地方官吏编写，整理了全国牧民官须执行的任务；《钦钦新书》是为中央及地方处理刑事案件的官吏编写。如果说"一表二书"中的"一表"体现了丁若镛经世思想核心的话，那么"二书"便解决了"一表"中未能涉及的重要议题。④此外，"一表"区

---

① 《钦钦新书》序。
② 《牧民心书》序。
③ 《茶山诗文集》卷16，墓志铭，自撰墓志铭。
④ ［韩］白敏祯：《丁若镛哲学思想研究》，苏州大学出版社2013年版，第161页。

别于"二书"的重要特征乃是《经世遗表》以"不拘时用,立经陈纪,思以新我之旧邦"① 为宗旨。也就是说,《经世遗表》并不刻意将之与现实社会紧密结合,更多是带有某种理想社会的憧憬,是对丁若镛心中"乌托邦"的描绘。这一"乌托邦"极度向往上古社会并主张复古。因为丁若镛及赏识其才华的正祖大王理想中的朝鲜,是一个将中国上古三代的理想政治化为现实的崭新朝鲜。因为《经世遗表》务虚而非务实的倾向,以及其不以实用为目的的"局限",也更凸显出"二书"——《牧民心书》和《钦钦新书》"时用"这一实用性的特征。这一点在丁若镛撰写《牧民心书》和《钦钦新书》的序文时都有过明确阐述。

图 1-11 光武五年(1901)广文社所刊《钦钦新书》

由此可知,丁若镛相较其他朝鲜王朝时期学者,他的思想中带有强烈的现实关怀和改革旧制的意识。在他为自己所撰写的墓志铭中,明确阐明了经学和经世学二者是对立统一的关系。"六经四书,以之

---

① 《茶山诗文集》卷16,墓志铭,自撰墓志铭。

修己，一表二书，以之为天下国家，所以备本末也。然知者既寡，嗔者以众，若天命不允，虽一炬以焚之，可也。"① 修己和治人虽各为本末，然而"古之欲明德于天下者，先治其国；欲治其国者，先齐其家；欲齐其家者，先修其身"②，修身乃是治国平天下的前置阶段，儒家士大夫的终极目标仍是治国、平天下。由此来看，丁若镛的"六经四书"和"一表二书"相辅相成、缺一不可。正如孟子所标榜的"穷则独善其身，达则兼济天下"③已内化为朝鲜士大夫的理想信念一般，丁若镛的思想也已超越独善其身的阶段，而到达兼济天下的理想境界。何况反映他经世济民思想的"一表二书"并非在其腾达之时写作，而是在他于流寓之地、困穷之时所作，更彰显其可贵和不凡。自撰墓志铭中明言"以之为天下国家"，其将"天下"置于"国家"之前，显示出丁若镛孜孜以求的是适用于全天下的普遍真理，而非仅适用于朝鲜或只合乎一国国情的特殊原理。就像《钦钦新书》《牧民心书》援用资料的广泛性所体现的宏大视角一般，丁若镛的思想虽立足于朝鲜之一国，但在某种程度上已超越了一朝或一国范畴，他努力求索的是更具普遍性、更高层次的真理。

通过他的自撰墓志铭，也可以看出"一表二书"三部著作的排位。其顺序是以《经世遗表》为首，其次《牧民心书》，再次《钦钦新书》。若以现行法打个不甚恰当的比喻，《经世遗表》作为设计朝鲜总体国家制度之书，等同今日之宪法；《牧民心书》作为朝鲜各级官僚的行政指南，归属今日的行政法领域；《钦钦新书》作为记载刑事案件处理原则和收录代表性判例的著作，则属于今日刑事法领域。当然，也可将《经世遗表》《牧民心书》《钦钦新书》分别对应今日的立法、行政和司法。以此可知，三本著述间虽略带主从，却为一个整体，是珠联璧合并相互补充的关系。

纵览丁若镛的经世之学，其在广义上不仅涵括作为"一表二书"的《经世遗表》四十四卷、《牧民心书》四十八卷和《钦钦新书》三十卷，

①　《茶山诗文集》卷16，墓志铭，自撰墓志铭。

②　《礼记·大学》。

③　《孟子·尽心上》。

还包括未完成的《我邦备御考》30 卷、《我邦疆域考》10 卷、《典礼考》2 卷、《大东水经》2 卷、《小学珠串》3 卷、《麻科会通》12 卷和《医零》1 卷等，这些著述在丁若镛的自撰墓志铭中均被他谦抑地归入"杂纂"之流①，在此不再赘述。

---

① 《茶山诗文集》卷 16，墓志铭，自撰墓志铭，"又杂纂门目各殊……"。

第 二 章

《钦钦新书》的编撰

第一节　中朝历代判例集

我国历来有私人编撰刑事判例集的传统。现存最早的判例集是五代时和凝父子编撰的《疑狱集》。其后又有南宋人郑克编撰的《折狱龟鉴》、桂万荣编撰的《棠阴比事》及与之同时的《名公书判清明集》等。《疑狱集》和《折狱龟鉴》所载案例在《钦钦新书》的"经史要义"篇中有大量摘录。而元代法制较为特殊，元代判例多载于《元典章》《大元通制》《至正条格》中。明清两代特别是清代是我国传统时期私人编撰判例集的高峰。李清的《折狱新语》、李渔的《资治新书》判语部、蓝鼎元的《鹿洲公案》、全士潮等人的《驳案新编》《驳案续编》《驳案汇编》、马士璘、王又槐等人的《成案所见集》《新增成案所见集》、祝庆祺等人的《刑案汇览》《续增刑案汇览》《刑案汇览续编》《新增刑案汇览》、许梿等人的《刑部比照加减成案》《刑部比照加减成案续编》、胡文炳的《折狱龟鉴补》等判例汇编均出自此时，数量蔚为可观。

传统时期朝鲜半岛的判例集则有所不同。现存判例集多见于朝鲜王朝后期，且大多为官撰，主要有正祖五年（1781）完成的《秋官志》，正祖二十三年（1799）完成的《审理录》以及同时期的《祥刑考》（已佚），这些资料多记录涉及人命的刑事案件。另外，还有记录朝鲜中后期谋反大逆、妖书、党争等动摇社稷之重罪的《推案及鞫案》。以上这些均是朝鲜王朝官方对重罪案件的汇编资料。另外，《民状置簿册》是地方官衙对案件处理结果的汇编，"检案""查案"资料则是涉及人命案件的尸体检验报告。此外，《朝鲜王朝实录》等年代记资料、《完营日录》等官员日记中也有许多判案的实例。

《审理录》记录了朝鲜正祖大王从1775年12月至1800年6月由其直接审判的刑事案件,多数与命案相关,共收录判例1112件,以年度和郡县为单位加以分类。每个案例大致由四个部分构成,其首先记录每个案件发生的郡县名(汉城为部名)和罪犯的姓名,其次记录案件的梗概,再次记录各道观察使和刑曹的调查报告,即"道启"和"曹启",最后记载正祖大王的最终判决。因为《审理录》所载各案件都以统一格式编撰而成,所以对其发生的地域、加害人和被害人的姓名以及被害人的死因等基本信息都一目了然。但因《审理录》以国王的最终裁决为中心编写而成,所以对地方官的尸检报告和观察使的批复等反映调查过程的资料就较为匮乏,即便是作为最终调查报告的"道启"和"曹启"都明显略写,这是《审理录》的不足之处。①

《秋官志》是正祖五年(1781)刑曹判书金鲁镇令朴一源将刑曹所保存的案例整理汇编后,于正祖六年(1782)和正祖十五年(1791)分两次增补而成。此书"详覆部"的部分记录了许多朝鲜王朝后期与人命有关的判例。其中正祖年间的部分判例与《审理录》重合。

《推案及鞫案》记录了从宣祖三十四年(1601)至高宗二十九年(1892)约300年发生的涉及朝鲜王朝谋反大逆、妖书、党争等重罪案件。通过《推案及鞫案》可知,义禁府根据案情的轻重分为亲鞫、庭鞫、推鞫、三省推鞫等不同的形式,对挑战朝鲜王权的政治事件和谋逆案有着详细的记录。

第二节 《钦钦新书》的编撰目的

从《钦钦新书》序文可以确知丁若镛编写该书的目的,他对该书日后的用途有过明确的阐述。在《钦钦新书》序文中,丁若镛首先点明"天权"这一概念。"惟天生人而又死之,人名系乎天,乃司牧又以其间,安其善良而生之,执有罪者而死之,是显见天权耳。人代操天权,罔知兢

---

① 심재우, 2015, "심리록과 조선시대 판례 읽기", 《장서각》 34, 329 면.

畏……"① 丁若镛在此指出，人类的生死本由上天主管，各级官僚仅仅是代行天权而已，即生杀大权原本不属于人类。丁若镛认为人的生命权极为神圣，是天赋人权的重要组成部分，包括有权者在内都不可轻易剥夺另一人的生命。作为有着丰富司法经验的编者丁若镛，其尊重人的生命权和生命的尊严，将人的生存权视作最高价值，并于书中开宗明义地指出此点，以此来作为朝鲜刑事司法的最高准则，并写入《钦钦新书》序言首句。

其后，丁若镛于序文中提到了朝鲜王朝后期官僚知识结构的问题："顾士大夫，童习白纷，唯在诗赋杂艺，一朝司牧，芒然不知所以措手，宁任之奸胥而弗敢知焉。"② 他对当时官僚法律知识的不完备而深感痛心。这里就引出了一个问题，即传统时期的中朝两国官员缘何缺乏专业的法律知识呢？这要从当时的统治理念以及士大夫的知识结构说起。正如丁若镛在序文中提到的朝鲜后期官僚主要研习诗赋和杂艺一般，朝鲜王朝的士大夫以科举考试为导向，主要学习经学、诗学、礼学、中国历史等。经学领域主要有《大学》《中庸》《论语》《孟子》（即《四书章句集注》）《礼记》《四书三经释义》等先秦经典，以及经典注解类图书为主的儒家典籍；性理学领域主要有《近思录》《朱子学节要》《性理群书》《心经》《圣学辑要》《易学启蒙》等；诗学领域主要学习李白、杜甫、韩愈、柳宗元、苏轼等唐宋时期的名家诗作。③ 另外，朝鲜士人在幼年时期学习的《千字文》《击蒙要诀》《明心宝鉴》等蒙学著作也应包含其中，在启蒙教育结束后，朝鲜士人大多集中研习四书三经。从中可知，一般朝鲜士大夫的知识体系中原不包括律学专门知识。

为什么朝廷积极引导将来从事司法审判的朝鲜士大夫们学习经史与诗文呢？又为什么将不懂法律的士大夫们直接任命在和司法实务密切相关的各级各类官职上呢？这其实与当时的理念和制度密切相关。朝鲜王朝的司法权与行政权并无明显分离，朝鲜王朝的中央司法机关有刑曹、司宪府、义禁府、掌隶院、汉城府等，地方司法由各道观察使和府使、

---

① 《钦钦新书》序。

② 《钦钦新书》序。

③ 可参考조극선《인재일록》（《인재일록》정서본1，2012，한국학중앙연구원 장서각）。

牧使、县令、县监行使，他们既是行政长官，又是各级法官。

朝鲜王朝地方长官等各级官员法律知识的缺乏问题实与传统时期东亚地区培养"君子"的这一教育目标不无关系。何人可以称之为君子？子曰："君子谋道不谋食""君子忧道不忧贫。"[①] 从孔子的教导便知，君子应是一位求道者。而"道"是宇宙秩序的根源，是人类社会道德秩序的源泉。另一方面，"形而上者谓之道，形而下者谓之器"[②]，道是形而上的，与"器"对立。[③] 子曰："君子不器。"[④] 对一心求道的读书人来说，读书不仅是探求真理的过程，也是修身及在道德上臻于完善的过程，读书与成为君子是同步且一体两面的，是实现修齐治平和内圣外王的必经之路。而这一路径恰恰与专业人才的培养相对立，由此阻碍了朝鲜王朝法律职业的专业化。

朝鲜王朝各级官员所学经史、诗文等知识，对其从事司法审判有何作用呢？真的毫无用处吗？这里有必要讨论"经""律"二者的关系。自汉代"引经决狱"到唐律的"一准乎礼"，东亚传统刑事法与先秦经典便有着千丝万缕的联系，法律精神与基本原则多出自经义，因此我们可把经学视作传统东亚地区的法理学或法律哲学，它主导着法律的制定和解释，及司法审判的实际运作。[⑤] 这就充分解释了丁若镛为何把"经史要义"置于《钦钦新书》的首篇的原因，"经"是"律"的源泉，同时又是"律"的核心成分。因而，士大夫精通经史也就意味着对立法精神和相关法理的精确把握，并为日后的司法审判提供指导。这与今日法学科班出身之人从事实务仍需适应一段时间如出一辙。通过《钦钦新书》序文可知，丁若镛写作此书的目的正是为朝鲜各级官员头脑中既有的经义等法哲学知识与律学等司法实务知识间架起一座桥梁，起到引导官员熟悉司法实务的媒介作用。

---

① 《论语·卫灵公》。

② 《易经·系辞上》。

③ 徐忠明、杜金:《清代司法官员知识结构的考察》，《华东政法学院学报》2006 年第48 期。

④ 《论语·为政》。

⑤ 徐忠明、杜金:《清代司法官员知识结构的考察》，《华东政法学院学报》2006 年第48 期。

"明启此书，以引以翼，为《洗冤录》《大明律》之藩篱，则推类充类，庶亦有裨乎审拟，而天权不误秉矣。"① 丁若镛将《钦钦新书》置于《洗冤录》和《大明律》之下，而这两部典籍正是朝鲜王朝刑事司法之根本，同时也是朝鲜王朝律科的必考科目。《钦钦新书》的实际作用便是增进官员对《大明律》《洗冤录》的理解和运用，有益于各级官员准确地审理和裁决各类刑事案件。换言之，朝鲜各级官员只有在通晓《大明律》和《洗冤录》的基础上，才能充分理解《钦钦新书》全书的内涵，《钦钦新书》的作用仅是辅助性的。

第三节 《钦钦新书》的编撰过程

除序文外，《钦钦新书》全书共分五篇。其分别是"经史要义""批详隽抄""拟律差例""祥刑追议""剪跋芜词"篇。根据丁若镛序文中的陈述，"经史要义"篇是"冕之以经训，用昭精义，次之以史迹，用著故常"②，共计三卷 130 条。"批详隽抄"篇是"批判详驳之词，用察时式"③，共计五卷 70 条。"拟律差例"篇是"清人拟断之例，用别差等"④，共计四卷 188 条。"祥刑追议"篇是"先朝郡县之公案，其词理鄙俚者，因其意而润色之，曹议御判，录之唯谨，而间附己意，以发明之"⑤，共计 15 卷 144 条。"剪跋芜词"篇是"前在西邑，承命理狱，入佐秋官，又掌兹事，流落以来，时闻狱情，亦戏为拟议，其芜拙之词系于末"⑥，共计三卷 17 卷。

让我们来看《钦钦新书》的编撰过程。丁若镛是如何完成包括《钦钦新书》在内的规模庞大的著述的呢？从《俟庵先生年谱》跋文中"其弟子之阅经考史者数人，口呼受写如飞者数三人，常替臂易稿正书者数三人，劳之助役如乌丝栏濯误唱准踏纸妆潢者三四人"可知，丁若镛的

---

① 《钦钦新书》序。
② 《钦钦新书》序。
③ 《钦钦新书》序。
④ 《钦钦新书》序。
⑤ 《钦钦新书》序。
⑥ 《钦钦新书》序。

海量著作绝非一人之力可以完成，众多弟子的协助必不可少。

依照沈载祐教授的研究①，《钦钦新书》的成书过程大致经历了以下几个阶段。丁若镛历任谷山府使、刑曹参议等职，此时的他经手了许多刑事案件，并奉正祖大王之命整理编撰了《祥刑考》，为日后编撰"一表二书"奠定了基础。《钦钦新书》编撰的第一个阶段是 1801 年至 1808 年。这一时期的丁若镛处于流放期间最为艰苦的阶段，《钦钦新书》"剪跋芜词"篇的前身——《明清录》3 卷的编撰大致在这一时期完成。《明清录》记载了其充任谷山府使和刑曹参议时写作的司法文书、流配时期为康津县监等人代写的司法文书等自己亲笔书写的法律文书等。《钦钦新书》编撰的第二个阶段是 1808 年至 1818 年。这一时期的丁若镛在《明清录》的基础上补充了"经史要义""批详隽抄""拟律差例""祥刑追议"等篇章，是为《明清录》24 卷。《钦钦新书》编撰的第三个阶段是 1819 年至 1822 年，这一时期的丁若镛将《明清录》改名《钦钦新书》，并由 24 卷扩充至 30 卷，经修订后于 1822 年春作序，是为最终版本的《钦钦新书》。笔者对这一观点持保留态度，原因如下。

丁若镛之所以将此书改名为《钦钦新书》，乃源自《尚书》"钦哉！钦哉！惟刑之恤哉"之语，是对"钦恤"这一刑事司法精神的标榜。1818 年《牧民心书》初稿本中的《明清录》，在 1821 年的《牧民心书》再稿本中已改称《钦钦新书》，从而可以确认二者的承继关系和改名的事实。依照《牧民心书》"断狱"条记载，"经典所论刑狱之义及古今杀狱之迹、国朝故事、先朝判狱之词及检跋之余所为者，合之为明清录二十四卷，别为一部，今不复论。"② 由此可知，《明清录》的构成与今本的《钦钦新书》几乎一致，可以确认《钦钦新书》的前身就是《明清录》。所谓"别为一部"，指的是 24 卷本的《明清录》。将今本的《钦钦新书》序言与上述《牧民心书》"断狱"条所载内容加以比较，可以发现《钦钦新书》与作为其前身的《明清录》所载中国判例有较大出入。《牧民心书》所言"经典所论刑狱之义"指的是《钦钦新书》"经史要义"篇第

---

① 심재우, 2019，"정약용의 《흠흠신서》 편찬 과정에 대한 재검토"，《한국사연구》186, 386—388 면（笔者将原文中第三、第四个阶段合并为第三阶段）。

② 《牧民心书》卷 31，刑狱六条，断狱。

一卷,"古今杀狱之迹"主要指《钦钦新书》"经史要义"篇的第二、三卷中的中国历代案例故事,"国朝故事"指的是"经史要义"篇的第二、三卷中从《国朝宝鉴》等朝鲜各类史料中搜集的朝鲜本国案例故事。这三部分合为《钦钦新书》的第一篇——"经史要义"篇。而《牧民心书》所言"先朝判狱之词"中的"先朝"指的是朝鲜正祖大王在位时期,即占据《钦钦新书》最多篇幅的第四篇——"祥刑追议"篇。而"检跋之余所为者"是指丁若镛本人所作检案跋词,即《钦钦新书》中的第五篇——"剪跋芜词"篇。由此可知,1818 年时的 24 卷本《明清录》当中并未涉及今本《钦钦新书》中的"批详隽抄"和"拟律差例"两篇。

为何 1818 年的《明清录》中已出现今本《钦钦新书》的第一、第四、第五篇,而并未出现第二篇"批详隽抄"、第三篇"拟律差例"呢?从 24 卷本的《明清录》到 30 卷本的《钦钦新书》,篇幅的变化更觉诡异。这多出的 6 卷从何处而来?笔者推测,"批详隽抄"篇的 5 卷和"拟律差例"篇的 4 卷等中国发生的晚近案例,比起其他篇目来,很可能是最晚编入《钦钦新书》的。从"拟律差例"篇所录案例来看,最晚近的两个案件都发生在嘉庆十六年(1811),在编撰《钦钦新书》时可谓最新的海外资料。

这些清代判例资料在我国编撰成册后流入朝鲜半岛,丁若镛得手后详加阅览,择优编入《钦钦新书》中并附上了自己的批判性见解。这一过程依照笔者推测,最快也需要 5 年以上时间。也就是说,在嘉庆二十三年(1818)以前,这些清代判例很可能未被编入《钦钦新书》。换言之,完成 30 卷本《钦钦新书》的时间节点未必在嘉庆二十三年(1818)前后,而很可能更晚。即 1819 年至 1822 年间,丁若镛不仅对《钦钦新书》作了局部修订,还很有可能在此期间加入了"批详隽抄"和"拟律差例"两篇,并附加了相应的注解和评论。

据此,笔者认为《钦钦新书》全书的形成过程如下。其第一个阶段与"剪跋芜词"篇相关,是 1797 年至 1807 年间丁若镛个人所作的司法文书。第二个阶段与"经史要义"和"祥刑追议"两篇相关,即从丁若镛移居茶山草堂的 1808 年起,到完成 24 卷本《明清录》的 1818 年止。而第三个阶段则与"批详隽抄"和"拟律差例"两篇相关,即从完成 24

卷本《明清录》的 1818 年起，到丁若镛执笔《钦钦新书》序文并完成 30 卷本《钦钦新书》的 1822 年止。由此可见，《钦钦新书》的成书过程历经二十余年，是作者法制资料不断积累、法律思想形成并不断完善的过程，其在编撰速度上是匀速前进的，平均每年编写两卷左右。

第四节 《钦钦新书》的前身和后续影响

《钦钦新书》的编撰经历了漫长的过程，而非一蹴而就。在其成书过程中就有一些可视为《钦钦新书》前身的史料，如《私案》《钦刑典书》《明清录》《钦典》等。这些原始资料大多藏于首尔大学奎章阁韩国学研究院，其对把握《钦钦新书》的编撰过程和内容构成十分重要，下面我们来看这些写本原始资料的内容和特征。

《私案》（奎 11438）现藏于首尔大学奎章阁，由五本写本组成，收录了正祖大王在位年间发生的命案及正祖大王的御判，其中的多数发生于 18 世纪 80 年代。所载案例与《钦钦新书》"祥刑追议"篇的分类类似，五本中的第一本包括"首从之别"和"伉俪之戕"等两种类型的案例，第二本包括"自他之分""故误之劈""病打之辨""图赖之狱"等四种类型的案例，第三本包括"推诿之辨""伉俪之戕""首从之别""癫狂之刺""故误之劈""义气之释""图赖之狱"等七种类型的案例，第四本未详，第五本包括"稀异之案""彝伦之残""公私之判""病打之辨"等四种类型的案例。从这一分类中我们可以看到"祥刑追议"篇的影子，但各类型在命名上与"祥刑追议"篇略有差异。有些类型出现了不止一次，且案例之后未见有丁若镛本人的按语（评论），从中可知《检案》是《钦钦新书》的雏形之一，各案例及类型在当时还有待编排完善。《检案》收录的绝大多数案例均被"祥刑追议"篇收录，但个别案例未见于《钦钦新书》，可知在后续编撰时有过部分增删。[①]

《钦刑典书》（古 5125—65）现藏于首尔大学奎章阁，由一本写本组

---

① 심재우, 2019, "《흠흠신서》 연구의 현황과 관련 필사본의 유형", 《다산과 현대》 12, 30 면.

成，共97张。《钦刑典书》收录了正祖大王在位期间朝鲜人命案件的相关资料，包括地方官的检案跋词、观察使的题辞、正祖大王的御判及丁若镛本人的评论等。其所收录的案例后来见于《钦钦新书》的"祥刑追议"和"剪跋芜词"篇。此书较《检案》更为完善，推测其应出现在《检案》之后，但仍属于《钦钦新书》"祥刑追议"和"剪跋芜词"两篇的前身。但《钦刑典书》的最后，出现了与《钦钦新书》无关的19世纪中后期朝鲜发生的刑事案例，如1886年谷山府李致焕致死案的检案跋词等。由此可以推知，《钦刑典书》应是19世纪末某人所作，此人很可能是黄海道兔山县人氏，因为其所添加的案例多是兔山县县监作成的检案跋词（分别写于1844年、1878年和1886年等），且不能排除编撰该书之人就是历任兔山县监的某位士大夫。《钦刑典书》编写时被添加《钦钦新书》成书后发生的个别案件的事实，使我们看到了《钦钦新书》被后世参考使用的情形。①

《明清录》（古3649—151）现藏于韩国国立中央图书馆，由一本写本组成，分为三卷。此三卷本的《明清录》与日后《钦钦新书》改名前的二十四卷本《明清录》（1818年完成）虽然书名相同，但其构成却截然不同，不可混淆。三卷本的《明清录》大致相当于《钦钦新书》的"剪跋芜词"篇，但"剪跋芜词"篇由17个条目（若包含全书最后的"申明掘检之法 教文跋"）组成，《明清录》仅有15个条目。经过比较可知，"剪跋芜词"篇当中的第15、16个条目"拟康津县金启甲狱事五查状跋辞""拟杨根郡李大哲同推状题辞"为《明清录》所不载。但《明清录》比"剪跋芜词"篇多出丁若镛在谷山府使任上所作的"清溪村行检说"，此文在《明清录》中作为附录出现，此文后来现于《牧民心书》"刑典"部分。《明清录》最晚近的案例发生在1807年，且丁若镛在《明清录》"私奴有丁案检验跋词"的末尾附有"右拟作数首，为示庶弟令习文法也；其代作二首，则为地主所要，不得已而塞也。遂徙居茶山"② 之语，因而可以断定三卷本《明清录》所载案件的跋词等内容均完成于丁

---

① 심재우, 2019, "《흠흠신서》 연구의 현황과 관련 필사본의 유형", 《다산과 현대》 12, 31 면.

② 《明清录》卷三，康津县私奴有丁被打致死初检跋词。

若镛移居茶山草堂（1808 年春）之前，此三卷本《明清录》应成书于1808 年至 1817 年之间。韩国国立中央图书馆藏本的卷一至卷三记有"与犹堂集"卷 327、卷 328 和卷 329，可以说明此书原为丁若镛家中所收藏的"家藏本"。通过此书编入《与犹堂集》可知，此书与《私案》《钦刑典书》不同，是属于业已完成的版本。①

《钦典》（奎 12235）现藏于首尔大学奎章阁，由一本写本组成。该书的最后写有"《钦钦新书》编入之外，又有斯篇，另辑一书，以备后考，岁在壬辰。洌水老人题"之语，由此可知《钦典》是将未编入《钦钦新书》的案例整理后汇编而成。通过"壬辰年"这一信息可知《钦典》完成于 1832 年，距离丁若镛逝世的 1836 年仅隔四年。《钦典》中载有正祖大王在位年间的命案共计 35 件，并以 18 世纪 80 年代的案例为最，这些案例多数未载于"祥刑追议"篇，其内容包括案件的检报、查报，以及观察使向国王呈交的启辞等，其中并无丁若镛本人的评论。②

众所周知，丁若镛晚年解配后回乡蛰居，包括《钦钦新书》在内的著述都未能在当时的朝鲜得到普及或推广。因此，《钦钦新书》写本于成书后在朝鲜是如何被各级官员使用的，现在不易准确获知。但通过几本书籍可以推测，《钦钦新书》在 19 世纪的朝鲜得到了某种程度的流传和阅读。这些书目包括《钦书要概》《钦书掇英》《钦书驳论》等，此类书籍明显受到了《钦钦新书》的深刻影响，下面作简单的介绍。

《钦书要概》（古 5125—5198）现藏于首尔大学奎章阁，由一本写本组成，且无法断定该书的编者和成书年代。该书编者在此书的开头明确说明了丁若镛曾编撰《钦钦新书》，然而因其内容过多，遂择其精要而整理为《钦书要概》。虽如此，但此书的内容与《钦钦新书》却无太大关系，其主要内容是整理了朝鲜当时的尸检技巧及需要注意的事项。该书的性质类似奎章阁所藏《检要》、加州大学伯克利分校所藏《检考》。但此书编者高举《钦钦新书》的编撰精神辑录而成，因而此人在当时一定

---

① 심재우, 2019, "정약용의 《흠흠신서》 편찬 과정에 대한 재검토", 《한국사연구》186, 378—380 면.

② 심재우, 2019, "정약용의 《흠흠신서》 편찬 과정에 대한 재검토", 《한국사연구》186, 381 면.

通读过《钦钦新书》。

《钦书掇英》（古5120—31）现藏于首尔大学奎章阁，由两本写本组成，分为两卷。其内容主要是将命案的处理方法和要领分为36项后，再将《钦钦新书》的内容加以整理并收录该书。此书的前半部分载有编者的信息"花坞 恭爻"，却不知具体是何人。作为本书解题的第二册附录上曾说，此书编著于甲午年关北的明城旅馆，笔写之人是李翊台。① 甲午年应是公元1834年或1894年，笔者认为1834年的可能性较大，但也无法完全排除编撰于1894年的可能性。纵览此书，其第一卷汲取了《钦钦新书》"祥刑追议"篇的部分内容和全书最后的"申明掘检之法 教文跋"，所录"祥刑追议"篇案件主要辑录了正祖大王的判决和丁若镛的评论，其他内容则基本省略。其第二卷则对各类命案的死因加以归类后看，将各类命案的处理方法加以叙述，分为总论、殴打、蹴踏、折项、刀刺、缢勒、溺水、内伤、服卤、马踢、齿咬、奸淫、淫诬、掇英等类型。

《钦书驳论》（古5125—5127）现藏于首尔大学奎章阁，由一本写本组成。该书作者是19世纪中后期的朝鲜思想家沈大允（1806—1872），他作为朝鲜王朝后期的实学家，有经学为主的著作共120卷留存至今。此书的主要内容如同书名，是针对丁若镛在《钦钦新书》的诸多观点予以批判和驳斥。该书选取了《钦钦新书》各篇中有争议性的几个主题和相关案件，对丁若镛的见解（书中一般称作"丁镛曰"或"丁氏之言"）一一加以批驳，在此书的最后附有《无冤录辨正》。② 由此可知，该书因富于思辨性而具有较高的学术价值，通过此书能够比较和对照丁若镛和沈大允两位哲人在刑法思想及政治哲学上的异同。

除上述书籍外，另有19世纪编撰的《剪跋撮要》（奎7799），现藏于首尔大学奎章阁，由一本写本组成，收录了41件刑事案件。看此书书名，其很可能参考了《钦钦新书》的"剪跋芜词"篇。另有现藏于奎章阁的《审要》（古5125—5166），由一本写本组成，该书收录了出自《钦

---

① 심재우, 2019, "《흠흠신서》연구의 현황과 관련 필사본의 유형", 《다산과 현대》 12, 34면.

② 심재우, 2019, "《흠흠신서》연구의 현황과 관련 필사본의 유형", 《다산과 현대》 12, 35면.

钦新书》"剪跋芜词"篇的两件检案跋词。这些产生于 19 世纪的朝鲜古籍间接证明了《钦钦新书》成书后对朝鲜半岛的刑事司法产生了一定影响。

第 二 篇

集大成:《钦钦新书》与中朝法律典籍

第 三 章

"经史要义"篇的构成与出处

第一节 "经史要义" 篇的构成

最能体现丁若镛法律思想的莫过于《钦钦新书》的首篇——"经史要义"篇了。此篇在《钦钦新书》中处于核心的位置。"经史要义"篇共分三卷,第一卷记录儒家经典要义,摘录了先秦经典中与刑事审判有关的原则,共计13个条目;第二、三卷记录了中朝历史上刑事侦查与审判的相关案例故事。从"经史要义"篇条目的出处来看,其原始资料的来源非常多元。

"经史要义"篇第一卷所载13个条目确立了刑事司法的基本原则,是为全书核心,故而置于全书卷首。按类型来看,这13个条目分别是确立刑案处理根本原则的"眚怙钦恤之义"(第1条);确立刑事审判原则的"辞听哀敬之义"(第2条)和"明慎不留之义"(第3条);确立赦免与否原则的"司刺宥赦之义"(第4条)、"乱伦无赦之义"(第10条)和"弑逆絶亲之义"(第11条);确立过失犯罪审判原则的"过杀谐和之义"(第5条);确立复仇正当性原则的"仇雠擅杀之义"(第6条)、"义杀勿雠之义"(第7条)和"受诛不复之义"(第8条);涉及特权身份犯罪的"议亲议贵之义"(第9条);确定正当防卫原则的"盗贼擅杀之义"(第12条);以及防止司法腐败、确立司法公正原则的"狱货降殃之义"(第13条)。从中可知,传统东亚社会刑事犯罪相关的钦恤、哀敬、明慎、宥赦、乱伦、弑逆、过失杀人、复仇、义气杀人、议亲议贵、盗贼等概念和原则均在《钦钦新书》第一卷就已明示,其分类如下表所示。

表3-1   "经史要义"篇第一卷十三个条目的分类

分类	相关条目
处理刑事案件的根本原则	（1）眚怙钦恤之义
审判原则	（2）辞听哀敬之义（审理）
	（3）明慎不留之义（判决）
刑事责任的减免	（4）司刺宥赦之义
复仇	（5）过杀谐和之义（过失）
	（6）仇雠擅杀之义
	（7）义杀勿雠之义（义杀）
	（8）受诛不复之义
特权阶层犯罪	（9）议亲议贵之义
纲常犯罪	（10）乱伦无赦之义
	（11）弑逆绝亲之义
正当防卫	（12）盗贼擅杀之义
司法公正	（13）狱货降殃之义

　　细看这13个条目，每一条目之下都引用了一至四条不等的儒家经典语句，共计27条，并在经典原文后附有历代相关注释。从其所引经文的出处来看，27条中出自《周礼》者10条、出自《尚书》者9条，《周礼》与《诗经》占据了其中大半。此外，还有出自《礼记》者3条、出自《春秋》者2条、出自《孟子》者2条、出自《周易》者1条等。而丁若镛所引经文偏重《周礼》和《尚书》的原因可能是由于这两部经典对刑罚和断狱的论述较多。这13个条目中援引的27处经文共同构成了丁若镛所认为的朝鲜王朝处理刑事案件的基本原则。

　　我国学者为了更好更准确地阐释儒家经典，历代都有注经的传统。随着时间推移，权威学者的注释也几乎成为经典的一部分，与经典并行始终。"经史要义"第一卷的13个条目中，出现的经典注释共计41处。以注经的学者来看，郑玄的注解共计11处，蔡沈的注解共计8处，贾公彦的注解共计6处，郑众、丘濬、朱熹、赵岐的注解各有2处，孔颖达、陈澔、孙奭、何休、吕祖谦、公羊高、左丘明、胡安国的注解各有1处。

另外，丁若镛还以"镛案"或"案"开头，附加了他本人对经文和注释的见解，这一部分最能体现他本人的法律思想。"经史要义"篇共有"按"58 处，其中仅第一卷就足有 26 处之多。这 26 处评论分别以"镛案"（19 处）、"镛按"（1 处）、"案"（3 处）、"又按"（3 处）起头。这其中的差别不易把握，大致是有个人独立见解的评论以"镛案"起头，仅是个人补充的注释以"案"起头。"镛案"或"案"起头的部分大多是丁若镛本人对经典原文及注解的补充说明，当然也有对经文和注解的不同意见和相关批判。

"经史要义"篇第二、三卷则收录了中朝两国历代发生的代表性案例，共计 117 条。其中中国案例 80 条、朝鲜半岛案例 37 条，在比例上大致是七比三。这 80 条中国历代案例中，以宋代的刑事案例居多，共计 30 余件，按收录数量依次是宋代、唐代、魏晋南北朝、汉代、明代、五代十国等历史时期发生的我国案例。而与丁若镛生存年代同时的清代案例则未在"经史要义"篇中出现，其原因大概是"经史要义"篇多收录"古事"，较晚近的案例并未收录于此篇，此外也与丁若镛在编撰此篇时所参考的史料有关。

"经史要义"篇第二、三卷所收录的许多中国古代刑事案件直接出自《疑狱集》和《折狱龟鉴》两部宋代（含五代十国）判例集，而《疑狱集》和《折狱龟鉴》在编撰时参考过众多资料，导致"经史要义"篇所载中国案例的原始出处十分多元。而本篇第二、三卷所载的朝鲜半岛案例多源自《国朝宝鉴》《思斋摭言》《酉山丛话》《顺庵政要》等朝鲜文献。其中出自《国朝宝鉴》的案例最多，这些案例在叙述之前均以"国史"打头，约有 15 起案例。而出自《思斋摭言》《酉山丛话》《顺庵政要》的朝鲜案例各仅有 1 件。《思斋摭言》是思斋先生金正国（1485—1541）所著的杂录类史料，共分上下两卷。而《酉山丛话》到底为何书，今日已难以考证。《顺庵政要》是顺庵先生安鼎福（1712—1791）所著官箴类图书，在朝鲜王朝后期有很大的影响力。朝鲜学者文集、杂记中与人命案件相关的内容也得到广泛的引述，如宰相南九万的《药泉集》、大儒李珥的《石潭日记》、大哲李瀷的《星湖僿说》、朴世堂的《西溪集》、李廷馨的《东阁杂记》、金锡胄的《息庵遗稿》、朴东亮的《寄斋杂记》等。

第二节　"经史要义"篇与《十三经注疏》《大学衍义补》

"经史要义"篇第一卷曾援引过众多儒家经典的原文及历代注疏。我国历朝历代对先秦儒家典籍都有注疏的传统,故而有必要对丁若镛在《钦钦新书》"经史要义"篇中援引的经典注疏的版本详加考证。儒家经典以"十三经"为代表,它们分别是《诗经》《尚书》《周礼》《仪礼》《礼记》《易经》《左传》《春秋公羊传》《春秋穀梁传》《论语》《尔雅》《孝经》《孟子》。"经史要义"篇中,十三经中的七部经典曾被丁若镛援引,占到十三经的半数以上,其中出自《尚书》和《周礼》的条目最多。笔者根据《钦钦新书》中丁若镛所注明的注疏者姓名,大致可以推定他所参考的注疏版本,整理后如表 3 - 2 所示。

表 3 - 2　　　　　　"经史要义"篇所引经典的出处与版本

条目	所引先秦经典	经典注疏者	所引注疏的原始版本
(1) 眚怙钦恤之义	《尚书·舜典》	蔡沈(朱熹)	(明监本五经)《书经集传》
	《尚书·康诰》	蔡沈	《书经集传》
	《尚书·吕刑》	蔡沈	《书经集传》
(2) 辞听哀敬之义	《尚书·吕刑》	蔡沈	《书经集传》
	《尚书·吕刑》	蔡沈	《书经集传》
		丘浚	《大学衍义补》
	《周礼·秋官》	郑玄	(十三经注疏)《周礼注疏》
	《尚书·吕刑》	蔡沈	《书经集传》
(3) 明慎不留之义	《周易·旅》	—	—
	《尚书·康诰》	蔡沈	《书经集传》
		丘浚	《大学衍义补》
(4) 司刺宥赦之义	《周礼·秋官》	郑玄(郑众)贾公彦	《周礼注疏》
	《周礼·秋官》	郑玄　贾公彦	《周礼注疏》

续表

条目	所引先秦经典	经典注疏者	所引注疏的原始版本
(5) 过杀谐和之义	《周礼·地官》	郑玄	《周礼注疏》
	《周礼·地官》	郑玄	《周礼注疏》
(6) 仇雠擅杀之义	《周礼·秋官》	郑玄 贾公彦	《周礼注疏》
	《周礼·地官》	郑玄 贾公彦	《周礼注疏》
	《礼记·曲礼》	郑玄 孔颖达	（十三经注疏）《礼记正义》
	《礼记·檀弓》	郑玄	《礼记正义》
		陈澔	（明监本五经）《礼记集说》
	《孟子·尽心下》	赵岐 孙奭	（十三经注疏）《孟子注疏》
(7) 义杀勿雠之义	《周礼·地官》	郑玄 贾公彦	《周礼注疏》
(8) 受诛不复之义	《春秋公羊传》〈定公四年〉	何休	（十三经注疏）《春秋公羊传注疏》
(9) 议亲议贵之义	《周礼·秋官》	郑玄 贾公彦	《周礼注疏》
	《孟子·尽心上》	赵岐	《孟子注疏》
(10) 乱伦无赦之义	《尚书·康诰》	蔡沈（吕祖谦）	《书经集传》
(11) 弑逆绝亲之义	《春秋左氏传》〈庄公元年〉	—	—
	《春秋公羊传》〈庄公元年〉	胡安国	（明监本五经）《春秋胡氏传》
	《礼记·檀弓》	—	—
(12) 盗贼擅杀之义	《周礼·秋官》	郑玄（郑众）	《周礼注疏》
(13) 狱货降殃之义	《尚书·吕刑》	蔡沈	《书经集传》

通过上表可知，"经史要义"篇所援引的经典注疏大致分为两类：一类是汉唐时期学者的注疏；另一类是宋元时期学者的注疏。丁若镛曾同时参考这两个时期的注疏。汉唐时期学者的注疏实则均源自《十三经注疏》，而宋元时期学者的注疏多出自《五经大全》，即明监本五经。《十三经注疏》网罗汉晋唐宋时期学者的古注，而南宋以前的注疏曾将经文、注、疏（正义）作严格的区分，直到南宋时期才将其合璧，故而《十三经注疏》的最早版本应诞生于我国南宋时期。《十三经注疏》的注、疏时

期和作者如表 3 - 3 所示。

表 3 - 3　　　　《十三经注疏》中各部经典的注疏时期与学者

先秦经典	注解的时期与学者	疏解的时期与学者
《周易正义》十卷	魏·王弼,晋·韩康伯 注	唐·孔颖达等 正义
《尚书正义》二十卷	汉·孔安国 传	唐·孔颖达等 正义
《毛诗正义》七十卷	汉·毛亨 传,汉·郑玄 笺	唐·孔颖达等 正义
《周礼注疏》四十二卷	汉·郑玄 注	唐·贾公彦 疏
《仪礼注疏》五十卷	汉·郑玄 注	唐·贾公彦 疏
《礼记正义》六十三卷	汉·郑玄 注	唐·孔颖达等 正义
《春秋左传正义》六十卷	晋·杜预 注	唐·孔颖达等 正义
《春秋公羊传注疏》二十八卷	汉·何休 注	唐·徐彦 疏
《春秋穀传注疏》二十卷	晋·范宁 注	唐·杨士勋 疏
《孝经注疏》九卷	唐·玄宗明皇帝 御注	宋·邢昺 疏
《尔雅注疏》十卷	晋·郭璞 注	宋·邢昺 疏
《论语注疏》二十卷	魏·何晏 等注	宋·邢昺 疏
《孟子注疏》十四卷	汉·赵岐 注	宋·孙奭 疏

由此可知,"经史要义"篇第一卷中与《周礼》和《孟子》相关的所有注疏,以及《礼记》的绝大部分注疏、《春秋公羊传》的部分注疏依据的都是《十三经注疏》中汉唐学者的注释。而到了明代,比起汉唐学者的注疏来,当时反而更重视汇编了朱子学派注释的《五经大全》。奉明成祖朱棣之命,《五经大全》在较短的时间(1414 年 11 月至 1415 年 9 月)就编撰刊出,并作为科举考试的依据。丁若镛在参考《十三经注疏》之外,对《五经大全》中的注疏也有所参考。明代《五经大全》所采注疏的版本如表 3 - 4 所示。

从表 3 - 4 可知,"经史要义"篇所引用的《尚书》所有注疏、《礼记》与《春秋公羊传》的部分注疏均出自汇编宋元时期学者注疏的《五经大全》。因《五经大全》作为科举考试的标准答案而被明代士人熟知,汉唐学者的古注反而在明代变得生疏起来。到了清代,援用汉唐学者观点的《十三经注疏》又被重新发掘,乾隆四年(1739)武英殿刻本的

《十三经注疏》正式出刊并在之后历经数次重刊。作为《十三经注疏》之善本的是嘉庆二十一年（1816）阮元（1764—1849）依照宋代《十三经注疏》重新编撰而成的南昌学堂刻本。此时距离《钦钦新书》正式完成的 1822 年不过只有几年的时间。虽不能完全排除丁若镛参考南昌学堂刻本《十三经注疏》的可能，但这种可能性较小，丁若镛参考武英殿刻本《十三经注疏》的可能性最大。由此可见，丁若镛受到了包括经学在内的清代学术的极大影响。

表 3 - 4　　　　　　　《五经大全》所采注疏的版本与作者

《五经大全》各经典	所采注解的版本	注疏的时代与学者
《周易传义大全》	宋·程颐《易传》 宋·朱熹《周易本义》	宋·程颐、朱熹 注，宋·董楷，元·胡一桂、胡炳文、董真卿 疏
《书传大全》	宋·蔡沈《书集传》	宋·蔡沈 注，元·陈栎、陈师凯 疏
《诗传大全》	宋·朱熹《诗集传》	宋·朱熹 注，元·刘瑾 疏
《礼记集说大全》	元·陈澔《礼记集说》	元·陈澔 注，杂采诸家为疏
《春秋集传大全》	宋·胡安国《春秋传》	宋·胡安国 注，元·汪克宽 疏

然而，丁若镛对经典及其注疏的引用是否完全直接引自南宋时编撰、清代重刊的《十三经注疏》和明代编撰的《五经大全》呢？可能不完全如此。其中虽不排除直接引用的部分，但也不乏间接引用的语句。其"破绽"现于"辞听哀敬之义"和"明慎不留之义"两条中，丁若镛于此处援引了明代学者丘濬（1421—1495）的观点。因此，丁若镛所引用的部分经典及其注疏时参考的图书得以暴露，即丘濬的《大学衍义补》。笔者将《大学衍义补》与《钦钦新书》的"经史要义"篇加以对照后发现，"经史要义"篇第一卷所引部分经典原文及其注疏，以及"经史要义"篇第二、第三卷记载的几例中国判例，实则皆出自《大学衍义补》。

南宋学者真德秀著有《大学衍义》，他将格物致知、正心诚意、修身齐家等《大学》"八条目"中的前六条作了系统阐释。明人丘濬所作《大学衍义补》则系统阐释了"八条目"中的后两条——"治国"和

"平天下",《大学衍义补》全书共计 160 卷 140 余万字,广泛搜集了儒家经典及其注疏、历代故事,成书于成化二十三年(1487),成化二十四年(1488)刊印于福建。此书在我国刊行后很快便流入朝鲜半岛,在六年后的朝鲜成宗二十五年(1494)得以在朝鲜刊行。《大学衍义补》在朝鲜产生了广泛影响,中宗八年(1508)成为朝鲜国王经筵的讲读文本。到了朝鲜王朝后期,英祖大王和正祖大王均十分重视此书,并对其给予很高的评价。正祖大王曾说:"且《大学衍义补》,即治国之大经大法,其为书也诚为尽美,予之一生嗜好在此书。"① 正祖大王结合他本人数十年的治国实践,在正祖二十二年(1798)将研究的最终成果——《御定大学类义》完成,并于正祖二十三年(1799)刊行。丁若镛的经世思想很可能受到其所侍奉的正祖大王的强烈影响。以此来看,包括《钦钦新书》在内的丁若镛的"一表二书"与其所引用的《大学衍义补》,及他所尊崇的正祖大王所著《大学类义》在治国平天下理念上一脉相通。

《大学衍义补》分为"正朝廷""正百官""固邦本""制国用""明礼乐""秩祭祀""崇教化""备规制""慎刑宪""严武备""驭夷狄""成功化"等十二目,其中"慎刑宪"这一目与《钦钦新书》的"经史要义"篇的关系最为密切。"经史要义"篇所引儒家经典原文及其注疏极有可能参考过《大学衍义补》"慎刑宪"篇。但笔者通过阅览正祖大王所编《御定大学类义》记载《大学衍义补》"慎刑宪"篇的第十六、十七卷(即"衍义补——治国平天下之要九"),发现其与《钦钦新书》"经史要义"篇第一卷有明显差异,所以基本可以排除丁若镛在编撰《钦钦新书》时参考过正祖大王《大学类义》的可能。《大学衍义补》"慎刑宪"篇分为 14 个子目,这 14 个子目中的一部分可与"经史要义"篇第一卷的 13 个条目加以对照,如表 3-5 所示。

表 3-5 以《大学衍义补》"慎刑宪"篇为基准制成,若以《钦钦新书》"经史要义"篇第一卷为基准加以比较的话,二者的对应关系如表3-6 所示。

---

① 《朝鲜王朝实录》,正祖实录第 48 卷,正祖 22 年 4 月 19 日。

表3-5 《大学衍义补》"慎刑宪"篇与《钦钦新书》"经史要义"篇第一卷的对应关系

"慎刑宪"中的子目	"经史要义"篇第一卷中的相关条目	其余部分
总论制刑之义（上、下）	眚怙钦恤之义2 明慎不留之义1	
定律令之制	×	
制刑狱之具	×	
明流赎之意	×	
详听断之法	辞听哀敬之义1—4 明慎不留之义2 乱伦无赦之义	部分无法对应的条目： 仇雠擅杀之义4—5 议亲议贵之义2
议当原之辞	议亲议贵之义1	
顺天时之令	×	
谨详谳之议	眚怙钦恤之义1—3 司刺宥赦之义1—2	全部无法对应的条目： 弑逆绝亲之义1—3 盗贼擅杀之义
伸冤抑之情	×	
慎眚灾之赦	×	
明复仇之义	过杀谐和之义1—2 仇雠擅杀之义1—3 义杀勿雠之义 受诛不复之义	
简典狱之官	×	
存钦恤之心	眚怙钦恤之义1	
戒滥纵之失	狱货降殃之义	

表3-6　　《钦钦新书》"经史要义"篇第一卷与《大学衍义补》
"慎刑宪"篇的对应关系

"经史要义"篇第一卷 各条目	《大学衍义补》"慎刑宪" 篇的相关条目	所引经典
（1）眚怙钦恤之义	谨详谳之议（不完全一致）	《尚书·舜典》
	存钦恤之心（不完全一致）	
	总论制刑之义（上）	《尚书·康诰》
	谨详谳之议	《尚书·吕刑》
（2）辞听哀敬之义	详听断之法	《尚书·吕刑》
	详听断之法	《尚书·吕刑》
	详听断之法	《周礼·秋官》
	详听断之法	《尚书·吕刑》
（3）明慎不留之义	总论制刑之义（上）	《周易·旅》
	详听断之法	《尚书·康诰》
（4）司刺宥赦之义	谨详谳之议（不完全一致）	《周礼·秋官》
	谨详谳之议（不完全一致）	《周礼·秋官》
（5）过杀谐和之义	明复仇之义（不完全一致）	《周礼·地官》
	明复仇之义（不完全一致）	《周礼·地官》
（6）仇雠擅杀之义	明复仇之义（不完全一致）	《周礼·秋官》
	明复仇之义（不完全一致）	《周礼·地官》
	明复仇之义（不完全一致）	《礼记·曲礼》
	×	《礼记·檀弓》
	×	《孟子·尽心下》
（7）义杀勿雠之义	明复仇之义（不完全一致）	《周礼·地官》
（8）受诛不复之义	明复仇之义（不完全一致）	《春秋公羊传》〈定公四年〉
（9）议亲议贵之义	议当原之辞	《周礼·秋官》
	×	《孟子·尽心上》
（10）乱伦无赦之义	详听断之法（不完全一致）	《尚书·康诰》

"经史要义"篇第一卷 各条目	《大学衍义补》"慎刑宪" 篇的相关条目	所引经典
（11）弑逆绝亲之义	×	《春秋左氏传》〈庄公元年〉
	×	《春秋公羊传》〈庄公元年〉
	×	《礼记·檀弓》
（12）盗贼擅杀之义	×	《周礼·秋官》
（13）狱货降殃之义	戒滥纵之失	《尚书·吕刑》

　　从表3-6可大致推测出《钦钦新书》"经史要义"第一卷的编撰过程。而通过比较《大学衍义补》"慎刑宪"篇各条目名称和"经史要义"第一卷的13个条目名，可知二者存在一定的相似性。由此可知，丁若镛在命名"经史要义"第一卷13个条目时，很可能从《大学衍义补》"慎刑宪"篇各条目名中获得了部分灵感，并略带模仿的痕迹。

　　由此可大致推测出"经史要义"第一卷的形成过程。依笔者推测，丁若镛先参考了丘濬的《大学衍义补》"慎刑宪"篇，援用了其中部分内容。根据其援引的程度，大致可分为四种形态。第一种是将出自《大学衍义补》"慎刑宪"篇中的经典原文、丘濬在《大学衍义补》中所采古人注疏、丘濬本人的按语（见解）均引用的情形，"辞听哀敬之义"和"明慎不留之义"条中即呈现此类情形。第二种是丁若镛通过《大学衍义补》"慎刑宪"篇间接引用了经典的原文和古人注疏，但并未援引丘濬本人按语，此类情形最为常见。"经史要义"第一卷所采古人注疏与《大学衍义补》"慎刑宪"篇所采之注疏大多出奇一致，从而得以印证这一推测。即《大学衍义补》相关条目中采《十三经注疏》中汉唐时期学者的观点时，在《钦钦新书》"经史要义"篇相应经典原文下同样也采汉唐学者的注疏；而《大学衍义补》相关条目采用明代《五经大全》中宋元时期学者的注疏时，《钦钦新书》"经史要义"篇相应经典原文下同样也采宋元学者的注疏。第三种情形是丁若镛仅援引了《大学衍义补》"慎刑宪"篇中出现的先秦经典原文，但他对《大学衍义补》中丘濬所采注疏不甚满意，自己又重新参考《十三经注疏》或《五经大全》等历代经典注解书，从中拣选出自己满意的注疏。这一情形最具代表性的就是有关复仇的条目。相应的经典原文虽可在《大学衍义补》中得以确认,但所采注疏却多与之不同。丁若镛将有关《诗经》的注疏全部改采宋代蔡沈的注疏,而有关《周礼》的注疏则统一采用汉代郑玄的注解和唐代贾公彦的疏解。另外,在《钦钦新书》"经史要义"篇第一卷中,丁若镛带有用汉唐时期学者注疏代替宋元学者注疏的倾向。第四种情形是不通过《大学衍义补》而直接援引各代注疏的情形。这种情形主要体现在丁若镛对《礼记》"檀弓"篇和《孟子》"尽心"篇的偏爱上,对原文分别各有两处援引。另外,丁若镛对《周礼》"秋官"篇的挖掘也弥补了《大学衍义补》的不足。以此可知,"经史要义"篇第一卷各条目中,丁若镛未间接援引《大学衍义补》的相应内容而直接援引原文及古人注疏的经典大致有《周礼》《礼记》和《孟子》等。

　　只有区分"经史要义"篇第一卷各条目的直接引用和间接引用,才足以说明以下现象。即丁若镛在"经史要义"篇第一卷阐明经典出处时,在格式上略有不一致的地方。比如在"仇雠擅杀之义"中,其所引第三条和第四条经典原文虽都是出自《周礼》,但第三条经文是在原文"父之雠,不与共戴天;兄弟之雠,不反兵;交游之雠,不同国"的最前面注明"曲礼曰"三个字,而第四条经文却在原文"子夏问于孔子曰:'居父母之仇,如之何?'……则执兵而陪其后"的最后面以加注小字"出檀弓"的方式注明出处。对这一差异,唯一合理的解释就是其引用方式各有不同,一种是间接引自《大学衍义补》,另一种却直接引自经典原文及其注疏。此外,丁若镛在间接援引《大学衍义补》时,一般在经典原文前只标明经典的篇名,而省略经典本身的书名。比如,其在间接引用《礼记》"曲礼"篇时,在经文前只出现"曲礼曰"三字,在间接引用《尚书》"康诰"篇时,在经文前只出现"康诰曰"三字,在间接引用《周礼》时,只标注"秋官朝士"或"地官调人"。而丁若镛在直接引用经典原文时,则一般出现经典之书名,却极少出现经典中的篇名。如在经典原文前标注"春秋左氏传曰""公羊传曰""礼记曰"等。在"礼记曰"开始的经文中,在经文最后才以小字加注"檀弓"等篇名。① 由此

---

　　① 《钦钦新书》,经史要义,弑逆絶亲之义,"礼记曰 邾娄定公之时 有弑其父者 有司以告 公瞿然曰 是寡人之罪也 曰寡人尝学断斯狱矣 臣弑君 凡在官者 杀无赦 子弑父 凡在宫者 杀无赦 杀其人 坏其室 洿其宫而潴焉 盖君逾月而后举爵(檀弓)"。

可见，"经史要义"篇第一卷在标注原文出处时，直接引用与间接引用的标注方式有所不同。间接引用大多仅出现儒家经典的篇名，而直接引用时则出现该儒家经典的书名。

通过考察"经史要义"篇第一卷可知，丁若镛对复仇问题给予特别关注，总共13个条目中就有4个条目与复仇有关。特别是他对《周礼》"地官"中"调人"这一官职的相关经文加以拆分，将其分别置于"过杀谐和之义""仇雠擅杀之义""义杀勿雠之义"等条目中。若通过还原经典原文，就能获知当时丁若镛拆分原文的方式，其拆分方式如下：

1. 调人，掌司万民之难而谐和之。凡过而杀伤人者，以民成之。（"过杀谐和之义"第一条经文的前半部分）

2. 鸟兽亦如之。（将之省略）

3. 凡和难，父之雠，辟诸海外；兄弟之雠，辟诸千里之外；从父兄弟之雠，不同国。君之雠视父，师长之雠视兄弟，主友之雠视从父兄弟。弗辟，则与之瑞节而执之。（"过杀谐和之义"第二条经文）

4. 凡杀人有反杀者，使邦国交雠之。（"仇雠擅杀之义"第二条经文）

5. 凡杀人而义者，不同国，令勿雠，雠之则死。（"义杀勿雠之义"的全部经文）

6. 凡有斗怒者，成之；不可成者，则书之；先动者，诛之。（"过杀谐和之义"第一条经文的后半部分）

由此可知，丁若镛在"经史要义"篇中除了将"鸟兽亦如之"等不甚重要的文字省略外，几乎引用了《周礼》"调人"篇的全部经文。由此可知，丁若镛在编撰"经史要义"篇时并非简单地援引经典原文，而是根据他对经文的理解，对原文加以拆分或组合，将其重新分类后创造性地置于各条目中，以阐明复仇的各种细分类型。

第三节 "经史要义"篇与《疑狱集》《折狱龟鉴》

丁若镛在"经史要义"篇中对五代和赵宋时编撰的《疑狱集》和《折狱龟鉴》多有参酌,因此想要更好地把握"经史要义"篇,须对该篇与《疑狱集》和《折狱龟鉴》的关系加以考证。"经史要义"篇的第二、第三卷记载了中朝两国历史上具有代表性的刑事案例共计117件,其中中国古代案例80件、朝鲜半岛古代案例37件。在80件中国古代案例中,出自《疑狱集》《折狱龟鉴》两部著作的案例就达半数之多。"经史要义"篇出自《疑狱集》的案例如表3-7所示。

表3-7 "经史要义"篇引自《疑狱集》的条目及其原始出处

"经史要义"篇的条目序列	"经史要义"篇的条目名	《疑狱集》中的条目名	案件发生的时代	原始出处
24	图赖辨诬(李崇)	李崇察悲嗟	南北朝	《魏书》
29	察色知杀(高柔)	高柔察动色	三国	《三国志》
30	察色知杀(胡质)	胡质察色	三国	《三国志》
34	闻声知杀(郑子产)	子产闻哭惧	春秋	《韩非子》
35	闻声知杀(严遵)	庄遵闻哭奸	后汉	《搜神记》
40	射鸟误中(何承天)	承天情断	南北朝	《宋书》
98	屠刀辨盗(刘崇龟)	崇龟集屠刀	唐	《玉堂闲话》
99	放妪诇奸(蒋常)	蒋恒觇妪语	唐	《朝野佥载》
101	店主酖商(韦皋)	韦皋勘司店	唐	未详
105	留尸盗妇	从事对尸	五代	《玉堂闲话》
119	稻芒执犯(周纡)	周纡尸语	后汉	《后汉书》
123	死后假烧(张举)	张举辨猪烧	三国	《吴录》

若将《疑狱集》和《折狱龟鉴》均有记载的案例一并归入《疑狱集》,"经史要义"篇出自《疑狱集》的案例约有12件,丁若镛总结了这些案例的概要并参考了《疑狱集》和《折狱龟鉴》的案例名后,将其重

新命名，使之更能体现案情的核心要旨。从上表可知，《钦钦新书》和《疑狱集》个别案例中当事人的名字略有不同，如"经史要义"篇第35条、第99条所载案例。这是因为《疑狱集》和《折狱龟鉴》都有记载的案例中，当事人的姓名略有出入，而《钦钦新书》中所载当事人的姓名与《折狱龟鉴》相同。以此可知，"经史要义"篇中丁若镛主要参考的典籍应是《折狱龟鉴》而非《疑狱集》。

这些出自《疑狱集》的案例，其原始出处十分多元。和氏父子编撰此书时参酌的资料大致分为三类。一是各代正史，如《后汉书》《魏书》《吴录》《三国志》《晋书》《南齐书》《北史》《宋书》等，"经史要义"篇第29、30、40、119、123条所载案例即属此类。

二是唐五代时期的志怪与笔记小说。和氏父子编撰该书时，《旧唐书》《旧五代书》等正史尚未完成，因此距和氏父子生存时期较晚近的唐代和五代十国时期的案例无法参考正史，多是参酌一些志怪和笔记小说。《搜神记》《大唐新语》《朝野佥载》《唐阙史》《桂苑丛谈》《酉阳杂俎》《纪闻》《剧谈录》《玉堂闲话》即属此类，这些资料为《疑狱集》的编撰提供了极好的素材，"经史要义"篇第35、98、105条所载案例就属于这一类。这些案例多数经过文学加工而极其有趣，能够引发读者的好奇心，但在客观性和真实性上不及正史。这与其后将要介绍的《钦钦新书》"批详隽抄"篇引自《廉明公案》的案例一脉相通，即无法否认"经史要义"篇文学性、虚构性的要素存在。由此可知，不仅"批详隽抄"篇存在大量经过文学加工的案例，"经史要义"篇所载案例亦无法全然排除虚构性。

三是和氏父子所生存的五代时期的直接经历和见闻。这与《钦钦新书》"剪跋芜词"篇所载丁若镛本人在黄海道和流配地全罗道康津县直接所见所闻的案例如出一辙。《疑狱集》的这一类型案例并未选入《钦钦新书》。

宋代是我国经济文化发展的鼎盛时期，与新儒学诞生一道，宋代的法医检验与刑事侦查等刑事司法领域也有了长足的发展，在《疑狱集》之后又诞生了《折狱龟鉴》《棠阴比事》《洗冤集录》等名作。《折狱龟鉴》的编者郑克在《宋史》中无传，只知道他是汴京人，生存于北宋末期和南宋初期，靖康之乱后随宋廷一起南渡，曾在湖州提刑司任职。纵观《折狱龟鉴》,可知郑克是一位精通历史和刑事司法的专家。排除《疑狱集》和《折狱龟鉴》均有记载的案例后,《钦钦新书》"经史要义"篇出自《折狱龟鉴》的案例如表3-8所示。

表3-8　　"经史要义"篇引自《折狱龟鉴》的条目及其原始出处

"经史要义"篇条目顺位	"经史要义"篇条目名	《折狱龟鉴》中所属门类	案件发生的年代	原始出处
14	诬服伸理（钱若水）	释冤	宋	《涑水纪闻》
15	诬服伸理（向敏中）	释冤	宋	《涑水纪闻》
19	代囚伸理（朱寿昌）	核奸	宋	曾肇内翰所撰墓志
20	代囚伸理（侯咏）	核奸	宋	未详
26	图赖辨诬（孙长卿）	察奸	宋	王珪丞相所撰墓志
31	察色知杀（蔡君山）	察慝	宋	欧阳修参政所撰墓志
36	闻声知杀（韩滉）	察奸	唐	未详
39	测井知杀（张昇）	察奸	宋	《梦溪笔谈》
76	豪族滥杀（葛源）	鞫情	宋	王安石丞相所撰墓志
81	继母杀父（汉武帝）	议罪	前汉	《通典》
83	谋弑继母（杜亚）	辨诬	唐	未详
91	诬妇杀姑（于定国）	释冤	前汉	未详
92	兄弟争死（袁彖）	宥过	南北朝	《南史》
97	遗鞘诇盗（司马悦）	释冤	南北朝	《北史》
100	纵儿捉贼（韩思彦）	释冤	唐	《唐书》
104	释冤获盗（姚仲孙）	释冤	宋	未详
106	留尸盗嫂（太平妇）	释冤	宋	未详
107	奸僧变形（张咏）	察贼	宋	李畋虞部所撰《忠定公语录》
109	盗断妇腕（吕公绰）	察慝	宋	王珪丞相所撰墓志
112	宿海得尸（蔡君山）	释冤	宋	欧阳修参政所撰墓志
117	斩丐充首（宣歙盗）	释冤	宋	未详
120	毒酒发奸（范纯仁）	核奸	宋	《范忠宣公言行录》
121	左匙辨杀（欧阳晔）	证慝	宋	欧阳修参政所撰墓志

续表

"经史要义"篇 条目顺位	"经史要义"篇 条目名	《折狱龟鉴》中 所属门类	案件发生 的年代	原始出处
122	左匙辨诬（钱惟济）	辨诬	宋	见本传
124	油伞见痕（李处厚）	证慝	宋	《梦溪笔谈》
125	榉柳作痕（李南公）	证慝	宋	闻之士林
126	野葛中毒（贾昌龄）	辨诬	宋	未详

以上案例是郑克在《疑狱集》基础上追加的，均收录于《钦钦新书》"经史要义"篇。郑克在编撰《折狱龟鉴》时，距离《疑狱集》成书已有 150 年之久，而赵宋时期发达的刑事司法为郑克编写《折狱龟鉴》提供了诸多案例和素材，因此收录了很多赵宋本朝的案例。郑克编辑此书时，不仅参酌了历代正史，还对本朝司马光所著《涑水记闻》、沈括《梦溪笔谈》所载案例，以及当时文人士大夫的语录和言行录、本朝士大夫的墓志铭都有参考，涉猎资料极其广泛。而丁若镛在"经史要义"篇间接引用宋代士人墓志铭的条目就达 7 处之多。这些墓志铭多是逝者本人的亲友、同僚所撰，即名人为名人所撰写的墓志，因而在宋代当时就已广泛传播。如"经史要义"篇第 26 条所载案例即节选自王珪为孙长卿所撰墓志，第 76 条所载案例节选自宰相王安石为葛源所撰墓志，第 109 条所载案例则节选自王珪为吕公绰所撰墓志，第 31 条和第 112 条所载案例均节选自欧阳修为蔡高所撰墓志，第 121 条所载案例则节选自欧阳修为欧阳晔所撰墓志。由此可见，"经史要义"篇所引宋代墓志铭，无论是墓志的作者还是墓主人，多为当时的高官或文豪。

为什么在宋代墓志中有如此众多关于墓主人生前判案的详细记述呢？这与宋代墓志篇幅的增加有关。根据相关研究，已出土唐代末期墓志的字数大多在 1000 字以内，最多也不超过 1500 字。而已出土的五代墓志的字数多数在 1000 字以上，并出现了超过 2000 字的墓志。而到了宋代，2000 字以上的墓志已经很普遍，甚至有 4000 字的墓志。① 如此长篇的墓

① 俞华：《五代墓志研究》，南京师范大学，硕士学位论文，2018 年，第 35—40 页。

志中，按时间顺序详细记叙墓主人的一生，已接近于传记体裁。其一生的传记中，不可或缺的便是其任职期间能够体现墓主人智慧和正义的相关事迹了，而墓主如何巧妙判案、查出真凶的事迹，无疑极好地体现出其卓越的才能和非凡的气魄，因此这些案例的审断得以留存于墓志中，并最终经过《折狱龟鉴》而跃然于《钦钦新书》纸面。

丁若镛在收录《折狱龟鉴》所载案例时，并非一字不差援用，而是经过了提炼和再加工的过程。如以"经史要义"篇第一件具体案例"诬服伸理（钱若水）"为例，就能够看出《钦钦新书》和《折狱龟鉴》二者的差异，通过比照，可以推断和再现丁若镛对具体案例的编辑过程。笔者将《钦钦新书》和《折狱龟鉴》较对方多出（或不同）的部分用下划线表示，以示二者区别。该案在中朝两种典籍中的文本对照如下。

诬服伸理（钱若水）

宋 钱若水为同州推官，知州性褊急，数以胸臆，断事不当，若水固争不能得。有富家小女奴逃亡，不知所之。女奴父母，讼于州，州命录事参军鞫之。录事尝贷于富民不获，乃劾："富民父子数人，共杀女奴，弃尸水中，遂失其尸，或为元谋或从而加罪，皆应死。"富人不胜榜楚，自诬服。具狱上，州官审覆无反异。皆以为得实，若水独疑之，留其狱数日不决，录事诣若水，诟曰："若受富民钱，欲出其死罪耶？"若水笑谢曰："今数人当死，岂可不少宿留，熟观其狱事耶？"留之且旬日，知州屡趣之，上下皆怪之。若水一日诣知州，屏人言曰："若水所以留其狱者，密使人访求女奴，今得之矣。"知州惊曰："安在？"若水因密使人送女奴。知州垂帘，引女奴父母问之曰："汝今见汝女，识之乎？"因从帘中推出示之，父母泣曰："是也。"乃引富民父子，悉纵之，其人号泣不肯去。知州曰："推官之赐，非我也。"其人趋诣，若水闭门拒之曰："知州自求得之，我何与焉。"

镛案 《大明律》"家长故杀奴婢者，杖六十徒一年"，而若水之时，富民杀小女奴，论以应死，是必宋法，与明律异也。或其暗投水中，与显杀不同，其情惨毒，故论死欤？①

　　钱若水（留狱访奴雪富民冤）姜遵开封一事附

　　钱若水为同州推官，知州性褊急，数以胸臆决事不当，若水固争不能得，辄曰："当陪奉赎铜耳。"已而果为朝廷及上司所驳，州官皆以赎论，知州愧谢，已而复然，前后如此数矣。有富民家小女奴逃亡，不知所之。奴父母讼于州，命录事参军鞠之。录事尝贷钱于富民，不获，乃劾富民父子数人共杀女奴，弃尸水中，遂失其尸，或为元谋，或从而加功，罪皆应死。富民不胜榜楚，自诬服。具上，州官审复无反异，皆以为得实矣。若水独疑之，留其狱数日不决。录事诣若水厅事，诟之曰："若受富民钱，欲出其死罪耶？"若水笑谢曰："今数人当死，岂可不少留，孰观其狱词耶？"留之且旬日，知州屡趣之不能得，上下皆怪之。若水一日诣州，屏人言曰："若水所以留其狱者，密使人访求女奴，今得之矣。"知州惊曰："安在？"若水因密送女奴于知州所。知州乃垂帘，引女奴父母问曰："汝今见汝女识之乎？"对曰："安有不识也？"因从帘中推出示之。父母泣曰："是也。"乃引富民父子，悉破械纵之。其人号泣不肯去，曰"微使君之赐，则某灭族矣。"知州曰："推官之赐也，非我也。"其人趣诣若水厅事，若水闭门拒之，曰："知州自求得之，我何与焉？"知州以若水雪冤死者数人，欲为之奏论其功，若水固辞曰："若水但求狱事正，人不冤死耳。论功非本心也。且朝廷若以此为若水功，当置录事于何地邪？"知州叹服曰："如此尤不可及矣！"录事诣若水，叩头愧谢，若水曰："狱情难知，偶有过误，何谢也。"于是远近翕然称之。未几，太宗闻之，骤加进擢，自幕职半岁中为知制诰，二年中为枢密副使。（见《涑水纪闻》）

　　按　若水雪富民冤，犹非难能；唯其固辞奏功，乃见器识绝人，宜乎知州叹服也。姜遵为开封府右军巡院判官时，有二囚，狱具将抵死，遵察其冤状而出之。故事：雪活死囚当赏。遵恐以累前狱吏，

---

① 《钦钦新书》，经史要义，诬服伸理（钱若水）。

　　<u>乃不自言，与若水固辞之意同矣。然亦终于副枢。</u>（见本传）①

　　从上述对照可以看出，《钦钦新书》在收录《折狱龟鉴》这一案例时发生了几点变化。第一，丁若镛将条目（案例）名称作了调整。该案例在《折狱龟鉴》中被称作"钱若水（留狱访奴 雪富民冤）"，而在《钦钦新书》中题目则改为"诬服伸理（钱若水）"。这是由于《钦钦新书》和《折狱龟鉴》中具体案例的命名方式不同。《折狱龟鉴》在命名相关判例时，多以具体的判官人物为中心，条目的名称多以"人物"加"该人物具体的司法行为"构成。而《钦钦新书》命名具体案例时，一般以案件的核心要义，特别是以法理的核心要旨而命名。这两种判例集在命名具体条目时虽各有千秋，但《钦钦新书》貌似更能体现相关法理，而显得学术性更强。日后有条件的研究者，若能像上文一样对更多的《钦钦新书》案例及其所援引的原著详加对照的话，一定能够复原丁若镛编撰《钦钦新书》时增删原著的全过程。

　　第二，丁若镛在案例正文前一般加注相关案件的发生年代，这是"经史要义"篇所载案例的共同特征。郑克编撰《折狱龟鉴》时，因其辑录的大多是宋代本朝发生的案例，所以并无标注案件发生年代的必要。而《钦钦新书》"经史要义"篇却辑录了中国历史上各个朝代所发生的案例，因而标注案件的发生年代就显得十分必要，可使读者一目了然。

　　第三，通过上文的对照可以看出，《钦钦新书》在选录案例时，大幅压缩了《折狱龟鉴》原文的内容，仅保留故事的梗概。丁若镛在收录宋人钱若水所判决的这一案件时，不仅将具体的地点等词汇加以省略，还完全删除了案例后半部分的内容。该案后半部分的内容包括案件判决之后发生的事情、《折狱龟鉴》作者郑克的按语以及附于本案之后的、与本案类型相同的另一案例。通过郑克的按语和所附案例可知，郑克收录本案时所要表达的是对"固辞奏功"这一高洁品格的推崇，这与《折狱龟鉴》以人物为中心编撰而成的风格不无关联。而"固辞奏功"的品格在丁若镛看来却与刑事司法本身无关，有时反而会导致权力行使的不透明，妨碍司法的公正性，因而将之完全省略，仅仅对钱若水审断案件的智慧

---

① 《折狱龟鉴》卷2，释冤下，钱若水（留狱访奴 雪富民冤）姜遵开封一事附。

加以摘录。

第四，丁若镛收录《折狱龟鉴》案例时，为了使朝鲜半岛的读者更容易地理解原文而对原文作了一些细微的修改。如钱若水这一案例中，丁若镛将"加功"改为"加罪"，将"诣州"改为"诣知州"，将"具上"改为"具狱上"等。这些缩略语的含义在宋人看来或许较易理解，但朝鲜王朝毕竟和宋代存在时空的区隔，因此朝鲜王朝后期的士大夫在理解原文时很可能会有一定障碍。比如"州"字既可以理解为行政区划单元，也可以理解为这一行政区域内的长官——"知州"。而一般读者阅读时一般是先理解为某个行政区域，只有联系上下文后才能准确地把握"知州"这一引申的含义。丁若镛为了消除歧义，在辑录原文时直接将"州"改为"知州"，以使读者便于理解。

第五，丁若镛将《折狱龟鉴》编者郑克的评论（按语）和其后所附的严遵一案一并删除的同时，用自己的评论（按语）与之替换。在丁若镛本人的按语中，阐述了与这一情形对应的朝鲜王朝现行法——《大明律》，并比较了相同情形下宋律和明律在量刑时的差异，以朝鲜半岛的视角对宋代当时的量刑依据加以推断，可谓沟通古今、以古鉴今、古为今用。

第四节　"经史要义"篇与中朝两国史书及各类典籍

丁若镛在编撰《钦钦新书》"经史要义"篇时，除《疑狱集》《折狱龟鉴》外，还参考过大量的中朝两国史书、文集等资料。引自《疑狱集》《折狱龟鉴》以外的各类典籍的条目，其出处在"经史要义"篇中多被隐晦而未明确言及，经笔者多方考证并整理后如表3-9所示。

从表3-9可知，"经史要义"篇各条目内容丰富、出处广泛，可谓集中朝两国历代富有代表性的刑事侦查和司法审判案例于一身。在正史资料援引方面，被援用较多的有中国正史《宋史》《后汉书》《南史》，对《明史》《元史》《新唐书》《史记》中所出现的案例也有所涉猎。而在朝鲜正史资料的援用上，丁若镛主要提取了记载朝鲜王朝历史的《国朝宝鉴》和记述高丽王朝时期人物和事迹的《高丽史》。"经史要义"篇对中朝两国正史的利用主要集中于对正史"列传"部分的援引。而正史之外的我国纪传类史书如王称的《东都事略》、蒋一葵的《尧山堂外纪》,以及野史一类的《宋稗类钞》亦有所援引。

表3-9　　"经史要义"篇引自中朝史书及各类典籍的条目及其出处

"经史要义"篇条目顺位	"经史要义"篇的条目名	案件发生的时代	出处	备注
16	诬服伸理（胡宿 ○梦告）	宋	《宋史》胡宿传	亦载于《补疑狱集》第六卷 文恭梦吴奸
17	梦告得尸（黄干）	宋	《宋史》黄干传	
18	梦告知痕（张洽）	宋	《宋史》张洽传	
22	横罹伸理（王平）	宋	《宋稗类钞》	宋故奉直郎守侍御史王公（平字保衡）墓志铭
23	横罹伸理（郑云敬）	高丽	《高丽史》郑云敬传	
25	图赖辨诬（谢麟）	宋	《宋史》谢麟传	
27	图赖设禁（陶承学 大明律）	明	未详	
28	诬赖反坐（南九万）	朝鲜	南九万《药泉集》议·金厚男定罪议	
32	察色知杀（张逸）	宋	《宋史》张逸传	
33	察色知杀（尹以健）	朝鲜	未详	
36	闻声知杀（韩滉）	高丽	安鼎福《临官政要》	该条目所附高丽案例
37	闻声知杀（李宝林）	高丽	《高丽史》李宝林传	

续表

"经史要义"篇 条目顺位	"经史要义"篇 的条目名	案件发生 的时代	出处	备注
38	闻声知杀（朴英）	朝鲜	朴东亮《寄斋杂记》历朝旧闻（二）	
41	盗菜误中（程公逸）	宋	苏轼《外曾祖程公逸事》	
42	争鹑误杀（韩晋卿）	宋	《宋史》韩晋卿传	
43	击雀误中（答里麻）	元	《元史》答里麻传	
44	习射中母（许积）	朝鲜	《国朝宝鉴》	亦载于《秋官志》
45	蹴伤误杀（张洽）	宋	《宋史》张洽传	
46	嬉戏误杀（南九万）	朝鲜	南九万《药泉集》疏劄·论偿命禁葬事劄	
47	蠢愚减死（金定国）	朝鲜	《思斋摭言》	
48	聋哑减死（金锡胄）	朝鲜	金锡胄《息庵遗稿》收议·爱立聋哑不得按法偿命议	自言出自"野史"
49	幼弱减死（肃宗朝）	朝鲜	《国朝宝鉴》	
50	子复父仇（房广）	东汉	《后汉书》钟离意传	
51	子复父仇（成景俊）	南北朝	《南史》	
52	子复父仇（钱延庆）	南北朝	《南史》	
53	子复父仇（李璘）	五代十国	《宋史》孝义传·李璘（甄婆儿）	

续表

"经史要义"篇 条目顺位	"经史要义"篇 的条目名	案件发生 的时代	出处	备注
54	子复父仇（王世名）	明	《明史》孝义传	《型世言》《二刻拍案惊奇》《戒庵老人漫笔》《国朝献征录》《耳谈》等野史笔记、话本小说亦有收录
55	子复父仇（申用溉）	朝鲜	《松窝杂记》	自言出自"野史";亦载于《燃藜室记述》
56	子复父仇（李文雄）	朝鲜	《国朝宝鉴》	亦载于《燃藜室记述》
57	子复父仇（朴圣昌）	朝鲜	《国朝宝鉴》	
58	子复母仇（甄婆儿）	宋	《宋史》孝义传·李璘（甄婆儿）	
59	子复母仇（谷山民）	朝鲜	《国朝宝鉴》	
60	妻复夫仇（玉礼）	朝鲜	《国朝宝鉴》	
61	妻复夫仇（春玉）	朝鲜	《国朝宝鉴》	
62	妻复夫仇（三嘉妇）	朝鲜	《国朝宝鉴》	
63	弟复兄仇（丰川民）	朝鲜	《国朝宝鉴》	
64	复仇杀官（张审素）	唐	王栐《燕翼诒谋录》	

续表

"经史要义"篇条目顺位	"经史要义"篇的条目名	案件发生的时代	出处	备注
65	复仇杀官（徐元庆 柳议 韩议）	唐	茅坤《唐宋八大家文钞》①	原出于柳宗元《柳河东集》驳复仇议（柳议亦见于《新唐书》）、韩愈《复仇状》
66	义杀淫妇（洪武时）	明	祝允明《前闻记》床下义气	
67	愤杀樵夫（李源）	朝鲜	《西山丛话》	
68	贵戚滥杀（陈洎）	宋	晁补之《鸡肋集》	亦载于史洁珵《德育古鉴》救济类上、张光祖《言行龟鉴》政事门
69	使臣滥杀（苏瀹）	朝鲜	李珥《石潭日记》万历七年己卯·十一月	
70	使臣滥杀（郑济先）	朝鲜	南九万《药泉集》疏劄·辞职兼陈三狱事劄	
71	官长滥杀（俞信一 大明律）	朝鲜	《国朝宝鉴》	
72	官长滥杀（李景建 李弘述）	朝鲜	南九万《药泉集》疏劄·辞职兼陈三狱事劄	

---

① 《钦钦新书》"经史要义"篇该条在柳宗元的驳议之后载有"唐顺之曰 此等文字 极谨严无一字懈怠 〇茅坤曰 此议 精悍严紧 柳文之佳者"之语，因此可以断定该案例及柳议、韩议均间接引自明代茅坤的《唐宋八大家文钞》。

"经史要义"篇条目顺位	"经史要义"篇的条目名	案件发生的时代	出处	备注
73	豪奴滥杀（董宣）	东汉	《后汉书》	
74	豪奴滥杀（洪允成）	朝鲜	《燃藜室记述》世祖朝故事本末	原出自《文献备考》
75	豪族滥杀（临川王妾弟）	南北朝	《南史》	亦载于《资治通鉴》
77	豪族滥杀（徐选）	朝鲜	李廷馨《东阁杂记》（上）·本朝璇源宝录·世宗	
78	私杀奴婢（世宗朝 大明律 大典）	朝鲜	《国朝宝鉴》	
79	私杀婢夫（李伯温 大典附录）	朝鲜	《国朝宝鉴》	
80	叛奴弑主（李永辉）	朝鲜	朴世堂《西溪集》志铭·林川郡守李公墓志铭	
82	继母杀父（孔季彦）	东汉	李瀷《星湖僿说》人事门·继母弑父	该故事原出自《孔丛子》
84	弑母行赂（存伊）	朝鲜	李珥《石潭日记》万历九年辛巳·三月	
85	弑父辨诬（尹百源）	朝鲜	未详	亦载于《秋官志》详覆部·伦常·弑父·尹百源女狱案
86	杀母奸夫（金锡胄）	朝鲜	《国朝宝鉴》	

续表

"经史要义"篇 条目顺位	"经史要义"篇 的条目名	案件发生 的时代	出处	备注
87	父母杀子（贾彪 苏轼 俞伟 虞允文）	东汉、宋	《后汉书》；苏 轼《与朱鄂州 书》	
88	父母杀子（明川妇 徐 疏 明律）	朝鲜	《国朝宝鉴》	
89	以孝杀妻（卜道咸）	朝鲜	《国朝宝鉴》	
90	宥姑杀妇（柳公绰）	唐	《新唐书》	
93	兄弟争死（秦润夫）	元	《元史》	可能引自姚儒《教 家要略》"夫妇"门
95	兄母代死（尹次 史 玉）	东汉	《后汉书》	
102	匪党杀徒（韩琦）	宋	王称《东都事 略》	
103	执记获盗（周新）	明	《元明事类钞》 虫豸门·蝇· 蝇蚋迎马	亦载于黄瑜《双槐 岁钞》周宪使、冯 梦龙《智囊全集》 察智部·诘奸、张 岱《夜航船》政事 部·烛奸·市布 得盗
108	淫僧杀妓（苏轼）	宋	蒋一葵《尧山 堂外纪》宋· 苏洵	此案经过文学加工 后现于《廉明公 案》中，加工后的 版本载于《钦钦新 书》"批详隽抄"篇
110	盗觊僧妻（郑云敬）	高丽	《高丽史》郑云 敬传	

续表

"经史要义"篇条目顺位	"经史要义"篇的条目名	案件发生的时代	出处	备注
111	鬼哭诳奴（南郡女）	朝鲜	安鼎福《临官政要》	
113	网水得尸（马亮）	宋	未详	
114	爬江得尸（李浣）	朝鲜	未详	
115	风叶得尸（周新）	明	张岱《夜航船》政事部·烛奸·旋风吹叶	亦载于冯梦龙《智囊全集》察智部·诘奸
116	尾蛇得尸（叶宗人）	明	《明史》	
118	儒作僧（顺庵说）	朝鲜	安鼎福《临官政要》	
127	荆花中毒（许进）	明	冯梦龙《智囊全集》察智部·得情	
128	旱莲中毒（汪待举）	宋	张岱《夜航船》政事部·烛奸·花瓶水杀人；陈士铎《本草新编》；江瓘《名医类案》	《名医类案》的记载原出自何薳《春渚纪闻》
129	医药救死（叶南岩）	未详	魏之琇《续名医类案》跌扑	亦载于冯梦龙《智囊全集》上智部·通简
130	赂狱竟死（范蠡）	春秋	《史记》	亦载于冯梦龙《智囊全集》明智部·亿中

此外，对中朝两国名人文集作品的引述在"经史要义"篇也得到鲜明地体现。其中朝鲜代表学者文集、杂记中与人命案相关的内容更得

到了广泛引述，如宰相南九万的《药泉集》、大儒李珥的《石潭日记》、大哲李瀷的《星湖僿说》、朴世堂的《西溪集》、李廷馨的《东阁杂记》、金锡胄的《息庵遗稿》、朴东亮的《寄斋杂记》等，其中对南九万的《药泉集》和李珥的《石潭日记》中所载案件的引用最多。而对明清时期中国文人作品的引用也较为广泛，但许多案例的出处只能推测而无法完全断定。"经史要义"中有少数案例与我国明代文学家冯梦龙的《智囊全集》、张岱的《夜航船》有深度重合，但比较这些重合的条目，其中部分案例的行文与《智囊全集》等资料略有出入。此外，"经史要义"篇对柳宗元的《柳河东集》、晁补之的《鸡肋集》、祝允明的《前闻记》等亦有所涉猎。

而丁若镛对朝鲜王朝后期最具代表性的官箴书——安鼎福的《临官政要》引用较多。此外，丁若镛对我国明清时期的医书，如陈士铎的《本草新编》、江瓘的《名医类案》以及魏之琇的《续名医类案》等均有所引用。这些医书集中反映了我国明清时期特别是有清一代最新的医学发展成果。另需特别指出的是，丁若镛对苏轼的文章有所偏好，苏轼在《外曾祖程公逸事》《与朱鄂州书》等文中提及的案例均见于《钦钦新书》"经史要义"篇。

第 四 章

"批详隽抄"篇的构成与出处

第一节 "批详隽抄"篇的构成

《钦钦新书》的第二篇是"批详隽抄"篇。"批详隽抄"篇共收录了70个条目。经笔者考证,"批详隽抄"篇大致由三个部分构成,第一部分是"批详隽抄"的第一卷(全书第4卷),第二部分是从"批详隽抄"第二卷至第四卷(全书第5—7卷)中的第4个条目,第三部分是从"批详隽抄"第四卷的第5个条目至第五卷(全书第7—8卷)。这70个条目收录内容多元,包括处理人命案的官箴、清代尸检技法、清初地方官的判决、明末公案小说等。"批详隽抄"的前半部分多由真实的案例构成,而后半部分多收录富于文学虚构的公案故事。

关于"批详隽抄"第一卷各条目的出处,先前的韩国学者未有确切的考证。经笔者考证,"批详隽抄"前6个条目应出自清代学者胡衍虞所著官箴书——《居官寡过录》。这6个条目中的其中两条亦同时载于李渔的《资治新书》。"批详隽抄"篇的前6个条目与《居官寡过录》的对应关系如表4-1所示。

"批详隽抄"篇的第7个条目"郑瑄 人命私议 严禁图赖"的出处不明,但在清代史洁珵的《德育古鉴》救济类(上)第15条"爱养生丸子",及《太上感应篇汇编》卷3的"入轻为重"或清代金庸斋的《居官必览》中均得以确认。而"批详隽抄"篇的第8个条目极为独特,丁若镛在此收录了清代当时最新的尸检技法——检骨图格。可以推断,丁若镛当时应参考过清代刊行的《洗冤录》最新版本,这些书籍通过某种渠道流入朝鲜半岛。

表4−1　　　　"批详隽抄"篇与《居官寡过录》条目的对应关系

"批详隽抄"篇中条目的顺序	"批详隽抄"篇中的条目名称	在《居官寡过录》中出现的位置	《居官寡过录》中的条目名称
1	佟国器　问刑条议　七条通论（佟氏字汇伯）	第2卷	徐汇白人命条议七款
2	李士桢　人命条议　六条通论（李氏字毅可）①	第2卷	李毅可人命条议五款
3	徐斯适　人命首议　饬禁诬赖	第2卷	徐欺适重人命说
4	陈秉直　人命榜示　饬禁妄报（陈氏字司贞）	第3卷	禁妄报（陈司贞） 江南臬宪陈司贞（韦秉直海城人）
5	李嗣京　人命申详　禁委佐领（李氏字少文）②	第3卷	禁委验请（李少文） 南昌司李李少文（韦嗣京兴化人）
6	尤侗　人命条约　约禁图赖（尤氏字展成　号西堂）	第3卷	禁图赖（尤展成） 尤展成

　　"批详隽抄"第二卷至第四卷（全书第5—7卷）中的第4个条目，共计43个条目，收录了明末清初我国各地官员的判决文书，其中至少有37个条目可在明末清初学者李渔（1611—1680）的《资治新书》的初集和二集中得到确认，这些条目以清初江苏、浙江两省地方官的判决为主。

　　从"批详隽抄"第4卷的第5个条目到第5卷结束，共有19个条目。这19个案例均出自明末书商余象斗编写的《廉明公案》。这些公案小说在明清时期有着广泛的受众，其影响远播朝鲜半岛。丁若镛择优将《廉

───────────────

　　① 此条亦见于《资治新书》（二集）卷2，文移部，词讼五（催完结），人命条议五款李毅可。

　　② 此条亦见于《资治新书》（二集）卷2，文移部，刑名三（检验类），人命初检禁委佐领详　李少文。

明公案》中富于传奇色彩的一些破案故事选入《钦钦新书》"批详隽抄"篇。

由此看来,"批详隽抄"篇的内容构成可大致分为两大类。第一类是前8个条目,明示了审理断案的基本方法和原则,属于官箴类条目,同时包含尸检的最新技法。其后的62个条目则属于具体发生的案件和判例,又分为非虚构和部分虚构两种类型。非虚构类判例主要取材于李渔《资治新书》初集和二集的"判语部",虚构类案例则取自余象斗的《廉明公案》。而这两大类在李渔《资治新书》中则分别对应"文移部"和"判语部",这是清初李渔的划分方法。

这些取自我国明清两代的法制资料,由于中朝两国在法律用语上的差异,朝鲜半岛文人在理解时存有一定的障碍。因此,丁若镛在收录这些文移、判语之时,对许多中国专有的法律用语作了注解。"批详隽抄"的70个条目中,共计58个条目附有"解曰"开头的专业术语注解。而以"镛案""案""按"等开头的丁若镛个人见解,在70个条目中也多达25个条目。其中体现丁若镛法律思想的评论(按语),许多是他对中朝两国法制与民事习惯差异所作的说明。

例如,在"批详隽抄"篇第二条中,记载了中国当时民众购买盗墓所获尸体,然后用特定植物在尸体上制造假伤,以便诬告和陷害良民的恶俗。① 丁若镛看到中国这一现象后,评论道"吾东幸无此俗"②,为当时朝鲜半岛没有这样的恶俗而感到庆幸。但同时也提醒朝鲜负责尸体检验的官吏,须知"天地间亦有此事",在中国发生的情境为朝鲜半岛司法从业人员提供了很好的参照,间接丰富了他们的司法经验。

又如,在"批详隽抄"篇第三条中,记载了当时中国对尸检次数的限制和司法检验的高效,丁若镛因而叹息朝鲜司法检验的低效。"中国之法,检不过三;吾东之法,四检五检,未有限节,只滋惑乱,无补明慎。刑官宜有提奏,以三为度,似合理也。"③ 丁若镛认为,我国明清时期的尸检一般不超过三次,而当时朝鲜半岛的尸检有时却多达四五次,没有

---

① 《钦钦新书》,批详隽抄,李士桢 人命条议 六条通论。
② 《钦钦新书》,批详隽抄,李士桢 人命条议 六条通论,案。
③ 《钦钦新书》,批详隽抄,徐斯适 人命首议 饬禁诬赖,案。

次数上的限制，这显得既不合理也不科学。丁若镛认为应取法中国，尸检以三次为限是较为合理的。

又如"批详隽抄"篇第 6 条中，丁若镛注意到中国借尸图赖案件频繁发生的原因，即中国当时有向尸亲（被害人的家属）赔偿的惯例，而在朝鲜却基本没有这种民事习惯。这一习惯导致当时的中国民众为贪图钱财，而把尸体当作榨取他人财物的工具，导致图赖现象盛行。

再如"批详隽抄"篇第 28 条中，丁若镛看到中国发生的同性伴侣间的杀人案件后，感慨中国相比朝鲜男风更加兴盛的习俗，以致中国判官在判决相应人命案件时，对同性伴侣视同夫妇，对同性伴侣间的杀人案适用夫妇间人伦和量刑标准，并不认为此举伤及天理。[1] 丁若镛在此感叹中国和日本均好男色，唯独朝鲜无男淫之风，认为朝鲜真乃礼仪之邦（"吾东诚礼邦也"）[2]，对中、日、朝三国因社会风俗不同而导致的法律文化上的差异作了比较和诠释。

第二节 "批详隽抄"篇与《资治新书》

《钦钦新书》"批详隽抄"篇总计 70 个条目中，有一半以上条目取自明末清初李渔所著《资治新书》。丁若镛认为这些判词对朝鲜官吏提高办案水平有利，故而将之载入《钦钦新书》。这些判词出自清初各地地方官之手，经李渔选辑后编入《资治新书》，再经丁若镛之手加以选辑、注释及评论后，通过"批详隽抄"篇呈现给朝鲜读者，在选录和评注过程中已然注入了丁若镛本人的法律思想。

李渔有"东方莎士比亚"之称。他不仅在文学戏剧方面造诣极高，也同时具备独到的经世思想。其经世思想主要体现在《资治新书》之中。《资治新书》在内容上分为"文移部""文告部""条议部"和"判语部"四部，其中"文移部""文告部""条议部"在主题和内容上大致相当于丁若镛之《牧民心书》，而"判语部"在主题和内容上大致相当于丁若镛的《钦钦新书》。《资治新书》初集、二集的构成如表 4 - 2、表 4 - 3 所示。

---

① 《钦钦新书》，批详隽抄，倪长玕 纠杀批判 嬖奴弑主，案。
② 《钦钦新书》，批详隽抄，倪长玕 纠杀批判 嬖奴弑主，案。

表 4 - 2 《资治新书》初集的构成

顺序	分类	卷数	二次分类
1	卷首		祥刑末议 慎狱刍言
2	文移部	第 1—4 卷	钱粮 刑名 学政 军政 漕政 屯政 盐政 权政 芦政 茶马 水利 驿传 工役 荒政 庶政
3	文告部	第 5—6 卷	关防 条约 饬佐领 饬胥吏 惩衙蛀 抑土豪 慎监狱 禁词讼 讲乡约 查保甲 正风俗 咨访利弊 较士 训士 砺士 约兵 安民 招抚 乱民 劝谕逃人 盐禁 救荒 庶务
4	条议部	第 7 卷	积贮 城守 保甲团练 海防 海禁 剿贼 漕务 盐法 词讼 里役 荒政 民风
5	判语部	第 8—14 卷	人命 盗情 贼情 奸情 钦案 访犯 通海 匿逃 左道 诈伪 忤逆 犯上 抗官 婚姻 承继 坟墓 产业 租债 争殴 抄抢 诓骗 匿名

表 4 - 3 《资治新书》二集的构成

顺序	分类	卷数	二次分类
1	文移部	第 1—8 卷	钱粮 学政 军政 钱法 漕政 屯政 河工 水利 盐法 权政 芦政 驿传 修道 科场 官常 民事 贼盗 灾荒 鬼神 告神 僧道 祥瑞灾异
2	文告部	第 9—14 卷	钱粮 词讼 贼盗 逃人 刑罚 学政 军政 漕政 盐政 税务 驿传 工役 官常 民事 荒政 风俗
3	判语部	第 15—20 卷	人命 盗情 叛案 奸情 吏议 衙蛀 舞文 误工 科场 逃人 左道 势宦 劣衿 豪民 盐法 学政 税务 勒诈 犯上 婚姻 继嗣 抚孤 坟墓 田产 租债 争殴小忿

此外,《资治新书》中还有直接反映李渔法律思想的"详刑末议"和"慎狱刍言"。"详刑末议"载有"论刑具"4 则、"论监狱"2 则,"慎狱刍言"载有"论人命"7 则、"论盗案"5 则、"论奸情"5 则、"论一切诉讼"等,从而阐明了李渔关于刑案处理的基本原则,从中也体现出李渔法律思想之丰富。从表 4-3 可知,"判语部"在分类上极为详尽,共计 788 篇判例,占《资治新书》全书条目的 54%。与"文移部"和"文告部"不同,李渔在"判语部"中还有专门记述本人命案处理思想的"人命·总论"。李渔将他搜集到的这些判例按类型整理后,再将这些类型的案例加以二次分类,其类别如表 4-4 所示。

表 4-4   《资治新书》初集和二集"判语部"的构成

顺序	分类	二次分类
		《资治新书》初集的"判语部"
1	人命(6)	弑逆类 谋故殴杀类 威逼类 误杀误伤类 矜疑类 假命诬诈类
2	盗情(5)	劫杀类 劫掠类 窝盗类 构盗类 矜疑类
3	贼情(3)	初犯类 迭犯类 诬民为贼类
4	奸情(8)	淫烝类 强奸类 和奸类 奸拐类 奸杀类(因奸致死者并入此) 杀奸类 鸡奸类 诬奸类
5	钦案(2)	文职类 武职类
6	访犯(3)	衙蠹类 土豪类 追赃类
7	诈伪(3)	私刊假印类 私铸假钱类 私煎假银类
8	婚姻(3)	逼嫁类 强娶类 争婚类
9	坟墓(2)	发冢类 争坟类
10	产业(3)	争田类 争屋类 家私类
		《资治新书》二集的"判语部"
1	人命(6)	弑逆 谋故殴杀 威逼过失 误杀 矜疑平反 假命诬诈
2	盗情(6)	劫杀 窃盗 窝盗 盗属 矜疑平反 诬良为盗
3	叛案(4)	谋叛 通贼 平反 诬叛
4	奸情(7)	淫烝 强奸 和奸 奸拐 因奸致杀 诬奸 诬告
5	吏议(5)	贪酷 纵蠹害民 讳盗不申 城池失守 弃职潜逃

续表

顺序	分类	二次分类
6	衙蠹（2）	侵挪库帑　诈害良民
7	舞文（2）	增减文书　代书增减情罪
8	误公（3）	解犯疏虞　囚犯越狱　遗失公文
9	科场（2）	怀挟　假冒顶替
10	逃人（2）	窝隐　假冒
11	豪民（4）	逋粮　拒差　把持衙门　武断乡曲
12	盐法（2）	私贩　假引
13	勒诈（3）	兵诈　民诈　诬诈
14	犯上（4）	诬官　逆亲　背师　奴仆背主
15	婚姻（8）	强娶　逼嫁　赖婚　悔亲　误婚　苟合　卖妻告赎　买良为贱
16	坟墓（4）	争坟　伤坟　掘坟　砍伐墓木
17	田产（4）	争产　争家私　告卖告赎　侵官地

从表4-4可知，"判语部"所载判例十分多元，几乎囊括了当时常见的各种类别的犯罪。从李渔对《资治新书》所载案件的划分和大致按重要程度加以排序的做法可知，明末清初时我国对犯罪类别的划分已相当完备。"判语部"对具体案例的排列顺序大致如下。首先是有关人命等暴力犯罪的类型，如"人命""盗情""贼情""奸情"等，这些置于"判语部"的最前面。其次是有关官吏贪腐等公职犯罪的案件。再次是危害社会秩序、反映社会问题的案件。最后是有关婚姻、坟墓、债务、田宅等民事案件。按排列顺序和重要程度，这几大类别的案例的数量呈逐步递减的状态。

《资治新书》"判语部"所载判例的条目名称较为简略。如"奸杀二命事""打死男命事""人命事""父命事""凶杀事""杀父灭尸事"等，大多仅由几个字组成。判语多由三部分构成，先阐述案情及犯罪过程，再说明判决的理由和根据，最后明示判决结果。而《钦钦新书》"批详隽抄"篇在选辑《资治新书》"判语部"相关案例时，不仅重新排列了案例的先后顺序，而且大幅修改了判例的条目名。如果把《钦钦新书》"批详隽抄"篇引自《资治新书》的判例和《资治新书》原文加以对照，便可知"批详隽抄"篇各条目的具体出处，如表4-5所示。

表4-5 出自《资治新书》"判语部"的"批详隽抄"篇案例与出处

	"批详隽抄"篇中的条目名及出现顺位	《资治新书》"判语部"的条目与出处	
10	沈迪吉 毒死详驳 弑夫图赖（沈氏字惠孺）	活活打死男命事 太平二守沈惠孺讳迪吉义乌人	初集卷11 奸情五（奸杀类·因奸致死者并入此）
13	颜尧揆 烧棺审语 自缢图赖（颜氏字孝叙）	假兵锁兄等事 颜孝叙	初集卷9 人命五（矜疑类）
14	高翔 落水审语 儿溺图赖（高氏字云施）	打死儿命事德安太守高云旗讳翱江宁人	二集卷16 人命五（假命诬诈）
15	张一魁 病死审语 道院图赖（张氏号梅庵）	急救冤狱事 张梅庵	初集卷9人命六（假命诬诈类）
16	李清 病死审语 儒巾图赖（李氏字心水）	宪典事 李心水	初集卷9 人命六（假命诬诈类）
17	毛赓南 自缢审语 虐妻自杀（毛氏字南熏）	惨逼杀命事达州刺史毛南熏讳赓南南郑人	初集卷8 人命二（谋故殴杀类）
18	王仕云 自死审语 出妻自尽（王氏字望如）	打死娣命事衡州司李王望如讳仕云江宁人	二集卷16 人命五（假命诬诈）
19	陈开虞 两杀判词 怒淫双毙	地方人命事江宁太守陈斯征讳开虞富平人	初集卷11 奸情六（杀奸类）
21	王士祯 弑逆判词 与妻弑母（王氏字贻上 号渔洋）	打死母命事扬州司理王贻上讳士祯新城人	初集卷8 人命一（弑逆类）
22	李嗣京 疑狱谳词 义子弑母	大逆不殄等事 李少文	初集卷9 人命五（矜疑类）

续表

"批详隽抄"篇中的条目名及出现顺位	《资治新书》"判语部"的条目与出处	
23	周亮工 自缢批驳 骄妾弑嫡（周氏字栎园）	黑冤毙命事驳语 书巡漳道福建右藩周栎园讳亮工祥符人	二集卷16 人命二（威逼过失）
24	马瑞图 误药批驳 庸医杀妻	活杀妻命事 江山县令马遇伯讳瑞图祥符人	二集卷16 人命五（假命诬诈）
25	王士禛 大憝申详 聚徒弑兄	地方事 （王贻上）	初集卷8 人命一（弑逆类）
26	稽永福 故杀覆勘 倚兵杀长（稽氏字迩遐）	活杀人命事 严州司李嵇迩遐讳永福无锡人	初集卷8 人命二（谋故殴杀类）
27	赵进美 劫杀批判 雇奴弑主	劫杀兄命事 湖西守宪赵韫退讳进美山东人	初集卷8 人命一（弑逆类）
28	倪长玕 纠杀批判 婴奴弑主（倪氏字伯屏）	戮主惨变事 苏州司理倪伯屏讳长玕嘉兴人	初集卷8 人命一（弑逆类）
29	赵最 疑狱申详 男淫疑杀（赵氏字我唯）	谋杀事 赵我唯	初集卷11 奸情七（鸡奸类）
31	周亮工 奸狱驳语 强奸为和	强奸致命事 书巡漳道福建右藩周栎园讳亮工祥符人	二集卷18 奸情五（因奸致杀）
32	王阶 逼杀批判 强淫自缢（王氏字旦后）	逼死妻命事 台州司李王旦复讳升景州人	二集卷18 奸情五（因奸致杀）
33	颜尧揆 老狱改议 诬服伸冤	活杀男命事 颜孝叙	初集卷9 人命五（矜疑类）
34	李嗣京 冤狱审议 枉告伸冤	清查冤狱等事 李少文	初集卷9 人命五（矜疑类）

	"批详隽抄"篇中的条目名及出现顺位	《资治新书》"判语部"的条目与出处	
35	王度 復雠驳议 孙復祖仇（王氏字平子）	投见正法事 江南恤部王平子讳度泰安人	初集卷9 人命五 （矜疑类）
36	王仕云 误杀申详 认盗杀良	吁天法剿等事 衡州司李王望如讳仕云江南人	二集卷16 人命三 （误杀）
37	张一魁 自杀判词 佃客自酰	活杀父命事 张梅庵	初集卷9 人命三 （威逼类）
38	张一魁 自死判词 救人自溺	人命事 淳安邑宰张梅庵讳一魁三韩人	初集卷9 人命四 （误杀误伤类）
39	张一魁 自杀判词 怨邻自缢	灭伦惨杀妻命事 张梅庵	初集卷9 人命三 （威逼类）
40	张一魁 威逼判词 围擒逼杀	围擒逼杀事 张梅庵	初集卷9 人命三 （威逼类）
41	张一魁 威逼判词 搜索骇死	急究人命事 淳安邑宰张梅庵讳一魁三韩人	初集卷9 人命三 （威逼类）
42	赵开雍 过失判词 挥铲误中（赵氏字五弦）	打死人命事 赵五弦	初集卷9 人命四 （误杀误伤类）
43	胡升猷 过失判词 掉钺误中（胡氏字贞严）	仇奸杀命事 兴泉巡宪胡贞岩讳升猷太兴人	初集卷9 人命四 （误杀误伤类）
44	李嗣京 诈狱覆审 疯狂饰辞	奇冤惨杀事 李少文	初集卷8 人命二 （谋故殴杀类）
45	刘沛引 浪死申详 烟酒醉死（刘氏字松舟）	宪件 太平二守刘松舟讳沛引大兴人	二集卷16 人命三 （误杀）

	"批详隽抄"篇中的条目名及出现顺位	《资治新书》"判语部"的条目与出处	
46	赵开雍 保辜覆拟 折腿剜目	群谋打死等事 赵五弦	初集卷 8 人命二 (谋故殴杀类)
47	纪咸亨 疑狱复议 掘冢无证 (纪氏字载之)	发冢抛尸事 粤东宪副纪载之讳咸亨宛平人	初集卷 13 坟墓一 (发冢类)
48	李之芳 首从申详 首死从释 (李氏字邺园)	提审重犯等事 金华司李李邺园讳之芳济南人	二集卷 16 人命四 (矜疑平反)
50	盛王赞 斗杀审语 三钱杀身 (盛氏号柯亭)	简痊夫命事 □水县令盛柯亭讳王赞苏州人	初集卷 8 人命二 (谋故殴杀类)

从表 4-5 可知,《钦钦新书》"批详隽抄"篇至少有 36 个条目(判例)出自《资治新书》"判语部"。且通过对照《资治新书》原文可知,"批详隽抄"篇所引判例在《资治新书》中的分布极不均衡。所引的 36 条判词中,出自《资治新书》判语部"人命"类的判例多达 30 条,而出自"奸情"类的判例共有 5 条,出自"坟墓"类的判例只有 1 条。可见丁若镛在参考《资治新书》时,并未广泛涉猎和援引多种犯罪类型的案例,而把主要精力放在了与"人命""奸情"相关的案件上。在《资治新书》判语部"人命"类案例中,又分为弑逆类、谋故殴杀类、威逼类、误杀误伤类、矜疑类、假命诬诈类等各种细分类型,这些命案细分类型对应的案件在《钦钦新书》"批详隽抄"篇中均有所收录。而在《资治新书》判语部"奸情"类案例中,又分为淫烝类、强奸类、和奸类、奸拐类、奸杀类(因奸致死者并入此)、杀奸类、鸡奸类、诬奸类等细分类型,"批详隽抄"篇仅收录了奸杀类、杀奸类和鸡奸类这三种细分类别,而未收录淫烝类、强奸类、和奸类、奸拐类、诬奸类等细分类型。这种收录犯罪细分类型不均衡的现象可能与丁若镛编写《钦钦新书》时主要聚焦人命案件的倾向有关,对未发生命案的判词基本不予收录。在人命

案件中，丁若镛又重点选取较难辨识、易于误判的案例着重收录。这与《钦钦新书》为百姓雪冤的编撰初衷不无关系，体现了贯穿《钦钦新书》全书的钦恤精神。

丁若镛编撰"批详隽抄"篇时，打破了《资治新书》原有的判例排序，依照自己的构想和分类重新排列案例。纵览"批详隽抄"篇可知，"批详隽抄"篇虽不像《资治新书》"判语部"那般对案件进行二次分类后按细分类型加以排列，但判例在排列上也呈现出一定的规律性。如"批详隽抄"篇第25—28条均属弑逆等侵犯尊长的案件，其中第28条所载案件的双方当事人存在尊卑关系的同时，二人又是同性伴侣的关系。而与第28条相连的第29条所载案例的双方当事人则是单纯的同性伴侣关系，故丁若镛将之连在一起。又如"批详隽抄"篇第46、47条所载案例，这两起案件在《资治新书》中虽分属"人命类"和"坟墓类"两种类型，但均为关涉法医检验的案件，故而丁若镛将这两条放在一处。

丁若镛在收录《资治新书》所载判词时，对《资治新书》相关案例的名称并未直接取用，而是根据案情将之重新命名，使条目名更为准确详尽。在"批详隽抄"篇各条目名中，判例的作者、案件的基本犯罪类型和案情主旨均予以阐明。比如"批详隽抄"篇第37、39条在《资治新书》中的原名是"活杀父命事""灭伦惨杀妻命事"，使读者在首次看到判词的名称时，很容易误认为是他杀案件，而这两例案件却是典型的自杀案件。因此，丁若镛将相应条目的题目均改为"自杀判词"。另外在《资治新书》"判语部"标题中，编者李渔出于对判词作者的尊敬，不直呼名讳而用其字来指称判词的作者，并在其后加注小字以明示作者的名讳。而《钦钦新书》为了读者阅读方便，丁若镛直接将之改为标注判词作者名讳的方式，而将判词作者的字全部省略。

此外，在相关判词所载当事者名字等处，可以发现《钦钦新书》和今本《资治新书》略微不一致。如"批详隽抄"篇第14条中的"高云施"在《资治新书》原文中是"高云旂"；第32条的"旦後（繁体）"在《资治新书》原文中为"王旦復（繁体）"；第42条中的"五絃（繁体）"在《资治新书》原文中是"赵五弦"，同一条中的"季三弟"在原文中为"李三弟"等。这些姓名的差异虽不排除丁若镛的弟子在誊抄《资治新书》原文时存在笔误的可能，但更可能是丁若镛及其弟子当时所参考的传至朝鲜半岛的《资治新书》版本与今本《资治新书》略有差异的结果，这种差异可能在传播的过程中经多次誊写后以讹传讹所导致。

第三节 李渔与丁若镛,《资治新书》与《钦钦新书》

综观李渔与丁若镛二人，可以发现中朝两位学者在许多方面存在相似之处。这些相似之处可分为相近的人生旅程、丰富的精神世界及宽广的学术视野、丰富的刑法思想三个部分。下面对此略作说明。

首先，二人的人生旅程较为相近。两位学者人生的最大相似之处在于均是中年时期遭逢重大变故。李渔的中年变故乃是明清易代，使其人生目标从求取功名到志于文艺创作。而丁若镛的中年变故是朝廷针对朝鲜天主教徒的"辛酉迫害"而受到牵连，最终被流放至半岛南端的全罗道康津县。二人在遭逢人生变故的年龄也极为相仿。以清军攻陷浙江的顺治三年（1646）计，李渔时年35周岁。而丁若镛遭遇流放发生在朝鲜纯祖元年（1801），时年正值39周岁。二人中年的重大变故大都持续了两三年之久。李渔的中年突变期发生在顺治元年至顺治三年（1644—1646），即从李自成攻陷北京到清军占领浙江为止，时年33—35岁。而丁若镛的中年突变期应从被免官的正祖二十三年（1799）算起，到被正式流放的纯祖元年（1801）止，时年37—39岁。两位学者在中年变故期前后的处境和心境，以及人生的轨迹都发生了本质变化。二人的人生前半段均相对顺遂，而人生的后半段都经历了众多挫折和磨难，也正因中年的变故，将二人从官场及对功名的追逐中解放出来，以专心从事学术研究或文艺创作，给后人留下了不朽的思想和著作。从今日之视角看，他们人生的主要成就都是在遭遇重大变故的后半生创造的，因个人的不幸而留下的等身的著作，反而成为后世之人的幸运。

其次，二人均拥有丰富的精神世界和开阔的学术视野，二人涉猎的范围均不囿于个别领域。看两位学者的著述，便可轻易窥见其精神世界的广袤。纵览《李渔全集》，可知其不仅在小说、戏曲、诗文、文艺理论方面建树颇多，且涉及官箴学、图书评论、杂纂等内容。而丁若镛的《与犹堂全书》不仅涉猎经学、诗文、官箴，还触及医学、地理、水文、军事等经世济民的领域。由此可知，两位学者虽然都涉猎极广，但却有各自的偏好。李渔以文艺为主而丁若镛以经学为主。虽如此，二人都各自留下了官箴领域的代表作，分别是李渔的《资治新书》和丁若镛的"一表二书"(《经世遗表》《牧民心书》《钦钦新书》)。其中李渔《资治新书》的"文移部""文告部"和"条议部"可大致对应丁若镛的《牧民心书》，可归入官箴书一类，而李渔《资治新书》的"判语部"可大致对应丁若镛的《钦钦新书》，可归入判例集一类。

再次，两位学者通过各自的官箴判词类著述，展示了二人丰富的律学思想。遗憾的是，因二人的学术"主业"均非律学，故而其丰富的律学思想未能受到充分的重视，致使研究力度略显不足。李渔的法律思想多反映于《资治新书》的"详刑末议"和"慎狱刍言"中，"论刑具""论监狱""论人命""论盗案""论奸情""论一切诉讼"等文系统展示了李渔的律学思想。而丁若镛的法律思想通过本研究而予以展现，在此毋庸赘言。

纵览两位学者的《资治新书》《钦钦新书》二书，也可发现二书存在如下细微差异。第一，李渔的《资治新书》所录判例的犯罪类型远较《钦钦新书》广博。其"判语部"所载案例涵括人命、盗情、叛案、奸情、吏议、衙蠹、舞文、误工、科场、逃人、左道、势宦、劣衿、豪民、盐法、学政、税务、勒诈、犯上、婚姻、继嗣、抚孤、坟墓、田产、租债、抄抢、诓骗等多种类型的刑事、民事案件，其中刑事案件不仅涵括各类人命案件，更包括一般刑事犯罪和职务犯罪案件，而民事案件包括婚姻、继承、债权、物权等类型的案例，视野极为开阔。而丁若镛的《钦钦新书》则主要聚焦于刑事犯罪中的人命案件(含他杀与自杀)，对一般的刑事案件、公职犯罪和民事案件基本未曾涉猎。

第二，《钦钦新书》各篇所录案件的时空范围极为广阔，所录案件的出处十分多元。丁若镛编撰《钦钦新书》时广泛参考了中朝两国各代的各类资料，事例在发生时间上从我国周代到丁若镛生活的 19 世纪初，发生地点上横跨朝鲜半岛和中国本土的广大区域。案例在文本类型上既有郡县判词、尸检跋词，又有作为终审判决的中国皇帝和朝鲜国王的御判圣裁，还有公案故事中富于传奇色彩的判决文，在文本类型上多元而不划一。与此相对，李渔的《资治新书》"判语部"仅收录了和其生存年代同时的清代初期各地判词,使收录案件的时空范围较《钦钦新书》略显狭窄。在文本类型上仅收录了各地郡县地方长官的判词,并未涉及刑部(刑曹)的意见和皇帝(国王)的裁决,使读者无法从中得知完整的审理流程(司法程序)和最终的判决结果。但《资治新书》"判语部"有着统一的文本格式,而《钦钦新书》却"荟萃相附,不能浑成"①。

第三,两书在编撰目的上有较大差异。李渔在编撰《资治新书》时有着现实的经济考量。"借士大夫以为利,士大夫亦借以为名",李渔通过编撰此书使自己从各地长官那里获取了大量的经济支持,地方官通过使自己所作判词收录于《资治新书》中,成全了自己的的美誉,双方可谓各取所需,互相借对方达成自身追逐名利的目标。因《资治新书》"判语部"所录判词的作者多是经济上支持李渔之人,其收录的判词数量和篇幅反映出其对李渔的经济支持力度,从中自然亦体现出李渔本人的刑事法律思想。而丁若镛编撰《钦钦新书》的编写目的则更加单纯,仅是出于爱民、钦恤的精神,认为命案"宜有专门之治"② 而编撰,其学术兴趣和爱民精神应占据主导地位。

第四,两书在编者针对判词的评论(按语)上有较大差异。《钦钦新书》的许多案例下面都附有丁若镛本人对该案的见解和批判。反观《资治新书》,不仅相关评论极少,即便有之,也多是阿附溢美之词,缺乏批判精神。李渔在编撰时已得到判词作者的经济援助,自然不便批评衣食父母,这也是情理之中的事情。

第五,两位编撰者看待自己所编判例集(官箴书)的视角不同。李渔作为明末清初极负盛名的出版家,他对知识产权有着明确的维护意识,其在《资治新书》编撰完成后大量印刷和贩卖,使书籍得以在文化市场上广泛流通,其书籍的传播路径与《钦钦新书》截然不同。即李渔通过《资治新书》不仅阐明了本人的刑狱思想,更有经济利益的考量,书籍是李渔谋生的重要工具。反观《钦钦新书》,丁若镛以律学研究为志趣,辅以悲天悯人的爱民情怀而编撰。《钦钦新书》完成后也未能在朝鲜的出版市场上广泛流通,其学术价值直至百年后的朝鲜日据时期才得以重现。

---

① 《钦钦新书》序。
② 《钦钦新书》序。

这也与两位学者生存年代和生活地域不无关系。李渔生活的明末清初，商品经济下的出版业极度发达，图书被认为是一种特殊的商品，从《资治新书》初集卷首出现广告性质的"征文小启"可见一斑。如同今日一样，知识和信息在明末清初也可用于盈利。李渔通过《资治新书》的编撰发行，不仅从判词作者和购买图书的读者那里赚取了双重利润，还借此阐述了自己的刑法思想，提高了自己的知名度，可谓一石三鸟。而在朝鲜王朝后期，商品经济相比我国同期不甚发达，图书等文化产品的商品意识更是匮乏，故而《钦钦新书》无法为编撰者丁若镛谋利。比起李渔更多把《资治新书》是看作一种商品，丁若镛仅把《钦钦新书》看作自己法律思想的总结和朝鲜刑狱的指南。

第四节 "批详隽抄"篇与《廉明公案》

与"批详隽抄"篇所引《资治新书》案例均为真实发生的不同，"批详隽抄"篇所引《廉明公案》所载案例因文学加工而富于奇幻荒诞的色彩，在真实性方面不及前者。"作为文学的法律"（law as literature）和"文学中的法律"（law in literature）并存于《钦钦新书》"批详隽抄"篇。"批详隽抄"篇后半部的 19 个条目出自明末书商余象斗的《廉明公案》。通过对比《钦钦新书》和《廉明公案》原文，不仅可以发现两者的对应关系和丁若镛编撰《钦钦新书》时所作的修改，还会惊叹文学与法律相互渗透之深。

公案小说脱胎于志怪和传奇，至明代中后期风靡一时。万历二十二年（1594）诞生了首部短篇公案小说集——《龙图公案》。《龙图公案》共 10 卷 100 回，记载了包公破获的 94 桩刑案。《龙图公案》出版数年后，余象斗在万历二十六年（1598）出版了经他本人编辑的《廉明公案》。与其同时的还有《皇明诸司公案》《新民公案》《海公案》等十余种公案小说汇编。余象斗生活在我国明代商品经济与商业文化大繁荣的时代，他作为有明一代著名的书坊主和出版家，所编《廉明公案》不仅在他生前风行于大明，而且远播至朝鲜半岛，对朝鲜的法律文化产生了深刻影响。《廉明公案》和《皇明诸司公案》虽同是余象斗所编，且二者都融合了法律和文学，但《皇明诸司公案》更接近小说，而《廉明公案》

更接近判词。《廉明公案》所载故事大多源于明代发生的真实案例,案例
多由案情、诉状和判决三部分构成,在成书时又增加了编者的文学想象,
使故事更加趣味横生、更具可读性。《廉明公案》流传到朝鲜半岛后,丁
若镛对故事的标题做了修改,并加入了相关的名词注释和他本人的见解,
以使公案故事中的判词成为朝鲜官员撰写判决文书的参考。这种在故事
流变时层累和叠加的现象,使得文学和法律两者互相渗透而无法全然
区分。

表 4 - 6   "批详隽抄"篇案例与《廉明公案》的对应关系①

《钦钦新书》"批详隽抄"		《廉明公案》	
"批详隽抄"中的序位	判例名	公案名	"人命类"中的序位
52	孙知县杀妻审语　愤死图赖	孙侯判代妹伸冤	15
53	丁知县讼兄审语　病死图赖	丁府主判累死人命	18
54	吴推官杀弟判语　残弟灭侄	吴推府判谋故侄命	12
55	范县令杀嫂批语　贞妇逼嫁	现行版本中不存	
56	冯知县佃户审语　争水杀妇	冯侯判打死妻命	14
57	夏知县土豪审语　索债殴人	夏侯判打死弟命	13
58	杨清艄工批语　片言折狱	杨评事片言折狱	1
59	苏按院淫僧决词　壁书发奸	苏按院词判奸僧	17
60	张淳杀淫判词　三鬼吓诈	张县尹计吓凶僧	2
61	刘通海杀妻判词　三人强奸	刘县尹判误妻强奸	10
62	谭经杀妻判词　冤魂跟追	谭知县捕以疑杀妻	9
63	洪巡按妻狱判词　鬼告酒榼	洪大巡究淹死侍婢	11
64	舒推府僧狱判词　风吹休字	舒推府判风吹"休"字	6
65	郭子章劫杀判词　义猴报主	郭推官判猴报主	3
66	曹立规劫杀判词　灵蛛告凶	曹察院蜘蛛食卷	8
67	蔡应荣劫杀判词　失帽得尸	蔡知县风吹纱帽	4

---

① 박소현, 2011, "법률 속의 이야기, 이야기 속의 법률:《흠흠신서》와 중국 판례", 《대동문화연구》 77, 437—438 면.

续表

《钦钦新书》"批详隽抄"		《廉明公案》	
68	乐宗禹劫杀判词 买瓜得尸	乐知府买大西瓜	5
69	项德祥劫杀判词 听鸟得尸	项理刑辨鸟叫好	7
70	黄甲劫杀判词 跟鸦得尸	黄县主义鸦诉冤	16

据夫马进考证①，《廉明公案》105 篇公案中无小说情节的仅有 64 篇。这 105 篇公案中有多达 62 篇取自明代的讼师秘本《萧曹遗笔》。《廉明公案》分上下两卷，上卷分为人命、奸情、盗贼三类，共计 37 篇；下卷分为争占、罪害、威逼、拐带、坟山、婚姻、债负、户役、斗殴、继立、脱罪、执照、旌表，共计 13 类 68 篇。《钦钦新书》"批详隽抄"篇所引公案多出自《廉明公案》上卷的"人命"部分。纵览《廉明公案》所载公案，许多案件多起因于人的贪欲，而贪欲主要表现为贪财和贪色，贪色又涵括贪图女色和贪图男色。余象斗编撰《廉明公案》的目的，除获取经济利益外，也不乏劝诫民众的目的，其中的许多篇章都含有劝世良言（见表 4 -6）。

其中最值得深入分析的案例当属《钦钦新书》"批详隽抄"篇第 59 条所载案例——"苏按院 淫僧决词 壁书发奸"。这一案件在《钦钦新书》中曾被两次收录，也是《钦钦新书》中唯一被收录两次的案例。第一次收录于"经史要义"篇，引自《尧山堂外纪》，是史书所载的真实案例。第二次收录于"批详隽抄"篇，案情经过了余象斗的文学加工，与史书所载案情有明显出入。故而丁若镛认为有将其同时收录并加以对比的必要，他核案之后对二者作了比较。

那么我们就来详细解读这则苏东坡在杭州通判任上（1071 年 11 月至 1074 年 8 月）所作的著名判决。据《尧山堂外纪》记载，当时杭州灵隐寺有一位名叫了然的和尚，他喜欢上了一名叫李秀奴的妓女，为了秀奴他家财荡尽。一天晚上，了然趁酒醉又去往李秀奴处，秀奴因他已经没

---

① 夫马进：《讼师秘本〈萧曹遗笔〉的出现》，载寺田浩明主编，郑民钦译《中国法制史考证·丙编第四卷（日本学者考证中国法制史重要成果选译·明清卷）》，中国社会科学出版社 2003 年版，第 460—490 页。

钱而拒不接纳。了然因而大怒,随即将秀奴击毙。苏轼在审理该案时,发现了然的手臂上刻有一行刺字,上面写着"但愿生同极乐国,免教今世苦相思",苏轼见此写下了《踏莎行》这一结案判词,他判决了然死刑,了然后被押往市曹处斩。①

而明末的《廉明公案》中,这一历史记载经过文学加工后,案情有了些许变动,故事情节变得更加丰富和饱满。其相较史实有了如下改动。首先,在故事发生的时间、地点及人物方面有如下变化。第一,故事的发生年代从苏轼生存的北宋时期变成了大明景泰年间(1450—1456),比起史实往后推了四百年。第二,案件发生的空间背景从杭州变成了德郡,而德郡是一虚构的地名。第三,加害者和被害者的名字虽然没有变化,但判官的名字从苏轼模糊化为"苏巡抚"或"苏按院"。②

其次,除了时间、地点、人物有如上变化外,故事的情节也有巨大的改动。第一,淫僧和妓女通奸的场所发生了变化。在《钦钦新书》"经史要义"篇所录史料中,僧人了然是去妓女李秀奴所在的娼家与之同宿的,而在"批详隽抄"篇引自《廉明公案》的相关案情中,李秀奴因怕被人发现她与僧人有染,所以趁黑夜悄悄潜入寺庙与了然同宿。

第二,"批详隽抄"篇所载案情中存在为通奸二人牵线搭桥的中介人,而"经史要义"篇所载案情中却不曾出现任何媒介。这一媒介就是淫僧了然的结契兄弟"赤虎儿"。结契兄弟这一概念在传统时期大致有两种含义,第一种是结拜兄弟、义兄弟,第二种就是同性伴侣。《廉明公案》成书的时空背景是明末的福建省,考虑到当时的闽地风俗,作者意指第二种含义的可能性较大。若是如此,那就是赤虎儿为自己的同性伴侣了然和尚充当寻觅女子的媒介。

第三,"但愿生同极乐国,免教今世苦相思"这十四个字所刻位置有所不同。在"经史要义"篇所载案情中,淫僧了然将这十四个字刻在了自己的胳膊上,是了然本人的文身。而在"批详隽抄"篇的所载案情中,这十四个字却改刻在了灵隐寺的墙壁上。即《廉明公案》在编辑过程中,将"手臂"的"臂"替换成了"墙壁"的"壁",使得故事的情节变得

① 《钦钦新书》,经史要义,淫僧杀妓(苏轼)。
② 《钦钦新书》,批详隽抄,苏按院淫僧决词 壁书发奸。

大不相同。

第四,"经史要义"篇与"批详隽抄"篇所载案例中,加害者了然和尚杀害李秀奴的动机截然不同。在"经史要义"篇所载案情中,了然到李秀奴处求欢,李秀奴因他已无财产而闭门不纳,导致了然愤而杀人。也就是说,史料中的了然是激情杀人。而在"批详隽抄"篇的相关案情中,李秀奴看了然没钱而欲断绝往来,了然因此怀恨在心,所以谋划将她杀死。李秀奴贪图钱财,故而了然以其道还治其人之身,他借贷了一两银子,托赤虎儿交给李秀奴,说想与她同宿最后一宿,李秀奴见钱眼开后爽快答应。这一晚二人虽行云雨之事,但了然明显感到李秀奴已然十分勉强。过后,了然于深夜送李秀奴回娼家的途中将之杀害。与"经史要义"篇所载案情乃是激情杀人不同,"批详隽抄"篇所载案情变成了谋杀。而杀人地点也从娼家变成了街道上。

第五,"经史要义"篇和"批详隽抄"篇所载案情的破案手法不同。"经史要义"篇所载案情中并无明确记载苏东坡是如何侦破此案的,而"批详隽抄"篇所载案情则详尽描绘了苏按院侦破案件的经过,他在历经曲折后最终通过寺院墙壁上所刻"但愿生同极乐国,免教今世苦相思"这十四字,才终于破获此案。即《廉明公案》在编辑案例时加入了小说的故事情节,使得故事更加饱满、更具可读性。

通过对比,我们可以了解到宋代的史料是如何转化为明代晚期的公案小说的。作为将同一案件的不同版本收录于《钦钦新书》不同篇章的丁若镛,他当然也十分清楚二者的差异。丁若镛在"批详隽抄"篇该案件后写下了如下按语:"此本东坡所决(见上篇),《踏莎行》明亦东坡所作(见《尧山堂记》),余象斗演作小说,以为景泰间事,非其实矣。"① 丁若镛从而明确阐明了二者间的差别。

第五节 "批详隽抄"篇与清代检骨图格

《钦钦新书》"批详隽抄"篇有一条目极为特殊,即"批详隽抄"篇第8条——"增福 人命新奏 检骨图格"。对被害者尸体的检验历来是

---

① 《钦钦新书》,批详隽抄,苏按院淫僧决词 壁书发奸,按。

处理人命案件的重要环节,而尸体的重要组成部分就是死者的骨骼了。对被害人尸骨的检验方法在《洗冤集录》《无冤录》等古代法医典籍中均有记载。《钦钦新书》"祥刑追议"篇的个别条目记载了朝鲜王朝后期检骨的案例,可见当时朝鲜半岛对尸骨的检验已广泛用于刑事侦查。虽然检骨在宋元时期已载于法医典籍中,但"检骨图格"却是直到清代才被发明和实践的,同一时期的朝鲜还没有这一检验技法,而丁若镛敏锐地捕捉到清代"检骨图格"这一创新。故而《钦钦新书》也成为唯一记录清代"检骨图格"的朝鲜半岛文献。

清代最具代表的法医检验书籍当属《律例馆校正洗冤录》。此书是我国历史上第一本由官方颁行的法医检验典籍。该书由两部分组成,主体部分即集历代检验书之大成的钦定《律例馆校正洗冤录》,颁行于乾隆七年(1742)。[①] 在主体部分之后,附有乾隆三十五年(1770)颁行的"检骨图格"。检骨图格由"检骨图"和"检骨格"两部分组成,其颁行与时任安徽省提刑按察使的增福密切相关。史料中关于增福的记载很少,从名字可推断他是旗人。《安徽通志》中记载他是镶蓝旗人,于乾隆三十四年(1769)任安徽按察使,次年(1770)升任安徽布政使。[②] 而"批详隽抄"篇中的"增福 人命新奏 检骨图格"援引的是清代刑部奏章中有关增福的文字。

今天看来,"检骨"或许是相对生疏的概念。在"祥刑追议"篇中,丁若镛对检骨之法作了如下解释:"凡检骨之法,宜于尸帐目录诸骨之下,各注骨数,录其形状,又其诸骨之中,有致命之骨,有不致命之骨,若于致命之骨,或有折伤,其注录尤当致慎也。"[③] 其中介绍了当时朝鲜半岛在检验尸体遗骨时是如何记录的。从中可知,即使到了朝鲜王朝后期,半岛上也未能像我国清代一般直接在尸帐图上详细绘制被害人的骨骼信息,未能发展出像我国清代那样专门用作骨骼检验的图格。

---

① 茹巍:《清代洗冤用书及技术发展研究之补阙》,《证据科学》2017 年第 25 卷,第 94—95 页。

② 茹巍:《清代洗冤用书及技术发展研究之补阙》,《证据科学》2017 年第 25 卷,第 97 页。

③ 《钦钦新书》,祥刑追议,经久之检二(掩埋之骨 血晕显然 根由奸淫 实因被打),按。

检骨是传统时期司法检验的一种独特技术，多在尸体高度腐败导致无法确定死者死因和身份等信息的情况下，对死者骨骼残骸实施的司法检验，并通过骨骼的色泽、形态、是否出血等来推定被害者生前负伤和中毒等关联信息。① 而在乾隆三十五年（1770）增福上奏之前，我国清代并没有专门针对被害者骨骼的检验文书（即"图格"），而是与当时的朝鲜半岛一样，依据宋元时期的《洗冤集录》《无冤录》等著述中的尸图和尸格来记录骨骼信息。而此类尸帐图主要针对尸体的体表部分，包括骨骼在内的体内部分则不易体现，增福的奏章就是在这样的时代背景下被提出的。

"批详隽抄"篇此条中所载增福的奏文如下："伏思命案检骨，倍难于验尸，若不颁发图格，定有准绳，检验之员，终属渺茫，难免书仵作弊，请将人身骨节，定为检骨图格，刊刻式样，颁发直隶各省。"② 从增福的这一奏疏可知，其认为急需颁行检骨图格的理由有两点。第一是因为对尸骨的检验难度数倍于尸身，有必要形成统一的标准。第二则在于司法公正，以防止胥吏和仵作从中舞弊。

增福的奏文迅速得到了朝廷的准允。在"批详隽抄"篇该条中，记载了刑部对这一奏疏的意见："臣等将检骨图格，续纂入洗冤录尸格之后，永久遵行，于检骨之法，殊有裨益。"③ 这里所说的《洗冤录》乃是清代官书《律例馆校正洗冤录》，因为此书由皇帝钦定，所以将检骨图格纂入此书也就意味着该"图格"具备了法律效力。至此，《律例馆校正洗冤录》才算真正完成。

丁若镛在引用增福的奏文时省略了部分内容，并将省略的部分记为"等语"。然而，笔者认为丁若镛省略的部分却对理解原文同样十分关键，因而从《重刊洗冤录汇纂补辑》中找到了其所省略之处，原文如下："臣等复详加考核，先绘仰面合面人形，周身骨节全图，次列仰面合面沿身骨格名目于后，并注明男女异同各处，绘图格一本，恭呈御览，伏俟钦

---

① 茆巍：《清代洗冤用书及技术发展研究之补阙》，《证据科学》2017 年第 25 卷，第 96 页。

② 《钦钦新书》，批详隽抄，增福　人命新奏　检骨图格。

③ 《钦钦新书》，批详隽抄，增福　人命新奏　检骨图格。

定后,交律例馆刻板刷印,颁发直省。"① 从中可知,丁若镛省略的部分
是对绘制检骨图格具体方法的说明。不无遗憾的是,丁若镛只收录了增
福关于检骨图格的奏文,而没有将实际的图格收录于《钦钦新书》之中。
这很可能是由于《钦钦新书》在体例上多由文字构成,不便插入具体的
图画。也有可能丁若镛在当时无机会见到实际的检骨图格,但这种可能
性较小。200 年后的我们当然有必要真正将"图格"补充进来,以此来佐
助《钦钦新书》对清代检骨图格相关文件的叙述。以许梿的《洗冤录详
义》为例,增福上奏之时的清代检骨图格如图 4 - 1 所示。

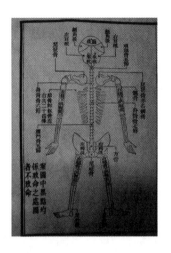

图 4 - 1 检骨图格中的人体骨骼图②

从图 4 - 1 可知,乾隆三十五年（1770）颁行的检骨图格对人体骨骼
的认识有许多谬误之处。比如"男子左右肋骨各十二条,妇人则又各十
四条,男子两手腓两肶胁皆有髀骨,妇人无髀骨"③,就与现代人体科学
有较大出入。科学证明,男子和女子的肋骨数一样,都是左右各 12 条,
而无论男子还是女子都有髀骨,即这些骨骼的人体分布不存在性别差异。

---

① （清）张锡藩:《刑部题定检骨图格》,《重刊洗冤录汇纂补辑》,张松 张群 段向坤,
《洗冤录汇校》(下),杨一凡主编,《历代珍稀司法文献》第 10 册,社会科学文献出版社 2012
年版,第 508 页。

② （清）许梿:《洗冤录详义》,检骨格,47a—b。

③ 《钦钦新书》,批详隽抄,增福 人命新奏 检骨图格。

随着人们对人体骨骼认识的加深，清代后期对检骨图格已有所修正。在检骨图格颁行80年后，咸丰四年（1854）刊行的《洗冤录详义》中，许梿总结了他本人20多年的司法实践，他将人体骨骼的最新知识绘于书中，如图4-2所示。

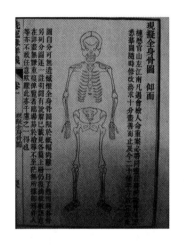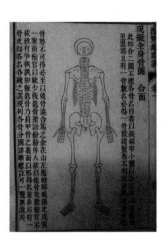

图4-2 《洗冤录详义》中的人体骨骼图①

图4-2较检骨图格中的人体骨骼图有了明显进步，已接近现代科学对人体骨骼的认识。从上述考证可知，"批详隽抄"篇收录的"增福　人命新奏　检骨图格"条目应出自"刑部题定检骨图格"，而"刑部题定检骨图格"应载于清代刊行的各类《洗冤录》版本中。由此可见，丁若镛很可能从流入朝鲜半岛的清代《洗冤录》版本中提取了"刑部题定检骨图格"，并将其置于"批详隽抄"篇。果真如此的话，丁若镛到底参考过清代《洗冤录》的哪个版本呢？

清代各个时期曾刊行过多种《洗冤录》的版本。首先，增福的这一奏文写于乾隆三十五年（1770），因而可先将刊行于乾隆三十五年（1770）之前的清代《洗冤录》版本排除。而《钦钦新书》完成于道光二年（1822），考虑到书籍流入朝鲜所需时间，基本可以排除嘉庆二十五年（1820）之后我国刊行的《洗冤录》版本。那么介于乾隆三十五年到

---

① （清）许梿：《洗冤录详义》，检骨格，48a—b。

嘉庆二十五年（1770—1820）之间的《洗冤录》版本有哪些呢？这一时期刊行的清代《洗冤录》版本大致如表4-7所示。

表4-7　　　　　丁若镛编撰《钦钦新书》时可能参考的清代
《洗冤录》版本

出版年度	书名	编者	卷数	备注
乾隆四十九年（1784）	《洗冤汇编》（《重订洗冤汇编》）	郎廷栋 撰，杨朝麟 重订	1卷，附录1卷	笠龛堂抄本
乾隆五十三年（1788）	《洗冤集录》	曾恒德	4卷	
嘉庆元年（1796）	《洗冤录集证》（《洗冤录集证会纂》）	王又槐 辑，李观澜 补释	5卷	
嘉庆八年（1803）	《洗冤录全纂》	华希高	4卷，附录1卷	经德堂刻本
嘉庆十二年（1807）	《洗冤外编》	吴家桂 辑，王有孚 辑续录	1卷，附录1卷	

表4-7列举了检骨图格颁行后、《钦钦新书》编撰完成前我国刊行的《洗冤录》版本。从卷数和篇幅来看，丁若镛参考曾恒德编撰的《洗冤集录》、王又槐所辑《洗冤录集证》和华希高编撰的《洗冤录全纂》的可能性较大。

而丁若镛编撰《钦钦新书》时直接参考过清代《洗冤录》的又一证据从他对原文作出解释的"解曰"中也得以确认。在"解曰"中曾有"按：医书云，天灵盖，男子三叉缝，妇人十字缝（顶骨）"[1] 这一语句。这一观点最早出自清代太医院判吴谦于乾隆四年至乾隆七年（1739—1742）组成七十余名官员编纂的《医宗金鉴》。丁若镛在"解曰"中所说的"医书"应指的是《医宗金鉴》，他很可能是通过清代《洗冤录》间接引用了这一观点。这一句极可能出自清代《洗冤录》中的"疑难杂

---

① 《钦钦新书》，批详隽抄，增福　人命新奏　检骨图格，解曰。

说"部分①，并以注释或解说的方式被记录下来。紧接这一解释之后，丁若镛在"解曰"中又有"按……又妇人产门之上，别有羞秘骨（见律注）"② 之解释。而这一解释应出自嘉庆元年（1796）刊行的王又槐所辑《洗冤录集证》。丁若镛在"解曰"中用小字标注的"见律注"三个字绝非出自《大明律》等律文注解书籍，而应出自《洗冤录集证》中的注释。

此外，考虑到本研究其后将要考证的"拟律差例"篇相关案例很可能出自胡肇楷、王又槐等人编撰的《成案所见集》这一推断，故而综合上述分析，与《成案所见集》同出王又槐之手的《洗冤录集证》最有可能是丁若镛编撰《钦钦新书》时参考的清代《洗冤录》版本。丁若镛通过《钦钦新书》，将同时期的清代最新司法检验方法介绍到朝鲜半岛，实属难得。

---

① 《律例馆校正洗冤录》卷3，疑难杂说；《洗冤集录》卷1—2，疑难杂说，"将人致死或经久腐烂 无迹可凭者 但验囟门一骨 谚称天灵盖 必浮出脑壳骨缝之外少许 其骨色淡红或微青 皆因毫绝呼吸 气血上涌所致"。

② 《钦钦新书》，批详隽抄，增福 人命新奏 检骨图格，解曰。

第 五 章

"拟律差例"篇的构成与出处

第一节 "拟律差例" 篇的构成

《钦钦新书》的第三篇是"拟律差例"篇。"拟律差例"篇共收录188个条目，分别对应了清代乾嘉年间发生的188起刑事案件。相较出处、内容均十分多元的"经史要义"篇和"批详隽抄"篇，"拟律差例"篇在内容和形式上均十分划一。

这里有必要对清代的死刑审理程序作简单介绍。《大清律例》规定了400余项死刑罪名，按刑罚轻重可分为绞候、绞决、斩候、斩决、凌迟处死等，另有枭首、株连等加重刑罚。人命案等重罪案件的审理一般由地方州县负责初审并勘验现场，然后按管辖级别逐级审转复核，最后提交到总督或巡抚。而地方审理死刑案件的一个重要环节便是"拟律"，即草拟出定罪量刑的具体意见和相关依据，然后由总督或巡抚向皇帝具题。也就是说，皇帝是清代的最高裁判官，因人命关天，所以只有天子才能最终定夺人的生死，其他中央和地方官员都不具备死刑案件处理的最终权限。同时代的朝鲜王朝亦是如此，国王是朝鲜的最高裁判官，只有朝鲜国王才能定夺人的生死。

通过解读"拟律差例"篇篇名，我们可以获知本篇的核心要义。清代的地方死刑案件经督抚具题后，如果未被驳回重审，地方官员就算审理完结。而"拟律差例"篇所载188例个案中处处写有"改""改照""驳""复驳""驳据该抚""虽……应……""未便""不应""未允协""未平允"等字眼，基本可以推定这些个案恰恰都是被刑部驳回的案件，即"驳案"或部驳案件，也就是本篇篇名所谓的"差例"。丁若镛缘何在篇名中使用"差例"二字，可以有两种解释。第一种出自《钦钦新书》全书序文，其中有"次之以清人拟断之例，用别差等，所谓拟律之差四卷"① 之语，由此可说"拟律差例"的"差"字指的是"差等"。第二种出自《钦钦新书》"拟律差例"篇序言："故督抚题奏，刑部复议，其原情拟律，毫分缕析，虑有差谬。"②那么，"拟律差例"的"差"字到底是"差等"之意还是"差谬"之意呢？笔者认为两种解释都有道理。纵观全篇188件案例，足以赞叹清代量刑时对刑量考究之精微以及刑量划分之细腻，看似极为相近的案件，由于案情的细微差异，最终都会在量刑时体现差别，因而将"差"字理解为量刑时微妙的等级差异是无误的。而全篇188个条目均是清廷对地方长官"拟律"后驳回的案件，即督抚等地方长官拟律时有所"差谬"的案例，因此将"差"字理解为地方长官和中央政府在量刑意见及依据上有所出入，所载案件乃是量刑上极具争议的疑难案例也是可以的。

这些量刑时对刑量及相关依据存在争议的案件许多在清代被称作"成案"。所谓"成案"，原意是业已办结的公文卷宗。刑事司法意义上的成案，则是指业已审结的案件，而《刑案汇览》中将之解释为"俱系例无专条，援引比附加减定拟之案"③。有清一代，每过一年或几年就将新出的成案编撰成册，以至于相关判例集层出不穷。成案的不断涌现，相当程度上弥补了律、例的不完备，各级官员在审理案件时也常常援引和比附先前结案的情、罪相近案例。

"拟律差例"篇中，丁若镛将清代案件重新分类，将188个条目（案例）分成23个（或24个④）类型，各类型所收录的案例数量并不相等，多则27起案件，少则2起案件。其中记载过失犯罪的"故误之判"收录案例最多，其次是"卑幼之残""尊长之犯""弑逆之变""伉俪之戕"等家庭成员间发生的纲常犯罪案件。另外，"奸淫之殪""强暴之虐"等性犯罪案件也多被收录。"拟律差例"篇所载案例的类型和分布如表5-1所示。

① 《钦钦新书》，序。
② 《钦钦新书》，拟律差例，序。
③ 《刑案汇览》，凡例。
④ 如果将"奸淫之殪"和"奸淫之殃"分开计算，共计24个类型。

表5-1　　　　　　　　"拟律差例"篇所载案例的类型和分布

犯罪类型	条目数	相关条目出现顺位
首从之别	2	1—2
自他之分	11	3—13
伤病之辨	2	14—15
故误之判	27	16—42
疯狂之察	3	43—45
谋杀之误	4	46—49
嬉戏之宥	2	50—51
威逼之惩	5	52—56
复雪之原	3	57—59
卑幼之残	14	60—73
尊长之犯	14	74—87
卫尊之犯	8	88—95
弑逆之变	16	96—111
伉俪之戕	18	112—129
奸淫之殰	12	130—141
奸淫之殃	7	142—148
强暴之虐	12	149—160
骗盗之害	12	161—172
多命之歼	4	173—176
奴婢之擅	3	177—179
师弟之核	3	180—182
邪妄之诛	2	183—184
私和之禁	2	185—186
辜限之展	2	187—188

　　因"拟律差例"篇中涉及家族成员间犯罪的案例数量较多且相对集中，因而在此有必要专门将这些案件中加害者与被害者的关系加以整理，并按血缘关系的有无将之分类，如表5-2所示。

表 5-2　　"拟律差例"篇所载家族成员间故意犯罪案件中加害者
与被害者的亲属关系

分类	血亲			姻亲	
血缘关系	有（r＞0）			无（r＝0）	
	加害者—被害者的关系	r	案例数	加害者—被害者的关系	案例数
对卑亲属的犯罪	父母—子女	r＝0.5	1	婆—媳	4
				翁—媳	1
				继母—继子女	2
				继父—继子女	1
对尊亲属的犯罪	子女—父母	r＝0.5	0	子女—庶母	1
				继子女—继母	1
				儿媳—翁	2
兄弟姐妹间的犯罪	兄姊—弟妹	r＝0.5	2	兄伯—弟媳	2
	弟妹—兄姊	r＝0.5	1	小叔—嫂	3
其他	叔—侄	r＝0.25	3	夫—妻	17
	侄—叔父	r＝0.25	1	妻子—丈夫	8
	从兄—从弟	r＝0.125	2	妾—正妻	2
	其他	r＜0.1	8	其他	2
小计	18 件			小计	46 件
占比	28%			占比	72%

表 5-2 不包括家族成员间的过失犯罪案件，也就是将辱骂、过失致人死亡、自杀（威逼人致死）、为救护尊亲属情切而不得已犯罪等类型排除，仅包括有意识的故意犯罪，如故意杀人、殴打及虐待、强奸等。上表以犯罪意图为基准加以统计，即如果 A 意图谋杀 B 但误杀了 C，只统计 A 和 B 间的亲属关系，又如 A 主使 B 去杀害 C 的话，只统计 A 和 C 间的亲属关系。上表共提取了"拟律差例"篇的第 60、61、62、63（3）[①]、64、65、66、67（3）、68、69、70、71、72、73、74、75、76、81、82、

———————

① 表示此条目所载案例中存在三种加害者与被害者的亲属关系，下同。

83（3）、84、85、87、98、99、100、101、102、103、104、105、106、107、108、109、110、112、113、114、115、116、117、118、119、120、121（2）、122（4）、123、124、125、126、127、128、129 条案例，其中第63、67、83、121、122 条案例中的加害者或被害者不止一人，因而存有多种亲属关系，上表将这些亲属关系均提取并计入总数，因此统计范围涉及"拟律差例"篇的 54 个条目，加害者与被害者的亲属关系共计 64 种。在这 64 种亲属关系中，血亲间的犯罪共计 18 件，占总数的 28%，姻亲等无血缘关系的家族成员间的犯罪共计 46 件，占总数的 72%。虽然丁若镛选入"拟律差例"篇时具有一定随机性，但上表显示的结果仍符合进化心理学的一般假说，即加害者与被害者的血缘关系越近（基因重合度越高），其互相加害的可能性越小；反之，加害者与被害者的血缘关系越远（基因重合度越低）或是无血缘的姻亲（包括夫妻），其相互加害的可能性越大。韩国学者在《杀人的进化心理学：朝鲜后期的家族杀害与配偶杀害》中，对《奎章阁韩国本综合目录》所载 1895—1907 年发生的 483 件朝鲜杀人案中涉及家族成员间犯罪的 54 件人命案件的统计结果也显示出同样的规律。① 在该研究统计的 54 件案例中，姻亲等无血缘关系家族成员间的犯罪案例共计 39 件，占 72%，而血亲间的犯罪案例共计 15 件，占 28%，与本研究对"拟律差例"篇相关案例的统计结果大致相同。

第二节 "拟律差例"篇与清代判例集

《钦钦新书》"拟律差例"篇所载 188 起清代刑事案件出自何处，之前韩国学界一直未有确切的考证，故而未能形成定见。丁若镛在"拟律差例"篇序言中仅提到"近见清律条例，附见抚题部覆，多剖析中窾，选其精者录之，为差律之考，审拟者或有取焉"②。而未明确指出此篇所载清代案例的具体出处，这为日后的考证带来了不小的困难。序言中所

---

① 최재천 한영우 김호 외 저, 2003,《살인의 진화심리학: 조선 후기의 가족 살해와 배우자 살해》, 서울: 서울대학교출판부.

② 《钦钦新书》, 拟律差例, 序。

说的"清律条例"指的无疑是《大清律例》，而"抚题部覆"即此篇所载的清代刑事案例的通称。以往韩国学者因"附见抚题部覆"中的"附见"二字，多数误认为在《大清律例》之后附有"抚题部覆"，这种观点无疑是错误的。《大清律例》正文后并无任何载有具体刑事案件及其判决结果的附录。丁若镛序文中的"附见"理解为"复见""又见"似更为妥当。也就是说，丁若镛"近见清律条例，附见抚题部覆"中的"清律条例"和"抚题部覆"二者是并立关系，二者并无依附关系，其分别指代清代的法典和代表性判例。丁若镛在编撰《钦钦新书》时分别参考了清代的法典和判例，"拟律差例"篇所引清代案例必然出自清代业已刊行成册的某一判例集。

另外，需要注意的是"拟律差例"篇所载案例均发生于乾隆、嘉庆两朝。"拟律差例"篇所载 188 起案件中，乾隆年间案例共计 124 件，嘉庆年间案例共计 64 件，乾隆和嘉庆年间案例的比例大约是 2∶1，可知乾隆年间发生案例的所占比例较大。且考虑到《钦钦新书》最终成书于道光二年（1822）春，因此嘉庆年间的案件实乃最新近发生的案例。通过考察嘉庆年间的相关案例可以推测"拟律差例"篇所载案例的时间下限，并能以此来推定所载案例的原始出处。

在"拟律差例"篇 188 个条目（案例）中，仅前两个条目在标题上标注了案件审理的具体年度，其后的 186 个条目（案例）仅标注了"乾隆"或"嘉庆"的年号，并未注明案件的具体发生年度。前两个条目中，"拟律差例"篇第 2 条①明确注明该案的年度是"嘉庆八年"（1803），因而首先可以断定丁若镛编写"拟律差例"篇时，其所参考的清代原始资料必然晚于嘉庆八年（1803）出现。还能在书中找到晚于嘉庆八年（1803）的证据吗？

在"拟律差例"的第 43 条案例②中，记录了清代著名的"疯人条例"。"疯人条例"③颁行于嘉庆十一年（1806），从而佐证了"拟

---

① 《钦钦新书》，拟律差例，首从之别二（两人共殴　执下手重者　○嘉庆八年）。

② 《钦钦新书》，拟律差例，疯狂之察一（疯人无故殴人致死　○疯人条例　○嘉庆）。

③ 《大清律例》，刑律，人命，戏杀误杀过失杀伤人，第 16 条例文。

律差例"篇援引的清代原始资料的刊行年代必然晚于嘉庆十一年（1806）。那么还能找出晚于嘉庆十一年（1806）的证据吗？

若像侦探一般仔细搜寻，也是可能的。这就是可以推定"拟律差例"篇所载案例时间下限的第80条①和第148条案例②。在"拟律差例"篇第148条"奸淫之殃（男子拒鸡奸　扎伤淫男致死）"正文的最后，丁若镛用小字标注了"嘉庆十六年九月初七日邸抄"这一重要信息，嘉庆十六年即公元1811年，从而一下将"拟律差例"篇所引清代原始资料的刊行年代推到了嘉庆十六年（1811）之后。另外，通过结合并对照《刑案汇览》，"拟律差例"篇第80条案例"尊长之犯（病兄求死　顺意买砒　致其兄服毒以死"也可佐证这一事实。该案同时载于《刑案汇览》③，并从《刑案汇览》的相关信息中可知该案的具体审判年度。在《刑案汇览》对该案的记录中，有"嘉庆十六年八月十七日奉旨"一句，从而可确定"拟律差例"篇第80条案例的审判年度是嘉庆十六年（1811）。两起审判时间最为晚近的案例共同佐证了"拟律差例"篇所援引的清代原始资料的刊行年代必然晚于嘉庆十六年（1811）九月。

清代最具代表性的判例汇编当属《刑案汇览》。若通过与《刑案汇览》详加比较，必定可以发现更多关于"拟律差例"篇的重要信息，从而找到所载案例原始出处的蛛丝马迹。《刑案汇览》的最初版本在《钦钦新书》成书十余年后的道光十四年（1834）刊行。通过对照《刑案汇览》和《钦钦新书》"拟律差例"篇，可以发现两者有重合的案件共28起，这28起案例在"拟律差例"篇和《刑案汇览》中均有记载，从而为我们深入解读"拟律差例"篇打开了一扇窗户。这28起案件在两书中的信息如表5-3所示。

---

① 《钦钦新书》，拟律差例，尊长之犯（病兄求死　顺意买砒　致其兄服毒以死　○嘉庆）。
② 《钦钦新书》，拟律差例，奸淫之殃（男子拒鸡奸　扎伤淫男致死　○嘉庆）。
③ 《刑案汇览》卷23，谋杀祖父父母，兄因病磨欲死逼令伊弟买砒。

表 5 - 3　　《刑案汇览》中得以确认的"拟律差例"篇所载案例①

"拟律差例"篇的条目名称和出现顺位		《刑案汇览》的条目名称和所在页数	
2	首从之别（两人共殴　执下手重者　○嘉庆八年）	杀死奸夫·外人听从帮同捉奸捕贼	969
9	自他之分（斗者上船　其一夫攀船不及　失跌溺死　○乾隆）	斗殴及故杀人·被殴被詈不甘赶殴自跌溺毙	1121
11	自他之分（因债起闹　失跌颠扑　内损致死　○嘉庆）	斗殴及故杀人·欲殴其人闪开自跌内损身死	1122
13	自他之分（邻居争闹　打毁篱壁　使幼女被压致死　○乾隆）	戏杀误杀过失杀伤人·隔篱争闹打倒篱壁压毙旁人	1178
24	故误之判（不知母行奸　捉贼而挣脱　误触其母致死　○乾隆）	杀死奸夫·疑贼抱住母之奸夫误毙母命	929
30	故误之判（乳母睡困不谨　匪意压伤乳孩致死　○乾隆）	奴婢殴家长·乳妇压死幼孩秋审分别实缓	1447
34	故误之判（持桶掷狗　不意柄脱　碰伤怨家之妻致死　○嘉庆）	戏杀误杀过失杀伤人·见狗在人身旁打狗误毙人命	1175
45	疯狂之察（疯妇殴其夫致死　○嘉庆）	戏杀误杀过失杀伤人·因疯及误杀夫之案向不夹签	1191
47	谋杀之误（谋毒知情　误中别人诸命　○嘉庆）	杀死奸夫·谋杀而误杀人二命奸夫买砒	857
57	复雪之原（为父报仇　并杀仇人之母与子一家三命　○嘉庆）	杀一家三人·为父报仇杀死三命并非同时	1034
60	卑幼之残（父捉女奸　直于奸所殴杀　○嘉庆）	杀死奸夫·父母捉奸仅杀奸妇毋庸科罪	916
65	卑幼之残（强奸族弟之妻　不允　戳伤致死　○嘉庆）	威逼人致死·亲属强奸杀死本妇如以枭示	1276
72	卑幼之残（姑令媳妇卖奸　不从　绝食殴逼　自缢以死　○乾隆）	威逼人致死·令媳卖奸不从殴逼折磨自尽	1224

---

① 条目所在页数依据祝庆琪《刑案汇览三编》，北京古籍出版社 2004 年版。

	"拟律差例"篇的条目名称和出现顺位	《刑案汇览》的条目名称和所在页数	
80	尊长之犯（病兄求死　顺意买砒　致其兄服毒以死　○嘉庆）	谋杀祖父母父母·兄因病磨欲死逼令伊弟买砒	829
81	尊长之犯（谋毒兄嫂　不意胞兄同食　兄独致死　○嘉庆）	殴期亲尊长·谋毒兄妻误毙兄命痛悔泣诉	1546
84	尊长之犯（寡姊私产　被弟挂推　又产一孩而死　○乾隆）	殴期亲尊长·见姊赤身私产推扶致姊伤毙	1543
89	卫尊之犯（父被捆缚　子救父难　铳伤小功兄致死　○嘉庆）	殴大功以下尊长·救父情切铳毙犯尊之小功兄	1525
101	弑逆之变（奴妻进毒药　使主母致死　○乾隆）	奴婢殴家长·仆妇之奸夫因图窃谋杀其主	1443
102	弑逆之变（不孝于父母　被妻槌格致死　○乾隆）	妻妾殴夫·杀死不孝之夫立决改为监候	1466
118	伉俪之戕（令妻卖奸不从　受奸夫命殴妻至死　○嘉庆）	威逼人致死·强奸不从主使本夫殴死其妻	1272
119	伉俪之戕（令妻卖奸不从　逼其妻命投井身死　○嘉庆）	威逼人致死·鸡奸其夫逼奸其妻致妇自尽	1229
121	伉俪之戕（调其子媳　因妻斥责殴逼投河而死　○乾隆）	妻妾殴夫·调奸子媳被妻斥责殴妻自尽	1451
129	伉俪之戕（行奸之妾　登时见捉　被夫殴死　○嘉庆）	杀死奸夫·杀死犯奸之妾奸夫一律治罪	919
137	奸淫之孽（姊妹与母同行　其姊猝遇拉奸　母妹投缳　其姊随缢　○嘉庆）	威逼人致死·刁奸犯奸之妇窘辱致毙三命	1322
138	奸淫之孽（邻人与妻谈笑　乘昏枉杀他兄弟　○乾隆）	杀死奸夫·见闻确凿登时追捕杀死奸夫	900
156	强暴之虐（夜觅私奸之婢　误摸洁妇之身　使羞忿自尽　○乾隆）	威逼人致死·黑夜续奸误摸同睡之女自尽	1292

续表

	"拟律差例"篇的条目名称和出现顺位	《刑案汇览》的条目名称和所在页数	
159	强暴之虐（调奸不从　纠差吓逼　却引彼妻　受刀以死　○乾隆）	戏杀误杀过失杀伤人·虑被刀扎推抵其妻摞锋毙命	1172
175	多命之奸（两家之斗　互相殴杀　此一彼二　○嘉庆）	斗殴及故杀人·三命以上原谋监毙不准减	1045

　　除上述28起案件外，另有"拟律差例"篇所载约10个案例虽未直接在《刑案汇览》中出现，但却在载于《刑案汇览》的其他案例中被间接提到或援引。通过仔细观察两书的重合案例可以发现，两书重合的28件判例均集中出现在《刑案汇览》（共60卷）的第23卷至第42卷之间，即集中于《刑案汇览》中间部分的共计20卷之中，占总卷数的1/3，而《刑案汇览》其他各卷均未发现能与"拟律差例"篇相互对照的案例。《刑案汇览》的编排顺序依照《大清律例》律条的顺序，以此可知《钦钦新书》"拟律差例"篇与之重合的案例多数集中在"谋杀祖父母父母""杀死奸夫""杀一家三人""斗殴及故杀人""戏杀误杀过失杀伤人""威逼人致死""奴婢殴家长""妻妾殴夫""殴大功以下尊长""殴期亲尊长"等律条下。这些法条多归于《大清律例·刑律》"人命"门中的6个法条，以及"斗殴"门中的4个法条之下，"人命"和"斗殴"门恰恰是记录人命案件最为集中的部分。《刑案汇览》在这些法条下记录的案例多是死刑等重犯罪，其中又以家族成员间的纲常犯罪及性犯罪相关条目为主，这也符合《钦钦新书》只收录人命案件的编撰风格，这就解释了为什么两书重合的案例均集中出现在位于《刑案汇览》中间位置的20卷之中了。

　　依照上表，可从与《刑案汇览》相互重合的案件中获知"拟律差例"篇28个条目的更多信息。且《刑案汇览》的一大特点便是在每起案例的末尾注明了该案例的原始出处。从《刑案汇览》中提取到的"拟律差例"篇所载案件的详细信息如表5-4所示。

表5-4　从《刑案汇览》提取的"拟律差例"篇所载案例的详细信息

	"拟律差例"篇的条目名称和出现顺位	在《刑案汇览》中记录的案例信息
2	首从之别（两人共殴　执下手重者　○嘉庆八年）	云抚咨，嘉庆七年通行
9	自他之分（斗者上船　其一夫攀船不及　失跌颠死　○乾隆）	嘉庆元年说帖
11	自他之分（因债起闹　失跌颠扑　内损致死　○嘉庆）	奉尹咨，嘉庆五年通行
13	自他之分（邻居争闹　打毁篱壁　使幼女被压致死　○乾隆）	浙抚咨，乾隆十七年咨准案（照《所见集》录）
24	故误之判（不知母行奸　捉贼而挣脱　误触其母致死　○乾隆）	广抚题，乾隆四十二年题准案（照《所见集》录）
30	故误之判（乳母睡困不谨　罣意压伤乳孩致死　○乾隆）	乾隆五十九年七月奉上谕
34	故误之判（持桶掷狗　不意柄脱　碰伤怨家之妻致死　○嘉庆）	云抚奏准军机大臣字寄奉上谕，嘉庆三年说帖
45	疯狂之察（疯妇殴其夫致死　○嘉庆）	嘉庆十一年十月初一日奉上谕，奉天司案
47	谋杀之误（谋毒知情　误中别人诸命　○嘉庆）	晋抚题，嘉庆六年通行
57	复雪之原（为父报仇　并杀仇人之母与子一家三命　○嘉庆）	陕抚题，嘉庆四年四月二十九日奉旨，通行已纂例
60	卑幼之残（父捉女奸　直于奸所殴杀　○嘉庆）	川督题，嘉庆二年通行已纂例
65	卑幼之残（强奸族弟之妻　不允　戳伤致死　○嘉庆）	川督题，嘉庆六年通行已纂例
72	卑幼之残（姑令媳妇卖奸　不从　绝食殴逼自缢以死　○乾隆）	北抚题，奉上谕，乾隆五十七年案已纂例
80	尊长之犯（病兄求死　顺意买砒　致其兄服毒以死　○嘉庆）	北抚奏，嘉庆十六年（1811）八月十七日奉旨，通行本内案

续表

	"拟律差例"篇的条目名称和出现顺位	在《刑案汇览》中记录的案例信息
81	尊长之犯（谋毒兄嫂 不意胞兄同食 兄独致死 ○嘉庆）	贵抚题，嘉庆八年九月十四日奉旨，照《所见集》录
84	尊长之犯（寡姊私产 被弟挂推 又产一孩而死 ○乾隆）	川抚题，乾隆十三年题准案（照《所见集》录）
89	卫尊之犯（父被捆缚 子救父难 铳伤小功兄致死 ○嘉庆）	嘉庆九年二月二十六日奉旨，通行本内案
101	弑逆之变（奴妻进毒药 使主母致死 ○乾隆）	广东抚题，乾隆十八年题准案（照《驳案汇钞》录，查奴婢过失杀家长之例于 乾隆三十一年改绞决）
102	弑逆之变（不孝于父母 被妻棰格致死 ○乾隆）	广东抚题，乾隆四十二年六月二十二日奉旨，通行本内案
118	伉俪之戕（令妻卖奸不从 受奸夫命 殴妻至死 ○嘉庆）	嘉庆十年闰六月十七日奉上谕，已纂例
119	伉俪之戕（令妻卖奸不从 逼其妻命 投井身死 ○嘉庆）	直督奏，嘉庆九年九月二十八日奉旨，《所见集》案
121	伉俪之戕（调其子媳 因妻斥责殴逼 投河而死 ○乾隆）	安抚咨，乾隆三十八年案，照《平反节要》录
129	伉俪之戕（行奸之妾 登时见捉 被夫殴死 ○嘉庆）	云抚题，嘉庆三年三月二十三日奉旨，说帖
137	奸淫之殛（姊妹与母同行 其姊猝遇拉奸 母妹投缳 其姊随缢 ○嘉庆）	晋抚题，嘉庆三年题准案（照《驳案新编》录）
138	奸淫之殛（邻人与妻谈笑 乘昏枉杀他兄弟 ○乾隆）	河抚题，嘉庆五年四月十六日奉上谕，《所见集》案
156	强暴之虐（夜觅私奸之婢 误摸洁妇之身 使羞忿自尽 ○乾隆）	安抚题，乾隆二十一年题准案（照《所见集》录）
159	强暴之虐（调奸不从 纠差吓逼 却引彼妻受刀以死 ○乾隆）	川督题，乾隆二十四年题准案（照《驳案汇钞》录）
175	多命之歼（两家之斗 互相殴杀 此一彼二 ○嘉庆）	浙抚奏，嘉庆五年十二月二十四日奉旨，通行已纂例

从表 5-4 可知，依照《刑案汇览》所载信息，这 28 件案例的审判时间上至乾隆十三年（1748）①，下至嘉庆十六年（1811）。②"拟律差例"篇第 14 条案例③虽未见于《刑案汇览》记载，但却是"拟律差例"篇少有的明确记载审判年度的案例，这一案例的审判年度是乾隆十一年（1746）。也就是说，"拟律差例"篇所载案例的时间跨度至少有 66 年（1746—1811）。而《刑案汇览》所录案例的时间范围是乾隆元年（1736）至道光十四年（1834）。故而"拟律差例"篇和《刑案汇览》在所载案件时间范围上大致重合，且《刑案汇览》所载案例的时间跨度能够涵括"拟律差例"篇。因此《刑案汇览》编撰时所参照资料中的一部分，很可能在丁若镛编撰《钦钦新书》中作为原始资料加以援引。

通过上表可以发现，与《刑案汇览》重合的这 28 起案例在《刑案汇览》编撰时的原始出处不尽相同。其中既有直接出自清代通行、说帖的案件，可将之视作一手资料，但也不乏引自业已成册的判例集的案件，可将之视作二手资料。直接引自通行、说帖等一手资料案例的发生时间较晚，上表显示的信息中均未早于乾隆四十二年（1777），而在此之前发生的案件均引自业已编撰成册的案例集。这可能是由于在《刑案汇览》成书时的 19 世纪 30 年代与 18 世纪 70 年代已经相隔一个甲子，原始资料已不易留存。而成书于道光二年（1822）的《钦钦新书》就更不可能参考诸如乾隆十一年（1746）发生案件的第一手资料了。

上表中明确载有"某年通行""通行本内案""通行已纂例"的情形较多，这些内部资料一般只有在清代刑部供职的官吏才有机会阅览，这需要天时（时间上较晚近的原始资料）、地利（位于首都的司法机关）、人和（职务上的便利）等多重因素，而当时在朝鲜半岛编撰《钦钦新书》的丁若镛基本不具备参照未刊行成册的清代原始资料的条件，因而其仅能参考刊行成册后传播至朝鲜半岛的判例资料。

而这 28 起重合的案件中也不乏出自编撰成册的资料。《刑案汇览》

---

① 《钦钦新书》，拟律差例，尊长之犯（寡姊私产 被弟拄推 又产一孩而死 ○乾隆）。

② 《钦钦新书》，拟律差例，尊长之犯（病兄求死 顺意买砒 致其兄服毒以死 ○嘉庆）。

③ 《钦钦新书》，拟律差例，伤病之辨一（被擦后 伤风致死 ○乾隆十一年）。

中的这 28 件案例出自《成案所见集》的共有 7 件，出自《驳案汇钞》的共有 2 件，出自《驳案新编》的有 1 件，出自《平反节要》的有 1 件。以此可以看出，这些出自成册资料的案例中，源自《成案所见集》的案例占压倒性的优势。

通过比照"拟律差例"篇相应案例和《刑案汇览》源自《驳案汇钞》《驳案新编》《成案所见集》所载案例的行文脉络，可以发现其与《成案所见集》所出案例的行文最为相近，而与《驳案汇钞》《驳案新编》的行文并不一致，这或许说明"拟律差例"篇案例很可能源自《成案所见集》，因而我们有必要将目光转向《成案所见集》。

第三节 "拟律差例"篇与《成案所见集》

《成案所见集》共分四集。初集、二集、三集由马世璘辑录，四集由谢奎、王又槐辑录。《成案所见集》初集初刻于乾隆四十五年（1780），重刊于乾隆五十八年（1793），共分 37 卷，辑录了乾隆元年（1736）到乾隆四十五年（1780）四十五年间审判的成案共计 774 件。《成案所见集》二集刊行于乾隆五十八年（1793），共分 19 卷，辑录了乾隆四十六年（1781）到乾隆五十七年（1792）的成案共 106 件。与此同时，二集还补录了初集尚未收录的乾隆十年（1745）到乾隆四十五年（1780）的成案共计 72 件。《成案所见集》三集同样刊行于乾隆五十八年（1793），共分 21 卷，同样辑录了乾隆四十六年（1781）到乾隆五十七年（1792）的成案。《成案所见集》前三集总共 77 卷，乃"再思堂"刻本。前三集一同问世的十余年后，由谢奎、王又槐编辑的《成案所见集》四集在嘉庆十年（1805）刊行。四集共分 18 卷，收录了乾隆五十八年（1792）到嘉庆十年（1805）的案例，四集乃"三余堂"刻本。此后，胡肇楷、王又槐二人增辑的《新增成案所见集》坊刻本于嘉庆十七年（1812）问世，共计 32 卷，嘉庆十一年（1806）到嘉庆十七年（1812）年间审理的案件由《新增成案所见集》收录。

笔者因资料所限，在此只对照"拟律差例"篇和《成案所见集》初集。通过对比，可以发现"拟律差例"篇与《成案所见集》所载内容和行文高度一致，因此基本能够推断"拟律差例"篇的 188 条案例或出自

《成案所见集》(含续集)。丁若镛收录"拟律差例"篇案例时,其内容较《成案所见集》原文有大幅省略,可见丁若镛在收录及誊写之时,对案例的原文作了简化处理,只选取案件的梗概加以记述。这与其在"经史要义"篇中对源自《折狱龟鉴》案例的省略处理如出一辙,这或许是他收录中国案例时的一贯风格。与之相反,"详细追议"和"剪跋芜词"篇所辑录的朝鲜本国案例则基本是全篇收录而无省略,可见丁若镛在处理朝鲜和中国案例时略有区别。"拟律差例"篇与《成案所见集》(初集)相重合的案例如表5-5所示。

表5-5 "拟律差例"篇所引《成案所见集》(初集)条目及出处

	"拟律差例"篇中的条目名及出现顺位	《成案所见集》(初集)相关条目及出处	
8	自他之分六(殴者下海 望洋而反 捞者犹捞 遇潮淹死 ○乾隆)	邀人殴打致人畏打落水淹死比照威力主使律首从俱减等	卷二十七 斗殴 威力制缚人
13	自他之分十一(邻居争闹 打毁篱壁 使幼女被压致死 ○乾隆)	打毁篱壁误压幼女身死不准照过失杀案	卷二十六 人命 戏杀误杀过失杀(伤人)
18	故误之判三(两人争力 用力挣脱 不意跌倒 触柴致死 ○乾隆)	被拉挣脱并无争斗情形亦非戏杀可比	卷二十六 人命 戏杀误杀过失杀
19	故误之判四(两人争柴 下坡失跌 不意担尖 触彼致死 ○乾隆)	夺人之柴致被戳伤身死无争夺情形驳该过失杀	卷二十六 人命 戏杀误杀过失杀
20	故误之判五(两人同猎 月暗认人为猪 误放铳丸致死 ○乾隆)	疑兽放铳误伤人命拟流追埋	卷二十六 人命 戏杀误杀过失杀
21	故误之判六(两人同立 气忿推人 避犬误碰 孩儿致死 ○乾隆)	推跌其母致子带跌伤死驳改误杀旁人绞候	卷二十六 人命 戏杀误杀过失杀

	"拟律差例"篇中的条目名及出现顺位	《成案所见集》（初集）相关条目及出处	
24	故误之判九（不知母行奸 捉贼而挣脱 误触其母致死 ○乾隆）	子照过失杀母绞决奸夫部改照与人斗殴误杀人母拟绞因奸酿命立决	卷二十六 人命戏杀误杀过失杀
26	故误之判十一（义父 头触义子 误触刀刃致死 ○乾隆）	误伤义父身死比照雇工人殴家族致死减等杖流	卷二十八 斗殴奴婢殴家长
27	故误之判十二（闷夫砍人 妻夺其刀 误伤其夫致死 ○乾隆）	夫持刀砍人妾夺刀拉劝致夫划伤身死外□斗殴杀斩决部驳系过失杀另行审拟	卷二十六 人命戏杀误杀过失杀
31	故误之判十六（持鎈翻草 误伤幼孩致死 ○乾隆）	垦草失手兤伤身死比照斗杀减等杖流	卷二十六 人命斗殴及故杀人
32	故误之判十七（拾石吓儿 误中他人致死 ○乾隆）	殴子误伤旁人身死比照过失杀科罪	卷二十六 人命戏杀误杀过失杀
35	故误之判二十（赶贼 先回邻人 疑盗击伤致死 ○乾隆）	黑夜追贼误杀先行追贼之邻人照过失杀收赎	卷二十六 人命戏杀误杀过失杀
36	故误之判二十一（纠众捉人 本人疑盗 殴伤致死 ○乾隆）	无故入人家内挐人被戳身死照已就拘执而擅杀拟徒案	卷二十五 盗贼夜无故入人家
38	故误之判二十三（黑夜疑盗 误砍期亲伯母致死 ○乾隆）	疑贼误砍期亲伯母致死两次部驳改拟杖流	卷二十八 斗殴殴期亲尊长
39	故误之判二十四（邻人黑夜挖墙 被家主放铳致死 ○乾隆）	贼未入室放铳打死驳改杖徒	卷二十五 盗贼夜无故入人家
42	故误之判二十七（疯人牵牛赶走 既就捕殴砍致死 ○乾隆）	因疯赶走人牛被众人殴死外拟共殴致死部改捕人多与贼人改照擅杀	卷二十六 人命斗殴及故杀人
49	谋杀之误四（奸夫谋毒本夫 误中他妇人二命 ○乾隆）	应拟流罪错拟绞罪府县俱降一级调用加级不准抵销	卷三十七 断狱官司出入人罪
53	威逼之惩二（威力缚拴 遂以勒伤致死 ○乾隆）	疑贼拴缚致死依威力制缚人致死绞候	卷二十七 斗殴威力制缚人

	"拟律差例"篇中的条目名及出现顺位	《成案所见集》(初集)相关条目及出处	
54	威逼之惩三(幼童偷花邻家奸人吓骗财物 使其父自砍致死 ○乾隆)	因被讹诈将子砍死将讹诈之人拟军	卷二十五 盗贼诈欺官司取财
66	卑幼之残七(调奸胞弟之妻不允 扎伤致死 ○乾隆)	图奸不从致死照强奸不从杀死本妇例斩决	卷二十六 人命谋杀祖父母父母
71	卑幼之残十二(姑婆以非理杀媳妇 ○乾隆)	姑殴养媳致死虽半日非理殴打并无义绝之情不便遽依凡论部驳改徒收赎	卷二十八 斗殴殴祖父母父母
84	尊长之犯十一(寡姊私产 被弟拄推 又产一孩而死 ○乾隆)	孀姊私产用锄拄推其就寝致伤腰眼又生一女受伤殒命部驳改拟过失杀杖徒	卷二十六 人命戏杀误杀过失杀
93	卫尊之犯六(母命锁缚 子缚其兄 因被母勒致死 ○乾隆)	听从母命帮缚胞兄实不知母有致死之心改照殴兄律加等拟流	卷二十八 斗殴殴期亲尊长
94	卫尊之犯七(兄被弟殴 幼弟承命 反殴次兄致死 ○乾隆)	胞兄主使胞弟殴死胞兄胞弟监毙拟流减徒驳案	卷二十八 斗殴殴期亲尊长
101	弑逆之变六(奴妻进毒药 使主母致死 ○乾隆)	婢与人通奸被奸夫用迷药做饼交放饭蒸以致药死主母奸夫拟斩奴不知情依过失杀家主绞候	卷二十八 斗殴奴婢殴家长
112	伉俪之戕一(奸夫奸妇 谋杀本妻 推溺以死 ○乾隆)	商同奸妇谋死本妇夫照故杀妻奸妇驳改加功亦绞	卷二十八 斗殴妻妾殴夫
117	伉俪之戕六(妻求改嫁 持刀拼命 遂夺刀杀之 ○乾隆)	妻持刀砍夫被夫杀死不应拟夫故杀	卷二十八 斗殴妻妾殴夫
130	奸淫之瘅一(奸夫遇奸夫 假作本夫 强令饮卤以死 ○乾隆)	妒奸逼死部改故杀奸妇改发驻防为奴	卷三十三 犯奸犯奸

续表

"拟律差例"篇中的条目名及出现顺位		《成案所见集》（初集）相关条目及出处	
132	奸淫之瘗三（奸妇私会　僻地密话　夫往而捉　刀戳致死○乾隆）	奸夫奸妇僻地密谈本夫杀死奸夫杖百满徒	卷二十六　人命杀死奸夫
139	奸淫之瘗十（和奸被人窥破仓猝误触死奸妇　○乾隆）	因奸被人撞见按伤奸妇致死驳改斗杀	卷三十三　犯奸犯奸
143	奸淫之殃二（奸人之母女　致母女三命　投河以死　○嘉庆）	因奸有孕致奸妇通两女自尽（无）例拟军案	卷二十六　人命杀死奸夫
144	奸淫之殃三（一夫媒奸　一夫图奸　杀伤其妇之家姑妇二人○乾隆）	图奸殴伤所捕人于辜限外身死不（准）奏请案	卷二十六　人命杀死奸夫
146	奸淫之殃五（本夫亲属来捉奸被奸夫扎死　○乾隆）	逐出义子之妇犯奸其翁往捕被杀奸妇比照奸夫自杀夫之父母不知情例减一等杖流	卷二十六　人命杀死奸夫
150	强暴之虐二（强奸未成　其兄殴强人致死　○乾隆）	义忿殴死强奸人减等拟流本妇虽非尽因羞忿自缢部准旌表	卷二十六　人命杀死奸夫
154	强暴之虐六（猝遇拉奸　用力挣脱　误伤幼孩致死　○乾隆）	图奸人妻致人幼子跌死比照因奸威逼致死斩候	卷三十三　犯奸犯奸
156	强暴之虐八（夜觅私奸之婢误摸洁妇之身　使羞忿自尽○乾隆）	因奸误摸以致自尽比照出语亵狎例拟流	卷二十六　人命威逼人致死
159	强暴之虐十一（调奸不从　纠差吓逼　却引彼妻　受刀以死○乾隆）	图奸不从诬窃向捕将妻拦推致挫伊夫刀尖戳伤致死驳改拦推之人抵偿其夫拟杖	卷二十六　人命斗殴及故杀人
167	骗盗之害七（骗财过期　杀财主　又剥其衣　○乾隆）	骗钱败露谋死后又复取财改拟立决	卷二十六　人命谋杀人
171	骗盗之害十一（受盗赃不用免与盗同诛　○乾隆）	谋　财　□□　百□□□□□□□□□事□呈缴部驳仍拟杖完结	卷二十六　人命谋杀人

续表

	"拟律差例"篇中的条目名及出现顺位	《成案所见集》（初集）相关条目及出处	
173	多命之奸一（索债相鬬　杀伤四家男妇二十余口　○乾隆）	凶杀二十余人该犯凌迟枭示虽无子嗣将其兄侄解交刑部照例治罪各官议处	卷十一　人命　杀一家三人
183	邪妄之诛一（采生折割　诱取幼童　煮炙致死　○乾隆）	刨掘孩尸合药哄骗幼孩煮炙驳照为从加功斩决	卷二十六　人命　采生折割人

从表5-5可知，"拟律差例"篇所对应的《成案所见集》（初集）案例多数集中在《成案所见集》（初集）第25—28卷和第33卷中。这些案例多收录于"贼盗"篇"夜无故入人家""诈欺官司取财"，"人命"篇"谋杀人""杀死奸夫""杀一家三人""采生折割人""斗殴及故杀人""戏杀误杀过失杀伤人""威逼人致死"，"斗殴"篇"威力制缚人""奴婢殴家长""妻妾殴夫""殴期亲尊长""殴祖父母父母"，"犯奸"篇"犯奸"，"断狱"篇"官司出入人罪"等条目之下，这些条目是人命案件等重罪案最为集中的部分。

"拟律差例"篇所载188条案例中，见于《成案所见集》（初集）记载的就多达41条，占该篇全部案例数的五分之一强。若按此比例，考虑到《成案所见集》的二集、三集、四集及刊行于嘉庆十七年（1812）的作为续集的《新增成案所见集》的话，其在比例上基本可以与"拟律差例"篇的案例总数吻合，基本可以涵括整个"拟律差例"篇。刊行于嘉庆十七年（1812）的《新增成案所见集》所收录的最晚近发生的案件应止于嘉庆十六年（1811），这与"拟律差例"篇记载的最晚近发生的两起案件分别审理于嘉庆十六年（1811）八月和九月的事实完全吻合。而《成案所见集》（一至四集）和刊行于嘉庆十七年（1812）的《新增成案所见集》所载案例的判决时间是乾隆元年（1736）至嘉庆十六年（1811），这也与"拟律差例"篇所载案例的时间范围重合。《成案所见集》（含续集）仅收录刑部的部驳案件，其书名全称即为《驳改比照成案所见集》，这与"拟律差例"篇所录案件均为"抚题部覆"的部驳案件亦完全吻合。

综上所述，本研究从收录案例的时间范围、最晚近发生案例的审判时间、判例的行文脉络、与原始资料所载案例的重合度、案件的体例（"抚题部覆"的部驳案件）等方面综合考察后，推断"拟律差例"篇所载清代案例应出自《成案所见集》（一至四集）以及刊行于嘉庆十七年（1812）的作为《成案所见集》续集的《新增成案所见集》。

第 六 章

"祥刑追议""剪跋芜词"篇的
构成与出处

第一节 "祥刑追议"篇的构成

《钦钦新书》的第四篇是"祥刑追议"篇。"祥刑追议"篇共收录144个条目（案例），均为朝鲜王朝后期正祖大王在位年间（1776—1800）审理的案件。经笔者考证，能够确定具体审理年度的案件大致都发生在公元1776年到1790年间。通过比照《审理录》可知，这些案件的审理年度分布极不均衡。在可以确认审理年度的107件案例中，多数审判于18世纪80年代，其中以1784年、1785年审理的案件为最，各占20件以上。与此相反，107件之中竟无一件审判于1777年或1786年的案例。

该篇篇名中的"祥刑"二字出自《尚书》"吕刑"篇，原意是善用刑罚。而"追议"二字指的是对过去发生刑案的评议。与此同时，"追"字也饱含了丁若镛对正祖大王的追思。本篇序言的首句中，丁若镛提到"粤惟我正宗大王临御二十五年，钦恤之仁，度越百王，服念精深，生死无冤。"① 联想到正祖薨逝后丁若镛本人急转直下的命运，其受到天主教案波及而被流放至远离京城且位于半岛最南端的全罗道康津县，丁若镛对正祖大王及其时代的追思之情便可想见了。

---

① 《钦钦新书》，祥刑追议，序。

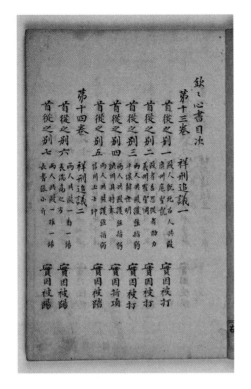

图 6 - 1 写本《钦钦新书》"祥刑追议"篇目录

"祥刑追议"篇所载案件的内容构成并不像收录中国案例的"批详隽抄""拟律差例"篇那样一致,而是有详有略,个案的篇幅和组成出入较大。这很可能是因为丁若镛受到搜集到的原始资料限制,而非其有意为之(见图 6 - 1)。以内容最为详尽的案件为例,个案中收录了地方官的尸检记录和搜查报告、各道观察使或刑曹的意见、正祖大王的判决等朝鲜各级法律文书,体现出完整的审判流程。但这类能体现完整司法程序的案例在"祥刑追议"篇中并不是很多。"祥刑追议"篇的一大特色就是丁若镛本人在各案例中加入了"评""按""议"等个人的见解,这在传统时代东亚案例集中极为罕见,凸显出丁若镛个人鲜明的立场和超越时代的法律思想。"祥刑追议"篇案例的类型与分布如表 6 - 1 所示。

表 6-1　　　　　　　　　"祥刑追议"篇所载案例的类型和分布

案件的类型	案例数	条目在本篇的顺位
首从之别	21	1—21
自他之分	23	22—44
伤病之辨	13	45—57
故误之劈	7	58—64
疯狂之宥	2	65—66
图赖之诬	4	67—70
别人之诿	6	71—76
异物之托	2	77—78
豪强之虐	6	79—84
威逼之陌	3	85—87
复雪之原	5	88—92
情理之恕	8	93—100
义气之赦	2	101—102
公私之判	4	103—106
彝伦之残	6	107—112
伉俪之戕	12	113—124
奴主之际	3	125—127
盗贼之御	3	128—130
胞胎之伤	5	131—135
殽臚之屍	2	136—137
经久之检	5	138—142
稀异之案	2	143—144

　　丁若镛将"祥刑追议"篇的 144 个案例分成 22 个类别,各类型下载有不同数量的案例,最少的有 2 例、最多的有 23 例,分布极不均匀。其中收录案例较多的类型有区分首犯和从犯的"首从之别"、辨别自杀和他杀的"自他之分"、夫妻间杀伤对方的"伉俪之戕"(所载均为夫杀妻案例)、辨别外伤致死抑或疾病致死的"伤病之辨"等。

第二节 "祥刑追议"篇与《审理录》

为找出"祥刑追议"篇所载案例的更多线索，笔者认为若将其与同时期的朝鲜官撰判例集《审理录》加以对照，则不失为一个好的方法。"祥刑追议"篇所载144起案件中，在《审理录》中得以确认的案例共计107件。这144件案例与《审理录》的对应关系如表6-2所示。

表6-2   "祥刑追议"篇所载条目的内容构成及所对应的
《审理录》案例与审理年度①

顺位	案例名	案例的内容构成	案例的性质	在《审理录》中的卷数与题目	审理年度
1	首从之别一（殴人既死召人共殴 实因被打）	本道启曰 判付曰 臣谨案	杀	第14卷 广州扈生龙狱	1785
2	首从之别二（殴者蓄怨从者助力 实因被打）	刑曹启曰 判付曰 臣谨案	杀	第9卷 义州崔圣偁狱	1782
3	首从之别三（两人共殴护强指弱 实因被打）	（检案阙） 判付曰 臣谨案	杀	第7卷 平壤韩世明狱	1781
4	首从之别四（两人共殴护强指弱 实因折项）	初检跋词曰（评，按） 覆检跋词曰（评） 三检跋词曰（评） 本道启曰（评）	杀	第2卷 洪川具时奉等狱	1779
5	首从之别五（两人共殴护强指弱 实因被踏）	初检跋词曰 覆检跋词曰（评） 查官报状曰（评） 判付曰 臣谨案	杀	第15卷 信川玉士坤等狱	1785

---

① 审理年度依据《审理录》所载。

续表

顺位	案例名	案例的内容构成	案例的性质	在《审理录》中的卷数与题目	审理年度
6	首从之别六（两人共殴 一勒一踢 实因被踢）	（检案阙） 判付 曰 臣谨案	杀	第4卷 长湍高之方等狱	1781
7	首从之别七（两人共殴 一椎一踢 实因被踢）	（检案阙） 判付 曰 臣谨案	杀	第15卷 长馨张小斤狱	1785
8	首从之别八（两人共殴 一触一踢 实因被触）	（检案阙） 判付 曰 臣谨案	杀	无	不详
9	首从之别九（两人同犯 一奸一助 实因被刺）	初检跋词曰（按） 巡营题词曰 （按）	杀	无 （但丁若镛在"按"中说明"此即乾隆辛亥八月二日 先考在晋州时所检报也"）	(1791)
10	首从之别十（父子同犯 子救母难 实因被踢）	初检跋词曰（评，按） 覆检跋词曰（评） 巡营题词曰（评，议）	杀	第22卷 信川崔辰岳狱	1790
11	首从之别十一（母子同犯 母锸子踢 实因被踢）	初检跋词曰 推官论报曰（评） 判付曰 臣谨案	杀	第13卷 文化裴弘绩狱	1784
12	首从之别十二（叔侄共犯 一死一释 实因被打）	（检案阙） 判付 曰 臣谨案	杀	第9卷 杨州金守赞等狱	1783
13	首从之别十三（叔侄共犯 一宥一囚 实因被打）	本道启曰（评）	杀	无	不详

续表

顺位	案例名	案例的内容构成	案例的性质	在《审理录》中的卷数与题目	审理年度
14	首从之别十四（兄弟同犯一囚一放 实因被踢）	覆检跋词曰 巡营题词曰（评）判付曰 臣谨案（+又按）	杀	第13卷 安岳金大隐发江狱	1784
15	首从之别十五（兄弟共犯兄宥弟悦 实因被打）	（检案阙） 判付曰 臣谨案	杀	第6卷 康津邵昌贤等狱	1781
16	首从之别十六（兄弟同犯互相推诿 实因被蹴）	初检跋词曰（评）判付曰 臣谨案	杀	第10卷 大丘徐膺福狱	1783
17	首从之别十七（争山伐丧一号众应 实因被打）	本道启曰 刑曹启曰 别谕曰 臣谨案	杀	第20卷 义城丁奉益狱	1789
18	首从之别十八（争山禁葬交殴乱攻 实因被打）	本道启曰（评）	杀	第10卷 晋州林处甲狱	1783
19	首从之别十九（淫妹触忿纠众杀奸 实因被打）	本道查启曰（议）	杀	第18卷 海州赵命得等狱	1788
20	首从之别二十（狱卒主使以囚杀伴 实因被触）	初检跋词曰 覆检跋词曰 巡营题词曰 本道启曰 判付曰 臣谨案（+又按）	杀	第15卷 海州崔恶才狱	1785
21	首从之别二十一（奴主同犯 先殴后棰 实因被踢）	（检案阙） 判付曰 臣议曰	杀	第4卷 仁川成三特狱	1781
22	自他之分一（死以刺刃诈云自刺 实因被刺）	查官报状曰 判付曰 臣谨案	杀	第15卷 金川郑先伊狱	1785

续表

顺位	案例名	案例的内容构成	案例的性质	在《审理录》中的卷数与题目	审理年度
23	自他之分二（死以剡刃诈云自刺 实因被刺）	覆检跋词曰（评）判付曰	杀	第11卷 龙冈宋寿殷狱	1783
24	自他之分三（死以自缢怯在诬告 实因自缢）	覆检跋词曰 巡营题词曰（按）	以……致死被告	无（因此案并非自杀或他杀等命案，所以《审理录》并无记载）	不详
25	自他之分四（死以自缢忿在被蹴 实因自缢）	查官报状曰（评，按）	以……致死被告	无（因此案并非自杀或他杀等命案，所以《审理录》并无记载）	不详
26	自他之分五（既殴而毙假缢以掩 实因被打）	初检跋词曰（评）巡营题词曰 判付曰	杀	第5卷 全州梁时亳狱	1781
27	自他之分六（既殴而毙假缢以埋 实因被打）	（检案阙） 判付曰 臣谨案	杀	第10卷 海南郑卜男狱	1783
28	自他之分七（纠差殴勒诈云自缢 实因被勒）	（检案阙） 判付曰 臣谨案	杀	第12卷 通津张志兴狱	1784
29	自他之分八（当寒捆缚疑于气室 实因被缚）	本道启曰（评）	杀	无	不详
30	自他之分九（被打醉归疑于跌溺 实因落水）	初检跋词曰（评，按） 覆检跋词曰（评） 三检跋词曰（评） 巡营题词曰（评）	打	第22卷 黄州金成白狱	1790

续表

顺位	案例名	案例的内容构成	案例的性质	在《审理录》中的卷数与题目	审理年度
31	自他之分十（被挤堕死 诿之跌溺 实因被溺）	巡营题词曰（评）	杀	第20卷 平山金大老味狱 （本案在《钦钦新书》中仅记载了关于威逼人致死的前半部分，而后半部分则载于其他条目中）	1789
32	自他之分十一（纠众逼儒 被赶入水 实因落水）	初检跋词曰（按） 覆检跋词曰（评） 巡营题词曰（评） 判付曰 臣谨案	打	第5卷 顺天赵以中等狱	1781
33	自他之分十二（殴伤致死 掩迹投渊 实因被打）	初检跋词曰 覆检跋词曰（评） 判付曰	杀	第14卷 蓝浦金应宗狱	1785
34	自他之分十三（山阪被驱 坑堑跌堕 实因折项）	覆检跋词曰 巡营题词曰 本道审理启曰（议）	杀	第14卷 高阳李起宗狱	1785
35	自他之分十四（堤岸被挤 蓁地跌堕 实因折项）	本道启曰 别谕曰 臣谨案	杀	第22卷 安义林硕桢狱	1790
36	自他之分十五（死以殴伤 诬云自堕 实因被打）	初检跋词曰 判付曰 本道启曰 判付曰 臣谨案	杀	第16卷 义州金兴云狱	1785
37	自他之分十六（死缘摔下 诿之自堕 实因折项）	初检跋词曰（评） 判付曰	杀	第3卷 黄州尹成太狱	1779

顺位	案例名	案例的内容构成	案例的性质	在《审理录》中的卷数与题目	审理年度
38	自他之分十七（望敌迎抵 仆于虚触 实因折项）	查官报状曰（评） 本道启曰 判付曰（曹启阙） 判付曰 臣谨案	杀	第13卷 延安朱贵接狱	1784
39	自他之分十八（尽力捣筑 诿之自扑 实因被筑）	初检跋词曰（评） 覆检跋词曰（评） 判付曰	杀	无	不详
40	自他之分十九（毙以殴踢 诈云饮卤 实因被打）	覆检跋词曰 本道启曰（评）	杀	第18卷 安岳李辰春狱	1788
41	自他之分二十（毙于殴撞 眩以砒卤 实因被打）	初检跋词曰（评） 覆检跋词曰（评） 三检跋词曰（评） 四检跋词（评） 本道启曰 判付曰 本道查启曰 判付曰 臣谨案	杀	第14卷 镇川朴师晦狱	1785
42	自他之分二十一（毙以殴伤 陡云服毒 实因被打）	初检跋词曰 覆检跋词曰（评） 三检跋词曰（评） 巡营题词曰 本道查启曰（评） 刑曹启曰 判付曰	杀	第18卷 安岳景致光狱	1787

续表

顺位	案例名	案例的内容构成	案例的性质	在《审理录》中的卷数与题目	审理年度
43	自他之分二十二（毙于捽曳 诿之灸毒 实因折项）	初检跋词曰（评）覆检跋词曰（评） 本道启曰 判付曰	杀	第12卷 永同李次得狱	1784
44	自他之分二十三（死于咬压 疑于自尽 实因被咬）	初检跋词曰（评）覆检跋词曰（评） 本道启曰（评） 判付曰 臣议曰	杀	第12卷 永同李召史狱	1784
45	伤病之辨一（既受殴挤又触风寒 实因伤风）	初检跋词曰 覆检跋词曰（评）三检跋词曰（评） 巡营题词曰（评）	打	无（因本案为一般殴伤而非命案 因此无国王的判决也属正常）	不详
46	伤病之辨二（既受殴踢又触风寒 实因被打）	（检案阙） 判付曰 臣谨案	打	无（因本案为一般殴伤而非命案 因此在《审理录》中并无记载）	不详
47	伤病之辨三（新受拳殴旋触风寒 实因被打）	初检跋词曰 覆检跋词曰（评）巡营题词曰（评）	杀	第22卷 金川蔡有卜狱	1790
48	伤病之辨四（实受棒殴谓触风寒 实因被打）	覆检跋词曰 查官报状曰 判付曰 臣谨案	杀	第11卷 松禾李松年狱	1783

顺位	案例名	案例的内容构成	案例的性质	在《审理录》中的卷数与题目	审理年度
49	伤病之辨五（痕损不明冷卧多触　实因内伤）	（检案阙）　判付曰　臣议曰	杀	无	不详
50	伤病之辨六（殴批不猛汗蒸失宜　实因被打）	覆检跋词曰（评）查官报状曰本道启曰（评）刑曹回启（省略）　判付曰	打	第13卷　信川崔特赤狱	1784
51	伤病之辨七（毙以捣踢疑在滞瘫　实因被打）	本道启曰　判付曰　本道启曰（评，议）刑曹启曰（评）　本道启曰（评）	杀	第20卷　善山李三得狱	1789
52	伤病之辨八（毙以挤殴疑在暑瘴　实因被打）	本道启曰（议）	打	无（因本案为一般殴伤而非命案　因此在《审理录》中并无记载）	不详
53	伤病之辨九（明以钼殴疑在食滞　实因被打）	本道启曰（评）刑曹启曰　判付曰　臣议曰	杀	第3卷　义州边采江狱	1779
54	伤病之辨十（显然戳踢诿之饥病　实因被踢）	覆检跋词曰（评）本道启曰　判付曰	杀	第16卷　咸兴尹浃狱	1785
55	伤病之辨十一（新被殴踢素抱痼疾　实因被打）	（检案阙）　判付曰　臣议曰	杀	第7卷　价川李正白狱	1781

续表

顺位	案例名	案例的内容构成	案例的性质	在《审理录》中的卷数与题目	审理年度
56	伤病之辨十二（告以殴伤疑在病患 实因被打）	（检案阙） 判付曰 臣谨案	打	第2卷 沃川李戒昌狱	1779
57	伤病之辨十三（年老被捣气绝无痕 实因被捣）	巡营题词曰（按）	打	第22卷 信川李奉京狱	1790
58	故误之劈一（挥竿骇牛稚童坠身 实因内损）	初检跋词曰（评） 巡营题词曰（按）→《大明律》三次援引（注，按） 续大典（按）	以……致死被告	无（因此案是过失致人死亡而非杀狱 因而在《审理录》中并无记载）	不详
59	故误之劈二（扣笠掣肘镰刃入腹 实因刃伤）	查官报状曰（按）本道启曰（议）判付曰	杀	第13卷 海州姜柱卞狱	1784
60	故误之劈三（当场射候飞箭误中 实因中矢）	初检跋词曰 巡营题词曰（按）	矢中	无（因此案是过失致人死亡而非杀狱 因而在《审理录》中并无记载）	不详
61	故误之劈四（举棒击担飞札误中 实因被打）	（检案阙） 判付曰 判付曰 臣议曰	打	第5卷 全州申德文狱	1781
62	故误之劈五（猛以棒殴诈云木压 实因被打）	刑曹启曰 本道启曰（评）	杀	第13卷 海州赵汗武狱	1784

续表

顺位	案例名	案例的内容构成	案例的性质	在《审理录》中的卷数与题目	审理年度
63	故误之劈六（当面直刺 诿之误认 实因被刺）	初检跋词曰（评）覆检跋词曰 判付曰 臣议曰	杀	第 14 卷 江东韩必周狱	1784
64	故误之劈七（据胁力撞 归之酗乱 实因被撞）	查官报状曰 别谕曰 臣议曰	杀	第 20 卷 固城千奉己狱	1789
65	疯狂之宥一（椎人如牛 素称疯狂 实因被打）	覆检跋词曰 巡营题词曰（议，评）	杀	无（因本案为精神病人作案，因而在《审理录》中无记载也属正常）	不详
66	疯狂之宥二（刺孩如羊 素称疯狂 实因被刺）	覆检跋词曰（评）	杀	无（因本案为精神病人作案，因而在《审理录》中无记载也属正常）	不详
67	图赖之诬一（假缢埋父 背赂乃告 实因被打）	初检跋词曰 覆检跋词云云（议）	杀	第 9 卷 顺兴金致乞狱	1782
68	图赖之诬二（嗾证杀妻 索赂不售 实因被踢）	（检案阙） 判付曰 查官报状曰 本道查启曰（按，议）	杀	第 4 卷 白川赵载恒狱	1780
69	图赖之诬三（父死不告 纵雠索赂 实因被打）	巡营题词曰（按）	杀	无	不详

续表

顺位	案例名	案例的内容构成	案例的性质	在《审理录》中的卷数与题目	审理年度
70	图赖之诬四（父既自戕 诬人报怨 实因服卤）	初检跋词曰（评）巡营题词曰	以……致死被告	无（因本案为自杀案件，因而在《审理录》中无记载）	不详
71	别人之诬一（怕死救疗 乃诬逃人 实因被踢）	（检案阙） 判付曰 臣谨案	杀	无	不详
72	别人之诬二（行凶戏场 乃诬逃奴 实因被打）	覆检跋词曰（评）判付曰	杀	第1卷 渭原李明重狱	1776
73	别人之诬三（行凶戏场 乃诬同伴 实因被踢）	初检跋词曰（评）本道启曰 判付曰 本道查启曰 判付曰	杀	第16卷 永柔康得孙狱	1785
74	别人之诬四（扼杀官差 诬罪里正 实因被打）	查官报状曰（议）	杀	第4卷 黄州韩德老狱	1780
75	别人之诬五（戕杀亲党 诬罪邻儿 实因被打）	本道启曰（评）判付曰 臣谨案	杀	第11卷 龟城崔守珍狱	1783
76	别人之诬六（镰割其嗓 谓弟杀兄 实因被刃）	初检跋词曰（评）覆检跋词 本道启曰 判付曰 本道查启曰（议）判付曰 臣议曰	杀	第14卷 平壤康贵同狱	1784
77	异物之托一（打死疲氓 诬之马踢 实因被打）	（检案阙） 判付曰 臣谨案	杀	第13卷 庆州金岩外狱	1784

续表

顺位	案例名	案例的内容构成	案例的性质	在《审理录》中的卷数与题目	审理年度
78	异物之托二（打死弱妇诿之马躙 实因被打）	本道查启曰 判付曰 臣谨案	杀	无	不详
79	豪强之虐一（孱氓受制土豪泄忿 实因被踢）	巡营题词曰（按） 判付曰 臣谨案	杀	第13卷 庆州崔柱敦狱	1784
80	豪强之虐二（顽氓丑骂土豪行威 实因被打）	初检跋词曰 巡营题词曰（议） 判付曰	杀	第15卷 咸平安承廉狱	1785
81	豪强之虐三（乡豪庇党嫠妇受残 实因被打）	初检跋词曰（评） 本道启曰 判付曰	杀	第12卷 龙仁金元哲狱	1784
82	豪强之虐四（乡豪护婢邻妇受虐 实因缚烙）	（检案阙） 判付曰 臣议曰	杀	第4卷 坡州金鎮夏狱	1781
83	豪强之虐五（店舍讨炬豪差执棰 实因被踢）	（检案阙） 判付曰 臣议曰	杀	第2卷 长湍李同伊狱	1779
84	豪强之虐六（仓庭输粮库奴举斛 实因被打）	（检案阙） 判付曰 臣议曰	杀	第12卷 安城官奴介男狱	1784
85	威逼之阨一（纠差吓捉亡命投渊 实因自溺）	查官报状曰（议） 判付曰 臣议曰	威逼致死	无	不详
86	威逼之阨二（无赃疑盗含冤投渊 实因自溺）	初检跋词曰（评）	威逼致死	无	不详
87	威逼之阨三（争雇激忿乘醉投缳 实因自缢）	初检跋词曰（评） 查官报状曰（评）	威逼致死	无	不详

顺位	案例名	案例的内容构成	案例的性质	在《审理录》中的卷数与题目	审理年度
88	复雪之原一（雠不偿命私自屠肠 实因被刺）	初检状曰 初检跋词曰（评，议）覆检跋词曰 巡营题词曰（评）刑曹启曰 判付曰 臣锺秀曰 臣秀辅曰 臣鲁永曰 判付曰（本道查启阙）刑曹启曰（评）判付曰 臣议曰	杀	第18卷 康津尹太绪尹恒等狱	1788
89	复雪之原二（雠若相忘久乃甘心 实因被打）	（检案阙） 判付曰 臣谨案	杀	第12卷 宁越朴来麟狱	1784
90	复雪之原三（哀兄被溺以弟报仇 实因被打）	初检跋词曰（评）覆检跋词曰 三检跋词曰（评）四检跋词曰（评）巡营题词曰（评）查官报状曰（评）巡营题词曰（议）	杀	第20卷 平山金大老味狱	1789
91	复雪之原四（痛妹投溺谓姑逼杀 实因被打）	（检案阙） 判付曰 臣谨案	杀	无	不详

顺位	案例名	案例的内容构成	案例的性质	在《审理录》中的卷数与题目	审理年度
92	复雪之原五（借人报仇 本由私怨 实因被刺）	刑曹启曰（评）查官报状曰 本道查启曰 刑曹启曰 判付曰	杀	第11卷 松禾郑大隐阿只等狱	1783
93	情理之恕一（为父救难 殴人致毙 实因被打）	（检案阙）判付曰 臣谨案	杀	第14卷 富平申福金狱	1785
94	情理之恕二（为母救难 殴人致毙 实因被踢）	查官报状曰 判付曰 臣谨案	杀	第13卷 载宁李厚相狱	1784
95	情理之恕三（义子殴父 亲子救难 实因被踢）	本道启曰 判付曰 臣议曰→《大明律》2次援引（按）	杀	第13卷 凤山朴奉孙狱	1784
96	情理之恕四（谓父行淫 其子雪耻 实因被打）	（检案阙）判付曰 臣议曰	杀	第13卷 大丘成泰郁狱	1784
97	情理之恕五（谓母行淫 其子雪耻 实因被踢）	查官报状曰 判付曰 臣议曰	杀	第13卷 平山郑大元狱	1784
98	情理之恕六（妻有淫行 夫杀奸夫 实因被打）	（检案阙）判付曰 《大明律》援引→臣谨案（类似案例的）判付曰+臣谨案	杀	第16卷 定州东方永等狱	1785
99	情理之恕七（嫂有淫行 叔杀奸夫 实因被打）	本道启曰（议）	杀	第15卷 金川朴春福等狱	1785
100	情理之恕八（室女被诬 自杀奸婆 实因被刺）	（检案阙）《银爱传》曰 判付曰 臣谨案	杀	第21卷 康津金召史狱	1790

续表

顺位	案例名	案例的内容构成	案例的性质	在《审理录》中的卷数与题目	审理年度
101	义气之赦一（兄不庇弟 邻以义杀 实因被踢）	（检案阙） 小传曰（即《银爱传》） 判付曰 臣谨案	杀	第21卷 长兴申汝倜狱	1790
102	义气之赦二（老而奸幼 邻以醉杀 实因被刺）	查官报状曰（按）	杀	无	不详
103	公私之判一（营裨讨骑 驿卒致毙 实因被打）	（检案阙） 判付曰（曹启、道启阙） 判付曰 臣谨案	杀	第21卷 全州李维慎等狱	1790
104	公私之判二（地保催科 村氓致毙 实因被打）	（检案阙） 判付曰 《大明律》援引（注）→臣谨案	杀	第3卷 光州崔具瞻狱	1779
105	公私之判三（地保差役 逃卒受笞 实因被打）	（检案阙） 判付曰 《续大典》援引→臣谨按	杀	第3卷 宁远林海星狱	1779
106	公私之判四（地保征布 悍氓投缳 实因自缢）	查官报状曰（评）	杖	无	不详
107	彝伦之残一（听谗杀子 诬人手刺 实因被刺）	（检案阙） 判付曰（本道查启缺） 判付曰 臣议曰	杀	第9卷 中和金处元狱	1782
108	彝伦之残二（移怒杀孩 诬人足踏 实因被扑）	查官报状曰（议）	杀	无	不详

续表

顺位	案例名	案例的内容构成	案例的性质	在《审理录》中的卷数与题目	审理年度
109	彝伦之残三(室女潜奸 胞兄迭刺 实因被刺)	(检案阙) 判付曰 臣议曰	杀	第9卷 信川金梦得狱	1782
110	彝伦之残四(嫁妹被遣 胞兄推溺 实因被溺)	初检报状曰 (初检) 跋词曰 (按)	杀	无 (但丁若镛在"按"中说明"此乾隆庚戌四月二日 先考在蔚山府所检报也")	1790
111	彝伦之残五(淫姑杀妇 计在灭口 实因被刺)	初检跋词曰(评) 覆检跋词曰 (评) 巡营题词曰(评) 本道查启(评) 暗行御史书启曰 刑曹启曰(按) 刑曹启曰(议) 判付曰 臣议曰	杀	第15卷 平山崔只狱	1785
112	彝伦之残六(官婢杀夫 罪异结发 实因被刺)	查官报状曰(议)	杀	无	不详
113	伉俪之戕一(不孝舅姑 被夫殴勒 实因被打)	(检案阙) 判付曰 臣议曰	杀	第13卷 安东金验尚狱	1784
114	伉俪之戕二(见忤媚嫂 被夫殴踢 实因被踢)	(检案阙) 判付曰 臣谨案	杀	第12卷 开城府徐仁行狱	1784
115	伉俪之戕三(屡执奸赃 先觉杀机 实因被刺)	(检案阙) 判付曰 臣议曰	杀	第21卷 (汉城)西部曹命根狱	1790

续表

顺位	案例名	案例的内容构成	案例的性质	在《审理录》中的卷数与题目	审理年度
116	伉俪之戕四（确有奸证 偏信盲妪 实因被踢）	查官报状曰（评） 本道启曰（评）	杀	第 18 卷 信川白同狱	1788
117	伉俪之戕五（情移少艾 疑生匹布 实因被打）	刑曹启曰（评） 判付曰	杀	第 14 卷 安城柳重彩狱	1785
118	伉俪之戕六（情移少艾 衅起打儿 实因被踢）	（检案阙） 判付曰 臣谨案	杀	第 16 卷 熙川徐必守狱	1785
119	伉俪之戕七（怒奴移妻 阃扑泄忿 实因折项）	（检案阙） 判付曰 臣谨案	杀	第 20 卷 三嘉朴道经狱	1789
120	伉俪之戕八（骂儿殴妻 庭讪挑忿 实因被踢）	本道查启曰 判付曰 臣谨案	杀	无	不详
121	伉俪之戕九（既殴而毙 投渊诿溺 实因被踢）	覆检跋词曰（评） 判付曰 臣谨案	杀	第 7 卷 江界李宗大狱	1781
122	伉俪之戕十（既殴而毙 假缢图生 实因被打）	初检跋词曰（评） 巡营题词曰（评） 判付曰 臣谨案	杀	第 5 卷 绫州林圣远狱	1781
123	伉俪之戕十一（兄逼妻死 弟受妻诬 实因服毒）	（检案阙） 判付曰 臣谨案	自死	第 15 卷 长水崔汝赞狱	1785
124	伉俪之戕十二（男殴妇顺 妇死男逃 实因被打）	覆检跋词曰（议）	杀	无	不详
125	奴主之际一（赎婢负愆 为兄执杖 实因被笞）	查官报状曰 本道启曰 判付曰 （刑曹回启删） 判付曰 臣议曰→录采历代奴婢擅杀禁令	杀	第 3 卷 凤山梁有彦狱	1779

续表

顺位	案例名	案例的内容构成	案例的性质	在《审理录》中的卷数与题目	审理年度
126	奴主之际二（族奴争赌对众投礮　实因被打）	本道查启曰（议）	杀	第20卷　瑞兴郭尚甲狱	1789
127	奴主之际三（以奴告主成狱谋杀　实因被打）	（检案阙）　判付曰　臣谨案	告	无（因为本案是告诉的案件，因而《审理录》中无记载）	不详
128	盗贼之御一（拒捕拔刃认盗杀良　实因被打）	（检案阙）　判付曰　臣议曰	杀	第14卷　永兴孟才云狱	1784
129	盗贼之御二（拒捕拔刃以盗杀主　实因被刺）	初检跋词曰（评）查官报状曰本道启曰　判付曰　臣议曰	杀	第13卷　瑞兴李三奉狱	1784
130	盗贼之御三（乘醉行凶诈称认贼　实因被打）	初检跋词曰　覆检跋词曰　巡营题词曰（议）	杀	第22卷　安岳金守哲狱	1790
131	胞胎之伤一（殴人夫妇孕妇捐命　实因被打）	本道启曰（评）刑曹启曰　判付曰	杀	第22卷　尚州郑夫望狱	1790
132	胞胎之伤二（殴人夫妇孕妇捐命　实因被踢）	（检案阙）　判付曰　臣谨案	杀	第3卷　全州金龙采狱	1779
133	胞胎之伤三（孕妇既殒死孩乃产　实因被捣）	初检跋词曰（按）覆检跋词曰（按）本道启曰	杀	无	不详

续表

顺位	案例名	案例的内容构成	案例的性质	在《审理录》中的卷数与题目	审理年度
134	胞胎之伤四（孕妇竟殒 匹嫡为祟 实因被打）	本道启曰 刑曹启曰（议）	杀	第22卷 居昌朴昌孙狱	1790
135	胞胎之伤五（胞脱而死 殴踢为咎 实因被踢）	（检案阙） 判付曰 判付曰 臣谨案	杀	第6卷 万顷姜道辰狱	1781
136	殽胪之尸一（奸夫杀正 奸妇同死 实因刃毒）	初检跋词曰（评） 巡营题词曰（评）	杀	无	不详
137	殽胪之尸二（其子杀人 其母先死 实因被踢）	初检跋词曰（评） 覆检跋词曰 巡营题词曰（评）	杀	第22卷 载宁郭命大狱	1790
138	经久之检一（腐朽之腹 履迹宛然 实因被踏）	四检跋词曰（评） 巡营题词曰（评） 推官跋词曰（按）	杀	无	不详
139	经久之检二（掩埋之骨 血晕显然 实因被打）	初检跋词曰（按） 本道启曰（评） 判付曰	杀	第14卷 唐津孙道仁狱	1785
140	经久之检三（埋既三月 痕余一处 实因被打）	查官报状曰（评） 本道启曰（评） 判付曰 臣议曰	杀	第13卷 延安申相孙狱	1784
141	经久之检四（私和出殡 开棺行检 实因折项）	巡营题词曰（按）	杀	无	不详
142	经久之检五（私和匿埋 行查不检 实因被打）	查官报状曰（议）	杀	无	不详

续表

顺位	案例名	案例的内容构成	案例的性质	在《审理录》中的卷数与题目	审理年度
143	稀异之案一（奸淫相抱淫火发身）	初检状曰　初检跋词曰（评）巡营题词曰（评）→淫火两烧采录史事（按）	烧死	无	不详
144	稀异之案二（妖妾既寡埋诅发奸）	（查案阙）　判付曰　判付曰　臣谨案	诅、埋凶	第1卷　开城府婢福德狱	1778

从表6-2可知，"祥刑追议"篇各案例的内容构成差异很大。丁若镛虽全力收集资料，但由于原始资料所限，导致各案例在结构上存在较大差异，比如有的案例仅有初检跋词或复检跋词，有的案例仅有本道启或查官报状，多数案例未能完整反映出当时朝鲜刑事案件处理的全部司法流程。比照结构最完整的几个案例，可以推知当时朝鲜半岛刑事案件公文的处理流程。其流程依次是"初检报状——初检跋词——覆检跋词——三检跋词（——四检跋词——巡营题词——查官报状）——本道启（——刑曹启）——判付（别谕）"。其中"查官报状"一般是在上级要求复核案件后给予上级的答复，上级可以是各道观察使，也可以是刑曹或国王。"查官报状"理论上不是必要的环节，但很多案件中都会出现复核后再次上报的情形。此外，个别案件还会有"推官跋词"或"暗行御史书启"。此外，在"祥刑追议"篇各案例之后一般还有丁若镛本人以"臣议曰"或"臣谨案"开头的个人见解或批判。

通过对照《审理录》，可以得到许多从《钦钦新书》中无法获知的信息，其中最明显的就是这些案件的具体审理年度。从可以确认年度的案件来看，"祥刑追议"篇所载案例均审理于1776—1790年（除去丁若镛父亲亲自审判的个别案件外）。而《审理录》收录的是正祖大王在位年间（1776—1800）的案例，其所载案例的时间下限是1800年。而可以确定审理年度的"祥刑追议"篇所载案例的时间下限是 1790 年。也就是说,18 世纪 90 年代(1791—1800)这十年左右审理的案件未收录于"祥刑追议"篇。那么,丁若镛为什么在"祥刑追议"篇中仅收录了 1790 年以前审判的案件呢? 18 世纪 90 年代审判的案例为何基本没有收录呢?

丁若镛在选取案例时,主要以案件的代表性和读者(朝鲜各地地方官)的实用价值来判断该案是否应收录,他对案件的发生或审理时间不可能存在特殊偏好。因此依笔者推断,仅存在一种可能,那就是丁若镛在编撰"祥刑追议"篇时,所参考的原始资料本身就存在明显的局限。即丁若镛参考的原始资料在时间分布上是不完整和不均匀的,丁若镛在编写"祥刑追议"篇时根本没有机会参考 1791 年至 1800 年审判的案例。通过《审理录》确认年度的"祥刑追议"篇 107 件案例的审理年度的分布如表 6 - 3 所示。

表 6 - 3 从《审理录》中确认的"祥刑追议"篇所载案例的审理年度分布

年度	1776	1777	1778	1779	1780	1781	1782	1783
案例数	1	0	1	9	2	12	4	8
年度	1784	1785	1786	1787	1788	1789	1790	
案例数	25	20	0	1	4	7	13	
总计	(144 件中的) 107 件							

从表 6 - 3 可知,可以确认年度的 107 件案例大多发生于 18 世纪 80 年代。其中审判于 1784 年和 1785 年的案件最多,各有 20 件以上。与此相反,审判于 1777 年、1786 年两年的案件却未能发现。以此可以推测,丁若镛即便在参考 1776 年至 1790 年间审断的案例时,其所依据的原始资料也很有可能是不完整的。

第三节 "祥刑追议"篇与《祥刑考》

丁若镛在"祥刑追议"序言中,明确提及了正祖大王在位时曾组织编撰过一部刑事案件判例集——《祥刑考》。那么当时的丁若镛是否参与过《祥刑考》《审理录》的编撰呢？至今未发现明确记载丁若镛曾参与编撰《祥刑考》或《审理录》的相关史料，但在"祥刑追议"篇序文中，丁若镛言及"史臣聚前后御判为《祥刑考》一百卷，旧在馆阁，曾已较阅"①。这里的"较阅"应视为"校阅"的别字或通假字。既往的韩文译本通常将"较阅"单纯译作阅览、浏览，但笔者认为"较阅"应包含"校勘"和"阅览"两种意涵。也就是说，笔者认为丁若镛在馆阁②任职时不仅阅览过《祥刑考》，还有机会亲自参与《祥刑考》的编撰和校勘工作。

　　笔者认为，"祥刑追议"篇为克服单一资料来源的局限性，而很有可能采用了两种以上的资料来源，且部分案例隐隐地存在两种原始资料拼凑的痕迹，其拼凑的目的是为了相对完整地展示案件处理的全过程。这两种主要资料应分别是朝廷编撰的《祥刑考》等官撰资料，以及地方衙门留存的与刑事案例相关的各类案牍（公案）。此外，丁若镛还特别介绍了其家父丁载远所经手的两起命案，这两起案例很可能出自丁若镛本人家中留存的案牍。另外，丁若镛还在另外两起案件中援用了文学传记作品《银爱传》。《银爱传》虽根据实际案例改编而成，但却明显经过了文学加工，以刻意褒扬出于义愤而行凶的案件当事人。

　　那应如何区分"祥刑追议"篇各个案例的原始资料的出处呢？笔者认为其中的关键线索是各案例是否存在"检案阙"这三个字，"检案阙"三个字的有无大致能将"祥刑追议"各案例的原始出处分为两大类。笔者仔细观察后获知，有"检案阙"三个字的案例在内容上相对简略，而在内容构成上却相对规则，主要由正祖大王的判决和丁若镛本人的评论组成。这类案例在点明案例发生的地点、加害者和被害者的姓名等基本信息后，多会跟有"检案阙"三个字，以示在编撰"祥刑追议"时已无法提供原始的初检、复检跋词，其案例的结构多呈现"案例的名称——基本信息——'检案阙'三字——判付曰——臣谨案（或'臣议曰'）"。这种结构类似当时朝鲜朝廷编写官撰刑事案例汇编的格式。以保存至今

---

① 《钦钦新书》，祥刑追议，序。
② 馆阁：在朝鲜王朝时期指的是弘文馆、艺文馆和奎章阁。

的《审理录》为例，其所载案例的结构大致是将"伤处"和"实因"等检验信息写入后，再用小字简略地记述"本道启"和"刑曹启"两项内容，最后再用大字详尽地记载正祖大王的判决文。由此可知，《审理录》是以国王和国王的裁决为中心的，而前置的"本道启"和"刑曹启"也均是向国王报告的文书，属于韩国古文书分类中的"上达文书"，并属于上达文书中的"启达文书"。若以《审理录》格式推断，未流传至今的《祥刑考》在格式上也应与《审理录》出入不大，即《祥刑考》也很可能以国王和国王的最终裁决为中心加以编撰，因此并不会详尽收录初复检跋词等基层衙门司法文书的全文。且《祥刑考》所载文书也应与《审理录》一般，应以向国王报告的上达文书为主，且主要是上级衙门（如观察使、刑曹）所出具的文书。因此，"祥刑追议"篇所载条目中，其内容结构呈现为"案例的名称——基本信息——'检案阙'三字——判付曰——臣谨案（或'臣议曰'）"的案例，出自《祥刑考》的可能性较大。而"祥刑追议"篇中有相当多的案例未载有检案，但并不是未记载检案跋词的案件都出现了"检案阙"三个字，由此可推断"检案阙"三个字并非丁若镛本人添加，而很可能在其所引的原始资料中既已存在，在编撰"祥刑追议"篇时直接将之誊抄。

正文中未有"检案阙"三字的案例在内容结构上大多不够规则，较详细的案例一并收录了案件的初检跋词、复检跋词、三检跋词、巡营题词、本道启、刑曹启、国王的判付等文书原文，而较简略的案例仅仅收录了初检跋词或查官报状。因此，无"检案阙"三字的各个案例在篇幅和结构上却相差很大。尸检跋词等司法文书多由郡县等下级官衙出具，且出现了观察使（监营）向下级衙门发出的"题辞"这一文书类型，这些下行文书一般应留存于当时的朝鲜郡县等地方衙门，在《祥刑考》中几乎不太可能出现下行文书，出现下级衙门出具的文书全文的可能性同样不大。因此可以断定，"祥刑追议"篇不仅参考了《祥刑考》这一种资料，很有可能还参考过其他朝鲜司法资料。

丁若镛参考地方郡县调查命案时所写的原始资料的直接证据就是他所收录的其父丁载远经手的两起案例，这两起案件的跋词均出自丁若镛家父丁载远之手。这一事实丁若镛在相关案例之后的按语中有着明确说明。这两个案例分别是"祥刑追议"篇第9条——"首从之别九"① 和第 110 条——"彝伦之残四"②。在"祥刑追议"篇第 9 条案例最后的按语中,丁若镛明确说明了"此即乾隆辛亥八月二日,先考在晋州时所检报也。"而在"祥刑追议"篇第 110 条案例所载按语中,丁若镛说明了"此乾隆庚戌四月二日,先考在蔚山府所检报也"。乾隆辛亥年即公元 1790 年,乾隆庚戌年即公元 1791 年。这两起案件的检验跋词的完成时间已具体到年月日。由此可见,这两个案例绝非出自某种官撰资料,而很可能是丁若镛家中留存的司法文书。丁若镛的家父丁载远在任职晋州牧使和蔚山府使之时的检验文书,在丁若镛编撰"祥刑追议"篇之际,仍有可能存留在家中。如丁载远在任蔚山府使时所作"初检报状"便得以保留在"祥刑追议"篇中,而"初检报状"一般先于"初检跋词"写成,基本不会见于任何官方编撰的成册资料中。其家父经手的这一案件也是"祥刑追议"所载 144 个案例中唯一收录"初检报状"的案件,因而能够断定这一案例绝非出自《祥刑考》,也进一步印证了"祥刑追议"所载案例的原始资料来源的多样性。

通过对比与《审理录》相互重合的案例,可以发现另一个有趣的事实。那就是"祥刑追议"载有"检案阙"三字、正祖大王判决和作为丁若镛个人见解之"臣谨案"(或"臣议曰")的案例多是杀人案件,且这些案例在《审理录》中基本能找到对应的案例。与之相反,无法在《审理录》中找到对应案例的"祥刑追议"篇所载案件,大多只载有地方郡县的检验跋词、查官报状或者观察使"巡营题辞"等地方官员写成的一至两种地方司法文书。其中只载有"查官报状"的案例,除了"祥刑追议"篇第 74 条案例外,其余的案例(第 25 条、第 102 条、第 108 条、第 112 条、第 142 条案例)均不见于《审理录》记载。即在"祥刑追议"篇中仅出现一两件地方官衙所作公文书的案例,多数未载于《审理录》。

此外,"祥刑追议"篇每起案件正文的开头处,均记载了该案发生的地域,以及加害者和被害者的姓名等基本信息。其中无法忽视的是丁若镛在此记入了对案件的基本类型的定义。根据不同案情,丁若镛在个案

---

① 《钦钦新书》,祥刑追议,首从之别九(两人同犯 一奸一助 实因被刺)。
② 《钦钦新书》,祥刑追议,彝伦之残四(嫁妹被遣 胞兄推溺 实因被溺)。

中分别标记了"杀""打""自死"丨"以……致死被告""威逼致死""告""烧死""诅""矢中""杖"等犯罪类型。其中,一部分自杀、殴打致死、精神病患者的暴力犯罪、过失致人死亡、威逼人致死等与一般杀人案有所区别的案件在当时可能不被划分至"杀狱"之中,因此这些案例多数不见于《审理录》记载。此外,因火灾意外身亡和奴婢状告主人等"杀狱"无关的"祥刑追议"篇相关案件就更不见于《审理录》记载了,由此也可窥见《钦钦新书》独特的史料价值。

笔者推测,这些载入初复检跋词等地方衙门司法公文的案件,其原始资料很可能源于当时地方衙门留存的刑狱案牍。除上述分析之外,这一推断的依据还有以下几点。第一,在《钦钦新书》全书序文中,丁若镛对"祥刑追议"篇原始资料出处的说明和"祥刑追议"篇序文有所不同。在全书的序文中,丁若镛提到"次之以先朝郡县之公案,其词理鄙俚者,因其意而润色之;曹议御判,录之唯谨;而间附己意,以发明之。所谓祥刑之议十有五卷。"[①] 由此可知,"祥刑追议"所载案例主要由三部分构成,分别是"郡县公案""曹议御判"和"己意"。而在"祥刑追议"篇序文中,丁若镛仅提到"近有人就《祥刑考》中,选公案数百以示,其中亦有不载御判者(御判依回启施行,则或不载)。山中翻阅,潜焉感旧,因念按狱之人,或遭疑狱,宜执此案引援如圣经,遂复汇分,或附妄论,为'祥刑追议',以俟来者"[②]。以往韩国学者的研究过于看重"祥刑追议"篇序文,而对《钦钦新书》全书序文中关于"祥刑追议"篇的叙述有所忽略甚至曲解,即依照"祥刑追议"篇序文记载的观点,并由此认为全书序文中的"先朝郡县之公案"和"曹议御判"出自一种原始资料。而笔者认为,"先朝郡县之公案"和"曹议御判"很可能出自两种原始资料。即"郡县公案"和"曹议御判"乃是丁若镛分别收集而来,其出处并不相同。"郡县公案"和"曹议御判"在资料的来源上应是并立的关系,而非统合关系。

第二,若上述假设属实,"祥刑追议"篇的个别案例同时参考了"郡县公案"和《祥刑考》(即"曹议御判"),且两类资料拼凑组合的痕迹较为

---

① 《钦钦新书》,序。
② 《钦钦新书》,祥刑追议,序。

明显。这一情形现于"祥刑追议"篇的第 14 件案例"首从之别十四"① 和第 20 件案例"首从之别二十"② 中。这两件案例在按语中均出现了非常罕见的"又按"二字。在"首从之别十四"这一案例中,所载内容按先后顺序分别是"复检跋词"、"巡营题词"(其后附有丁若镛的评论)、正祖大王的"判付"以及紧跟其后的丁若镛本人之批判性见解的"臣谨案(含'又按')"。这一案例的结构带有拼凑两种原始资料的痕迹。如果我们将之拆解,那么"复检跋词"和作为下行文书的"巡营题词"很可能出自地方衙门留存的公文档案,而其后出现的国王"判付"则出自朝廷编撰的《祥刑考》。因此,丁若镛在初次接触这两类资料时,可能分别写成了作为个人见解的"按(案)"。而后在将其合并为一个条目时,因两边均附有按语,因而才会在"臣谨案"后另行追加了"又按"二字及其后的按语。也就是说,案例最初的结构分别由"复检跋词——巡营题词(评)——按"(出自郡县公案)和"判付——臣谨案"(出自《祥刑考》)两部分组成。与之相似的情形也现于"首从之别二十"中。在这一案例中,所载内容按先后顺序分别是"初检跋词""复检跋词""巡营题词""本道启""判付"和"臣谨案(含'又按')"。此案例中作为同一衙门的"监营(即各道观察使)"同时出具了作为下行文书的"巡营题词"和作为上行文书的"本道启"。同一机关出具的上行文书和下行文书同时出现在一种原始资料中的可能性极小,因为两类文书所传送的方向和对应的收件人完全不同。因此也说明该案例所载资料的原始出处应是两种以上。若是如此,该案例的最初结构分别由"初检跋词——复检跋词——巡营题词——按"(出自郡县公案)和"本道启——判付——臣谨案"(出自《祥刑考》)这两部分构成。最初在这两部分之后都附有丁若镛的按语,因而才会在"臣谨案"后另外追加了"又按"的部分。

第三,最重要的证据即是含有地方衙门所作文书和下行文书的诸多案件,其在发生地域上带有明显的偏差。在包含初复检跋词等下级衙门所作文书的案件中,黄海道发生的案件在数量上占据压倒性优势。相关案件中出现的地名有信川、海州、金川、黄州、平山、延安、安岳、松禾、谷山、

① 《钦钦新书》,祥刑追议,首从之别十四(兄弟同犯 一囚一放 实因被踢)。
② 《钦钦新书》,祥刑追议,首从之别二十(狱卒主使 以囚杀伴 实因被触)。

载宁、凤山、瑞兴、文化等，而这些地点恰恰都属于黄海道的辖区。黄海道发生的案例在内容结构和篇幅上，明显比其他地域发生的案例更加详尽。黄海道曾是丁若镛任职过的地方，丁若镛曾于公元 1797 年至 1799 年出任黄海道谷山府使。黄海道相关的郡县公案较为频繁地出现在"祥刑追议"篇的原因可能与丁若镛在黄海道任职期间积极收集黄海道各地郡县的刑狱公案有关，当然也不排除其后承蒙任职于黄海道的官吏协助而有幸收集到了该道的地方刑狱文书。而如果仅参考《祥刑考》等由中央编撰的案例集，就一定不会在案件的地域分布上产生如此大的偏颇，也一定不会出现案件在结构和篇幅上与案件发生地之间存在如此密切的关联性了。由此基本可以推断，地方郡县所作文书不应来自《祥刑考》等朝廷编写的成册案例集，而应直接出自地方衙门留存的原始公案。且正因郡县公案未经过加工润色，故而丁若镛才会在序言中谈及"其词理鄙俚者，因其意而润色之"。若是《祥刑考》《审理录》等朝廷业已编撰成册的判例集，基本都已经过润色加工，丁若镛仅需"录之唯谨"，而不必多此一举了。

第四，《祥刑考》虽未能流传至今，但其与《审理录》同属正祖大王在位年间朝廷所编撰的刑事案例集，因此二者在体例上应大致相当，即以国王及国王的御判为核心编撰而成。《审理录》除国王的判决文书外，"本道启"和"刑曹启"都是向国王报告的"启达文书"，即这类官撰资料所记载的所有内容均与国王相关，并以国王为中心构成。经笔者考证，源自《弘斋全书》中的一段话可作为推断《祥刑考》体例与《审理录》相似的直接证据。《弘斋全书》中的一句话讲到"与《祥刑考》《审理录》录启案，犹且瞿瞿，一岁之决囚分等"。① 从此句可明确得知《祥刑考》与《审理录》均为"录启案"，即各刑事案件仅收录以国王为收件人的"启达文书"，因此基本可以排除"启达文书"之外的文书类型，据此可以反推出初复检跋词等下级衙门所作文书以及"巡营题词"等下行

---

① 《弘斋全书》，卷46，批5，政院请咸镜监司具魔罪人放未放成册改修正启批（附注　前承旨李羲甲处分教/金吾赦文书申饬教/承旨曹锡中筵奏批），"该府事　闻甚骇然　若非因还持去之台疏而提问　则玄在默事　不知何时觉得　且其本事至微细　并与罪名而荡涤　御极以后特使王府司寇　刱置决狱案　三朔修启之式　与祥刑考审理录录启案　犹且瞿瞿　一岁之决囚分等　出都以上　藏诸寝殿　有司举行　若是疏漏　所关刑政　诚亦非细　向筵既有厘正之命　使之各别审慎"。

文书必然不出自《祥刑考》。

相较朝鲜半岛,我国有较多的清代以前的地方衙门司法档案留存至今,如巴县档案、顺天府的宝坻县档案、四川省的南部县档案、台湾省的淡水厅——新竹县档案等。而同一时期的朝鲜半岛除了《钦钦新书》"祥刑追议"篇摘录的地方衙门司法文书外,基本未见有留存至今的朝鲜王朝地方衙门的刑事司法档案,由此也凸显出"祥刑追议"篇极高的史料价值,使我们在今日仍可窥见和还原18世纪末朝鲜半岛刑事案件处理的全过程。

第四节 "祥刑追议"篇与 《大清律辑注》

丁若镛编撰《钦钦新书》时对相关法律概念和法律解释尤为重视。他首先注意到了明清时期中国对死刑种类和刑量的详细化。其在"拟律差例"篇序言中点明,"然《大明律例》,死有五等,一曰凌迟,二曰斩决(立决者,不待时也),三曰斩候(监候者,待时也),四曰绞决,五曰绞候(又枭示,重于斩决);生有五等,一曰充军(如今黑龙伊犁等处发遣者),二曰杖流(三千里),三曰杖徒(一年至三年),四曰杖责(六十至一百),五曰征银(所谓埋葬银也)(又为奴,重于充军)。故督抚题奏,刑部复议,其原情拟律,毫分缕析,虑有差谬,乃吾东之法,其死者,唯有打杀一法,其生者,唯有发配一法,疏略甚矣"①。通过丁若镛对当时中朝两国法制的比较可知,明清两朝的刑罚在量刑和执行过程中远比同时期的朝鲜王朝精致细密,朝鲜王朝的刑罚在执行时多采用"打杀""发配"两种,两国刑罚一密一疏,并形成鲜明的对照。这固然与朝鲜半岛社会环境相对淳朴而犯罪率较低、朝鲜半岛地狭人稀而使刑罚不必过于细致有关,但也与朝鲜王朝法制不及清代科学完备、量刑技艺不像清代那般发达有关。因此,丁若镛在编撰《钦钦新书》时就已明确认识到学习清代法制的必要,其将乾嘉年间的驳案单独汇编为"拟律差例"一篇,从而将清代的量刑技艺介绍给同时期的朝鲜地方官的行为

---

① 《钦钦新书》,拟律差例,序。

即是确证。

清代对命案类型的详尽划分及对相关法律概念的精准定义成为丁若镛编撰《钦钦新书》时对朝鲜判例开展批判和纠正的利器。他援引清代律学大家沈之奇在《大清律辑注》中的观点,对"祥刑追议"篇"故误之劈一"这一案例①的批判性分析就是明证。

其中最鲜明的当属丁若镛对"戏杀"类型的辨析。《大明律》虽有谋、故、斗、戏、过、误六种命案类别,但当时的朝鲜半岛对"戏杀"概念认识极为模糊,以至于无法将命案加以准确归类。因此,丁若镛认为有必要通过《钦钦新书》将朝鲜王朝后期"戏杀"这一模糊的法律概念予以纠正,这主要体现在丁若镛在"祥刑追议"篇"故误之劈一"中记述的发生在黄海道载宁的13岁孩童姜卧丁案后的评论中。在该案丁若镛本人的按语中,出现了大量的"注曰""辑注云""增注云"等词,这一现象一直未能引起韩国学者的注意,目前未有任何研究说明这些"辑注"到底出自何处。笔者通过将《钦钦新书》原文与沈之奇所撰《大清律辑注》原文②中的注释加以对照后惊讶地发现,两书的相关内容出奇一致,由此基本可以断定《钦钦新书》编撰时曾参考过《大清律辑注》。《大清律辑注》成书于康熙五十四年(1715),书中所引的诸家观点几乎都出自百年以前明代律学著述,而《大明律》正是丁若镛所处时代的朝鲜现行法,因而丁若镛援引《大清律辑注》中的观点显得毫无违和感。其引文如下。

> 《大明律》:"因戏而杀伤人者,以斗杀伤论。(死者绞,伤者验轻重坐罪)"注曰:"以堪杀人之事为戏,如比较拳棒之类。"辑注云:"戏杀,晋人谓之'两和相害',言知其足以相害,而两人情愿和同,以为之也,如比较拳棒之类,明许彼此搏击,以角胜负,则有所杀伤,非出于不意。"又曰:"此戏字,与'戏谑'之戏不同,若本非堪以杀伤人之事,偶然相戏,致陷人于不测者,皆不得比于戏杀之法也。近有两人,同在园食杏,一人戏以杏核掷之,一人躲

---

① 《钦钦新书》,祥刑追议,故误之劈一(挥竿骇牛 稚童坠身 根由儿戏 实因内损)。
② 《大清律辑注》卷19,刑律,人命,戏杀误杀过失杀伤人。

避闪跌，头撞于石，因而致死，谳者误拟戏杀。盖两人原无相害之心（戏杀者，有相害之心），杏核之掷，非堪以杀人之事，正所谓过失杀也。"增注云："戏本和同，非有争斗，然其事则堪以杀伤人之事也，既知堪以杀伤，而甘心为之，虽曰相戏，而实被其殴矣，故以斗杀伤论。"①

《大明律》："因斗殴，而误杀伤旁人者，各以斗杀伤论。（死者绞，伤者验轻重坐罪）其谋杀故杀人，而误杀旁人者，以故杀论。（死者斩，伤者仍以斗殴论）"《清律条例》云："凡捕役拿贼，与贼格斗，而误杀无干之人者，仍照过失杀人律。"辑注云："因殴与故而误者，大概是解劝观看之人，因谋而误者，或在昏夜，或因错认，或加毒于饮食而误进，皆是。"②

从上述引文可知，此案后的丁若镛本人按语中分别出现了"注""辑注"和"增注"等不同词汇，经笔者考证，其分别对应了《大清律辑注》中不同的注释类型。其中"注"只出现了一次，即"注曰：'以堪杀人之事为戏，如比较拳棒之类。'"这句话紧跟于所引《大明律》原文之后。此句实则出自《大清律（例）》"戏杀误杀失杀伤人"正文的"戏"字之后的注释中，是律文中对"戏（杀）"这一概念的法律解释。《大清律辑注》对律文中的注释原封不动地引用，所以该律文注释自然也出现在《大清律辑注》原文中。然而《大明律》正文中却未曾出现这一注释，《钦钦新书》中的此"注"应间接引自《大清律辑注》中的清律原文，但不排除直接引自《大清律（例）》原文的可能，但间接引自《大清律辑注》的可能性更大。然而此"注"同样出现于《大清律辑注》"律后注"中的"故注"，"故注"指的是先前早已存在的法律注解，这些明代之前的律学注解在编撰《大清律辑注》时被沈之奇所参照和援引。因此，《钦钦新书》中出现的此"注"亦不排除引自《大清律辑注》"律后注"中的"故注"，但结合其出现位置紧接《大明律》原文之后，故而此"注"间接引自《大清律辑注》中的清律原文的可能性最大。

---

① 《钦钦新书》，祥刑追议，故误之劈一（挥竿骇牛　稚童坠身　根由儿戏　实因内损）。
② 《钦钦新书》，祥刑追议，故误之劈一（挥竿骇牛　稚童坠身　根由儿戏　实因内损）。

《大清律辑注》的注释体系极为发达完备，《辑注》中将注释分为"律上注"和"律后注"两大类。其中"律上注"类似今日的脚注，而"律后注"出现在相关律条的最后，类似今日之尾注。丁若镛在《钦钦新书》中援引这类注释时，对《大清律辑注》中不同类别的注释类型也作了明确区分。上文中的"辑注"二字出现过两次，经考证可知，其所引用的是《大清律辑注》中的"律上注"；上文中"增注"二字出现过一次，经考证可知，其所引用的是《大清律辑注》中的"律后注"。

通过上述分析，可以得出以下结论。《钦钦新书》按语中的"注"指代《大清律》法条原文中出现的注释或《大清律辑注》"律后注"中的"故注"，按语中的"辑注"指代《大清律辑注》的"律上注"，按语中的"增注"指代《大清律辑注》的"律后注"。

而《大清律辑注》"律后注"中的"故注"，以及《大清律》原文中出现的对"戏杀"的"戏"字这一法律概念的解释，原本出自《晋书》"刑法志"。而丁若镛对当时朝鲜王朝刑事司法常常误读"戏杀"概念这一现象的纠偏，即通过《大清律辑注》间接援引了我国晋代法学家张斐对"戏"这一概念所作法律解释。张斐将"戏"这一法律概念定义为"两和相害"，即"言知其足以相害，而两人情愿和同以为之也"。① 让我们再来回顾张斐对 20 个中国传统法律概念的经典定义。

> 其知而犯之谓之故，意以为然谓之失，违忠欺上谓之谩，背信藏巧谓之诈，亏礼废节谓之不敬，两讼相趣谓之斗，两和相害谓之戏，无变斩击谓之贼，不意误犯谓之过失，逆节绝理谓之不道，陵上僭贵之恶逆，将害未发谓之戕。唱首先言谓之造意，二人对议谓之谋，制众建计谓之率，不和谓之强，攻恶谓之略，三人谓之群，取非其物谓之盗，货财之利谓之赃。凡此二十者，律义之较名也。②

从上文可知，我国自古对法律概念的界定就极为发达。而《钦钦新

---

① 《钦钦新书》，祥刑追议，故误之劈一（挥竿骇牛　稚童坠身　根由儿戏　实因内损），"戏杀　晋人谓之两和相害　言知其足以相害　而两人情愿和同以为之也"。

② 《晋书·刑法志》。

书》中丁若镛对《大清律辑注》不同注释类型所作的分类标注，也使我们得以窥见《钦钦新书》严谨精深的编撰精神。通过与《大清律辑注》原文的对照可知，《钦钦新书》所引部分较原文更加简洁，可知丁若镛在援引时，对其认为不甚重要的语句作了省略处理。由此可见，丁若镛积极吸纳《大清律辑注》为代表的同时期中国最新律学成果，并充分为其所用。

不仅如此，丁若镛对法律概念的厘定和辨析还贯穿《钦钦新书》全书。传统时期中朝两国在法律和行政用语方面有不小的差异，由此也导致朝鲜士人在阅览中国各类法律典籍时存在不小的障碍。丁若镛在编撰《钦钦新书》时，为了让朝鲜读者更便于理解，而将一些中国法律概念加以解说，并在各个案例中以比较法的视角列明中朝两国法律用语间的差别。笔者将《钦钦新书》全文中丁若镛本人亲自阐明的中朝两国行政司法用语（概念）的用法差异搜集整理后，列于表 6 - 4。

表 6 - 4   《钦钦新书》中丁若镛本人阐明的中朝两国
行政司法用语差异对照

顺序	吾东（朝鲜）	中国	《钦钦新书》中出现的位置
		"批详隽抄"篇	
1	牒报	申详	"批详隽抄"篇 序文
2	题词	批判	"批详隽抄"篇 序文
3	杀人	人命	佟国器 问刑条议 七条通论
4	谋臆持	图赖	尤侗 人命条约 约禁图赖
5	生臆持①	白赖	尤侗 人命条约 约禁图赖
6	里正	保甲	陈秉直 人命榜示 饬禁妄报
7	面任	地保 地方	颜尧揆 烧棺审语 自缢图赖；王士祺 弑逆判词 与妻弑母；谭经 杀妻判词 冤魂跟追

① 生臆持：朝鲜语与汉字组合词，"生"为汉字，"臆持"为朝鲜语"억지"，耍赖、无理取闹之意。

续表

顺序	吾东（朝鲜）		中国	《钦钦新书》中出现的位置
8	里任		地保	盛王赞 斗杀审语 三钱杀身
9	周牢		夹棍	郑瑄 人命私议 严禁图赖； 舒推府 僧狱判词 风吹休字； 曹立规 劫杀判词 灵蛛告凶； 项德祥 劫杀判词 听鸟得尸
10	捕校 刑吏		差役	陈秉直 人命榜示 饬禁妄报
11	跋词		详断	李嗣京 人命申详 禁委佐领
12	请刑		拟杖	毛际可 勒死详驳 杀妻图赖
13	受题		蒙批	毛际可 勒死详驳 杀妻图赖
14	论报		具详	毛际可 勒死详驳 杀妻图赖
15	报使		详宪	毛际可 勒死详驳 杀妻图赖
16	题着		批委	刘沛引 浪死申详 烟酒醉死
17	还上①未纳		逋粮	李清 病死审语 儒巾图赖
18	保布		夫价	稽永福 故杀覆勘 倚兵杀长
19	担军牌头		舆夫长	盛王赞 斗杀审语 三钱杀身
20	尺文		寸纸	盛王赞 斗杀审语 三钱杀身
21	侤音②		认状	孙知县 杀妻审语 愤死图赖
"拟律差例"篇				
22	击铮 上言		诉京	卫尊之犯（父被捆缚 子救父难 铳伤小功兄致死 ○嘉庆）
23	用恶		拼命	伉俪之戕（妻求改嫁 持刀拼命 遂夺刀杀之 ○乾隆）
"祥刑追议"篇				
24	监官		监临	公私之判二（地保催科 村氓致毙 根由公干 实因被打）

① 还上：吏读，朝鲜语"환자"。
② 侤音：吏读，朝鲜语"다짐"。

顺序	吾东（朝鲜）	中国	《钦钦新书》中出现的位置
25	军官	管军	公私之判二（地保催科　村氓致毙　根由公干　实因被打）
26	观察使	抚司	伤病之辨七（毙以捣踢　疑在滞瘴　根由奸淫　实因被打）

从表 6-4 可知，《钦钦新书》五篇中的三篇——记载中国案例的"批详隽抄"篇和"拟律差例"篇、记载朝鲜本国的"祥刑追议"篇均出现了中朝两国不同法律用语（法律概念）的对照和相关解释，不可谓不详尽，其中又以"批详隽抄"篇为最。

第五节 "剪跋芜词"篇的构成

《钦钦新书》的第五篇是"剪跋芜词"篇，此篇共收录 16 个条目。条目的数量虽然在各篇中最少，但均为丁若镛本人直接经手或亲自见闻的案件，这是本篇的最大亮点。

这 16 个条目均和具体案例有关，收录了与刑事案件相关的跋词、决状、回启、筵奏、批评、题词等文书类型。其中，跋词占绝大多数，包括检案跋词、推状跋词、查案跋词等。而"剪跋芜词"篇按其内容又可分为两大类。第一类是该篇的前 6 个条目，为丁若镛任职期间所作，主要是他在 1797 年至 1799 年出任黄海道谷山府使和刑曹参议之时写作的各类文书；第二类是后 10 个条目，是丁若镛在全罗道康津县流配时期所见所闻的案件，因他当时有罪在身，是戴罪之人，因而并无一官半职，不能参与具体的侦查或审判，所以基本都是拟作或代作，而非自己写作后便随即发生法律效力的真正公文。丁若镛通过这种拟作或代作的形式来发挥他处理刑狱的才能。前 6 个条目中的第 1 条、第 2 条、第 5 条、第 6 条等四个案例在《审理录》中均有记载。而后 10 个条目是他在未开始编撰《钦钦新书》的 1807 年之前在流配地康津县所发生的案例。这些载入《钦钦新书》的文本是当地官员委托丁若镛代写的跋词，或是丁若镛为了让他同父异母的弟弟练习公文写作技巧而草拟的跋词。"剪跋芜词"篇的构成如表6–5所示。

表6–5　　　　　"剪跋芜词"篇所载条目与其后的全书跋文

顺序	类型	条目名	案件发生时间
1	丁若镛在谷山府使等任职期间直接参与调查的案件 地点：黄海道等	遂安郡金日宅狱案	1798年5月前
2		松禾县姜文行查启跋辞	1797年
3		谷山府强人金大得跟捕查决状	1797年7月
4		遂安郡崔周弁覆检案跋词	不详
5		北部咸奉连狱事详核回启	1794年（1799年回启）
6		黄州申着实狱事筵奏	1798年
7	丁若镛在康津县流配时期所见案件的个人见解 地点：全罗道	康津县赵奎运为子复仇案批评	1791年4月
8		拟康津县白家女子必娘必爱覆检状题词	1768年3月
9		拟康津县朴光致检案跋词	1803年4月
10		拟康津县张召史初检案跋词	不详
11		康津县郑节妇初检案跋词	1807年9月
12		拟海南县尹启万覆检案跋词	1807年4月
13		拟康津县私奴有丁初检案跋词	1807年10月
14		拟康津县金家子覆检案跋辞	不详
15		拟康津县金启甲狱事五查状跋辞	不详
16		拟杨根郡李大哲同推状题辞	不详
	对掘检法正当性的说明	申明掘检之法　教文跋	1777年5月10日的国王下教

在"剪跋芜词"篇后乃是《钦钦新书》全书的跋文——"申明掘检之法　教文跋"。多数韩国学者在研究时误将此跋文归入"剪跋芜词"篇，从而误认为"剪跋芜词"篇共收录17个条目，实则不然。笔者考证后认为，虽然"剪跋芜词"篇所载多数文本亦同为"跋词"类型，但"申明掘检之法　教文跋"乃是全书之跋，应独立于"剪跋芜词"篇。这从"剪跋芜词"篇的序言即可获知端倪。在此篇序言中，丁若镛如此

写道:

> 断狱,烛跋屡剪,如盛吉秉烛垂泣,盖盛德事也。余在西邑,再蒙宪批,查理冤狱,因荷先朝知照,入为刑曹参议,疏理京外之狱。既流落穷荒,犹思宿昔,每闻人命之狱,疑晦不白,辄有拟议,共若干首。今附编次,名之曰"剪跋芜词",共三卷。①

本篇序言中,丁若镛首先追忆了已被传为美谈的我国东汉时期廷尉盛吉"其妻执烛,吉持册笔,相对泣,而后决罪"这一历史故事,以表明人命案件判决时须秉持的审慎态度,"剪跋芜词"篇篇名即出自载于《后汉书》的这一典故。而从此篇的序言中可知,本篇所载的内容分别是丁若镛在"西邑"(黄海道)、"入为刑曹参议"(中央)和"流落穷荒"(流配全罗道)时所"查理""疏理"和"拟议"的案件。按照该篇序言的这一叙述,该篇的 16 个条目均涵括在内,但却并不包括出现在最后的"申明掘检之法 教文跋"。丁若镛以历代国王的教旨作为全书跋文,并援用王朝后期肃宗大王、英祖大王、正祖大王等各代朝鲜国王对掘检之法的数次教旨文书②,以此阐明为获取案件真相,应不惜违背死者为大、入土为安的传统惯例,而应该从墓中掘出尸身加以检验。

"剪跋芜词"篇涉及全罗道流配时期的数个条目的形成过程,有必要单独加以考证和分析。首先,丁若镛为了教授其异母弟丁若镰(1785—1829)写作公文而写成的跋词共计 5 篇,在标题前均附有"拟"字,分别是康津县发生的案例 4 件和海南县发生的案例 1 件。因为这些拟作均完成于丁若镛移居茶山草堂(1808)前,当时他的异母弟应在 20 岁左右。异母弟丁若镰是其父丁载远(1730—1792)之姜金氏所生,其生平未见于朝鲜史料,他与丁若镛相差二十余岁,丁若镛因而对幼弟丁若镰极为

---

① 《钦钦新书》,剪跋芜词,序。

② 《朝鲜王朝实录》,正祖实录卷 3,正祖元年 5 月 10 日。正祖之前已有肃宗大王和英祖大王分别与肃宗十八年(1692)和英祖四十一年(1765)的教旨,分别参见"肃宗实录卷 24,肃宗 18 年 12 月 20 日"和记载和"英祖实录卷 105,英祖 41 年 2 月 2 日"的记载。

疼爱。因丁若锁是庶出，所以在朝鲜王朝时期无法充任官职，从丁若镛被解除流配后给幼弟所写的赠言可知，丁若锁当时应已充任监营裨将一类的差役。朝鲜王朝后期的裨将作为各道观察使或节度使的随行幕僚，担任秘书一类的工作，因而不仅要通晓各类行政业务，还要对各类公文书特别是刑事司法文书比较了解，以便协助观察使起草相关文书。但丁若镛赠予幼弟的这五篇拟作，到底于幼弟充任裨将前所作，还是其充任裨将后所作，现在已无从知晓。

另外，"剪跋芜词"篇还收录了 2 例丁若镛为流放地的地方官代写的检案跋词，分别是该篇第 11 条的郑节妇自杀案和第 13 条的私奴有丁致死案。那么问题来了，委托丁若镛的县监到底何人？经考证，1801 年至 1808 年充任全罗道康津县县监的分别是李安默（1801 年 7 月赴任）、宋应圭（1804 年 2 月赴任）、李周显（1805 年闰 5 月赴任）和李健植（1807 年 6 月赴任）四人。[①] 其中李安默曾参与过 1801 年针对天主教徒的"辛酉迫害"的审判工作，而丁若镛正是"辛酉迫害"中受到牵连而被流放的，且李安默曾在 1802 年夏曾向朝廷诬告丁若镛[②]，故而他断不可能委托丁若镛代写检验跋词。所以说，委托丁若镛代写跋词的一定是其后任职的三位县监。因此，据这三位县监的任职时期，可以倒推出这 2 例代写跋词的完成时间应在 1804—1808 年之间。

第六节 "祥刑追议""剪跋芜词"篇 与《无冤录》

"祥刑追议"篇许多案例中记述了初复检跋词等关于法医检验的内容，因此有必要在此对朝鲜王朝后期的法医检验及"祥刑追议"篇与《无冤录》的关系展开详细论述。

《无冤录》由我国元代著名法医学家王与（1261—1346）编著，成书于至大元年（1308）。在其刊行百余年后的朝鲜世宗十七年（1435），始有朝臣建议将《无冤录》作为朝鲜司法检验的指南，并

---

① 据《日省录》和《搢绅外任案》（奎章阁藏，奎 12132 号）所载。
② 李安默诬告丁若镛的事实在丁若镛的《自撰墓志铭》得以确认。

主张将之作为朝鲜吏科和律科的考试科目,使朝臣们都能通晓应用。但因《无冤录》对朝鲜人来说艰涩难懂,应用起来多有不便,所以世宗大王下令编纂朝鲜版的《无冤录》,这就是成书于世宗二十年(1438)的《新注无冤录》。在世宗大王的授意下,崔致云等朝鲜官员以洪武十七年(1384)我国刊行的《无冤录》为底本注音,并参考《洗冤录》《平冤录》等书加以注释,实现了音训并记,从而完成了朝鲜版的《新注无冤录》。

图 6−2 写本《增修无冤录》

《新注无冤录》在应用过程中有许多于朝鲜国情不合之处,因此在英祖二十四年(1748),国王又命具允明等人对《新注无冤录》加以增补,对难以理解的用语加以解释和说明,编成了《增修无冤录》的旧本。旧本依然因过于简洁的汉文文言,使得朝鲜的官吏不易理解和使用,因此具允明又在律学教授金就夏的帮助下,对《无冤录》再次增修而编成了《增修无冤录》的新本(见图 6−2)。正祖十四年

（1790），国王又命刑曹判书徐有邻主持对《增修无冤录》的校刊考证，校书馆于正祖二十年（1796）刊行了《增修无冤录大全》，后又对《增修无冤录大全》添加了必要的注释和谚文助词，于同年（1796）刊行了三卷两册的《增修无冤录谚解》。

"祥刑追议"篇共计144个案例（条目）中，正文中明确提及《无冤录》的共有43个案例（条目），其中的不少案例曾不止一次提及《无冤录》。《无冤录》是朝鲜王朝的法定检验指南，也是朝鲜王朝律科考试的必考书目。律科考试分为初试和复试，其考试内容相同，朝鲜前期的律科考试包括《大明律》的背讲和《唐律疏议》《无冤录》《律学解颐》《律学辨疑》《经国大典》的临文①，朝鲜后期的律科考试科目包括《大明律》的背讲和《无冤录》《经国大典》的临文。② 因此，朝鲜王朝时期所发生的刑事案件大抵是依照《无冤录》检验的，"祥刑追议"篇所载的案例也不例外，只是多数案例在跋词、判决文或丁若镛的评论等内容中没有明确言及而已。在提及《无冤录》的案例中，其言及的方式主要有"无冤录曰""无冤录……条曰""法也""法曰""法文（曰）""与无冤录……条吻然相合""吻合于法文……条""吻合于无冤录……条"等。"祥刑追议"篇中明确提及《无冤录》《增修无冤录》的案例和出处经整理后，如表6-6所示。

表6-6 "祥刑追议"篇明确提及《无冤录》（《增修无冤录》）的
案例及出处

顺位	条目名	所涉《无冤录》条目	所涉朝鲜《增修无冤录》条目
4	首从之别四（两人共殴 护强指弱 实因折项）	上卷·格例·一 尸帐式	上篇（检复）·尸帐式
5	首从之别五（两人共殴 护强指弱 实因被踏）	下卷·三十二 酒食醉饱死；下卷·九 棒殴死附拳等	下篇（条例）·酒食醉饱死；上篇（检复）·尸帐式

① 《经国大典》，礼典，诸科，律科初试、律科复试。
② 《续大典》，礼典、诸科，律科初试。

续表

顺位	条目名	所涉《无冤录》条目	所涉朝鲜《增修无冤录》条目
7	首从之别七（两人共殴 一椎一踢 实因被踢）	下卷·九 棒殴死附拳等	上篇（检复）·尸帐式
10	首从之别十（父子同犯 子救母难 实因被踢）	上卷·格例·三 尸帐仵作被告人画字	上篇（检复）·尸帐式
11	首从之别十一（母子同犯 母锸子踢 实因被踢）	下卷·九 棒殴死附拳等	上篇（检复）·尸帐式
16	首从之别十六（兄弟同犯 互相推诿 实因被蹴）	下卷·九 棒殴死附拳等	下篇（条例）·殴打死
20	首从之别二十（狱卒主使 以囚杀伴 实因被触）	下卷·九 棒殴死附拳等；下卷·十四 辜内病死	下篇（条例）·殴打死；下篇（条例）·病患死·辜内病死
22	自他之分一（死以刺刃 诈云自刺 实因被刺）	下卷·十五 自割死剁手指并咬手指死	下篇（条例）·刃伤死·自割
24	自他之分三（死以自缢 怯在诬告 实因自缢）	下卷·六 自缢死与勒死通	下篇（条例）·勒缢死·自缢
26	自他之分五（既殴而毙 假缢以掩 实因被打）	下卷·六 自缢死与勒死通	下篇（条例）·勒缢死·被杀假作自缢

顺位	条目名	所涉《无冤录》条目	所涉朝鲜《增修无冤录》条目
27	自他之分六(既殴而毙 假缢以埋 实因被打)	下卷·六 自缢死与勒死通	下篇(条例)·勒缢死·被杀假作自缢
30	自他之分九(被打醉归 疑于跌溺 实因落水)	下卷·八 相殴后落水死	下篇(条例)·溺水死·自溺(落渠附)
32	自他之分十一(纠众逼儒 被赶入水 实因落水)	下卷·八 相殴后落水死	下篇(条例)·溺水死·自溺(落渠附)
34	自他之分十三(山阪被驱 坑堑跌堕 实因折项)	无	下篇(条例)·摘死跌死·补
39	自他之分十八(尽力捣筑 诱之自扑 实因被筑)	下卷·三十二 酒食醉饱死;下卷·二十六 压死	下篇(条例)·酒食醉饱死;下篇(条例)·压死
41	自他之分二十(毙于殴撞 眩以砒卤 实因被打)	下卷·九 棒殴死附拳等;下卷·四十 坏烂尸	下篇(条例)·殴打死;上篇(检复)·检式(听候人吏、应用法物)·坏烂尸
42	自他之分二十一(毙以殴伤 陡云服毒 实因被打)	无	上篇(检复)·检式(听候人吏、应用法物)·补·补注
44	自他之分二十三(死于咬压 疑于自尽 实因被咬)	下卷·十五 自割死剁手指并咬手指死;下卷·三十三 外物压塞口鼻死;下卷·十六 毒药死	下篇(条例)·口齿咬伤死;下篇(条例)·压死·压塞口鼻;下篇(条例)·中毒死·生前中毒死

续表

顺位	条目名	所涉《无冤录》条目	所涉朝鲜《增修无冤录》条目
45	伤病之辨一（既受殴挤 又触风寒 实因伤风）	下卷·十九 病患死	下篇（条例）·病患死·伤寒死
47	伤病之辨三（新受拳殴 旋触风寒 实因被打）	下卷·九 棒殴死附拳等	下篇（条例）·殴打死·被打（拳手足踢附、杖疮）
48	伤病之辨四（实受棒殴 谓触风寒 实因被打）	下卷·九 棒殴死附拳等；——	——；下篇（条例）·殴打死
50	伤病之辨六（殴批不猛 汗蒸失宜 实因被打）	下卷·九 棒殴死附拳等	下篇（条例）·殴打死
53	伤病之辨九（明以鉏殴 疑在食滞 实因被打）	下卷·十九 病患死	下篇（条例）·病患死·中暑死
58	故误之劈一（挥竿骇牛 稚童坠身 实因内损）	下卷·二十五 擫死	下篇（条例）·擫死跌死
63	故误之劈六（当面直刺 诿之误认 实因被刺）	下卷·十 刃伤处	下篇（条例）·刃伤死·被人杀死
70	图赖之诬四（父既自戕 诬人报怨 实因服卤）	无	下篇（条例）·中毒死·(补)服盐卤死
76	别人之诬六（鐮割其嗓 谓弟杀兄 实因被刃）	下卷·十 刃伤处	下篇（条例）·刃伤死

续表

顺位	条目名	所涉《无冤录》条目	所涉朝鲜《增修无冤录》条目
78	异物之托二（打死弱妇 诿之马躏 实因被打）	下卷·二十七 马踏死附牛角触	下篇（条例）·人马踏死（牛触附）
81	豪强之虐三（乡豪庇党 鳌妇受残 实因被打）	无	下篇（条例）·中毒死·（补）服盐卤死
86	威逼之阨二（无赃疑盗 含冤投渊 实因自溺）	下卷·七 落水投河死附落渠死	下篇（条例）·溺水死·自溺（落渠附）
87	威逼之阨三（争雇激忿 乘醉投缳 实因自缢）	下卷·六 自缢死与勒死通	下篇（条例）·勒缢死·自缢
90	复雪之原三（哀兄被溺以弟报仇 实因被打）	下卷·九 棒殴死附拳等	上篇（检复）·尸帐式
92	复雪之原五（借人报仇 本由私怨 实因被刺）	下卷·十五 自割死剁手指并咬手指死；下卷·十 刃伤处	下篇（条例）·刃伤死·自割
111	彝伦之残五（淫姑杀妇 计在灭口 实因被刺）	下卷·十五 自割死剁手指并咬手指死；——	下篇（条例）·刃伤死·自割；下篇（条例）·刃伤死·被人杀死·补
121	伉俪之戕九（既殴而毙 投渊诿溺 实因被踢）	下卷·十三 拳手足踢死拳手所伤，《结案式》在诸伤门	下篇（条例）·殴打死·被打（拳手足踢附、杖疮）
133	胞胎之伤三（孕妇既殒 死孩乃产 实因被捣）	下卷·三 妇人	下篇（条例）·胎伤死

续表

顺位	条目名	所涉《无冤录》条目	所涉朝鲜《增修无冤录》条目
136	觳胪之尸一（奸夫杀正　奸妇同死　实因刃毒）	无	下篇（条例）·中毒死·（补）服盐卤死
137	觳胪之尸二（其子杀人　其母先死　实因被踢）	下卷·十三　拳手足踢死拳手所伤，《结案式》在诸伤门	下篇（条例）·殴打死·被打（拳手足踢附、杖疮）
138	经久之检一（腐朽之腹　履迹宛然　实因被踏）	无	下篇（条例）·人马踏死（牛角触伤附）·补；下篇（条例）·压死·压塞口鼻·补注；上篇（检复）·检式（听候人吏、应用法物）·补·补注
139	经久之检二（掩埋之骨　血晕显然　实因被打）	无	上篇（检复）·检式（听候人吏、应用法物）·（补）检骨
141	经久之检四（私和出殡　开棺行检　实因折项）	下卷·四十二　坟内及屋下攒殡尸；下卷·四十三　发塚	上篇（检复）·检式（听候人吏、应用法物）·开棺检验
142	经久之检五（私和匿埋　行查不检　实因被打）	无	上篇（检复）·检式（听候人吏、应用法物）·开棺检验·附
143	稀异之案一（奸淫相抱　淫火发身）	——；下卷·三十六　男子作过死	下篇（条例）·火烧死·因老病失火（土炕伤附）·（补）土炕伤；下篇（条例）·病患死·男子作过

从表6-6可知,"祥刑追议"篇所涉检验类型及对应的《无冤录》条目极其多元,涉及"酒食醉饱死""殴打死""刃伤死""病患死""勒缢死""溺水死""口齿咬伤死""压死""撼死跌死""中毒死""人马踏死""胎伤死""火烧死"等各类死于非命的检验类型,且各类型中的许多细分类型在"祥刑追议"篇所载案例中均有不同程度的反映,可见"祥刑追议"在收录案例时十分注重刑事案件类型的全面和多样性,基本覆盖了当时朝鲜半岛人命案件遇到主要的检验类型。

上表对我国元代王与的《无冤录》原著和朝鲜后期具允明编修的《增修无冤录》作了对照,将之同时列入表中。对比二者可知,14世纪我国学者所编《无冤录》和18世纪后期朝鲜学者所增修的《无冤录》之间已存在较大的差异。通过"祥刑追议"篇各个案例的跋词、题词、道启中提及的《无冤录》条目可以确知,正祖大王在位时(1776—1800)朝鲜各级官员广泛使用的《无冤录》版本应为具允明所编修的《增修无冤录》,而非元代王与的《无冤录》原著或朝鲜王朝初期编修的《新注无冤录》。

让我们来看朝鲜王朝时期编撰的《新注无冤录》《增修无冤录》《增修无冤录大全》《增修无冤录谚解》之间的区别。《新注无冤录》是在注解《无冤录》原文的基础上编纂而成,因此仅对《无冤录》原著中难解的词汇加以注释,并加入了三位朝鲜官员的序文和跋文,基本上维持了《无冤录》原作的内容体系。《无冤录》原著各类案例中出现的中国官制、行政区域名称、与命案相关的人名,以及作者王与的个人见解等庞杂的体系均被《新注无冤录》承袭,其中的许多内容与朝鲜国情不太相符。而《增修无冤录》则将原著各类案例中出现的中国官职名称、人名和王与的个人见解等内容删除,仅保留朝鲜各级官员在尸体检验过程中最常用到的核心内容。在叙述体系上,王与的原著将"检复总说"置于下卷卷首,而《增修无冤录》则将"检复总说"提到了上卷卷首,增修过程中重新分类和排序后,另外补充了许多新的尸检细分类型和经验总结,使《增修无冤录》在校正过程中较原著有了大幅改动,使之更贴近朝鲜的实际,也更加科学实用。之后刊印的《增修无冤录大全》和《增修无冤录谚解》与《增修无冤录》的结构基本相似,在实用性上则较《增修无冤录》更进一步。

　　先前通过对比"祥刑追议"篇与《审理录》已知,"祥刑追议"篇所载案例审判年度的下限大致不晚于朝鲜正祖十四年(1790)。因此,当时负责检验和断狱的朝鲜官员没有机会参考正祖二十年(1796)刊行的《增修无冤录大全》和《增修无冤录谚解》,而仅可能参考具允明的《增修无冤录》,《增修无冤录》在当时已属朝鲜法医检验的最新成果。

　　从上表可知,朝鲜王朝在编撰《增修无冤录》时,融合了许多法医检验的最新经验总结,并对《无冤录》原著所载类型加以重新分类,使之更加合理实用,又细分出许多新的检验类别,这些内容都是在元代《无冤录》中不曾出现的,可视作《无冤录》在朝鲜半岛的最新发展。具允明所编朝鲜《增修无冤录》的构成如表6-7所示。

表6-7　　　　　　　　　朝鲜《增修无冤录》的构成

篇名	序列	条目	所含细分条目
(上篇)检复	1	检复总说	
	2	检式(听候人吏、应用法物)	洗罨法　四时变动　白僵尸　坏烂死　(补)检骨　开棺检验　无凭检验尸　免检
	3	尸帐式	仰面　合面
	4	关文式	
(下篇)条例	5	胎伤死	
	6	勒缢死	自缢　自勒　被勒　被杀假作自缢　移尸
	7	溺水死	自溺(落渠附)　被溺　被杀假作自溺　辨生前死后
	8	殴打死	被打(拳手足踢附、杖疮)　死后假作打
	9	口齿咬伤死	
	10	刃伤死	自割　被杀　辨生前死后　尸首异处
	11	火烧死	因老病失火(土炕伤附)　被烧　被杀假作火烧　辨生前死后
	12	汤泼死	
	13	中毒死	生前中毒　死后假作中毒　虫　果实金石药　鼠莽草　砒霜野葛　金蚕粪　酒　蛊　菌蕈　(补)巴豆　(补)水银　(补)盐卤　(补)冰片

续表

篇名	序列	条目	所含细分条目
	14	病患死	病患饥冻求乞　邪魔中风　中暗风　伤寒　时气　中暑　被针灸　辜内病死　男子作过
	15	冻死	
	16	饿死	
	17	擤死跌死	
	18	压死	压塞口鼻　老人被捣　隐垫
	19	惊吓死	
	20	人马踏死（牛触附）	
	21	车碾死	
	22	雷震死	
	23	酒食醉饱死	
	24	虎咬死	
	25	（补）癫狗咬伤死	
	26	蛇虫伤死	
	27	杂录	昼夜之分　滴血　（补）检地　（补）论人身骨条

　　这些有关检验技术的最新经验总结被广泛应用于朝鲜王朝后期的司法实践。如"祥刑追议"篇第34条案例所引《增修无冤录》"擤死跌死"条正文中"自堕者，其力在下，所伤多在腿足及臂，所伤宜半边；若被推堕者，其力在上，所伤多在头面及两手腕"[1] 这一发现就是在《无冤录》基础上补充的，乃《无冤录》原著所未载。这一区别源于自堕者"势必自顾（增：顾惜自身）"[2]，而被推堕者则不会自顾的观察。在《增修无冤录》中，在这些增补条文的前面，通常会出现"补""增""附"等字眼加以注明。又如"祥刑追议"篇第42条案例所引内容出自《增修无冤录》"检式"条所补正文中的"补注"。在此条"尸首之并系要害虚怯致命处尤宜仔细亲检"这一补充正文后有补注"凡伤下部之人，其痕

---

① 《增修无冤录》，下篇（条例），擤死跌死，补。

② 《增修无冤录》，下篇（条例），擤死跌死，补。

皆现于上……肾囊伤破,囟门血红"① 等关于虚怯部位检验的经验总结,亦为《无冤录》原文不载。又如"祥刑追议"篇第 70 条、第 81 条、第 136 条案例所引《增修无冤录》"中毒死"条中的"服盐卤死"这一细分条目,也属《增修无冤录》新增,《无冤录》原著并无此项。再如"祥刑追议"篇第 138 条案例"经久之检一"涉及《无冤录》的三处文字均为《新增无冤录》增补的正文和注释,而不见于《无冤录》原著。该案例所引《增修无冤录》"人马踏死(牛角触伤附)"条所补正文中,有"人踏伤成片而长,一头重一头轻,众踏者则轻重长短不一"② 的观察,在"压死"条中的"压塞口鼻"部分中,有"若检骨,则伤在顶心及两足心骨"③ 的补注等,这些在朝鲜王朝后期出现的观察发现和检验技法均被"祥刑追议"篇所载案例中的检验官采用。而基于朝鲜半岛本地生活习俗而产生的意外死亡情形,也反映在《增修无冤录》之中。如"祥刑追议"篇第 143 条案例中,检官就援引了《增修无冤录》"火烧死"条"因老病失火(土炕伤附)"部分中的"土炕伤"这一细分类型。此条目中有"西北人多卧土炕(煖床),每以煤炭煨炕,火气臭秽,人受熏蒸,不觉自毙,其尸软而无伤,与夜卧梦魇不能复觉者相似"④ 这一精确的观察。这一现象多发生在朝鲜半岛的西北部地区,即平安道、黄海道一带,随着地方官接触相关实际案件的增多,其实践经验便会反映在《增修无冤录》中,使得该书"火烧条"中新增"土炕伤"这一细分类型。而随着检验技术的提升,《新增无冤录》还专门新增了"检骨"这一检验类型,相关内容在"祥刑追议"篇第 139 条中亦有反映,而这些内容均未出现于《无冤录》的原著当中。因此,"祥刑追议"篇广泛反映了 18 世纪后期朝鲜半岛上司法检验的真实情形和相应流程,具有很高的史料价值,是不可多得的珍贵资料。

此外,《钦钦新书》"剪跋芜词"篇的多个条目中也对《无冤录》有所援引。而"剪跋芜词"篇所载检验跋词等各类文书均出自丁若镛本人

---

① 《增修无冤录》,上篇(检复),检式(听候人吏、应用法物),补,补注。

② 《增修无冤录》,下篇(条例),人马踏死(牛角触伤附),补。

③ 《增修无冤录》,下篇(条例),压死,压塞口鼻,补注。

④ 《增修无冤录》,下篇(条例),火烧死,因老病失火(土炕伤附),补。

之手，从中得以窥见丁若镛在审断案件和司法检验过程中对《无冤录》的广泛运用。"剪跋芜词"篇明确提及《无冤录》的条目及所引内容的出处经整理后，如表6-8所示。

表6-8 "剪跋芜词"篇明确提及《无冤录》(《增修无冤录》)的条目及出处

顺位	条目名	所涉《无冤录》条目	所涉朝鲜《增修无冤录》条目
2	松禾县姜文行查启跋辞（监司 李义骏；查官 丁若镛）	下卷·二十五 擤死	下篇（条例）·擤死跌死
3	谷山府强人金大得跟捕查决状	无	下篇（条例）·杂录·(补) 检地
4	遂安郡崔周弁覆检案跋词（覆检官 谷山府使丁若镛）	下卷·十 刃伤处	下篇（条例）·刃伤死
7	康津县赵奎运为子复仇案批评（一狱两检）	上卷·格例·一 尸帐式；下卷·九 棒殴死附拳等	上篇（检复）·尸帐式；上篇（检复）·尸帐式
9	拟康津县朴光致检案跋词（代人作）	下卷·六 自缢死与勒死通	下篇（条例）·勒缢死·自缢；下篇（条例）·勒缢死·被勒
10	拟康津县张召史初检案跋词	下卷·三 妇人	下篇（条例）·胎伤死
11	康津县郑节妇初检案跋词（代人作）	——；下卷·六 自缢死与勒死通	上篇（检复）·尸帐式·附；下篇（条例）·勒缢死·自缢
14	拟康津县金家子（十岁儿）覆检案跋辞	下卷·六 自缢死与勒死通	下篇（条例）·勒缢死·被勒
15	拟康津县金启甲狱事五查状跋辞	上卷·格例·三 尸帐仵作被告人画字	上篇（检复）·尸帐式

顺位	条目名	所涉《无冤录》条目	所涉朝鲜《增修无冤录》条目
16	拟杨根郡李大哲同推状题　辞	无	上篇（检复）·检式（听候人吏、应用法物）·补·补
17	申明掘检之法　教文跋	下卷·四十二　坟内及屋下攒殡尸； 下卷·四十三　发塚	上篇（检复）·检式（听候人吏、应用法物）·开棺检验

第 三 篇

礼与法:十三经与《钦钦新书》法理

第 七 章

《钦钦新书》中的礼与法

第一节　眚灾肆赦，怙终贼刑

《钦钦新书》全书将"经史要义"作为首篇，而"经史要义"篇又将"眚怙钦恤之义"作为首条，可见此条之于全书的中心地位。丁若镛之所以将"眚怙钦恤之义"列于全书之首，是因为本条确立了刑事案件处理的根本原则。

而位于本条前的"经史要义"篇的简短序言中，丁若镛言明"断狱之法，有经有权，不可胶柱"①。以此明确了审断刑事案件的两种方式——"经"与"权"，两种路径间须时常转换，不可拘泥固执。"经权之辨"早在我国先秦时期既已被孟子等大哲阐发。自孔孟经董仲舒到朱熹，我国古代学者对"经权"二者关系的讨论，经历了肯定权变、取消权变、再到肯定权变的辩证过程。而李珥等朝鲜大儒对"经权之辨"亦有所涉猎。如李珥在论述朝鲜士族的家系继承与立后问题时，认为"夫以亲子奉祀者，经也；以所后子奉祀者，权也。当权之时，必欲从经，则是任情弃礼也"②。他认为需要权宜应变之时，如再一味坚持原则或常态，便属恣意而于礼不合。丁若镛在"经权之辨"中，也赞同根据具体情境而适当变通，以达到持经达变的境界。刑事司法领域也同样如此，丁若镛主张"其或法律之所未言者，宜以古训古事，引之为义，以资参

---

① 《钦钦新书》，经史要义，序。
② 《栗谷全书》卷8，议，立后议一。

酌"。① 即在处理刑事案件时，丁若镛认为《大明律》《续大典》等朝鲜王朝现行法律扮演了"经"（"常"）的角色，而古训（儒家经典原文与注疏）和古事（中朝历代刑案及判例）则在朝鲜扮演着"权"（"变"）的角色。即丁若镛认为"法典（法）"为"经"或"常"，即朝鲜王朝的一般法；而以中朝史书所载先例为代表的"判例（法）"为"权"或"变"，是朝鲜王朝的特别法。在刑事司法运行中二者理应相辅相成、并行不悖。当时的现实状况也的确如此。因此经书和史书不仅指引朝鲜王朝的价值导向，更可以随时被朝鲜君臣援引以指导判决的法源之一，这与我们一般的认识存在很大差异。如此看来，丁若镛在《钦钦新书》中单列"经史要义"并将其置于全书之首，就不仅是为了明示刑事审判的大原则并将经学和律学加以连接这么简单了，而是应将十三经为代表的儒家经典和中朝两国历代史书中的先例视作朝鲜法律的一部分。因此，这些经文和"故事"被编入《钦钦新书》就显得合情合理、顺理成章了。

　　"眚怙钦恤之义"中，丁若镛援用了《尚书》"舜典""康诰"和"吕刑"等篇的经文。其中"帝典"篇的"眚灾肆赦，怙终贼刑。钦哉钦哉，唯刑之恤哉"② 一句，作为《钦钦新书》全书正文中的首句，道出了丁若镛刑事法律思想的核心，也成为《钦钦新书》书名的来源。《钦钦新书》书名中的"钦钦"二字即源于《尚书》"舜典"篇的"钦哉钦哉"。这句经文的含义有多种解释，大意是指因过失和意外不幸而引发的犯罪可从轻处罚或予以赦免，而如果终究不知悔改的累犯，便要给予严厉的惩罚。也就是说，即便两起案件造成了相同的结果，法官也会根据嫌疑人犯罪动机的有无和主观恶意的大小来施以不同的刑罚，即"原心定罪"，这是《尚书》所明示的量刑原则，也成为《钦钦新书》秉持的价值核心。

　　诚如高明士教授所言，《尚书》特别是其中的"舜典"一篇，乃是全世界最古老的刑法，影响后世立法甚巨。不无遗憾的是，学界一直以来对《尚书》蕴含的刑政思想关注不多。与丁若镛几乎同时的日本江户时代学者二本松藩在乾隆五十九年（1794）刊行了其所编撰的刑案判例集

---

① 《钦钦新书》，经史要义，序。
② 《钦钦新书》，经史要义，眚怙钦恤之义；《尚书》，舜典。

《刑例撮要》。在该书"题言"（总计四个要项）的第一项，他就多次援
引《尚书》"舜典"和"大禹谟"等篇。① 二本松藩同样指出，"用刑之
大旨，不出此数言"，"案狱议罪之吏，克居恒服膺此语，则当无大过"，
将《尚书》的经文作为刑事司法的根本宗旨。巧合的是，其置于卷首的
同样是"眚灾肆赦，怙终贼刑"一句，这与丁若镛的《钦钦新书》不谋
而合。由此可见，将此句称作中华法系刑事法的核心要义似不为过。丁
若镛与二本松藩的见解如出一辙，二人不约而同地将《尚书》置于各自
判例集的卷首，亦同时将之作为个人法律思想的核心。

根据笔者前篇所述，《钦钦新书》"经史要义"篇受《大学衍义补》
"慎刑宪"篇的影响甚巨。丁若镛虽未言明"经史要义"篇第一卷 13 个
条目的具体来源，但在"辞听哀敬之义"和"明慎不留之义"条中都直
接援引了丘濬本人的见解，因此基本可以断定"经史要义"篇第一卷的
许多经文和注疏均间接出自《大学衍义补》。而丘濬在《大学衍义补》
"慎刑宪"篇中明确说道：

> "舜典"此章，万世论刑之祖。"象以典刑"以下七句，凡二十
> 八字，万世圣人制刑之常典。"钦哉钦哉，惟刑之恤哉"二"钦哉钦
> 哉，惟刑之恤哉"二句，凡九字句，凡九字，万世圣人恤刑之常心。
> 圣贤之经典，其论刑者，千言万语，不出乎此。帝王之治法，其制
> 刑者，千条万贯，亦不外乎此。后世帝王所当准则而体法焉者也。②

丘濬先生高度评价了《尚书》"舜典"一章，并且从"舜典"一章
聚焦到"象以典刑"以下七句二十八字，再进一步聚焦到"钦哉钦
哉，惟刑之恤哉"二句九个字，逐步凸显刑事司法的核心要义。而"钦哉钦
哉，惟刑之恤哉"这九个字正是《钦钦新书》书名的来源和书中正文的
首句。可以推测，丁若镛对"钦哉钦哉，惟刑之恤哉"等经文和理念的
极端看重可能受到了丘濬《大学衍义补》的某种影响，是对《大学衍义

---

① 高明士：《〈尚书〉的刑制规范及其影响 ——中华法系基础法理的祖型》，《荆楚法学》
2021 年第 2 期，第 134—136 页。

② 《大学衍义补》，慎刑宪，总论制刑之义（上）。

补》司法理念的承袭和发展。

丁若镛其后引用了"吕刑"篇"上刑适轻下服,下刑适重上服,轻重诸罚有权"① 一句,其与"舜典"篇经文一样,同样诠释了依照犯罪动机和主观恶意而非犯罪造成的后果加以处罚的司法审判精神。丁若镛在本条评论中如此说道:

> "眚灾肆赦,怙终贼刑",乃按狱之大经。上自尧典、康诰、吕刑,相传为法。凡按斗杀之狱者,宜于"眚终"二字,十分凝思。是过误耶,虽当下致命,必赦无疑;是故犯耶,虽小限已过,追究必杀。按狱之要,惟此而已。②

从上文可知,丁若镛将重点放在了"眚"和"终"两个字上,其内涵分别延伸为过失和故意。由此可见,丁若镛认为即便是命案,若是当事人由于过失、正当防卫、紧急避险或自救等行为引发而无主观恶意的话,那么就应减轻或免除处罚。相反,如果当事人有明显的犯罪动机并怀着主观恶意策划或实施犯罪的话,即使未造成严重的后果,也依然要严惩。这一案件的处理原则被丁若镛定义为"按狱之大经""按狱之要",足见他对《尚书》的尊崇。对应到现代刑法理论,丁若镛及所援引的《尚书》明确支持"行为不法说"而非"结果不法说",支持"主观不法"并否定"客观不法"。

有关《尚书》注疏的版本,丁若镛则较多采用蔡沈和朱熹的观点。作为朱子弟子的蔡沈对《尚书》的注解历史上极富代表性,丁若镛的实学虽力求突破程朱理学的束缚,但对其中可取的观点仍毫不吝啬地采纳并予以积极评价。如丁若镛对朱子"罪刑相适应"的观点就极为认可,他在"眚怙钦恤之义"条中全文引用了朱子的"论刑"③ 一文。

朱子曰:"今之法家多惑于报应祸福之说。故多出人罪,以救福

---

① 《钦钦新书》,经史要义,眚怙钦恤之义;《尚书》,吕刑。
② 《钦钦新书》,经史要义,眚怙钦恤之义,镛案。
③ 《朱子语类》卷110,论刑。

报。夫使无罪者不得直，而有罪者反得释，是乃所以为恶耳，何福报之有？今之法官，惑于钦恤之说，以为当宽人之罪，而出其法。故凡罪之当杀者，莫不多为可出之涂，以俟奏裁。既云奏裁，则大率减等，当斩者配，当配者徒，当徒者杖，是乃卖弄条贯，侮法而受赇者耳。何钦恤之有？"①

　　朱子在此提到了一个极为重要的原则，即"罪责同等"（Culpae poena par esto.）、刑罚的轻重应与犯罪的轻重相适应的原则。朱子主张罪责越重，刑罚越重（Graviore culpa gravior poena.）。"罪刑相适应"源于因果报应和同态复仇的观念。这一原则符合一般人性，适应了民众朴素的公平正义感。朱子指出，法官不应为了追求福报或"惑于钦恤之说"而随意宽免罪人的刑罚。如果法官可以随意出入人罪的话，这就使得利用专业知识为犯人开脱提供了操作的空间，正义就得不到伸张，并为法官收受贿赂而导致的司法腐败大开了方便之门，即朱子所谓的"侮法而受赇"。

　　联想到今日的许多国家在"人权保护"名义下，法定最高刑和各项犯罪的刑罚均较轻，许多国家已明令废止或实际废止死刑，使犯有重罪的嫌疑人与朱子生存的宋代一样得不到应有的惩罚，丁若镛在此援引的朱子论点就显得更加振聋发聩了。今日世界众多国家的轻刑倾向，难道不是宋代"钦恤之说"和"报应祸福之说"的翻版吗？由此看来，中朝传统法律思想的现实意义仍不容小觑。朱子明确点出量刑时对犯人的仁慈（"有罪者得释"）并非一种善，而是一种恶。因为"保护恶就是侵害善"（Bonis nocet, qui malis parcit.）。由此可知，朱子和丁若镛所主张的"恤"乃是"矜恤"，而非"宽恤"。而"矜恤"才是真正的"仁政"。中朝两位大哲均认为刑罚的目的在于正义的实现，若对犯人随意宽免而使之得不到应有的惩罚，那么被害人及其家属的正义就无从伸张，国家司法和公权力的威严便会受到侵害。因此，两位哲人均赞成绝对刑罚论（报应论）而反对旨在预防犯罪的相对刑罚论。

　　有趣的是，日本 17 世纪学者山崎闇斋所编《刑经》与 19 世纪学者

---

① 《钦钦新书》，经史要义，眚怙钦恤之义。

水野重明所作《刑经附录》中，也都援用了朱子的这一法律思想。山崎闇斋的《刑经》不仅与丁若镛一样，将"眚灾肆赦，怙终贼刑。钦哉钦哉，唯刑之恤哉"等《尚书》"舜典"篇经文置于全书的卷首，而且和丁若镛一般，在引用"舜典"后随即援引蔡沈和朱子的观点，可谓不谋而合。《刑经》于卷首分别抄录和引用蔡沈《书集传》和朱子《舜典象刑说》的原文。而水野重明于嘉永三年（道光三十年，1850）所作《刑经附录》中，亦引用《朱子文集》十三条、《朱子语类》二十条，借由朱子对《尚书》的解析而着重阐明用刑时轻重取舍的原则。① 与丁若镛《钦钦新书》一样，其同样将朱子的"论刑"一文全文引出。由此可见，同时期的日本和朝鲜学者，在赞成绝对刑罚论（报应论）的立场上如出一辙，二人均高举朱子的大旗，以反对旨在预防犯罪的相对刑罚论。

第二节 "瞽瞍杀人"与桃应之问

丁若镛在《钦钦新书》"经史要义"篇中提到了一个极为重要的法理问题，并抒发了自己的见解。这一法理上的争点就是我国历史上著名的"瞽瞍杀人"议题。这一争点的提出者是孟子的弟子桃应先生，而解答之人正是孟子本人。

> 桃应问曰："舜为天子，皋陶为士，瞽瞍杀人，则如之何？"孟子曰："执之而已矣。""然则舜不禁与？"曰："夫舜恶得而禁之？夫有所受之也。""然则舜如之何？"曰："舜视弃天下犹弃敝蹝也。窃负而逃，遵海滨而处，终身欣然，乐而忘天下。"②

桃应先生通过假设这一极端的情形，从而引出了权大于法还是法大于权这一根本问题。而孟子给出的答案是法律面前人人平等，即便天子的父亲犯法，也应按照律法治罪，并不能因为瞽瞍是帝王的父亲而得到

---

① 高明士：《〈尚书〉的刑制规范及其影响——中华法系基础法理的祖型》，《荆楚法学》2021年第2期，第136—138页。

② 《钦钦新书》，经史要义，议亲议贵之义；《孟子·尽心上》。

任何赦免或丝毫减刑。即使作为最高统治者的舜帝，也无权动用公权力（国家公器）对自己的父亲法外开恩。而作为法官的皋陶也不必因瞽瞍的特殊身份而存有丝毫的顾虑，只需秉公执法即可。因为"法的效果在于执行"（Juris effectus in executione consistit.）。舜帝如果想要成全自己的孝心，那只能通过本人私下劫狱这一非法而隐蔽的手段将父亲救出，甚至在劫狱过程中也无法要求狱卒对自己行任何方便，只能自己偷偷将父亲亲自从狱中背出。而在舜背负父亲逃离以摆脱法律制裁的一瞬间开始，他因自己知法犯法而自动丧失领导民众的资格，已不再具有任何领导者的身份。舜帝通过将身为杀人犯的父亲安置于大海之滨，用流亡海外的做法脱离了他之前所领导国家的刑法的空间管辖范围。这样既成全了他的一片孝子之心，又因为父亲瞽瞍和他本人都处在本国刑法的空间效力之外，因而并未对国法的尊严和权威构成任何挑战。舜帝携父亲奔赴法外之地——"遵海滨而处"的行为，其维护的恰恰是本国法律的尊严。得益于这一两全的做法，舜帝故而可以达到"终身欣然，乐而忘天下"的美好境界。

孟子与其弟子桃应的这一论辩极富思辨性。桃应先生的提问极其刁钻，而孟子的答辩描绘了一种极为理想的境界，即法律面前人人平等，"任何权力都不得凌驾于法律之上"（Nulla petentia supra leges esse debet.），公权力不可有丝毫的滥用。因为孟子深信"元首不在法律之上，法律则在元首之上"（Non est princes super leges, sed leges supra principem.），"无人位于法律之上"（Nemo est supra leges.）。而孟子对舜帝携父逃走后最终结局的完美设想，也富于浪漫气息，不禁让人联想到美国电影《肖申克的救赎》片尾主人公的美满结局。该片的主人公安迪在成功越狱后，来到了异国（墨西哥）阳光明媚的海滨地带，并在这里与自己的狱中老友瑞德重逢。这与孟子对舜帝携父逃亡后所设想的结局如出一辙。

瞽瞍的杀人行径实则立即将作为最高统治者的儿子置于两难的境地。依照孟子的观点所隐含的意境，从瞽瞍杀人行为发生伊始，作为其子的舜帝，无论对父亲如何处置，均已丧失作为领导者的资格。因为这一情境本身就凸显了儒家政治伦理的深度悖论，这一悖论首先被桃应先生识破并提出。在家国同构、强调君臣父子的年代，须先修身、齐家，进而才能治国、平天下，"家齐而后国治，国治而后天下平"①，内圣是外王的基础和前提。在后院起火、"家齐"都未实现的情况下，作为最高统治者的舜帝又如何有能力实现"国治"和"天下平"呢？这时的民众自然会对他的治国能力产生怀疑。其实无论此时舜帝如何抉择，都会丧失自身统治的合法性。如果他对父亲见死不救、秉公执法，就有悖作为人子的伦理；而他若利用手中的公权力徇私枉法，则又有悖作为人君的道义。舜帝在这时无论怎么做似乎都是错的，而聪明的孟子在此给出的这一完美诠释，使舜帝既未利用公权力徇私枉法，又没有对父亲见死不救，在孟子看来是合乎人子与人君道义的两全之策。

舜帝舍弃对天下百姓的责任而成全自己一片孝心的做法，虽然是舍弃"人爵"而成全"天爵"，但似乎又是只取"小我"而舍弃"大我"的不负责任的做法。为了让自己犯下杀人罪的父亲苟活于世数载，他就放弃了作为人君的身份和对天下、对百姓的责任，使自己与父亲一并成为逃犯。舜帝在弃天下如敝屣之际，也完成了自己从帝王到逃犯的身份转换，而这种身份上的转换实则需要极强的勇气和意志力，并需要对自己这一做法所依凭的道德和法律基础有着极强的确信，普通帝王是极难做到的，因为一般人难以承受这种身份上的落差。而被自己的父亲所累而不得不完成这种身份上的转换之后，舜帝的心境竟然是"终身欣然，乐而忘天下"，这似乎有违常理，而仅存在于孟子描绘的理想境界中。与父亲一起在海滨生活的舜帝，难道对犯下杀人罪而连累自己的父亲没有一丝的怨怼之心吗？难道他对自己王位的继任人是谁、自己逃走后百姓的民生和国家的治理情况，以及国人对自己极端做法的评价毫不关心吗？如果认为天下有如敝跷般可以随意丢弃的话，那么舜帝作为帝王，本身就是不合格、不称职的，那么舜作为人君的资格与合法性，并非在瞽瞍杀人案发生后因其两难的境地而丧失，而是先于此案发生前即已丧失，因为一个对天下和本国辖下百姓毫无责任感的人是不配行使帝王权限的。因此，孟子看似理想而完美的回答背后，实则有悖常理且未能尊重常识、尊重人性，其回答在某种程度上乃是诡辩，现实中很难成立。

丁若镛在《钦钦新书》"经史要义"篇中对瞽瞍杀人这一极端情形阐

---

① 《礼记·大学》。

发了自己的见解。尊重常识、尊重人性的丁若镛在看到孟子相对极端而过于理想化的解决方案后，他表示无法赞同。丁若镛认为"此经可疑"，他主张皋陶无权拘禁瞽瞍，即便是拘禁，舜帝也不应窃负而逃，为此他作出了详尽的批驳。①

> 桃应问曰："舜为天子，皋陶为士，瞽瞍杀人，则如之何？"孟子曰："执之而已矣。"愚窃尝论，《孟子》七篇，杂出门人之所记述，而非皆孟子之笔也。故其称齐、梁之君，皆书其谥，而论伯夷、伊尹、柳下惠及伯夷、太公辟纣之事，重见迭出，其非一人之笔审矣。故其云孟子之言者，多不能无疑。若皋陶之执瞽瞍是已，天下莫大于君父，枉法之与逼君而使之去，其罪孰重，枉法之与听父之系于狱，其难孰甚？为人臣而执吾君之父曰"汝杀人，当死"，天下无此法也。其君一朝去其位，方且恬然而不往追曰"尔去矣。吾不能屈吾法也"，任其终身而莫之反，天下无此义也。身为天子，而听其臣之执吾父系于理曰"法也。吾且奈何哉？"，乘夜微服而逾其墙破其局，行窃盗之事，而仅以脱其命，天下无此事也。或者曰："皋陶既执，舜乌得而窃之？"张南轩曰："既执于前，而使伸其窃负之义于后，是乃天理时中之义。"审如是也，皋陶未始有执法必伸之意，而惟舜去之为悦也。瞽瞍则杀人而不死矣，舜则去矣，法不能行而惟君之去位，彼此俱无当矣。且舜既将去其位，是匹夫也。匹夫而盗士师之囚，不犯法乎？将以前日之为天子欤？一下堂则匹夫也，而不忘前日之为天子，是不知分也。皋陶知舜之来窃也，而为之疏其垣墉，缓其桎梏，不放不牢，羁縻而待其至，阳为不之觉者而纵之，是诈也。天子则下替矣，匹夫则犯法矣，士师则诈不以实，一举而三失毕具，天下无此事也。且皋陶何法哉？瞽瞍尝欲杀舜，姑舍是，谟盖都君者象也。舜以天命得脱，而象则弑其兄者也。皋陶之为士也，盍执焉？执之诚不得，封之有庳，盍争焉？纵弑其兄，今天子者之象而莫之敢执，听其锡土田为公侯而安焉，执杀一凡民

之瞽瞍而系于理,宁舜之去其位而莫之少挠,皋陶何法焉?何厚于象如此,而薄瞽瞍如彼哉?曰,舜为天子,皋陶为士,瞽瞍杀人,则如之何?曰,不敢执。①

丁若镛的上述论辩极为精彩,因而在此全文摘录。这一论辩同时收录于《与犹堂全书》文集的辩文中,比"经史要义"篇略详,故在此引用了《与犹堂全书》卷十二的相关内容。上文中"天下莫大于君父"后的部分均收录于《钦钦新书》原文。丁若镛的观点维护的是帝王专制时代君臣父子间的伦理道德。他认为天下之中君王最大,法官逼君去位的罪行比枉法更重,君王听任自己的父亲身陷囹圄比枉法更难以做到。他认为身为人臣,听任君王去位而不追,且任其终身隐居于海滨生活而无法返回,天下没有这样的道义。他认为作为君主的舜帝为救父命,在夜里偷偷翻墙破窗而入,天下没有这样的事情,即不合常理。他对宋代大儒张栻的观点加以批驳,认为如按张栻的观点,皋陶依法拘禁的做法自始至终都没有秉公执法的意图,而是逼迫舜帝自动退位的手段。即如果依照孟子的美好设想发展,不仅律法和正义得不到伸张,反而导致了帝王退位的严重结果,实乃得不偿失。丁若镛认为,舜帝从帝王之位退出的一瞬开始,即与平民百姓无异。那么作为匹夫的舜帝,其劫狱行为本身既属违法,而法官皋陶念及昔日的君臣之义,而对舜帝窃负而逃的行为网开一面,这是"不知分"的表现。皋陶对舜的劫狱不但没有阻止,逃亡后也没有追捕,而且还"疏其垣墉,缓其桎梏",对其劫狱大开方便之门,这难道不也是枉法的一种吗?若不是皋陶下令使瞽瞍处于看管松懈的"不放不牢"状态,以死因监狱看守之严密,舜帝断不可能独自顺利地将父亲瞽瞍从狱中救出。也就是说,丁若镛认为孟子的美好设想导致了天子退位(更替)、匹夫犯法、法官诈伪的三重不良后果,是极不可取的。丁若镛在此列举了舜帝的异母弟象多次谋害舜帝的例子,质问为什么皋陶对待象的犯罪行为如此无动于衷,却对瞽瞍的杀人行为秉公执法呢?这难道不是厚此薄彼的选择性执法吗?这对于司法的公正性只能

---

① 《与犹堂全书》,文集卷12,辩,皋陶执瞽瞍辩;《钦钦新书》,经史要义,议亲议贵之义,辩曰。

有百害而无一益。

最后，丁若镛对桃应先生提出的"瞽瞍杀人"问题阐述了自己的回答。他认为，皋陶的正确做法是"不敢执"。这一回答虽然合乎常理，不会陷君上于不孝不义的境地，但在思想境界上较孟子而言却相去甚远。仅在"法律面前人人平等"这一法律原则上，丁若镛就明显逊于孟子太多。笔者认为，这与孟子和丁若镛的生存年代及二人的性格有一定的关系。孟子生长于百家争鸣的列国时代，当时中国有多个诸侯王并立于世，可以做到"良臣择主而事""合则留不合则去"，而丁若镛生活在王权专制的帝国时代，臣子没有"用脚投票"的权利，这两个时代在思想的开放性和言论的尺度上是不同的，两个时代的君臣关系也是不同的。在孟子所处的时代，臣子因为有选择的可能，所以君臣关系不乏合作的意味，而丁若镛时代的君臣关系则是严格意义上的上下级关系，所以二人对"瞽瞍杀人"这一极端情形的解答也就不同了。其次，孟子的思想和言论有时略显"激进"，而丁若镛却较为中庸持正，说明二人的性格有所不同。丁若镛主张孟子对桃应之问的回答必然不是出自孟子本人，认为《孟子》"而非皆孟子之笔""孟子所言，固是记录之差"[1]，将之解释为孟子的弟子门人在记述时产生的谬误，竟不敢主张这些"大逆不道"的观点就是出自孟子本人之口。在笔者看来，说出"民为贵，社稷次之，君为轻"[2] 和"君之视臣如土芥，则臣视君如寇仇"[3] 之语的孟子也极有可能主张皋陶对犯杀人罪的瞽瞍"执之而已"。而丁若镛受所处时代的局限，既不敢公然赞同孟子关于拘执君上之父的观点，又不敢公然否定作为"亚圣"的孟子的人格和观点，从而将孟子本人的观点曲解为其弟子门人誊抄时产生的谬误，可谓用心良苦。

从整体上比较来看，丁若镛的论辩虽具有很强的逻辑性，但结论却囿于传统帝制时代"君君臣臣父父子子"的限制，而显得毫无新意可言。反之，孟子的观点在两千多年前便已突破了时代局限而趋于法律面前人人平等、法大于权的理念，其思想所隐含的"现代性"在今日仍闪耀着

---

① 《钦钦新书》，经史要义，议亲议贵之义，辩曰，案。

② 《孟子·尽心下》。

③ 《孟子·离娄下》。

智慧的光芒。

第三节 "绝不为亲"与继母杀父

《钦钦新书》"经史要义"篇中,丁若镛特别关注到了母亲或继母杀害父亲这一伦理上的悖论该如何处理的问题。他首先在"弑逆绝亲之义"中援引了《左传》中关于鲁庄公之母文姜的故事。《左传》记载:"'三月,夫人孙于齐。'不称姜氏,绝不为亲,礼也。"[1] 该句的本意是因为文姜的夫君鲁桓公被齐襄公派遣的公子彭生所杀,其行径公然侵犯了鲁国的尊严,故而文姜主动与齐国本家断绝亲属关系的故事。有关文姜的记录在孔子所编撰的《春秋》中多次出现,相关记录起于鲁桓公三年(公元前709年),止于鲁庄公二十二年(公元前672年),时间跨度足足37年之久。《春秋》中的文姜生前被称作"夫人",死后被称作"小君",被鲁人所尊崇而毫无贬损之语。但到了《公羊传》和《穀梁传》那里,却变成了擅长微言大义的《春秋》对文姜的贬笔,并误认为"绝不为亲"指的是鲁庄公和母亲文姜断绝母子关系。这可能是出于史家对女子摄政的排斥,故而曲解原意并对文姜加以污蔑。文姜作为我国历史上著名的女性政治家,曾在庄公幼年代理鲁国国政。《钦钦新书》"经史要义"篇采纳了《公羊传》的观点,认为是文姜间接导致了鲁桓公的死亡。

我们姑且以这一与历史事实不符的说法为依托,来分析《钦钦新书》是如何认识和处理这一伦理难题的。首先,丁若镛援引了明代《五经大全》中宋代胡安国于《春秋集传大全》里对文姜弑夫案件的注释。

> 胡氏云:夫人,文姜也。桓公之弑姜氏与焉,为鲁臣子者义,不共戴天矣。嗣君,夫人所出也,恩如之何。徇私情,则害天下之大义;举王法,则伤母子之至恩,此国论之难断者也。经书夫人孙于齐,而恩义之轻重,审矣。[2]

---

[1] 《钦钦新书》,经史要义,弑逆绝亲之义;《左传》,庄公,传元年。
[2] 《钦钦新书》,经史要义,弑逆绝亲之义。

胡安国的注释表明此种情形涉及国家大义（"义"）和养育之恩（"恩"）间如何取舍的难题，但最终令夫人离开鲁国而回到她的母国——齐国的举措本身就说明了当时鲁人采取了一种折中的办法来处理此事，并且在恩、义之间优先选择了"义"，在家、国之间优先选择了"国"，母子之恩让位于国家之仇，因此鲁庄公不得不与文姜断绝了母子关系。由此可见，在忠孝难以两全之际、亲情与国家大义间出现矛盾而需取舍之时，丁若镛赞成这种舍"小家"为"大家"、以国家利益为重的处理方式。而朝鲜王朝的另一位大儒李瀷（1681—1763）则给出了与众不同的观点。

> 胡氏管见论武后事云，称高祖太宗之命，数其罪而赐之死。中宗不得与于其间。汪氏引此说，谓鲁之臣子无愤疾之心，不能仗大义以诛之，此亦未稳。朱子曰，宰相大臣，今日杀其母，明日何以相见，其意盖谓不可便杀，不杀则只得如向所谓废处而已，可矣。然此皆不离于利害得失之白，也若使当日君臣有圣贤之智，而思所以善处焉，则亦岂无一直会通哉。为臣者，既不可君弑而贼不讨也，又不可事主而杀其母也，则舍爵禄而去之；为子者，以罪人之子自居，不敢承宗有国，逊以逃之，则方有寄足之地，而心庶几安矣。自此以后，母之吉凶，有不可计矣。朱子只言难理会，终不言其如何处置，未知何意。①

上文中，星湖先生李瀷首先援引胡安国论武则天的故事，说明了即使有父祖之命，或即使母亲做出了颠覆社稷等大逆不道的事，儿子仍没有处死亲生母亲的权力或道理。而后他又引述朱子的观点，认为鲁国的臣子之所以不能大义诛杀文姜，是因为如此便无颜再与君主相见，没有事主却杀害其母的道理。李瀷对这一极端情形给出的合理答案如孟子对"瞽瞍杀人"的解答如出一辙。即作为臣子，因为陷入了"不可君弑而贼不讨也，又不可事主而杀其母也"的两难境地，其最佳的方案是辞官归隐。而作为继位者的儿子，则因为生母杀害了父王，而应以谋害君王的

---

① 《星湖僿说》卷14，人事门，继母弑父。

罪人之子自居,从而自动丧失王位的继承权,因此不得承继大统。作为当事人的鲁庄公,其最理想的做法也应与"桃应之问"中舜帝的做法类似,他应及时逊位并逃往远方,唯有如此,他才得以心安。处于王位之上的他因继承的合法性有失,而永远得不到内心的安宁。他因母亲的弑父行为导致母子关系自动断绝,因而逃亡之后的鲁庄公应对母亲文姜的生死祸福不再过问。李瀷认为,这才是鲁国臣子在面对这一极端情形时最恰当的处理方法,鲁庄公因母亲文姜对父亲鲁桓公之死负有责任,因而应逊位并逃往外地,其因母亲的弑君行为,鲁庄公业已丧失王位的合法继承权。

而孔安国在上述注释中所提到的"有继母杀其父者,而其子杀之"的案例,在《钦钦新书》"经史要义"篇中也曾单独列出。丁若镛列举了我国古代两则继母杀父而子擅杀继母的案例。一则是汉景帝在位时防年杀死弑父之继母的故事,另一则是孔季彦论梁人杀死弑父之继母的故事,在此基础上,丁若镛结合朝鲜本国故事加以适当延伸。

> 汉景帝后元年,廷尉上囚,有防年者。其继母陈杀其父,防年因杀陈。依律杀母以大逆论。帝疑之,武帝时年十二,为太子在旁。问之,太子答曰:"夫继母如母,明不及母。缘父之故,比之于母。今继母无状,手杀其夫,则下手之日,母恩绝矣。宜与杀人者同,不宜与大逆论。"从之。①

> 梁人娶后妻,后妻杀其夫,其子又杀之。孔季彦(孔僖子)过梁,梁相曰:"此子当以大逆论。《礼》'继母如母',是杀母也。"季彦曰:"言如母,则与亲母不等,欲以义督之也。昔文姜与弑鲁桓,《春秋》去其姜氏,传曰:'不称姜氏,绝不为亲礼也。'绝不为亲,则凡人耳。且手杀重于知情。知情犹不得为亲,则其下手之时,母名绝矣。方之古义,是子,宜以非司寇擅杀当之。"梁相从之。(出《北史》)星翁曰:"此非难晓者。子以父心为心,其父有知,必命杀之,子其违之耶?但所生母则奈何?不为伋也妻者,不为白也母,

---

① 《钦钦新书》,经史要义,继母杀父(防年)。

非母则凡人也。然母出而不为父后者，犹服。虽出母，而母之名犹在也。其忍手犯之耶？乡里有人，私于婢，婢自有夫，杖而死。其子既长闻之曰，'父因母而死，是与弑也。何忍母之乎？'遂逃不知所终。余闻之曰，'此氓正得义理之中。人情至处，不教而自晓如此。凡遭此变者，当以氓为准。'"①

以上两则在中国历史上最具代表性的继母杀父案例，均被《钦钦新书》所收录。两则案例的法理论述者——时为太子的汉武帝刘彻和孔子的二十世孙孔季彦，均援引儒家经典断狱，乃是汉代"引经决狱"的代表案例。刘彻引用的是《仪礼》"丧服"篇"三年章"中"继母如母"的观点，而孔季彦援引的是《左传》"庄公"篇"传元年"中关于文姜的故事。

据梁启超等学者考证，无法排除上述两则案例——"梁相案"与"防年案"本为一起案件的可能性。② 以推理的三段论来看，梁相法律推理的大前提是杀母以大逆论，而小前提是"继母如母"，最后得出了杀继母也应以大逆论的结论。而孔季彦法律推理的大前提是《左传》中对生母文姜的"绝不为亲"，小前提是《仪礼》"丧服"篇的"继母如母"，最后得出了生母既绝不为亲，继母更应绝亲的结论。③

而防年案开始流传的年代应是在魏晋时期。魏晋时丧服学热潮兴起，《仪礼·丧服》一篇别行于世，产生了一批研究丧服的学者和著述，讲授丧服也成为时髦乃至学识渊博的标志。④ 而曹魏时期的新律开创了"杀继母与亲母同"的先例，很可能是由于汉律并未涉及杀害继母的情形。按我国传统法律适用的一般原理，只有律文无明确规定或虽有规定但现实中出现律法未曾考虑的增量时，并且依照律文办理会有悖情理的情况下，

---

① 《钦钦新书》，经史要义，继母杀父（孔季彦）；原文的后半部丁若镛引自《星湖僿说》卷14，人事门，继母弑父。

② 景风华：《经典之争：丧服制度与法律秩序——以汉唐之际的母杀父案为例》，《社会》2016年第2期，第41页。

③ 景风华：《经典之争：丧服制度与法律秩序——以汉唐之际的母杀父案为例》，《社会》2016年第2期，第35—36页。

④ 景风华：《经典之争：丧服制度与法律秩序——以汉唐之际的母杀父案为例》，《社会》2016年第2期，第42页。

才会出现比附及经义决狱的情形。①

但继母毕竟与亲生母亲不同。亲母子关系依血缘自动成立，并不以父子关系为成立的前提，是先天的血亲关系。而继母与继子女间的关系是以继母与生父间婚姻关系的缔结而成立，须以父子关系作为继母子关系成立的前提，属于后天的姻亲关系。这才是继母子关系与亲母子关系的本质区别，也是汉武帝刘彻主张"缘父之故，比之于母"的依据，他道出了继母子关系的本质，二者关系维系的关键是父亲的存在，继母在杀死父亲的那一刻起，继母子关系成立的前提业已由继母本人亲手颠覆，继母子关系已不存在。

因此到唐代后，我国礼制愈加尊重人性、合乎人情，并以血缘关系的有无为基准，对亲生母亲与继母、嫡母、慈母、养母加以切割。以"所生"为原则的心丧解官制度得到完善，天然的血缘关系及母子亲情的地位愈加凸显。"母子至亲无绝道"，这是魏晋以来礼学讨论所得出的最重要的结论之一，即无论发生何种情况，亲生母子间天然的骨肉联系都无法断绝，自然也包括生母杀父这样的极端情形。②

那如果生母直接或间接杀害了父亲，子女又该如何面对呢？在引文中，丁若镛引述了星湖先生李瀷的观点。李瀷认为，继母对父亲下手之日，继母子关系既已断绝，若被杀的父亲泉下有知，必定令其子为之复仇，其子不可违抗父命，所以继子擅杀谋害父亲的继母，应被视作合乎情理的事情。然而若是生母杀害父亲，那么情况则完全不同。李瀷首先引述了子思"不为伋也妻者，是不为白也母"③的观点，将父亲的婚姻作为人子界定母亲身份的唯一标志，但随后又话锋一转，认为服制上被出之母依然有服，"母之名犹在"，她的亲生子女仍要为母亲制服。虽然夫妻以义合也以义绝，但血缘关系无可取代，亲生母子关系的成立不因夫妻关系的存废而发生任何改变。因此，李瀷认为即使生母直接或间接杀害了自己的父亲，亲生子女也没有任何侵犯她的权力。在此，李瀷通过

---

① 景风华：《经典之争：丧服制度与法律秩序——以汉唐之际的母杀父案为例》，《社会》2016 年第 2 期，第 45 页。

② 景风华：《经典之争：丧服制度与法律秩序——以汉唐之际的母杀父案为例》，《社会》2016 年第 2 期，第 48 页。

③ 《礼记·檀弓》。

朝鲜王朝的一则实例，举出了一个很好的解决办法。一位朝鲜下层民众（"氓"）的母亲身为奴婢并与人通奸，父亲被奸夫所害，导致他幼年丧父。等他长大并得知这一真相后，认为父亲因母亲而死，他并未告官或者寻找杀害父亲的奸夫复仇，但却无法从心底认可母亲的身份，他最终选择了逃离。这与李瀷对鲁庄公处理与弑父之母文姜的关系时给出的答案如出一辙，即母子关系因母亲的弑父而自动断绝，庄公应抛弃王位而选择逃亡，并在此后对母亲文姜的生死祸福不再过问。而这位朝鲜下层流民的相似做法也得到了李瀷的认同。丁若镛援引此例，表示他对生母弑父后子女的这类处理方式深表认同。但笔者认为，如果此人（"氓"）系母亲与父亲所生，其逃离的做法在当时或许没有太大的问题，但此人若是母亲和奸夫所生，那么其做法是否妥当就需要单独讨论了。

如此看来，朝鲜王朝诸位学者对这一极端情形的看法与我国古代学者略有出入，其对三纲五常和父权制的维护较我国学者更胜一筹。李瀷和丁若镛采纳了介于"孔门不服出母"、以夫妻关系作为界定母子关系唯一标准的极端做法与被出之母仍有服制而不得擅杀二者间的折中做法。两位学者认为从生母弑父之日起，亲生母子关系业已断绝，但这与子女可依父亲令其复仇的遗命（虽然这种遗命是朝鲜学者作出的合理想象和假设）而擅杀继母不同，子女不得擅杀自己的生母。此时，作为子女的最佳做法是选择逃离，此生与自己的生母不复相见。这与我国古代学者认为的"母子至亲无绝道"，即亲生母子的血缘关系乃天然形成而不因父亲被害而断绝的观点形成鲜明的对照。据此可以推测，朝鲜王朝学者认为子女对母亲的"孝"是有条件的，在极端情形下，这种"孝"是可以不履行或能够被剥夺的，对母亲的"孝"依附于对父亲的"孝"，而无法获得完全的独立。在亲亲尊尊的制度环境下，当尊属中的位卑者侵犯了尊属中的位尊者时，作为卑属的子女更应维护尊属中位尊者的利益，而与尊属中的位卑者老死不相往来，这与我国古代父亲谋大逆时子女可以告发的道理相似。即在尊者之间，较上位尊者的利益被较下位的尊者侵犯时，维护至尊者的利益而主动牺牲次尊者利益的做法是被法律所容许的。

即使传统社会中的妻子对于丈夫而言是位卑者，那么在子女的立场上，母亲相较父亲而言真的是尊属中的位卑者吗？生母杀父后，子女若不能亲自处置,那可否像父亲谋大逆时子女可向官府告发一般,而对母亲加以告发,借用公权力来解决生母杀父的惨剧呢? 中国古代学者经过论辩后否定了这种可能。最具代表性的文本就是东魏时拟定的《麟趾新制》,其中规定子女不准告发父母的罪行,无论是父杀母,还是母杀父,子女都不得报官。其间有窦瑗和封君义二人持有相反的观点。窦瑗主张"父尊母卑",认为当母亲存在杀父罪行时,她就不再是母亲了。这与李瀷和丁若镛两位朝鲜学者的观点相似。而封君义则认为对于子女而言,父母之情相同,并不存在尊卑先后之别。他认为谈论父母间的尊卑对于子女来说是极其残忍的事情,而且母子关系并不因母亲杀父而断绝,子女若将母亲杀父之事告官,那么母亲就将面临死刑的判决,这相当于子女间接杀害了母亲。

而窦瑗认为,"父尊于子""母尊于子""夫尊于妻"这三个条件结合起来就可以自然推导出"父尊于母尊于子"这一位阶序列,位阶靠前者自然比位阶靠后者优先。所以人子必须为至尊者而舍弃次尊者,也就是"为父绝母"。即人们在遇到价值冲突时,应当以金字塔的结构为准,为了位阶更高的价值而舍弃位阶较低的价值。为君可以舍弃父亲,为父可以舍弃母亲。[1] 但"夫尊妻卑"并不必然推导出"父尊母卑"的结论。因为父母的恩情无法分出尊卑,子女对父母二人的爱也是等距离的,亦无法分出轻重。先秦经典中也无任何父尊于母的说法。因而封君义通过辩驳,阻止了将"夫尊于妻"扩张解释为"父尊于母"的可能。亲生母亲无论做错了什么,甚至是将丈夫杀害,她都不能因子女的行为而死。经过多番论辩后,这件事情最终被搁置下来,禁止子女状告杀父生母的立法成果也在《麟趾新制》中得以保留,并沿袭至唐代以后。

唐律、明律中均有关于子女状告祖父母父母的规定[2],但明律在状告祖父母父母的量刑上较唐律为轻,只有诬告时才处绞刑。明律的这一规定又适用于朝鲜王朝,而朝鲜半岛禁止状告父母这一规定的法律渊源则

---

① 景风华:《经典之争:丧服制度与法律秩序——以汉唐之际的母杀父案为例》,《社会》2016 年第 2 期,第 50—52 页。

② 《唐律疏议》,斗讼,告祖父母父母绞(问答二),"诸告祖父母父母者,绞";"嫡继慈母杀其父,及所养者杀其本生,并听告";《大明律》,刑律,诉讼,干名犯义,"凡子孙告祖父母父母,妻妾告夫及夫之祖父母父母者,杖一百徒三年。但诬告者,绞"。

可上溯至6世纪的中国。而李瀷和丁若镛两位朝鲜大哲在这一问题上却倾向于《公羊传》的立场，二人的主张与窦瑗相似，从而否定了极端情形下的"母子至亲无绝道"而持折中的立场，认为生母杀父后子女虽不能通过亲手复仇或告官而使母亲因自己而死，但与生身母亲的关系却因此断绝，子女再也无法面对一位弑父的母亲，因此只能逃遁在外，与母亲终生不复相见。

笔者认为，继母杀父之所以在中国古代成为一个值得讨论的问题，是因为其主要满足了四个基本要件。第一，是出于"父之仇，弗与共戴天"的儒家经典思想。第二，是传统男权社会中男尊女卑、夫尊妻卑的宗法制度。第三，是作为杀人犯的继母的这一特殊身份。即她的身份乃是继子女的尊亲属。第四，也是最重要的一点，即作为加害者的继母与继子间乃是无血缘关系的姻亲而非血亲，作为被害者的父亲则是子女的血亲。继母子关系仅依靠其与被害者的连接（通常是再婚、续弦）而成立，但其中一方却将这一连接亲自斩断。正是由于同时满足了上述四个条件，继子擅杀杀害父亲的继母的情形才成为一个值得讨论的议题。

那么我们假设上述一到两个要件不被满足，看会出现哪些相似但又不同的情形。比如倒过来假设，传统社会中若继子杀害了他的父亲，继母能否擅杀继子？又如（随母改嫁后）继父杀害了自己的亲生母亲，继子可否擅杀继父？再如祖父母或伯父（疏而至尊者）杀害了自己的父亲（亲而次尊者），作为孙子或侄子应如何面对？抑或者父亲（亲而次尊者）杀害了自己的祖父母或伯父（疏而至尊者），儿子应如何处置？这些情形之所以没有在传统社会中成为议题，大概是因为无法同时满足上述几个条件而无法成为争议的焦点，或是血亲间相犯的案例较夫妻间相犯为少，抑或是传统社会较少遇到随母改嫁后继父杀害亲母的情形。因此，以上情形虽然也有讨论的价值，但却未能引起古代学者的广泛注意。

笔者认为，子女能否擅杀或状告杀害父亲的继母，除中朝两国学者的上述论述外，还应考虑以下两点。第一，应考察继母对继子是否有抚育之恩。如果继子年幼丧母而由继母抚养成人，那么继母子关系既已脱离其与父亲的婚姻关系而独立存在，继子无论在何种情形下也不应告官或擅杀继母，即便继母杀害了自己的父亲。第二，还应考察命案是故意杀人还是过失杀人，如果继母因过失导致了父亲的死亡，那么继子也没有擅杀继母的权限。以上两点乃是中朝两国古代学者在讨论中所疏忽的。

而继母与继子女间因无血缘关系,较亲生母子来说关系相对难处。在《钦钦新书》"剪跋芜词"篇中,丁若镛描述了自己在全罗道康津县流放期间所听闻到的一则发生于几十年前的案件,该案涉及继母子关系。案件发生于乾隆三十三年(1768)3月的全罗道康津,白文一(人名)家的必娘、必爱两位少女因受不了继母罗氏的虐待而一同自尽。继母罗氏因涉嫌触犯《大明律》"威逼人致死"条①而受到指控。经初检、覆检和全罗道观察使的裁决,皆认为罗氏可杀,因此罗氏在归案后被当众杖杀于听潮楼前,杖杀时观者如云,众人无不拍手称快。丁若镛在沉思良久后却为罗氏喊冤,并亲自为此案拟写了检案跋词,以表明自己对该案的看法,从中也可看出丁若镛对于除极端情况下继母子关系的立场。

> 天下之至重者,伦义也。狱情虽似悲冤,伦义宜先讲确<u>是如乎</u>②……驱迫则驱迫也,而继母则继母耳,与庶母、乳母之等,不既天渊乎?父母之于子女,上虽不慈,下不可以不孝,故《周官》八刑,不慈之刑,未之闻焉。舜之继母,日以杀舜为事,完井涂廪,无所不至,可谓杀无赦者,尧之刑未之及焉。斫床而鸩酒者,王祥之继母也;庐间而扫庭者,薛包之继母也。乡使二子者,不忍荼毒,自残其命,如必娘、必爱之为,则是亦伤心断肠,可怜之鬼耳。然昔之二子,子尽其道,而继母受底豫之美;今之二女,子逞其毒,而继母受逼杀之名。今若以二女之戕身,谓可使罗女而偿命,则是孝子之母,虽大恶而无伤,悖子之母,虽细故而必殒,岂有国劝孝惩恶之道哉?③

丁若镛在其自拟的题词中对继子女通过自杀而陷继母于威逼之罪的行为表示否定。他援引《周礼》"大司徒"篇有关"八刑"④的观点,认

① 《大明律》,刑律,人命,威逼人致死。
② 是如乎:吏读,朝鲜语 "이라 하는":이라 하므로" 之意。
③ 《钦钦新书》,剪跋芜词,拟康津县白家女子必娘必爱覆检状题词。
④ 《周礼》,地官,大司徒,"以乡八刑纠万民。一曰不孝之刑,二曰不睦之刑,三曰不婣之刑,四曰不弟之刑,五曰不任之刑,六曰不恤之刑,七曰造言之刑,八曰乱民之刑。"

为周代将"不孝""不悌"等列入"八刑"的同时，并未将"不慈"列入"八刑"的范畴，以此为据，丁若镛主张"上虽不慈，下不可以不孝"。他在题词中列出我国历史上继母不慈而继子孝敬的人物和故事，这三位代表人物分别是舜帝、魏晋时期的王祥和东汉时期的薛包。王祥是二十四孝中"卧冰求鲤"的人物原型，以孝道著称于世。他的继母朱氏过去曾想杀害他，恰好碰上王祥起床小解，只空砍了被子。王祥回来后，得知朱氏对此事很懊丧，便跪在朱氏面前请求她处死自己。朱氏因此深受感动而悔悟过来，从此像对亲生儿子那样对待他。① 舜帝的继母屡次想加害舜，也未受到尧帝的惩罚，丁若镛以此主张父母（包括继父母）不应因子女的自戕而受到威逼罪的刑罚，因为这等同父母因子女而死，即子女间接杀死了自己的父母。这与我国 6 世纪时关于《麟趾新制》的论辩中封君义提出的"子告母死，便是杀母"的视角如出一辙。丁若镛认为继子女通过自杀而陷继母于不义，这是明显的不孝。

丁若镛对"孝"近乎苛刻的倡导与当时朝鲜官员、民众的意识存在较大距离。朝鲜的判官之所以对威逼人致死的继母当众杖杀，而围观的民众之所以拍手称快，其实是对继母本身存有某种"偏见"，并始终将继母与亲母予以区分。而丁若镛在该案题词中拟写了他认为合适的刑罚。他认为继母罗氏对继女必娘、必爱的死负有一定的责任，应判处严杖三十的刑罚，而二女的父亲白文一因无力实现"家齐"，又因"老矣不足责"而应判处笞三十的刑罚。② 丁若镛通过对比我国历史上继母不慈而继子孝顺的故事，以及全罗道康津县必娘、必爱二女的自戕案件，以此来论证该案例中二女轻生的错误和判官裁决的谬误。虽然同为继母不慈，但子女不同的应对方式既能使继母受到"底豫之美"，也能使继母遭受"逼杀之名"。可以说，丁若镛在此以近乎圣人的极高道德标准来要求朝鲜的普通少女，其所要维护的正是亲亲尊尊的礼法秩序。

---

① 《世说新语》，德行第一，"祥尝在别床眠，母自往暗斫之。值祥私起，空斫得被。既还，知母憾之不已，因跪前请死，母于是感悟，爱之如己子"。

② 《钦钦新书》，剪跋芜词，拟康津县白家女子必娘必爱覆检状题词。

第四节　父之仇，弗与共戴天

在《钦钦新书》全书中，丁若镛都极为关注亲属复仇的问题，特别是在尊亲属被杀后的卑幼复仇集中体现了礼法间的冲突和调和，以及当时刑事司法的张力，值得我们深入探究。

阐释经典的"经史要义"篇第一卷总共 13 个条目中，涉及复仇的就有"过杀谐和之义""仇雠擅杀之义""义杀勿雠之义"和"受诛不复之义" 4 个条目之多，可见丁若镛对复仇问题的重视。这 4 个条目中所援用的经典多出自《周礼》地官、《周礼》秋官、《礼记》曲礼、《礼记》檀弓、《孟子》尽心下等篇章，所引注疏多出自《十三经注疏》。在"经史要义"篇"仇雠擅杀之义"条中，丁若镛首先援引了《周礼》和《礼记》等经典中关于复仇的记述，来表达自己的观点。

（秋官）凡报仇雠者，书于士，杀之无罪。①

（地官调人）凡杀人有反杀者，使邦国交雠之。②

（曲礼曰）父之雠，弗与共戴天。兄弟之雠不反兵。交游之雠不同国。③

子夏问于孔子曰："居父母之仇，如之何？"夫子曰："寝苫，枕干不仕，弗与共天下也。遇诸市朝，不反兵而斗。"曰："请问居昆弟之仇如之何？"曰："仕弗与共国，衔君命而使，虽遇之不斗。"曰："请问居从父昆弟之仇如之何？"曰："不为魁，主人能，则执兵而陪其后。"④

孟子曰："吾今而后知杀人亲之重也。杀人之父，人亦杀其父；杀人之兄，人亦杀其兄。然则非自杀之也，一间耳。"⑤

---

① 《钦钦新书》，经史要义，仇雠擅杀之义（出自《周礼》秋官）。
② 《钦钦新书》，经史要义，仇雠擅杀之义（出自《周礼》地官）。
③ 《钦钦新书》，经史要义，仇雠擅杀之义（出自《礼记》曲礼）。
④ 《钦钦新书》，经史要义，仇雠擅杀之义（出自《礼记》檀弓）。
⑤ 《钦钦新书》，经史要义，仇雠擅杀之义（出自《孟子》尽心下）。

丁若镛在此基本网罗了儒家经典中有关复仇的主要论述。针对"凡报仇雠者，书于士，杀之无罪"一句的理解，丁若镛在引用郑玄和贾公彦的注疏后，提出了自己的独到见解。

> 此谓仇人在逃，其杀死之案，书在朝士，特以其在逃之故，法官不能杀。今苦主遇于道，私自擅杀，以仇人罪案，已书在法司，故得无罪也。郑云"将报而先告之"，恐不中理。仇人罪在应死，则法官当执而诛之，岂可使苦主，私自往杀乎？仇人罪不应死，则苦主来告，官当禁之，岂有来告之理乎？郑说未允，故贾氏又为会赦之说，亦非也。古者，刑之赦之，皆视情法，遇有庆喜，不问有罪无罪，咸宥除之者，后世之法也。以此解经可乎？①

从上文可知，丁若镛对《十三经注疏》所载郑玄和贾公彦的见解提出了异议并予以批判，以此凸显他本人独特的法律思想。丁若镛认为，法律在原则上应禁止私人的复仇行为，表明其依靠公权力和司法途径实现人间正义的主张。但郑玄生存的年代与经典描绘的时代相距较近，他对春秋战国时期社会状况的把握更加准确。春秋战国时代与后世不同，是一个充满尚武精神且私人复仇盛行的年代，当时个人之间的复仇杀人较为公开，在向官府申告后的复仇在当时很可能是合法的。地官中的"调人"这一官职就是为了应对周代社会频繁发生的私人复仇行为，为调和私人间的仇怨而设立的官职。丁若镛不能完全理解列国时代的社会背景，从而美化了经典中的制度设计。将上古三代的制度理想化是自幼阅读经典的朝鲜士大夫们的共同倾向。朝鲜许多士大夫认为，上古的制度趋近完美，后世才逐渐变得扭曲和混浊。但丁若镛通过批判郑玄的"将报而先告之"而实现了对原文的这一"曲解"，及其批判贾公彦的"会赦之说"而认为遇有庆喜亦不能随意赦免的主张，恰恰表明了他藏于内心的法治主义倾向和对司法尊严的维护，在当时确属难能可贵。

丁若镛随后论述了《周礼》地官"调人"篇中"反杀"的概念。丁若镛赞成郑玄关于"反杀"概念的见解。郑玄认为，"反，复也。复杀之

---

① 《钦钦新书》，经史要义，仇雠擅杀之义，镛案。

者，此欲除害弱敌也。"① 丁若镛对此予以深入阐释。他认为，"凶人既杀其父，又杀其子，其意欲无雠以忘忧。故令国人及邻国之人，皆雠此人，所谓人得而诛之也。《留青集》云'朱希儒殴杀朱邦宠，后恐复仇，又杀邦宠之子朱之高'，此所谓反杀也。谓之反杀者，犹俗所云'贼反荷杖'之反也。"② 丁若镛在此阐明，"反杀"出于加害人惧怕被害人的亲属日后施以报复，从而将被害人的近亲属一并杀害以达到"无雠以忘忧"的目的，而做出"反杀"举动的人，人人都得而诛之。他在此举出《留青集》中"朱希儒殴杀朱邦宠"的例子加以说明。而经笔者考证，《留青集》这部书不见于中朝两国史料，笔者推断此书很可能是指与丁若镛同时期的清代《青照堂丛书》。而"朱希儒殴杀朱邦宠"这一案例即见于《青照堂丛书》所收录的《居官寡过录》。③ 再联想到"批详隽抄"篇的前6个条目也都出自《居官寡过录》，这样的推断就显得更加合理了。鉴于《居官寡过录》中多援用"笠翁"李渔的评论，从而可以推测丁若镛所援引的"朱希儒殴杀朱邦宠"案也很可能发生在明清之际。

与此同时，丁若镛对孟子关于复仇的阐述也有新的解读。针对孟子"杀人之父，人亦杀其父；杀人之兄，人亦杀其兄"之语，丁若镛首先对其所引述的明监本五经之《礼记集说》中赵岐和孙奭的观点表示质疑，而后提出了自己关于复仇的普遍原则。

> 凡复仇之法，甲杀庚，则庚之子，杀甲而已。若杀甲之父，则是怒甲移乙，非复仇也，王法所不许也。天下之事变无穷，若甲杀庚，而庚之子，杀甲之父，则法当奈何？恐宜成狱偿命。不当引《孟子》此文，以复仇之狱处之也。④

上文涉及复仇的两种方式。一种是被害人的亲属杀害加害人本人，另一种是被害人的亲属杀害与之对应的加害人的亲属。杀害相对应的加

---

① 《钦钦新书》，经史要义，仇雠擅杀之义（出自《十三经注疏》之《周礼注疏》）。
② 《钦钦新书》，经史要义，仇雠擅杀之义，镛案。
③ 《居官寡过录》卷6，投见正法奏（王平子）。
④ 《钦钦新书》，经史要义，仇雠擅杀之义，镛案。

害人亲属，其目的是让加害人承受对等的丧亲之痛。如甲杀害了我的父亲，让我承受了丧父之痛，那么我同样也杀害甲的父亲，以此让加害人甲承受同等的痛苦作为报偿。通过孟子的原话可以推测，这种"以眼还眼，以牙还牙"的同态复仇在春秋战国时期较为盛行，其目的在于让加害人活着承受巨大的痛苦，令其悔恨终身并背负强烈的罪孽感，而非直接结束加害人的生命。因此这种复仇方式显得更为可怖，因其等同于间接害死了自己的父兄，这比瞬间了结加害者本人生命的惩罚更为残酷，因此才有了孟子上述的感叹。

丁若镛对此持完全反对的立场。他认为即使是私人复仇，复仇的对象也应限于负有刑事责任的加害者本人，而不应牵连无辜而随意杀伤包括加害人近亲属在内的其他个体。他认为孟子言及的这类同态复仇的情形为朝鲜国法所禁止。被害人的亲属若以此种方式复仇杀人，那么应与普通命案一样使之偿命。但出于经典在朝鲜王朝的权威性，并经常被作为朝鲜的法源加以援用，丁若镛恐有人日后援引《孟子》中的这一章句而为相似情境的复仇案件开脱，因此在评论中明确表示此句不应在复仇案中被引，以此来阻止该句日后在朝鲜被作为法源援用的可能，并主张孟子提及的这类情形不应归入复仇的范畴。

而丁若镛生活在以《大明律》为基本刑法的朝鲜王朝时期。因此丁若镛在"经史要义"篇"仇雠擅杀之义"条中援引了当时作为朝鲜现行法的《大明律》和《续大典》等相关法条。《大明律》"父祖被殴"条规定，"凡祖父母、父母，为人所杀，而子孙擅杀行凶者，杖六十。其即时杀死者，勿论。"[1] 很明显，这是"礼"与"法"间调和的产物，且更靠近"礼"的一端。如此轻微的惩处在标榜礼义和孝道的儒教社会中貌似理所当然。基于亲属复仇集中展现了"礼"与"法"的张力，丁若镛在《钦钦新书》的各篇均载入了亲属复仇的相关案例，其中以"经史要义"篇为最。在"经史要义"篇中，丁若镛广泛搜罗中朝历代各类复仇案而集两国相关案例之大成，宜详细考察。朝鲜王朝后期发生的朴圣昌为父复仇案最具代表性，且在该案审理过程中，朝鲜的君臣考察了中朝历代复仇案并以此作为判决朴圣昌案的重要法源。而此案审理时朝鲜君臣所

---

[1] 《大明律》，刑律，斗殴，父祖被殴（《钦钦新书》，经史要义，仇雠擅杀之义）。

援引的这些两国历代案例又恰好收录于"经史要义"篇中,因此通过考察朴圣昌案并将中朝两国历代代表性复仇案件穿插其中加以考察,不失为一个好的方式。

　　圣昌,公洪道①民也。刺杀父仇,诣官请命。观察使李宗白论启,下刑曹。刑曹奏曰:"今此朴圣昌正是周官所谓杀人而义者也。经许复仇之义,法有当施之律,而唐臣韩愈复仇状云:'凡复父仇,事发具其事,申尚书省,集议奏闻,酌其宜而处之。'盖欲使经权,不失其宜也。今圣昌之母,虽是盲废之人,九年事仇,罪关伦常,亦不可轻加原恕,并令该曹禀处。夫圣昌幼稚逢变,窜伏流离,才及长成,快复九年之仇,其事甚奇,其孝可尚。道臣所引《周官》之义,诚为允当,而不告官擅杀者,杖六十,昭载律文,有难挠改。圣昌母金,目盲力弱,不能拒凶悍之壮男,理势固然,而其子有复仇之意,则乐闻而助成之,此亦可暴积年隐痛之心。设有处义之未尽,废疾而罪不至死,则法有勿论之文,宽免放送,恐合事宜。"上使儒臣,博考古事。玉堂俞健基曰:"昔张审素之子瑝琇,怨杨汪诬杀其父,自岭表逃归杀汪。张九龄欲活之,李林甫争之,遂见杀,士民怜之,为作哀诔致堂。胡氏之论,亦以九龄为是。梁天监中,淮阳人杀其太守成安乐,举城内附,武帝赏之。子京隽②购人刺杀杀其父者,武帝义而释之。本朝申用溉之父泗为咸吉道观察使,被害于李施爱之党,用溉剑斩父仇于都市,诣阙请命,朝家不罪。今圣昌似无可罪。"上判曰:"非特韩愈之议,往牒与国朝故事,俱有可援,特令除杖放送。夫圣昌以九岁稚儿,能记父仇,寻母于九年之后,雪仇于白昼之中,比诸前人,可谓特异。自首官庭,视死如归,亦无愧于昔之王世命③矣。特为给复,以彰其孝。其母金亦放,令圣昌护归事,谕道臣。"④

────────────

① 公洪道:即今韩国忠清道。
② 应为"景隽",《实录》记载有误。
③ 应为"王世名",《实录》记载有误。
④ 《朝鲜王朝实录》,英祖实录卷42,12年11月23日;《钦钦新书》,经史要义,子复父仇(朴圣昌)。

这一案例讲述了发生于乾隆元年（英祖十二年，1736）忠清道居民朴圣昌手刃杀父仇人的故事。因本案同时载于《钦钦新书》和《朝鲜王朝实录》，两者内容相似但《实录》的记载更为翔实，并将群臣的论议详尽地记录了下来，故而上文援引了《实录》的记载。丁若镛在《钦钦新书》中评论此案道："仇人杀父而夺母，此必报之仇也。"① 他认为此类复仇是合理而正当的，值得嘉赏。

此案的主人公是朴圣昌，他在 9 岁时父亲就被人杀害，他的母亲金氏因是盲人，所以被迫与杀夫仇人共同生活了九年之久。九年后，朴圣昌已成长为 18 岁的青年，这时的他在母亲的帮助下果断杀死了杀父并霸占母亲的仇人。这类涉及"礼""法"间冲突的案件在朝鲜王朝一般会得到特殊的优待，在上报中央并经朝臣集体讨论后最终由国王裁决，这与我国古代处理此类案件的方式类似。本案中涉及的法律冲突是《大明律》对当事人因擅杀而"杖六十"的处罚与官员反复提及的"义"（正义）之间的矛盾。这种正义性首先体现于观察使和刑曹奏文中所引用的"《周官》之义"上。这里所说的"周官之义"，应是《周礼》中"凡报仇雠者，书于士，杀之无罪"② 之语，以及"父兄之仇皆使之远避以和难，不避则执之"③ 等经典中的记载。道臣和刑曹均认为，比《大明律》早两千年的《周礼》④ 的观点更具正当性。这等于是忽略和跨越了从周至明两千年来中国法制的流变而直接上溯到中国法制的源头。而周代本就脱离部族社会未久，其论点更接近"以牙还牙"的氏族规范。基于《大明律》"杖六十"（因其在九年后复仇而非登时杀死）和《周礼》"杀之无罪"间的矛盾，国王最后判决朴圣昌和他的母亲无罪释放，并特赐复户⑤来表彰他的孝心，命朴圣昌护送他的盲母一同回家。

值得玩味的是本案最终判决的整个推理过程。首先，观察使援引《周礼》原文，间接证明了儒家经典在朝鲜可作为推理和审判案件的法

---

① 《钦钦新书》，经史要义，子复父仇（朴圣昌）。

② 《周礼》，秋官司寇。

③ 《周礼》，地官司徒。

④ 关于《周礼》的成书时间尚有争议。

⑤ 复户：朝鲜时期为家户免除徭役等负担的制度，"复"意为免除，"户"意为户役，其制度设计源于我国汉代对入粟受爵者的奖赏制度。

源。此外，国王令众臣考据古事（"上使儒臣，博考古事"），并以此作为判决此案的依据。其中刑曹在之前的上奏中业已援引元和六年（811）韩愈的奏议，并以此作为判决此案的法理依据。大臣在考据前朝"故事"后，一共列出三则中朝两国历代判例，而这三起案件同时载于《钦钦新书》"经史要义"篇。

第一则先例是我国唐代官员张审素的两个儿子——13 岁的张瑝和 11 岁的张琇杀死诬陷自己父亲的仇人杨汪的故事。① 此案发生在唐玄宗开元二十三年（735）的东都洛阳，张瑝、张琇二人最终被处以死刑，当时的士人觉得极为可惜而纷纷撰文哀悼。这一反面判例表明了社会舆论和"正义"的力量非同小可，因此不可违逆。《钦钦新书》中被援引的《燕翼诒谋录》编撰者——宋代学者王林认为，"苟其父罪当死，子不当报仇。父死不以罪，或非出上命，而为人所挤陷以死，可不报乎？审素之仇，所当报也。"② 王林主张张瑝、张琇二人理应为父亲报仇，只可惜生不逢时，并举出大宋当朝发生的甄婆儿报母仇杀人后仅被决杖释放的例子，以此反证此案判决不当和前朝法令的不明。

丁若镛本人对此案评论道："近世，凡报仇之狱，不问本事之虚实，惟以宽免为务，亦一蔽也……狱者，天下之平也。毫厘有差，已失其平，不可以不慎也。"③ 丁若镛通过此案看到唐代律法基本不受到情理的侵蚀，认为朝鲜王朝后期对复仇案的处理也不应过于宽容，"礼"对"法"的严重侵蚀是当时的一大弊端。他对当时统治者出于"礼义"漠视法度而对犯人宽免的做法提出异议。丁若镛将刑狱定义为"天下之平"，认为刑事司法的核心要义在于"平"，这里的"平"可以理解为公平、平衡、平允之意。即法官须综合考虑案情（情节）和法度并做出公正的审判。丁若镛认为丝毫的差池都会让天平倒向一端，所以在量刑时不可不慎之又慎。这与当代世界各国多以天平作为法院标识所体现的司法精神不谋而合，也充分体现出丁若镛法律思想中蕴含的现代性。

第二则先例是我国梁武帝时期发生的案件。南朝梁天监六年（507），

---

① 《钦钦新书》，经史要义，复仇杀官（张审素）；原出自《旧唐书》，孝友传，张琇传。

② 《钦钦新书》，经史要义，复仇杀官（张审素），林曰。

③ 《钦钦新书》，经史要义，复仇杀官（张审素），按。

淮阳人常邕和杀死了太守成安乐并举城内附。太守的儿子成景隽在普通六年（525）雇凶刺杀了杀害自己父亲的仇人，并于不久后买通常邕和家的下人，将仇人的子弟全部鸩杀，梁武帝鉴于他此举表现出的"义"而将之无罪释放的故事。① 这一判例发生在公元 6 世纪初的中国，在朝鲜也被用作审判案件的重要法源。

第三则先例是朝鲜本国先前发生的案例，此事在实录中未被正式记载，丁若镛的《钦钦新书》中记录了此事的始末。"野史，申泗为咸吉道观察使。李施爱之难，匿于曲楼中，有小吏指其处被害。其子用溉结客北游，知小吏面貌，及仕为舍人，诇知仇人入都，乘昏挟斧，而往斫毙之。朝廷置而不问。"② 这则朝鲜本国案例说的是申泗之子申用溉（1463—1519）为父复仇，杀死出卖父亲藏匿位置而使父亲死于非命的小吏后，朝廷不予处罚的故事。

这三则判例（故事）分别发生在公元 8 世纪和 6 世纪的中国，以及公元 15 世纪末的朝鲜，却能够作为本案国王作出最终判决的重要法源。英祖大王认为，"非特韩愈之议，往牒与国朝故事，俱有可援"，因此判决本案当事人朴圣昌无罪释放。英祖大王在判决时就提到了韩愈之议、往牒、国朝故事等多种可援引的中朝两国法源。若要总结作用于本案判决的各类法源的话，有正式法源《大明律》，以及具有约束力的各种非正式法源，如中国先秦经典（如《周礼》）、中国历史上的判例（如本案所援引的公元 8 世纪和 6 世纪的中国判例）、朝鲜本国的先前判例（如本案所援引的 15 世纪末的朝鲜判例）、中国历史上的朝臣议案（如本案援引的公元 9 世纪的唐代韩愈之议）等，这些非正式法源最终冲淡并架空了作为正式法源的《大明律》"父祖被殴"条，使本来就已经靠近"礼"之一端的"杖六十"也被免除，使得发生在乾隆元年（1736）的这一案件在判决时完全倒向"礼"的一端。而案件在此还未结束，因为英祖大王在他的判决文中通过类比，援引了发生在我国明代的一起复仇案予以力证，该案就是著名的王世名为父复仇案。《钦钦新书》对该案亦有收

① 《钦钦新书》，经史要义，子复父仇（成景俊）；原出自《南史》，列传六十四，孝义下，"武帝义之，每为屈法"。

② 《钦钦新书》，经史要义，子复父仇（申用溉）。

录,可见明代的这一复仇案传至朝鲜半岛后影响之深远。《钦钦新书》对该案的记载如下。

> 王世名父为族侄俊驱死。孝子恐残父尸,不忍就埋,乃佯听其输田议和,凡田所入,辄易价封识。私绘父像,自常带剑侍立,悬密室,朝夕泣拜。购一刃,铭报雠字,母妻不知也。服阕游邑庠,手书忠孝格言一篇佩之,既而生子甫数月,谓母妻曰:"吾既有后,可以死矣。"一日俊醉归,孝子挥刃碎其首,以号于众。归白其母,遂出向所封识租价馈值,首状赴邑,请死。邑令验实曰:"此孝子也。"上其事当道。当道委金华汪令往讯。孝子曰:"复何言,吾事毕矣,只俟一死。"汪曰:"简若父尸有伤,子未应得死。"孝子曰:"吾忍痛六年,不忍残父尸也。以吾命抵雠命,奚简为?"遂乞归故里,拜父辞母,抚子嘱妻,绝吭而死。①

该案发生于大明万历九年(1581)的浙江省武义县马昂村,今日读来仍惊心动魄。当事人王世名在成功复仇后,因其不愿看到父亲的遗体被剖棺检验而慨然自杀。当时他自首后,"两县尊商议,要自见司道面讲,免他验尸,以延他生,再为题请,以免他死"。这在常人看来,既可免去尸检,成全其孝道,又可保住性命,实乃一举两得的好事。可王世名却道:"这也非法,非法无君。我只为了一死,便不消这两县尊为我周旋委婉。"② 王世名拒绝了县官的好意,因为在他的心目中,为父报仇是为尽孝,但若不尸检虽免除了一己之死,却又违反了国法。国法即代表君上,因此又是不忠的表现。可以说,他最终的自裁是被"忠""孝"二者合力撕裂的。《明史》"孝义传"中记载了他的复仇故事,《二刻拍案惊奇》《型世言》《戒庵老人漫笔》《国朝献徵录》《耳谈》等多部野史笔记和话本小说也有收录,影响深远。而王世名的故事是通过何种途径传入朝鲜,并在案发一百多年后的朝鲜国王脑海中留下如此深刻印象的呢?

---

① 《钦钦新书》,经史要义,子复父仇(王世名)。

② 《型世言》第二回,"千金不易复仇,一死曲伸国法"(此书在国内早佚,历代书目从未著录,近年发现藏于韩国首尔大学奎章阁)。

我们目前不得而知。这可能得益于明清通俗小说在朝鲜的广泛传播。若真如此，文学叙事中王世名的形象使得作为朝鲜最高裁判官的国王产生了类比和联想，并在一定程度上左右了朴圣昌案的走向。由此可见文学与法律关系之复杂，文学叙事在当时可稀释法律条文，甚至主导判决。通过本案的审理可知，中国经书、史书、文学故事对朝鲜影响之深，朝鲜君臣同享中国传统法律文明，并在一同标榜孝义的过程中促成了本案的最终判决。通过本案可见，朝鲜王朝的法源是多重和复合的，其法律文化亦是多声部的交响。

针对王世名案中当事人的自杀结局，丁若镛对之评论道："汪令云，父尸有伤子未应死者，谓检验有痕，被杀明白，则子之复仇合义，不应偿命也。父尸翻转，固人子之所不忍见，然王世名，以此自杀，亦非孝子之中庸，不可以为训也。"①他认为王世名因不忍父亲的尸体被检验而自杀的行为并非中庸之举，而略显极端和偏执，所以并不值得提倡。因为正如汪县令所言，若是经过衙门掘检后发现其父确系被殴致死的话，孝子复仇的行为因合乎道义而不必偿命。

而朴圣昌为父复仇案中，刑曹的奏议和国王的判词中均提到了韩愈《复仇状》的观点。韩愈的《复仇状》源于元和六年（811）发生的富平人梁悦为父报仇杀人案，宪宗皇帝为解决"礼""法"间的冲突而下诏令尚书省论议此事。时为尚书省职方员外郎的韩愈针对这一复仇案，上呈《复仇状》以论述复仇杀人的基本原理。与其同时期的另一篇有关复仇的论述来自柳宗元的《驳复仇议》。他针对武则天在位时徐元庆为报父仇而杀死县尉后自首的案件，对陈子昂提出的诛杀徐元庆后将之旌表的建议提出了批驳。

丁若镛为了对比和剖析相关法理，在《钦钦新书》"经史要义"篇所载唐代徐元庆复仇案中，专门将观点全然相反的韩愈《复仇状》和柳宗元的《驳复仇议》一并全文列出。韩愈的文章对复仇之人持较同情的态度。而柳宗元认为，法官代表了法律的尊严，其奉公杀人执行的是国法，而国法不可被人仇视，国家法律不应成为任何人的仇敌，从而批判了武则天时期对该案的处理结果。因此相较韩愈的宽容立场来，柳宗元对于

---

① 《钦钦新书》，经史要义，子复父仇（王世名），按。

复仇合理性、合法性的认定更加严苛。丁若镛对韩愈的观点持保留态度，反而更赞成柳宗元有关复仇的论点。

> 韩议不及柳议远甚。虽百姓相杀，父死不义，则《周礼》令勿雠之矣。（或死于盗，或死于淫，则其子不得而雠之）虽法官杀之，父死至冤，则《春秋传》许复仇矣。（《公羊传》本论伍员事）凡论复仇之狱者，但追究本，所以结仇之端，可仇则以复为义，不可仇则以复为罪，如斯而已，柳议明矣。①

丁若镛在按语中明确表示，韩愈的观点远逊于柳宗元的观点。他认为如果父亲死于不义，即其父因自身过错而死，那么子女就没有复仇权。因此可否复仇乃取决于"结仇之端"，以可否复仇作为判定复仇者是否该负刑事责任及刑罚轻重的根据。如果父亲枉死于冤抑，则应将复仇视作子女之大义。如果父亲死有余辜，若子女仍执意复仇，则应承担与一般命案相同的刑事责任。因此，丁若镛的亲属复仇观是中立的，他以"结仇之端"将之分为可复仇与不可复仇两类，并据此作出不同的判决。

而上文中《燕翼诒谋录》的作者王栐所标榜的宋代甄婆儿为母复仇案在《钦钦新书》中也有记载。② 与该案一并载入的还有一起发生在朝鲜黄海道谷山的金二悌为母复仇案。③ 两案分别发生于大宋雍熙年间（984—987）和朝鲜肃宗二十六年（1700）。丁若镛之所以分别将发生于中朝两国的两起为母复仇案一并考察，其原因可能是两案有一个明显的共性，那就是复仇者均为"童穉之年"，即均在 15 岁以下。作为儿童，怎会有如此的勇气和胆魄去刺杀谋害自己母亲的凶手呢？丁若镛在考察中朝两国这两起案件后，对此提出了自己的质疑。

> 甄婆儿孝而侠者，非夫人之所能为也。凡童稚之年，能办大事，而处事合义者，多系尊长指导。按狱者，但见其迹，愕然称奇，遂

---

① 《钦钦新书》，经史要义，复仇杀官（徐元庆 柳议 韩议），按。
② 《钦钦新书》，经史要义，子复母仇（甄婆儿）。
③ 《钦钦新书》，经史要义，子复母仇（谷山民）。

以浮动,意欲成人之美而断之,或失于平允者多矣。狱者,天下之平也。每遇一狱,必穆然内究,参前依衡①,毋轩毋轻,期使之一毫无差于天平之秤,斯可谓得其中也。②

丁若镛于上述评论中认为,宋代幼女甄婆儿和朝鲜幼童金二悌之所以能有这般胆识和勇气杀人,很可能并非出于一己之力或一人之谋,背后很可能有家族内尊长的指导和操纵。否则,儿童不仅极难做出杀人的举动,且杀人后马上"归身官家,以请擅杀之罪"③,这类有意识地、大义凛然地主动投案自首的行为显得更为不合常理。即小孩子即使杀人,在其杀人后出于恐惧而畏罪潜逃的可能性更大,也更符合一般儿童的心理。因此丁若镛认为,这类儿童的复仇案多出于家族中长辈的教唆,其长辈乃是故意唆使未成年人犯罪的教唆犯。那么这些长辈为什么要教唆儿童去复仇杀人呢?原因可能有以下几点。一是因为根据"三宥三赦"原则,儿童因年龄而属于无刑事责任能力人或限制刑事责任能力人,可避免受到刑事处罚。二是因为子女为父母复仇的行为,无论从法律规定还是情理上,都属于减轻刑事处罚的情形。三是如将前两点结合而成为幼童为父母复仇杀人的话,那么更易引起轰动效果,令法官和国王"愕然称奇",惊叹小小年纪竟有如此孝心和胆魄而被深深打动,基本上都会屈法而"成人之美",导致最终裁断"失于平允"而有利于策划者一方。也就是说,教唆者恰恰抓住了官长认为儿童复仇难能可贵的心理,并充分利用了当时的主流价值观,以达到成功复仇却付出较小代价的目的。丁若镛之所以会有教唆杀人的判断,其不仅出于常识,可能还与当时朝鲜民间存在唆使儿童犯罪以逃避刑事责任的倾向有关。只有唆使儿童犯罪并非只是个例的情况下,丁若镛才容易作出这一判断。"诸大臣皆以为宜褒不可罪",相比甄婆儿及宋代相似案件的当事人多受到决杖或刺配等减刑不同,因朝鲜"诸大臣皆以为宜褒、不可罪",幼童金二悌则直接被国王无罪释放。由此可见,朝鲜王朝相较宋代等我国历代王朝,君臣受

---

① 应为"参前倚衡"。
② 《钦钦新书》,经史要义,子复母仇(谷山民)。
③ 《钦钦新书》,经史要义,子复母仇(谷山民)。

到伦理和礼义的束缚和影响更大。在"礼""法"这两种"王教大端"中,朝鲜较我国古代更接近"礼"的一端。而丁若镛在上述评论中提到了判官处理刑事案件的三大准则,即"穆然内究""参前倚衡""毋轩毋轾",同时也提出刑案处理最终要达到的效果,即每一个案件都能够"得其中"。反躬自省、忠信笃敬、不偏不倚、公允持正,丁若镛对法官职业素质的要求在今天看来仍闪耀着熠熠光辉。

《大明律》"父祖被殴"条中仅规定了孙子女等直系卑亲属为祖父母父母等直系尊亲属复仇的情形,律文中未涉及与之相似的为配偶复仇、父母为子女等卑亲属复仇等情形应如何处理。随着相关类型的案件在朝鲜依次出现,朝廷对亲属复仇的认定和"父祖被殴"条的适用范围也随之不断扩大。如发生在朝鲜肃宗十三年(1687)的春玉为夫复仇案就是如此。

> 庆尚道私婢春玉,为其夫复仇,将偿命。该曹请议于大臣,诸大臣皆以为:"子之父,妻之夫,其义一也。其所以处复仇之道,不宜异视,且其夫逢丸致死之时,发状告官,则擅杀之罪,亦不当施,此女义烈,足以警俗,可襄而无可罪矣。"传曰:"春玉痛夫非命,含哀积虑,卒乃割刃于仇人,此实丈夫之所难能。而出于乡曲贱女,极为嘉尚,合有襄奖之典,律既有为父母复仇之文,夫仇之自在其中,可以推知,擅谷之罪,偿命之律,非所举论,特为旌闾,以示朝家彰善瘅恶之意。"①

从上述案例可知,群臣从《大明律》"父祖被殴"条出发,经过类推和比附后,将家族成员复仇的适用范围延伸并扩大到了妻复夫仇的犯罪情形,其根据是"子之父,妻之夫,其义一也",其复仇行为均基于三纲五常的大义。而婢女春玉的复仇之举在国王口中被描述成"丈夫之所难能",认为对夫仇的复雪虽未写入律文,但业已包含在《大明律》"父祖

---

① 《钦钦新书》,经史要义,妻复夫仇(春玉);《朝鲜王朝实录》,肃宗实录卷18,13年5月28日。

被殴"条之中，不宜按照普通杀人案要求偿命的规定①加以判决，反而需要重重嘉奖。所以，该案中春玉不仅被无罪释放，还得到了国王的旌表，其犯罪事实完全被儒教化的伦理和"正义"掩盖。但细看此案的审理和判决，可知其不无疑点，丁若镛对此案的判决结果提出了自己的质疑。

> 致死之初，发状告官，则官何不执而成狱，所谓逢丸，或系误中，官归之过误，而此女擅杀之欤？若然，其雠人罪不当死，故道臣将偿命也。凡不当死而杀之者，杀者当死，不得以报雠论也。圣断出于特恩，执法之臣，不敢如此。②

丁若镛认为地方官最初将春玉拟判偿命的原因在于其丈夫死于他人过失而非故意杀人。因而犯过失致人死亡的加害人罪不至死，即并非应死之人。春玉杀死了罪不至死之人，就犯了一般的故意杀人罪，而无法将其纳入复仇的范畴，理应偿命。丁若镛恐日后判官仿效这一案例的判决结果，因而点出国王的这一裁决乃是法外开恩，明确说明普通官员在断案时仍应按照律文判决，实则委婉地批评了国王在最终判决中过度屈法而有失平允，不应成为日后仿效的对象。

这一案件的判决结果最终在 19 年后的朝鲜肃宗三十二年（1706）上升为适用于朝鲜全境的法律规定。《新补受教辑录》中规定："其夫为人所杀，而痛失非命，刃刺仇人之腹，妻为夫擅杀仇人者，律无其条，杖六十决放。"③从中可知，国王对春玉案的判决结果演变为了朝鲜的成文法条，以补充《大明律》法定情形的相关缺失。也就是说，在这一判例法中，将妻复夫仇的情形引律比附于《大明律》"父祖被殴"条的法定情形，而使得妻复夫仇比照子复父仇施以"杖六十"的处罚，从而扩大了《大明律》"父祖被殴"条在朝鲜的适用范围。因为这一规定适用于朝鲜全境而应具有普适性，所以其规定的刑量并不以本案中犯人春玉被无罪释放并得到国王旌表的判决为基准。从中可知，朝鲜王朝的立法过程多

---

① 《大明律》，刑律，人命，谋杀人。
② 《钦钦新书》，经史要义，妻复夫仇（春玉），按。
③ 《新补受教辑录》，康熙丙戌承传。

从个案的判决结果抽象并上升为成文法条文的。

无独有偶,若母亲为子女复仇并手刃杀子仇人的话,朝鲜王朝的法律又该如何处罚呢?朝鲜肃宗十六年(1690)时,作为母亲的京德将杀害自己儿子的相建殴杀致死,京畿道观察使在上奏中建议将此案比照《大明律》"父祖被殴"条办理。此案未载入《钦钦新书》,但记录于《秋官志》中。肃宗大王在参酌情理和法律后,最后判决将为子报仇的京德杖六十释放。① 这一案件同样在 16 年后的朝鲜肃宗三十二年(1706)上升为适用于朝鲜全境的法律规定。在《新补受教辑录》中明确规定:"母复其子之仇,犹用子复其父之律,论以子孙擅杀行凶人者,杖六十之律。"② 从而再次扩大了《大明律》"父祖被殴"条在朝鲜的适用范围。

朝鲜将《大明律》对卑亲为尊亲复仇的宽宥扩大至妻复夫仇,并反向延伸至尊亲属复卑亲属之仇的犯罪情形,这实际上已与《大明律》的立法本意相去甚远。《大明律》缘何没有单独规定父母复子女之仇应如何处罚呢?这很可能源于《大明律》"父祖被殴"条的立法本意仅出于对"孝"的提倡,以及在特殊情形下对子孙孝心的宽容和维护,从而将对父祖的"孝"自然延伸至对君主的"忠",这显然与夫妻之"义"、母亲之"慈"无关。因此为儿子复仇的情形本不应适用该条规定,但朝鲜却将"父祖被殴"条的适用范围扩大化了。

从上述案例和分析可知,朝鲜王朝时期为亲属复仇之人占据着某种道德制高点,其行为在当时是合乎情理又充满"正义"的。通过感受朴圣昌一案中经、史皆法的判决推导过程,不得不令我们发出如下疑问,即朝鲜王朝的司法体系在某些情形下是否不仅遵循法典,而是"法典法"与"判例法"并行不悖的体系呢?中朝两国在历史上不断层累的判例,在何种情形下能够力压《大明律》等成文法典的规定,而成为主导判决结果的重要因素呢?这值得我们深入思考和探究。

---

① 《秋官志》,详覆部,复子女仇,肃宗十六年事案。
② 《新补受教辑录》,康熙丙戌承传。

第五节 "杀人而义"与义愤杀人

丁若镛在《钦钦新书》"经史要义"篇中特别关注到了义愤杀人这一法律问题，并在"祥刑追议"篇收录了朝鲜的相关案件。在"义杀勿雠之义"条中，丁若镛首先援引《周礼》的观点："凡杀人而义者，不同国，令勿雠，雠之则死。"[①] 丁若镛对此句的解释援用了汉代郑玄和唐代贾公彦的注解。郑玄认为，"义"即是"宜"，父母兄弟或师长受辱时杀害侮辱之人，便是适宜的。被杀者的亲属不得复仇，而令其居住在不同的国家。贾公彦认为，古人质朴，所以见不得父母、兄弟、师长三者受辱，因而会立即杀死侮辱父兄、师长之人。[②]

丁若镛对郑玄和贾公彦的说法提出了质疑，他主张"杀人而义者，谓被杀者身犯大恶、不孝不友、悖逆淫乱、情理罔赦者，以义杀之也。岂可以辱我父兄而私遽杀之乎？贾疏谓古人质朴，辱则杀之，非矣"[③]。丁若镛在此将"义杀"的犯罪对象限定为"身犯大恶、不孝不友、悖逆淫乱、情理罔赦"这四类人。他认为不能因侮辱自己的父兄就即行杀人，但其断然否定贾公彦注疏中的解释却有待商榷。

《周礼》所描述的"杀人而义"情形发生的时代背景主要是我国春秋战国时代，因而需要对当时的社会背景有所把握。在周代特别是春秋战国时代，我国尚武之风盛行，这种尚武之风不仅体现在司马迁《史记》的"刺客列传"和"游侠列传"中，在梁启超的《中国之武士道》和张宏杰的《中国国民性演变历程》中也都有明确阐述。正如张宏杰在《中国国民性演变历程》中所言："春秋时代，贵族个个都下马能文，上马能武，侠客遍地，武士横行，一言不合，就拔剑相斗。"[④] 从"二桃杀三士"等事例可知，时人是如何重义轻生的。"生"与"义"之间的抉择

---

① 《钦钦新书》，经史要义，义杀勿雠之义；《周礼》，地官，调人。

② 《钦钦新书》，经史要义，义杀勿雠之义，"郑玄云，义，宜也。谓父母兄弟师长尝辱焉，而杀之者，如是为得其宜。虽所杀者，人之父兄，不得雠也，使之不同国而已。贾公彦云，古者质，故三者被辱，即得杀之也。"。

③ 《钦钦新书》，经史要义，义杀勿雠之义。

④ 张宏杰：《中国国民性演变历程》，湖南人民出版社2013年版，第15页。

乃是当时的贵族时刻都要面对的,所以才有孟子"生,亦我所欲也,义,亦我所欲也。二者不可得兼,舍生而取义者也"① 之类的论述。

因此,愤而杀死侮辱自己父兄之人,在那时是再正常不过的事了。汉代的郑玄和唐代的贾公彦能准确理解那个时代的风气,并作出了相应的注释。丁若镛的生活年代和地域相比郑玄和贾公彦来说,距离我国春秋战国时代较远,因而他对春秋战国时代的尚武之风未有准确的认识,所以他认为贾公彦的说法有误也是可以理解的。笔者认为,对"义"这一概念的不同理解,也导致丁若镛与郑玄、贾公彦在理解《周礼》原文时出现了差异。后世哲人对"义"的定义可能越发狭义,并与《周礼》成书时或郑玄注释时对"义"的理解相去甚远。《周礼》中"杀人而义"的"义"很可能指的是"义气",即节烈的气概,或为了情谊而甘愿承担风险甚至赴死的气度,且这类"义气"无法排除当事人的冲动成分。而丁若镛所理解的"义"很可能仅是合乎"道义"或"正义",排除了类似"江湖义气"的成分,也因而排除了对周代特别是春秋战国时代社会风尚的合理想象。丁若镛在其后的评论中认为"今之郡县,即古之列国,凡所谓不同国者,今当以不同邑处之"②,其观点是基本准确的。春秋战国列国的大小随时代和地理而有所不同,但大致比朝鲜王朝时期的郡县略大。

在"祥刑追议"篇中,丁若镛收录了几件发生在朝鲜正祖大王时期的"义杀"案例。其中最具代表性的要数"金银爱案"和"申汝倜案"了。这两起案件的特别之处在于时任兼检书官臣的李德懋(1741—1793)奉正祖大王之命为二人创作了小传——《银爱传》。奉国王之命为两位杀人犯作传,并以此来褒扬二人义愤杀人行为的情形在古今中外历史上都极为罕见。《银爱传》的两位主人公——金银爱、申汝倜的义杀事迹在朝鲜《内阁日历》③《雅亭遗稿》④《朝鲜王朝实录》中均有记载。此外,二

---

① 《孟子·告子上》。

② 《钦钦新书》,经史要义,义杀勿雠之义。

③ 《内阁日历》是自正祖三年(1779)一月至高宗二十年(1883)二月的奎章阁日历,横跨 105 年,依《雅亭遗稿》所载,正祖大王曾命令将金银爱、申汝倜的事迹载入《内阁日历》。

④ 《雅亭遗稿》是李德懋死后在尹行恁(1762—1801)主导下编撰并刊行的著述,主要收录了李德懋的遗作。

人的事迹也收录于《审理录》《钦钦新书》及成海应（1760—1839）的《研经斋全集》之中。在日据朝鲜时期，朴钟和（1901—1981）将《银爱传》和《钦钦新书》中的相关记载加以改编后，于1938年在《野谈》《新朝鲜》等杂志上发表过短篇小说《银爱传》。朝鲜王朝时期《银爱传》相关文献的主要系谱经笔者整理后，如表7-1所示。

表7-1 《银爱传》相关文献的系谱

出典	编者	题目	主要人物	备注
《内阁日历》	李德懋	《银爱传》	良人金银爱、申汝倜	1790年9月1日
《青庄馆全书》卷20	李德懋	《银爱传》	良人金银爱、申汝倜	1790年
《青庄馆全书》卷71	李德懋	无	金银爱、申汝倜	1790年
《朝鲜王朝实录》正祖实录卷31	（官撰）	戊午审理京外死狱	金银爱、申汝倜	1790年8月10日
《审理录》	（官撰）	康津金召史狱、长兴申汝倜狱	金银爱、申汝倜	1790年1月（全罗道）
《研经斋全集》卷17	成海应	金银爱传	康津良家女、申汝倜	1819年（己卯）
《研经斋全集》卷6	成海应	金银爱	金银爱（康津良家女）	"草谢谈献三"，"江上烈孝女"与"金银爱"合传
《钦钦新书》"祥刑追议"篇11	丁若镛	情理之恕八（室女被诬 自杀奸婆 实因被刺）	金银爱	1822年成书
《钦钦新书》"祥刑追议"篇11	丁若镛	义气之赦一（兄不庇弟 邻以义杀 实因被踢）	申汝倜	1822年成书

下面我们来详细分析这两个案例。先来看发生在正祖十四年（1790）

的申汝倜义愤杀死金顺昌案。

> 申汝倜，长兴人也。同里人金顺昌留其弟顺南看屋，与妻耘田而归，妻爽小麦，减二升，訾曰："叔在而麦不存，真怪事！"顺昌诟顺南曰："看我屋，偷我谷，非盗何，尔其自服。"顺南方病卧，不堪冤痛，泣呜咽。顺昌睨曰："盗亦悔泣耶？"举杵撞其脑。顺南委顿，几不得生。邻人咸集，心怒不忍言，惟田厚淡者，调解之曰："古语有之，一斗粟尚可舂，二升麦，胡大事，奈何兄弟不相容。"顺昌骂不已。厚淡往见汝倜，慨然言之。汝倜艴然扼腕而起曰："顺昌非人。"急如顺昌家，捉髻而责之曰："升麦不足惜，兄弟不可阋。嗟尔父母，生汝二人，但愿相怜，不期相争。杵撞病弟，尔则畜生，畜生不可亲，吾将毁尔庐，不与同吾邻！"顺昌踢汝倜曰："我殴我季，胡干汝事？"汝倜大怒曰："我以义劝，汝反踢我，我亦踢汝。"遂踢其腹，顺昌匍匐，翌日死。家人匿不告官，越一月，事始发，汝倜系于狱。①

《钦钦新书》对该案案情的描述均出自李德懋为金银爱、申汝倜所作小传——《银爱传》，而非《祥刑考》或《朝鲜王朝实录》等官撰史料。从上文可知，家住全罗道长兴府的金顺昌与妻子外出耘田时，留下幼弟金顺南看家。金顺昌和妻子回家后，妻子发现家中的小麦少了两升，因而怀疑是小叔金顺南所偷。金顺昌因此诟骂弟弟金顺南，让他从实招来。当时金顺南正好卧病在床，他忽然受到兄长的质问，只是呜咽哭泣却不言语。顺昌问他是不是因悔悟而哭泣，并举起木杵击打弟弟的脑袋，顺南这时憔悴得都快活不下去了。邻居们这时都闻声赶来，见此情形却都敢怒不敢言，只有一位名叫田厚淡的邻佑调解说："二升麦子并不是什么大事，兄弟间要相互包容"，但顺昌还是骂个不停。田厚淡又找到了申汝倜并把事情的原委告诉了他。申汝倜扼腕而起说："金顺昌已非人类。"他急忙赶到了金顺昌家，抓着金顺昌的头发劝解他要兄弟和睦，并说："顺昌你用木杵殴打卧病不起的兄弟，已是畜生之所为，而畜生是不可亲

---

① 《钦钦新书》，祥刑追议，义气之赦一（兄不庇弟 邻以义杀 根由义愤 实因被踢）。

近的。所以我要毁掉你家舍,不与你做邻居。"金顺昌一听急了,他踢打申汝偶并说道:"我打我弟,与你何干?"申汝偶大怒说:"我好心相劝,你反而踢我,我也要踢你!"申汝偶因此踢打金顺昌的小腹,金顺昌被踢后匍匐倒地,并于次日死亡。死者的家人却隐瞒而不告官,官府在一个多月后方才得知这一命案,申汝偶因此被投入监狱。该案的起因和经过,可以作如下分析。

第一,金顺南是否偷窃了兄长金顺昌的麦子?金顺昌在责问顺南时,从其只是哭泣而不加辩解的行为,可以推测金顺南盗麦的可能性较大。如果他未偷盗,一般会当即辩明,不会因怯而泣。兄嫂怀疑他偷盗的原因可能与兄弟二人的家庭经济情况有较大差距有关。金顺南家在他生病期间很可能面临着食不果腹的生存危机,因而兄嫂二人的怀疑是合理的。

第二,在本案中,义愤杀人者申汝偶的思考方式和犯罪动机值得剖析。申汝偶见到金顺昌对病弟施暴后,当即将其定义为"畜生",认为金顺昌已从"人类"的群体中脱离,并不屑与其为邻。从申汝偶对"人类""禽兽"之辨的话语,以及后来义愤填膺的行为中可以推知,他饱读儒家经典,且受孟子的影响极深。即申汝偶对"人"的定义与现代法律不同,他所认为的"人"不是指生物学意义上的"人类",而是指道德(伦理)上或社会学意义上的"人类",其定义明显严于今日法律对"人"的定义。生而为"人",但仍需要后天的修习,接受文明的浸润,使自身具有高贵的品格和丰富的精神世界,方可被称作真正意义上的"人"。因为"人之所以异于禽兽者几希"。① 他的这种观念在朝鲜王朝时期并非个例,尊奉儒教的朝鲜士大夫们对"人"的定义较为严苛,甚至普遍认为蛮夷是"半人半兽"而非真正的人类。申汝偶在潜意识中想当然地认为,面对人的禽兽之行,人人得而诛之。这一案件在经过文人的刻画加工后,申汝偶俨然成为维护兄友弟悌这一正义的化身。

正祖大王在审理这一案件时,不仅不按照律法处罚致人死亡的案犯申汝偶,反而认为申汝偶富于英雄气概,对他义愤杀人的行为极为赞赏:

> 谚有之,钟街烟肆,听小史稗说,至英雄失意处,裂眦喷沫,

---

① 《孟子·离娄下》。

提折草剑，直前击读的人立毙之。大抵往往有孟浪死，可笑杀。而朱桃椎羊角哀者流，古今几辈。汝偶者，朱羊之徒也。目摄阋墙，泼汉斗涌，百丈业火，往日无恩，今日无怨，瞥然艴然之间，赶入滚斗场中。……噫！汝偶死也休怕，非士师而治不悌之罪者，非汝偶之谓哉，录死囚凡千若百，其偶侥不碌碌，于汝偶见之有以哉！汝偶之名不虚得也。汝偶放。[1]

正祖大王在判决中说道，传说中有人在汉城钟路一带的烟铺听故事时，在听到故事中英雄失意之处时，因身临其境的带入感而不觉暴怒，愤而杀死了讲故事的人。正祖大王在判决援引我国唐代著名隐士朱桃椎和西汉"舍命之交"的主人公羊角哀二人的故事，认为义杀邻佑的申汝偶正好可以类比这两人。正祖大王认为申汝偶为了惩罚金顺昌的"不悌"而将生死置之度外的偶侥，确实人如其名，所以最终判决申汝偶无罪释放。在这一判决中，朝鲜的民间逸话和中国历史上的人物故事悉数登场，文学叙事和中国历史上的人物形象深深刻在了朝鲜国王的脑海中，成为本案审理时重要的参照系，并由此影响到了本案的判决结果。正祖大王之所以对羊角哀这一人物十分熟悉，很可能因为他阅读了流入朝鲜的冯梦龙的"三言"。[2] 从本案中国王援引的故事和人物，以及国王判决的行文看，可以推测国王受到了文学作品的广泛影响，使他对行侠仗义的英雄形象极度向往和钦慕。现实中朝鲜出现了这样的人物后，即使他身负命案，也丝毫不妨碍国王对他的欣赏。申汝偶因自己的义杀行为与其名字中"偶"（偶侥）的含义相合而被国王无罪释放。丁若镛援引《周礼》"杀人而义"[3] 的概念，认为本案的当事人即属此类型。这一类型的杀人"令勿仇，仇之则死"，即便是被杀者的亲人也不得复仇，并根据《周礼》的观点推导出义杀金顺昌的申汝偶本就不应受到任何的处罚，从而认为"圣上处分，自与周礼相合"[4]，对正祖无罪释放的判决大加赞扬。

---

[1] 《审理录》卷21，全罗道长兴府申汝偶狱。

[2] 《喻世明言》卷7，羊角哀舍命全交。

[3] 《周礼·地官·调人》。

[4] 《钦钦新书》，祥刑追议，义气之赦一（兄不庇弟 邻以义杀 根由义愤 实因被踢）。

下面我们看与"申汝倜案"同时发生且一同写入小传的"金银爱案"。若说申汝倜乃是故意伤害致人死亡的话,那么金银爱就是典型的故意杀人了。此案经过李德懋的加工后,杀人犯金银爱的形象反而变得极其正面,其大义凛然的气概跃然纸上。

> 李德懋作《银爱传》曰:"银爱金姓,康津县塔洞里之良家女也。里有安姬者,故娼也,陂险荒唐,多口说。疥癞遍体,不任搔痒,发心痒,益不慎言。尝丐贷米豆盐豉于银爱之母,母有时不与,姬辄愠恚,思欲中之。里童子崔正连,即姬之夫之妹之孙也,年十四五,冲稚娟好。姬试挑之以男女昏媾之事,仍说之曰,'娶妻如银爱者,顾何如?'正连笑曰,'银娘美艳,岂不幸甚?'姬曰,'第倡言若业已私银爱者,吾为若成之。'正连曰,'诺。'姬曰,'吾患疥癞,而医言疡科药料直最高。事苟成,若为我当之?'正连曰,'敢不如教?'一日姬夫自外而至,姬曰,'银爱耽正连,要我行媒,期于吾家,为正连大母所觉,银爱爬墙而遁。'夫切责曰,'正连家世微,而银爱室女也,慎勿出口。'于是一城喧藉,银爱嫁几不得售,惟里人金养俊,深知其明白也,遂娶以为室,则诬言益播,尤不忍闻。(崔正连,即康津吏崔宗烈之子也,金养俊亦县吏)
>
> 己酉闰五月二十五日,安姬大言曰,'初与正连约行媒,报我药直,银爱忽畔而嫁他夫,则正连不如约,我病自此?,银爱真我仇。'里中老少,相顾骇愕,瞬目摇手,不敢出言。银爱素刚毒受姬诬,辱已二年,至此尤愧恨,实不能堪,必欲手剐安姬,一洗此冤愤而不可得。翌日值家人不在,伺安姬独宿,夜一更持厨刀,搴袖扱裙,飒然而步,直入安姬之寝,一灯翳翳,姬孤坐将就眠,露半体只系裙。银爱横刀而前,眉眼俱倒竖,数之曰,'昨日之诬,甚于平昔,吾欲甘心于尔,尔尝此刀。'姬意以为彼固纤弱,不足有为,应曰,'欲刺试刺。'银爱疾声曰,'可胜言哉。'侧身倏刺其喉左,姬犹活,急把其持刀之捥,银爱謍然抽掣,又刺喉右,姬始右仆,遂蹲踞于旁,刺缺盆之左,又刺肩胛、腋、肌、膊、颈及乳,皆左也,末乃刺右脊背,或二刺三刺,挥霍飞腾,一刺即一骂。凡十有八刺,未暇拭刀血,下堂出门,急向正连之家,聊以泄余愤焉,路

逢其母,泣挽而归。银爱时年十八。

里正奔告于官,县监朴载淳盛威仪,肆姬尸验刺死状,究银爱刺姬何为,且姬健妇,汝弱女,今创刺凶悍,匪若独办,无隐直告。时伍伯离立狰狞,刑具满地,干连瑟缩无人色。银爱项有枷,手有拳,脚有镣,拘挛缚束,体弱委垂,殆不能支,然面无怖,言无哀,毅然而对曰,'款官我父母,试听囚言。室女受诬,不污犹污,姬本娼家,敢诬室女,古今天下,宁有是哉,囚之刺姬,岂可得已?囚虽蒙呆,尝闻我杀人,官诛身,固知昨日杀姬,今日当伏诛。虽然姬既囚刺,诬人之律,官无所施,但愿官家打杀正连。且念囚独受诬,更有何人,助囚共剚,行此凶事?'县监太息良久,取验刺姬时服饰,苎衫苎裙,都是殷赤,几不辨衫白而裙青。悚而壮之,虽欲原释,法不可屈,弥缝谳词,上于观察使。观察使尹行元,亦饬推官,姑究其同谋为谁,以缓其抵法,讯核凡九次,词如一。惟正连冲稚,为姬诖误,置不问。庚戌夏,国有大庆,上录死囚,观察使尹著东,上此狱而谳词颇微婉。上恻然欲傅生,重其事,命刑曹就议于大臣。大臣蔡济恭献议,银爱报怨,虽出至冤,罪犯杀人,臣不敢为参恕之论。上下批,特贷其死。"①

《钦钦新书》记录本案时援引了李德懋《银爱传》的原文。而《银爱传》本身即已经过文学加工,与真实案情已有出入。主人公(即杀人犯)金银爱的正面形象被凸显出来,而与之对应的是反面人物(即被害人)安姬,其形象则被尽力丑化,塑造成"疥癫遍体"的丑陋老妇。妇人安氏为了筹措治疗疥疮的医药费,因而向崔正连提议,撮合他与金银爱二人的婚事,崔正连承诺事成后会包揽安氏治疗疥癫的药费,以此作为安氏帮他做媒的报酬。安氏老妪做媒时贪婪而奸诈的形象,俨然《水浒传》《金瓶梅》中为西门庆、潘金莲二人牵线搭桥的王婆,而容貌姣好的崔正连口中"银娘美艳,岂不幸甚""敢不如教"等话语所勾勒出的油滑形象,又恰似《水浒传》《金瓶梅》中的西门庆。可以推测,《银爱传》的创作者李德懋曾熟读中国古典小说,并受到中国古典小说人物刻

---

① 《钦钦新书》,祥刑追议,情理之恕八(室女被诬 自杀奸婆 根由奸淫 实因被刺)。

画手法的强烈影响。

安氏为逼金银爱就范，因而散布银爱已与正连私通的谣言，使得城中百姓都知道银爱的贞操有损，致使银爱几乎嫁不出去。只有县吏金养俊知道其中内情，不畏流言蜚语而毅然与金银爱成婚，但这时的谣言反而流传更广了。安氏得知金银爱出嫁后，知道自己的如意算盘已经落空，所以对银爱怀恨在心，认为都是银爱坏了自己的好事，未能取得做媒的酬劳而使自己的疥疮无法得到医治。银爱受到安氏散布谣言的困扰已达两年之久，她忍无可忍，发誓手刃安氏老妪，以洗刷自己的冤屈。银爱于己酉年（1789）闰五月二十五日，趁安氏老妪一人在家，在午夜一更时提着菜刀来到安氏家中，她连砍安氏十八刀后，安氏倒在血泊中身亡。她正要出门去砍杀崔正连泄愤时，遇到了自己的母亲，二人互相搀扶并哭泣着回到家中。她杀死安氏时刚年满18岁。

金银爱接受审理时面无惧色，并说明了杀死安氏是自己一人谋划一人所为，而与他人无关，愿意杀人偿命并承担一切法律责任。但金银爱认为安氏已死，其诬陷之罪无法追究，希望官长能杖杀崔正连，将他就地正法。此案经里正报官，又经县监审理后上报全罗道观察使尹行元。观察使审讯金银爱多达9次，让她供出有无同谋，而银爱的供词却始终如一。次年（1790）朝鲜国适逢大庆，国王录囚时，观察使将金银爱案上报给正祖大王，请国王定夺。国王最终赦免了银爱的死罪。这一案件中正祖大王的判词写得极为精彩，故全文列出。

判付曰：天下之切肤彻骨之冤愤，莫过于贞女之以淫被诬。乍冒此名，便溺于万仞坑堑，坑可攀而登，堑可跃而出，此名欲辨何以辨，欲洒何以洒乎？往往冤切而愤彻，自经沟渎，欲暴其碧碧之情实者，间或有之是如乎。银爱者，渠不过十八岁女子耳。渠以江汉守红之迹，忽遭溱洧玷白之辱，而所谓安女妆出掠花之虚影，闪弄哆箕之饶舌，虽在结缡之前，尚且决性命辨真伪，要作分明之身是去等，况於新缘才觏于旭雁，毒射复肆于沙蜮，一言脱口，百喙吠影。垓城之歌，四面皆楚，则冤切愤彻，将判一死，但恐徒死伤勇，人无知者。于是乎提出床刀，走到仇家，说得痛快，骂得痛快，毕竟白白昼，刺杀一个泼妇，使乡党州间，晓然知自己之无累，彼仇之可报,而不效巾帼髽妇,既犯杀变,反事变化,以丐其侥幸一缕者流。此诚热血汉子所难办,而又非褊性弱女,匿冤愤而经沟渎之比也。若使兹事,在列国之时,其外死生尚气节,可与聂嫈而齐名,太史公亦当取而书之于"游侠传"末分叱不喻。往在数十年前(即英宗朝),海西有似此狱事,按道者请原之,朝廷下褒谕,即令释之。厥女出狱,媒侩云集,以千金赌,其女终为士妻,至今传为美谈。惟今银爱,办此举于既嫁之后,尤岂不卓然乎哉?银爱身乙特放。日前长兴申汝倜之傅生,出于重伦常,重气节也。惟今银爱之特放,亦类是耳。两案梗概及所下判辞,誉颁道内,俾知人而无伦常无气节者,与禽兽无异,则未必不为风教之一助。

在该案判决中,正祖大王对银爱的遭遇极为怜悯,又对她的气节极为褒扬。国王认为天下切骨的冤屈,莫过于女子的贞洁受人诬陷了。正祖援用《史记》"项羽本纪"中"四面楚歌"等历史典故,以此形容金银爱所遭受的境遇,认为银爱通过刺杀泼妇安氏以力证自己清白,这种气节是热血男儿都难以做到的。正祖大王与《中国之武士道》的作者梁启超一样,将目光和思绪都投向了列国时代(春秋战国)。他在判决中援引《史记》"刺客列传"中聂政、聂嫈(一作"聂荣")的故事,认为金银爱气概之节烈可比聂政的姐姐聂嫈,乃属女中豪杰,其事迹配写于《史记》"游侠列传"末尾。之后,国王又援引了数十年前英祖大王在位时黄海道发生的先例,当时的受诬女子在杀人后被无罪释放并获得了朝廷的褒扬,以此来比附金银爱案。最后国王将同一年(1789)发生的"金银爱案"与"申汝倜案"并列,认为两案属于同一犯罪类型,均出于重视伦常和气节的缘故。国王将金银爱无罪释放,并将"金银爱案"与"申汝倜案"的梗概和判词颁行全国,认为人若丧失了气节和人伦,便和禽兽没有任何分别了。

正祖大王的这一论点又回到了孟子的"人禽之辨",与申汝倜在义愤杀人时的想法如出一辙。"人之所以异于禽兽者几希;庶民去之,君子存之。舜明于庶物,察于人伦,由仁义行,非行仁义也。"① 依照孟子的观

① 《孟子·离娄下》。

点,"人伦"和"仁义"乃是人类区别于禽兽的重要标志。由此看来,朝鲜王朝时期义愤杀人案件的犯罪行为和判决依据都与孟子的"人禽之辨"有着密切的联系。换言之,孟子的"人禽之辨"不仅为朝鲜的"义杀"行为提供了犯罪动机,同时也为此类案件的判决提供了法哲学的基础。而本案中,中国故事、本国(本朝)先例均成为正祖大王判决时所依据的重要法源。正祖通过援引春秋战国的故事,其判决中对"义"的理解已不限于"道义"或"正义",而对类似"(江湖)义气""热血"和"外死生尚气节"等也予以褒扬,这说明正祖大王与丁若镛所理解的仅限于"道义"或"正义"的狭义的"义"是有所出入的,国王对"义"的理解与我国先秦时代相似,是广义的"义",是对"义"的扩张解释。在今日看来,对广义的"义"即"义气"的褒扬,对社会治理和法治社会建设却是无益的。

"金银爱案"发生于朝鲜正祖十三年(1789)的全罗道康津县,而丁若镛刚好在1801—1818年被流放至康津县。流配时距离案发之日仅过去了十余年,因而丁若镛在康津县时,通过当地的坊间传闻,也了解到一些关于"金银爱案"的实际情况。而他在当地听闻的"真相",却与李德懋所作《银爱传》中所描绘的案情相去甚远。因此,丁若镛对本案给出了不同的说法。

> 臣谨案:嘉庆辛酉冬,臣谪配康津县,穷居民间,听邑人之言曰"银爱自未笄时,已与崔正连私奸,安妪为作媒婆,每于安妪之家行奸。其后利少,安妪播之,银爱遂杀之。"然中冓之事,有谁知之?凡奸淫之讼,一被指目,众人从而实之。故谚曰"盗冤终脱,淫诬难雪",此之谓也。如有实犯,理当沮恧,不能若是之快杀也。[①]

根据丁若镛听闻的当地坊间传闻,金银爱在未成年时既和崔正连通奸,二人的奸所就在安氏老妪家中。也就是说,安氏为两个人的私通提供了场地,以换取一定的报酬。因为酬劳随时间逐渐变少,才使得安氏老妪将二人的丑事散播出去,之后银爱便将安氏杀害。但是私通这类私

---

① 《钦钦新书》,祥刑追议,情理之恕八(室女被诬 自杀奸婆 根由奸淫 实因被刺)。

密之事,又有谁能够确切地知晓呢?这类谣言一经传播便难以平息。丁若镛对金银爱的贞操表示质疑,并认为其快意杀害安氏老妪的行为不妥。丁若镛的按语为我们提供了"金银爱案"的另一种版本。丁若镛所听闻的当地坊间传闻,究竟是历史的真实还是安氏老妪所散布的一种谣言版本,现在已不得而知。但丁若镛勇于对已由官方定调的说法提出自己的质疑,其理性和批判精神跃然纸上。虽然案件的"真相"只有一个,却能衍生出许多个接近"真相"的不同版本,并随着时间的演进,与案情有关的说法变得愈加扑朔迷离。如果丁若镛提供的版本属实,那么官方提供的经由文学加工的"义愤杀人"版本便是一种道德说教,是朝廷、地方官和民间相互配合的联合"表演"。

此外,丁若镛还收录了一起发生在正祖年间黄海道谷山县的义气杀人案。当事人金世辉在醉酒后,看到邻佑尹泽廷正欲强奸幼女,出于义愤的他借着酒劲刺杀了尹泽廷。"借问谁事之不平者,自是古侠之习气"①,该案检官在报告中认为犯人是在看到世间有不平事后,出于侠义之气而杀人的,因而情有可原。国王对此案的判决已经缺失,无法得知该案的最终判决结果,但丁若镛认为"此亦所谓杀人而义者也",并将此案同样归入了"义杀"的类别。

与此同时,丁若镛还在"经史要义"篇举出了一件义愤杀人的反例,认为这类情形不应被归入或认定为"义杀"。这一案件发生在我国明代洪武年间,讲述了当时的一名奸夫义杀与自己通奸的淫妇的故事。

> 洪武中,有校尉与邻妇通。一晨瞯其夫出,即入门登床,夫复归,校隐床下。妇问:"何故复回?"夫曰:"天寒思尔熟寝,恐伤冷,来添被耳。"乃加覆而去。校忽念彼爱妻如此,乃忍负之,即取佩刀杀妇去。有卖菜翁,常供菜于妇家。至是入叫无人即出。邻里为奸告,累执卖菜人,抵之狱成。将弃市,校出呼曰:"妇是我杀,奈何累人。"监制人引见,上备奏其有愿就死。上曰:"杀一不义,生一无辜,可嘉也。"即释之。②

---

① 《钦钦新书》,祥刑追议,义气之赦二(老而奸幼 邻以醉杀 根由奸淫 实因被刺)。
② 《钦钦新书》,经史要义,义杀淫妇。

该案原本出自祝允明《前闻记》中的"床下义气"。讲述了明代的一名校尉和他人之妻私通的故事。这天一早，趁妇人的丈夫出门后，这位校尉便悄悄潜入妇人家中，但她的夫君却忽然折回家中，校尉赶忙躲到了床下。本夫返回只因在出门时看到天气转凉，于是回来替睡梦中的妻子加一床被褥。校尉见状忽然良心发现，觉得妇人的丈夫既然这么疼爱她，她却还偷偷背着丈夫与自己通奸，于是愤而挥刀结果了妇人的性命。太祖朱元璋念及他杀害了一名不义之人，又救下了一名顶罪的无辜之人，因而判决将这位校尉无罪释放了。

"此人自犯奸淫之罪，以男而蛊女，使之移情，旋以不义而杀之，不可曰义人也。王者施以特恩，非万世之经法也。"[1] 丁若镛在该案评论中认为，该校尉的行为不属于义愤杀人，因为他蛊惑妇人使之移情别恋，本就有错在先且犯有奸罪。因该校尉本就有罪在身，与妇人同属于犯奸罪的共同正犯。也就是说，丁若镛认为共同犯罪中的二人（含二人以上）之间不得以"义愤"的名义将同伙杀害。即"义杀"主要是指为他人鸣不平导致的行为，如果所鸣之不平与自己的过错有关，则旋即丧失鸣不平的权利和"义杀"的资格。他认为朱元璋所作的释放判决仅出自特别的恩典，而不是能推而广之的通行法律或惯例，因此不得用以援引比附。

现代法律认为，义愤杀人是行为人由于被害人对其本人或近亲属、其他密切关系人实施了侮辱性、挑衅性、侵略性的言行，因而情绪失控作出的杀人行为。[2] 上述案例中，申汝倜和金世辉均属于路见不平、拔刀相助的情形，义杀的行为人及其近亲属并未受到被害人的侵犯。现代法律中"义愤杀人"的成立要件大概有以下四点。[3] 第一，现代法律认为义愤杀人的前提要件是被害人对行为人或其近亲属、其他密切关系人实施了侮辱性、挑衅性、侵略性的违背社会正义与伦理道德的言行。而朝鲜王朝后期的案例告诉我们，被害人做出强奸幼女或殴打病弟等违背社会正义或伦理道德的行为时，即使未侵犯行为人或行为人的近亲属，也同

---

① 《钦钦新书》，经史要义，义杀淫妇，按。

② 智逸飞：《论义愤杀人的法律认定与法定话构建》，《湖南警察学院学报》2020 年第 6 期，第 40 页。

③ 智逸飞：《论义愤杀人的法律认定与法定话构建》，《湖南警察学院学报》2020 年第 6 期，第 40 页。

样可以激怒"义杀"的行为人。第二，现代法律认为义愤杀人的主观意志要件是行为人在实施杀人时理智薄弱、辨认和控制能力严重降低。这一要件在多数朝鲜王朝的案例中也同样成立。第三，现代法律认为义愤杀人的时间要件是行为人必须当场实施杀人行为。朝鲜王朝后期的案例中，申汝偶和金世辉乃是当场施行"义杀"，而金银爱是在听闻恶毒谣言的次日夜里施行"义杀"，也基本符合这一要件。第四，现代法律认为义愤杀人的对象要件是针对有不当言行者实施的杀人行为。上述三起朝鲜后期的案件中，被害人分别做出了殴打病弟、散播构陷女子贞操的恶毒谣言、强奸幼女等不当言行，亦符合这一构成要件。

由此可见，朝鲜王朝后期的司法对"杀人而义"的认定与现代法律中的"义愤杀人"虽有一定区别，但仍存在着较多的相关性。与当今许多国家法律对"义愤杀人"行为作出明确规定并予以减刑一样，"杀人而义"在朝鲜王朝时期同样属于参酌"情理"而可获减刑的范畴。"义"虽然包含在"情理"之中，却又是"情理"的最高境界，国王对"侠义"的感性欣赏，远远超过了他对"情理"的理性参酌，使得这一类型的案件得到了最大限度的减刑，而中国的历史和文学故事对判决结果发挥了巨大作用。

第六节 "三赦"与刑事责任能力

丁若镛在《钦钦新书》"经史要义"篇中特别关注到了与刑事责任能力有关的问题，并在书中收录了具体的案例。在"司刺宥赦之义"条中，丁若镛首先援引《周礼》"司刺"篇中的三个重要法律概念，它们分别是"三刺""三宥""三赦"，并着重对"三宥"和"三赦"作了解读。丁若镛在此主要援用了郑玄、郑重和贾公彦的注疏，并主张"三宥"是"狱事之所恒值也"，认为法官断狱时遇到这类情形，若能够"引经以宥之"，就是再好不过的事了。此外，《周礼》"小司寇"篇中针对特殊身份者的"八辟"制度（后世称作"八议"），丁若镛在"经史要义"篇的"议亲议贵之义"条中亦有所涉及。

"三宥"之"不识""过失""遗忘"主要与过失犯罪有关，而"三赦"之"幼弱""老旄"和"蠢愚"则与今日刑事责任能力有关。依照郑众、贾公彦的注疏，汉代未满 8 岁的孩童（"悼"）和 80 岁以上的老人（"耄"）除亲手杀人外，其他犯罪均不需要承担刑事责任。丁若镛据此评论道，汉代 7 岁以下、80 岁以上之人若亲手杀人，仍然不能免除刑责，可见汉代法律的严格。他认为若是儿童嬉戏打闹而邂逅致死的话，可以考虑免除涉案儿童的刑事责任。①

丁若镛在此对照了中朝两国有关刑事责任年龄的规定。他援引《大明律》"名例律"的规定，"凡年七十以上十五以下及废疾犯流罪以下，收赎；八十以上十岁以下及笃疾犯杀人应死者，议拟奏闻，取自上裁，盗及伤人者，亦收赎；九十以上七岁以下，虽有死罪，不加刑。"② 这与《唐律疏议》的相关规定③如出一辙。由此可知，《大明律》将刑事责任能力按照年龄和身体的残疾程度划分为三档，第一档是年龄在 70 岁以上、15 岁以下之人，抑或废疾者，犯罪行为若罪不至死（流罪及以下），可以通过赎钱的方式免除刑罚，但如果犯有死罪，其处罚则与常人无异。第二档是年龄在 80 岁以上、10 岁以下之人，抑或笃疾者，这类人若犯有死罪，则将最终裁量权交由皇帝，皇帝根据具体的情况决定当事人是否可以免除刑罚，即对应第二档年龄的人若是犯有死罪，可否免除刑事责任是未知和不确定的，法律留下一定的余地，而第一档和第三档的刑事责任有无则是确定的。第三档是年龄在 90 岁以上、7 岁以下之人，这些人即使犯有死罪，也无须承担任何刑事责任，亦无须像前两档一样通过赎钱的方式免除刑责。由此可见，《大明律》规定的前两档相当于今日限制刑事责任能力人，而仅有年龄在 90 岁以上、7 岁以下之人才真正类似今日无刑事责任能力人。

在朝鲜本国法典中，对刑事责任年龄的划分则与《大明律》略有差异。丁若镛列举了儿童间因打闹致死的情形下朝鲜本国法律是如何规定的。"邻儿因戏相诘，颠仆致死，而犯者年未十岁，则分拣；增注云，十岁以上十五以下，因戏杀人者，次律减等。"④ 从《续大典》这一规定可

① 《钦钦新书》，经史要义，司刺宥赦之义，镛案。
② 《钦钦新书》，经史要义，司刺宥赦之义；出自《大明律》，名例律，老小废疾收赎。
③ 《唐律疏议》，名例律，老小废疾。
④ 《钦钦新书》，经史要义，司刺宥赦之义；出自《续大典》（《大典通编》），刑典，杀狱。

知,朝鲜法律在基本沿袭《大明律》规定的基础上,将《大明律》中刑事责任年龄的第二档和第三档合并,即将7岁以下和7岁以上10岁以下的幼童一同归入无刑事责任能力人的范畴,以此明确了《大明律》刑事责任年龄第二档(7岁以上10岁以下)原有的模糊空间,即国王自动取消了自身对第二档人员犯罪时的自由裁量权。此外,《大典通编》另规定将10岁以上、15岁以下之人减轻处罚,即将其视为限制刑事责任能力人。这一规定是仅限于儿童间因戏谑致死的情形,还是其他情境下的儿童犯罪也比照适用这一规定,目前尚不得而知。

丁若镛在考察中朝两国相关法律规定后评论道,"周法、汉法、明律、国典各自不同,今之按狱者,宜以国典为主而参引古义也。"① 他认为朝鲜各地的法官在遇到类似老幼之人犯罪的案件时,应以《续大典》等朝鲜本国法典规定的特别法条优先,并适当参酌《周礼》等经典中的古训。而《大明律》中的一般规定即是当时朝鲜所通行一般刑法典,丁若镛自不必多言。

其后,丁若镛选取了中朝两国历代发生的涉及特殊群体刑事责任的代表性案例,并将之载入《钦钦新书》。在"经史要义"篇中,丁若镛记录了一起发生在朝鲜肃宗大王在位时期的儿童犯罪案件。

> 肃宗七年,京城民九岁儿俊杰,与邻居十一岁儿虎良斗,虎良被殴伤,三日而死。刑曹请刑讯取服。上教曰:"杀人者死,三尺虽曰至严,年才九岁,特一蒙无知识之稚儿。古人所谓'如得其情,哀矜而勿喜'者,正指如此者也。断以一罪,实涉矜恻,议于大臣。"左议政闵鼎重、判中枢府事郑知和以为圣教至当,遂命减死定配。②

本案发生于朝鲜肃宗七年(1681)的朝鲜国都汉城,讲述了一个名叫俊杰的9岁儿童与比邻而居的11岁儿童虎良打斗,虎良被俊杰殴伤,并在受伤后的第三天死亡的案件。最后,这位殴打邻居致其死亡的9岁

---

① 《钦钦新书》,经史要义,司刺宥赦之义,镛案。
② 《钦钦新书》,经史要义,幼弱减死(肃宗朝)。

儿童被处以流配的刑罚。9岁儿童在当时的朝鲜就负有刑事责任了，这与我们今日的观念全然不同。按照《大明律》的规定，7岁以上、10岁下的幼童犯有死罪要奏请国王裁决，其是否承担刑事责任是不确定的，但并非想当然地免除其刑责。从上述判决可知，17世纪的朝鲜对儿童犯罪的刑罚基本严格遵照《大明律》执行，该案中的9岁儿童业已超过免除刑事责任的年龄（7岁），所以从法律上来说可以受到刑事处罚。古代之所以以7岁为界，依照"司刺宥赦之义"所引《周礼注疏》中贾公彦的解释，是因为"未满八岁，则未龀，是七年者。若八岁已龀，则不免也"①。古人将乳牙脱落、恒牙萌出的换牙作为是否具有刑事责任能力的分水岭。年仅9岁的儿童被判处流刑，这在今日是难以想象的，但在当时却合理合法，因为9岁儿童已萌出恒牙。古人的预期寿命、成婚年龄、生育年龄均早于今人，且古人与今人最大的不同就是生命周期中基本不存在一个确切的青春期（青少年）阶段，童年过后便是成年，就可以婚配生育了。而这些都是古代法律的刑事责任起始年龄明显早于现当代的原因。而所谓青春期（青少年）这一生命阶段则是西方近代以后的发明，是晚近才被创造出来的概念，导致人的"成年"被推迟，这影响了大陆法系国家对刑事责任年龄的划分和界定。而青春期（青少年阶段）恰恰是犯罪的高峰期（危险期），古人对待这一年龄段人群所实施的犯罪，远不如今日大陆法系国家那般宽容。我国古代对未成年人犯罪时刑事责任能力的界定，比起今日大陆法系的乐观主义来，反而更接近今日英美法系的现实主义。

除未成年的刑事责任年龄（分别以7岁、10岁、15岁为界）显著早于今日刑法规定（分别以14岁、16岁、18岁为界）外，我国古人在划分刑事责任年龄时，会综合考虑到"老""幼"这两种接近生命周期两极的年龄段和相应群体，与今日世界各国法律多数仅将未成年人（"幼"）视作无刑事责任或限制刑事责任能力人的做法，在立法精神和思维方式上有着根本区别。我国古代对老年人刑事责任能力的划分分别以70岁、80岁、90岁为界。在2011年颁行的《刑法修正案（八）》中，我国法律以75岁为界，正式对高龄老人的犯罪和审判有了一定的照顾。

---

① 《钦钦新书》，经史要义，司刺宥赦之义。

丁若镛在阅览本案后评论道,"《大典通编》既有'小儿年未十岁分拣,十岁以上减'等之文,则俊杰年未满十岁,自应在分拣之科也。"①丁若镛援引《大典通编》中对未满 10 岁嬉戏致死的当事人不追究刑事责任的规定,认为上述判决不尽合理而予以委婉地批判。但丁若镛所援引的这一规定原出自朝鲜英祖二十二年（1746）颁行的《续大典》,本案发生时的朝鲜可能尚未颁行这一规定,因此未按其后所出的法律规定执行是正常的。

除"幼弱"和"老旄"外,"蠢愚"也属于《周礼》"三赦"的范畴。因而在"经史要义"篇中,丁若镛随后又举出"蠢愚"者减免刑罚的案例。"蠢愚"是指智力发育不健全或者智商明显低于常人的群体。"蠢愚"这一概念与当今刑法上不能辨认或不能控制自身行为的"精神障碍人"相仿,但又不完全一致。而相较精神类疾病,身体上的残障更加明显,也更容易认定。丁若镛在"经史要义"篇中就记载了肃宗大王在位时的一起聋哑人犯罪案件。

> 野史,肃宗朝,有聋哑而杀人者,名曰爱立。相臣金锡胄议曰:"爱立虽曰病人,其手脚能伤人害人,以至于致死。则杀人者当死,固无可论,第其不闻不言,终无可以问罪取招,案治勘结者。且按法典,以痴、痖、侏、儒、一肢废,为废疾,此言一处受伤而废也。以两目盲、二肢折,为笃疾,此言非特一处受伤于病,为笃也。今爱立既聋且哑,二用俱塞,此正与笃疾者无间,则本道之引用,议拟奏闻之律,请令该曹禀处者,似不至于大误。伏惟上裁。"②

此案记述了朝鲜王朝后期一位名叫爱立的聋哑人杀人的故事。因为嫌犯爱立是聋哑人,所以无法审讯,更无法顺利取得口供,致使本案成为难以处理的疑难案件。朝廷在审议此案时,宰相金锡胄援引了《宋刑

---

① 《钦钦新书》,经史要义,幼弱减死（肃宗朝）,案。
② 《钦钦新书》,经史要义,聋哑减死（金锡胄）。

统》关于残疾人犯罪的规定①，而未援引《大明律》。若引《大明律》原文的话，在朝鲜一般会直接称作"律"或"律文"，而基本不会称之为"法典"。宰相金锡胄通过引述前代法典的规定，以主张嫌犯爱立属于朝鲜王朝现行法之《大明律》所言的"笃疾"一类，试图对"笃疾"这一法律概念作扩张解释。而"笃疾"者在《大明律》中被认定为限制刑事责任能力人，享有和80岁以上、10岁以下等老幼群体同等的减刑待遇。此案亦载于金锡胄的遗作《息庵遗稿》"收议"篇②中，《钦钦新书》记录的这一案件很可能出自《息庵遗稿》。丁若镛在《钦钦新书》中言明本案出自"野史"，即说明了丁若镛当时未见正史记录该案。

那么，"废疾"和"笃疾"的标准应如何认定呢？在《大明律集解附例》纂注中，"废疾"被认定为"瞎一目、折一肢之类"，"笃疾"被认为是"瞎两目、折两肢之类"③，其所枚举的具体类型远不及《宋刑统》详尽。且因纂注中"之类"的用语，为后世适用法律时提供了扩张解释的空间，使得该规定具有开放性。但《大明律》这一纂注在解释"废疾""笃疾"等概念时仅涉及目盲，却从未提及聋、哑的情形。那么能否将聋哑人也同样视作"废疾""笃疾"呢？听觉障碍可否直接视同或等同于视觉障碍呢？笔者认为，听觉障碍者和视觉障碍者在认定刑事责任能力时可能无法完全画等号，因为听觉障碍者（聋哑人）实施犯罪的容易程度远超视觉障碍者（盲人）。《宋刑统》将"痴哑"视作"废疾"而将"两目盲"视作"笃疾"，联想到"十聋九哑"的情形，或许能够证明聋哑人不能直接视同双目失明的盲人，最多可以视同单目失明者。

聋哑人爱立杀人一案的判决结果在《钦钦新书》未见记载。经笔者考证，发现该案在《朝鲜王朝实录》中也有着简单的记载，这一记载弥补了《钦钦新书》无判决结果的不足。

　　　　以庆尚道宜宁杀人罪人爱立，耳聋口哑，不得同推事，命议大

---

① 《宋刑统》，户婚律，"痴哑、侏儒、腰脊折、一支废，如此之类，皆为废疾；恶疾、癫狂、两支废、两目盲，如此之类，皆为笃疾。"（出自唐令中的"户令"）。

② 《息庵遗稿》，收议，爱立聋哑不得按法偿命议。

③ 《大明律集解附例》，名例律，老小废疾收赎，纂注。

臣。大臣皆以为，爱立虽聋哑，犹握杖杀人，固当偿命，而耳无闻
口不言，不能取招，有难轻断。命定配。①

　　《朝鲜王朝实录》的记载虽然十分简单，但从中足见其审断时法理的
科学明了。首先，众大臣在审议该案时从未像《钦钦新书》所引宰相金
锡胄的主张那般认为嫌犯爱立属于"笃疾"的范畴，以此可以推断，宰
相金锡胄将之归入"笃疾"的主张在朝议时未能成为主流意见，最终也
未被采纳。也就是说，多数大臣认为并不能将聋哑人简单地视同双目失
明的盲人，二者的刑事责任能力并不相同，即反对金锡胄对《大明律》
"笃疾"这一法律概念作任意地扩张解释。多数大臣认为犯人"虽聋哑，
犹握杖杀人，固当偿命"。也就是说，因《大明律》仅明言单目失明和双
目失明分属"废疾"和"笃疾"，却未提及聋哑人犯罪的相关情形，因此
多数大臣既不把聋哑人视作"笃疾"，亦不把聋哑人视为"废疾"，在刑
事责任能力上将其视同正常人，应与正常人一样杀人偿命，故而应被处
以死刑。但为何本案的最终判决是将嫌犯爱立流放而非判处死刑呢？那
是因为朝鲜王朝深受我国影响，在刑事司法上极其重视口供，即犯罪嫌
疑人必须亲自认罪伏法后才能将之处死，在未能取得口供、嫌犯本人并
未招供并认罪的情况下，是无法随意将其定为死罪的。因本案当事人既
聋又哑，"不能取招，有难轻断"，不能轻易地审断判决，所以不便将之
处死，故而才将其处以流放的刑罚。因此，本案在判决时并非因聋哑人
属于限制刑事责任能力的"笃疾""废疾"而减轻刑罚，而是因取证困难
而减轻了当事人的刑量，二者的法律逻辑存在根本不同。而针对无法获
取聋哑人口供的问题，在其后颁行的《续大典》中作了规定，"杀人者耳
聋口哑，无以推问则不为取服，径先处断"②，即朝鲜王朝的法律赋予判
官根据人证、物证直接审判聋哑人的权限，而不必获取涉案聋哑人之
口供。

　　《周礼》所谓"蠢愚"和古代的疯病、狂病不尽相同。我国部分朝代
对精神病人犯罪有一定的优待。如赵宋时期的《宋刑统》中就将"癫狂"

————————

① 《朝鲜王朝实录》，肃宗实录卷14，肃宗9年7月8日。
② 《续大典》，刑典，杀狱。

列入"笃疾"的范围。① 将精神障碍与身体残障一道,作为减轻处罚的法定情形而列入刑法酌情考量的范畴,在当时已属十分先进科学了。但《大明律》与前代法律不同,在精神病人犯罪领域并无明文规定,这可能由于《大明律》在立法时认为在精神病人的认定上存在一定困难,因为精神疾病不像身体残障那般显而易见,且始终无法排除嫌犯在事发前后装疯卖傻的可能,由此足见《大明律》之严谨。

针对精神病人犯罪后刑事司法应如何处置的问题,丁若镛也予以特别的关注。首先,丁若镛在"拟律差例"篇的"故误之判"部分介绍了清代的两起精神病人犯罪伤人案件。一例是发生在嘉庆年间山西省的疯人夜入人家后被殴伤致死案②,另一例是发生在乾隆年间湖南省的疯人混赶他人之牛而被殴砍致死案③,两起案件的被害人均为"疯发"外出的精神病人,而一众加害人在实施犯罪时均不知道被害人存在精神疾病,所以在判决时均未将被害人是精神病人的情节纳入量刑考虑范围以加重当事人的刑量。

《钦钦新书》中关于精神病人犯罪最具代表性的就是丁若镛在"拟律差例"篇"疯狂之察"中所记录的三起清代疯人犯罪案件。作为朝鲜王朝现行法的《大明律》并无有关精神病人犯罪的特别规定,故而丁若镛通过《钦钦新书》将清代关于疯人犯罪的最新规定——"疯人条例"及时介绍到朝鲜半岛,以便朝鲜各级官员参酌。在"疯狂之察"部分,丁若镛首先记录了嘉庆年间直隶发生的疯人刘玉殴人致死案。

> 直隶丰顺县民刘玉,忽患疯病,殴伤素识之刘成幅身死。供词明晰,遵照新例,依斗杀科罪一案。再查向例,疯病杀人者,永远锁锢监禁,虽或痊愈,不准释放。盖以衅起因疯,并无别故,宽其抵死,而人命至重。恐启挟仇,装风藉病,脱罪之渐。是以疯病虽愈,不准释放例,意极为深微。近因外省,常有因疯杀命,审讯定案时,供吐明晰,业已痊愈,外省定拟,未能画一。臣部酌议,即

---

① 《宋刑统》,户婚律,"恶疾、癫狂、两支废、两目盲,如此之类,皆为笃疾"。
② 《钦钦新书》,拟律差例,故误之判二十六(疯人夜入人家 既就捕殴伤致死 ○嘉庆)。
③ 《钦钦新书》,拟律差例,故误之判二十七(疯人牵牛赶走 既就捕殴砍致死 ○乾隆)。

照斗杀科罪，奏准通行在案。惟查因疯杀人，而到官时，旋已痊愈，疯病之虚实，诊验难凭，恐滋捏饰纵凶流弊。①

本案在《钦钦新书》中并未记载最终判决结果，但从上文中可知，清代对精神病人的控制较为严苛。本案中提到了"新例""向例"等词汇，可知在本案发生前后是清代关于精神病人立法的密集期和转换时期。因此，丁若镛将本案提及的清代新制定的条例附于本案后，并在该条目名称中特别加注了"疯人条例"四个字。

条例云："凡疯病杀人之案，总以先经报官，有案为据如诊验，该犯始终疯病，语无伦次者，仍照定例，永远锁锢。若因一时陡患疯病，猝不及报以致杀人，旋经痊愈，或到案时，虽验系疯迷，迨覆审时，供吐明晰者，该州县官审明，即取尸亲切实甘结，方准拟以斗杀。如无报案，又无尸亲切结，即确究实情，仍按谋故，各本律定拟。"②

经笔者考证，该条例是嘉庆十一年（1806）制定的条例，原载于《大清律例》"戏杀误杀过失杀伤人"条后的条例中。③以此即可断定《钦钦新书》"拟律差例"篇所参考清代法制资料的刊行年度必定晚于嘉庆十一年（1806），从中也可看到清代各类书籍流入朝鲜的速度之快。在此有必要简单梳理一下清代针对精神病人立法的制度流变。清代对"疯病杀人"的法律规定经历了由宽到严、由疏至密的过程。从康熙年间疯人杀人后的"免议"和"收赎"，到雍正九年（1731）为防止疯人危害社会而要求病人家属报官看守④，再到乾隆五年（1740）要求将疯人禁锢而出台所谓"报官锁锢"的条例，对精神病人的管控日趋严格。但乾隆

① 《钦钦新书》，拟律差例，疯狂之察一（疯人无故殴人致死 ○疯人条例 ○嘉庆）。
② 《钦钦新书》，拟律差例，疯狂之察一（疯人无故殴人致死 ○疯人条例 ○嘉庆）。
③ 《大清律例》，刑律，人命，戏杀误杀过失杀伤人，第十六条例文。
④ 《大清律例》，刑律，人命，戏杀误杀过失杀伤人，第六条例文，"疯病之人，其亲属邻佑人等容隐不报，不行看守，以致疯病之人自杀者，照不应重律杖八十；致杀他人者，照知人谋害他人不即阻当首告律杖一百"。

五年（1740）的规定仍不甚完善，比如精神病人如何锁锢、禁锢多久等问题均未涉及。因此在乾隆二十七年（1762）又出台了更为详尽的条例①，并于乾隆三十二年（1767）编入《大清律例》。这一条例即是载于《钦钦新书》"拟律差例"篇的该案中官员所称的"向例"。但这些法规不合情理且违背常识，因为极少有人愿意将患有精神疾病的亲人锁锢起来，所以实际的执行效果很可能不理想。但司法实践中清代地方官遇到了一些疯人犯罪被捕后，其被审讯时的供述思路十分清晰而与常人无异，这是出台"疯人条例"的动因所在。这一颁行于嘉庆十一年（1806）的条例将精神病人再次分为间歇性精神病人（在发病期间犯罪）和非间歇性的一般精神病人，将二者分别适用"向例"（乾隆三十二年例）和"新例"（嘉庆十一年例），对间歇性精神病人犯罪的管控更趋严格，实则反映了清代立法杜绝犯人装疯以脱罪的图谋。丁若镛在案件后全文引述的就是区分间歇性精神病人的"新例"。丁若镛很可能对清代精神病人犯罪的先进法规深表认同，故而在《钦钦新书》中将之全文引出，也成为《钦钦新书》中极少数全文引用的《大清律例》条例。但这一科学划分实则已历经清代中期近百年立法的累积和流变，相较朝鲜王朝精神病人犯罪法规之疏略，《大清律例》的这一条例已属完备了。

　　以上乃是清代疯人杀伤一般民众（"平人"）的情形，若是疯人杀害了自己的尊亲属，清代法律又该如何处置呢？在"拟律差例"篇"疯狂之察"部分的另外两起案例中便有所体现。这两起案件分别是发生在乾隆年间直隶正定县的疯人董双全殴伤其父董忠并砍死弟妇任氏、胞侄董小及邻居崔红奇三人案②，以及发生在嘉庆年间奉天的疯妇段李氏殴死丈夫段廷儒案。③《钦钦新书》虽未记载这两起案件的最终判决结果，但疯

---

　　① 《大清律例》，刑律，人命，戏杀误杀过失杀伤人，第九条例文："疯病之人，如家有严密房屋可以锁锢的当，亲属可以管束，及妇人患疯者，俱报官交与亲属看守，令地方官亲发锁铐，严行封锢。如亲属锁禁不严，致有杀人者，将亲属照例严加治罪；如果痊愈不发，报官验明，取具族长、地邻甘结，始准开放。如不行报官及私启锁封，照例治罪。若并无亲属，又无房屋者，即于报官之日，令该管官验讯明确，将疯病之人，严加锁锢监禁，具详立案。如果监禁之后疯病并不举发，俟数年后诊验情形，再行酌量详请开释，领回防范。若曾经杀人者，除照例收赎外，即令永远锁锢，虽或痊愈，不准释放。"

　　② 《钦钦新书》，拟律差例，疯狂之察二（疯人殴伤其父　又砍杀三命　○乾隆）。

　　③ 《钦钦新书》，拟律差例，疯狂之察三（疯妇殴其夫致死　○嘉庆）。

人若涉及服制案件，法律对其的宽容度就会大幅下降，在量刑时仅比普通人犯相同之罪略显宽松。而这类宽宥仍需要皇帝本人的法外开恩。如在段李氏殴死丈夫的案件中，嘉庆皇帝就在判决中申明，"嗣后遇有此等妇人因疯殴死本夫之案，确凿无疑者，刑部仍按本律定拟具题，着内阁核明，于本内夹叙贴标，拟九卿议奏，及依议斩决，双签进呈候朕定夺。"① 也就是说，嘉庆皇帝处理疯人服制案件的原则是在按照本律问拟的基础上，通过加签声请的方式，为患有疯病的当事人提供减刑的可能，而这完全取决于皇帝一人的自由裁量权。即原则上疯人杀害尊亲属的刑量与常人无异，但皇帝本人可行使法外开恩的特权。

丁若镛对同时期清代疯人犯罪的立法予以特别关注，并通过《钦钦新书》将清代疯人犯罪的代表性案件介绍到朝鲜，其目的就是开拓朝鲜官员的视野，使之在遇到相似案件时有外国同类案例供其参考。与之相对照的是，"祥刑追议"篇中丁若镛同样记载了发生在朝鲜本国的两起疯人犯罪案件。两起案件均发生于正祖大王在位时，其中第一起案件发生在黄海道金川，记述了疯人李时同用木椎殴死裴鱼屯的故事。而通过检验跋词可知，当事人李时同是典型的间歇性精神病人。"看证及乡甲、里任等之招曰：'时同平日，素有狂病，而气降心定，则无异平人。'"② 而当时朝鲜判官的立场与同时期清代疯人犯罪的立法本意如出一辙，对间歇性精神病人的认定都持相对谨慎的态度，即对当事人是否为逃避刑责而装疯心存疑虑。审理本案的黄海道观察使在其题词中论述道：

> 乃敢以死中求生之计，归之于癫狂失性之病，殆若全不记得者
> 然，先何病而举椎，不辨人畜，后何心而结项，若有廉耻，俄顷之
> 间，判若二人，彼果为狂心，此果为真心乎？狂病之无时发作，苦
> 招、诸招，虽若公证，初、复供辞，无一颠错，其真其假，孰能知
> 之？三尺至严，不可以漫漶之招，归之癫狂乙仍于③，郡守仍定同推

---

① 《钦钦新书》，拟律差例，疯狂之察三（疯妇殴其夫致死 ○嘉庆）。
② 《钦钦新书》，祥刑追议，疯狂之宥一（椎人如牛 素称疯狂 实因被打），复检跋词曰。
③ 乙仍于：吏读，朝鲜语"을 말미암아"，"因此""基于此"之意。

官，待用刑约日会推，严刑得情为旀①，病狂一节，不可不详核，发作之果然无时，光景之本来如何……②

观察使在其判词中提到的便是上文所引清代条例中"一时陡患疯病，猝不及报以致杀人，旋经痊愈，或到案时，虽验系疯迷，迨覆审时，供吐明晰者"③ 的情形。该案嫌犯李时同在初次和二次审讯时供词明晰，而与正常人无异。这与乡甲、里任的描述一致，却使得观察使始终无法排除嫌犯装疯的可能，故而要求郡守再次详细核实其是否真有疯病。此案在《钦钦新书》中"不见全案"，亦不载于《审理录》，所以无法确知该案最终的判决结果。

在其后的另一则朝鲜案件中，检官对疯病杀人也有相似的论述。该案发生在黄海道丰川，疯人吴载黙杀害了年仅 5 岁的幼女尹德。依照检案跋词的描述，"取招之时，听言观貌，眸子闪忽，言辞荒乱，举头截尾，问东答西，语无伦脊"④，丁若镛根据这一描述中犯人的言行举止符合精神病人的典型特征，由此在按语中判断"此狱似系真狂"。但即使如此，检官仍对疯病抱持怀疑的审慎态度。检官在跋词中认为，"观其所为，直一疯癫，然天下之事无穷，人心之巧伪多端，不可以狂易之说轻断重狱，严刑得情，不可少缓是乎旀"⑤。为了杜绝伪装的可能，主张通过严刑拷问的方式得出实情。即检官认为只有通过严刑审讯，才易辨别当事人是否真有疯病。

通过正祖大王在位时发生于朝鲜黄海道的这两件疯人犯罪案件的检案跋词和判词可知，朝鲜王朝后期与同时期的我国清代一样，对犯有杀人罪的精神病人特别是间歇性精神病人，在身份的认定上都持慎重的态

---

① 为旀：吏读，朝鲜语"하며"，表连接。朝鲜自造汉字"旀"（或"弥"），其本字原为"彌（弥）"，至朝鲜初期已经简写为"弥"，后来又转写为"旀"，用来标记朝鲜语中表并列的连接词尾"며（으며）"，发音为"myeo"，基本含义是"并连"。吏读汉字"良"的用法有时与"旀"相同，也表并连。

② 《钦钦新书》，祥刑追议，疯狂之宥一（椎人如牛 素称疯狂 实因被打），巡营题词曰。

③ 《钦钦新书》，拟律差例，疯狂之察一（疯人无故殴人致死 〇疯人条例 〇嘉庆）；原出自《大清律例》，刑律，人命，戏杀误杀过失杀伤人，第十六条例文。

④ 《钦钦新书》，拟律差例，疯狂之宥二（刺孩如羊 素称疯狂 实因被刺）。

⑤ 《钦钦新书》，拟律差例，疯狂之宥二（刺孩如羊 素称疯狂 实因被刺）。

度,以防止当事人为脱罪而故意伪装,对精神病人的审断和处罚都把控较严。

丁若镛对疯人犯罪案件的审断同样有着自己的独到见解,其主要体现在对黄海道疯人李时同案的评论之中。在该案评论中,丁若镛首先主张《周礼》"司刺"篇中的"蠢愚",以及郑玄在《周礼注疏》中将其解释为"生而痴騃者"中的"痴騃",均应包含"颠狂失性"的精神病人。① 与此同时,丁若镛亦明确排除《大明律》"废疾"这一法律概念中涵括精神病人的可能,他认为"废疾"仅指身体上的残障,而不应包括精神疾病。② 这一观点在"批详隽抄"篇所载明末清初地方官李嗣京的判词中也得到印证。③ 在朝鲜,《大明律》对精神病人犯罪的法律空白由本国法典补充完善。丁若镛在评论中特别提到《续大典》对朝鲜疯人犯罪的规定,"颠狂失性而杀人者,减死定配"④。由此可见,朝鲜王朝对精神病人犯罪较常人犯罪的刑量为轻,但没有免议或收赎的空间,而仍须被处以流刑。朝鲜王朝对精神病人犯罪的法规较为单一(仅此一条)且几无变化,不似清代立法那般详尽且日趋完善。

丁若镛在随后的评论中,将疯狂之人犯罪区分为两大类。"狂有多等,有负魔失性,由不得自已者;有本习悖恶,暴戾恣睢,不畏天不怕地,自任以狂,使气逞恶者。"⑤ 丁若镛主张以嫌疑人犯罪时是否受到个人自由意志的支配作为能否获得减刑的主要依据。如果在犯罪时能控制自己的行为,只是"使气逞恶",那么依照丁若镛的看法,则"勿宥勿赦,为民除害可也",即对其没有任何赦免的余地。他的这一见解放在现在仍毫不过时。

针对中朝两国刑事司法和立法中辨别嫌疑人是否真正疯狂的难题,丁若镛也给出了自己的答案。"无故椎杀,则是真狂也。有怨泄愤,则非

---

① 《钦钦新书》,祥刑追议,疯狂之宥一(椎人如牛 素称疯狂 实因被打),议曰:"经所云蠢愚,注所云痴騃者,颠狂失性,包在其中。"

② 《钦钦新书》,祥刑追议,疯狂之宥一(椎人如牛 素称疯狂 实因被打),议曰:"律所云废疾者,聋瞽哑癫,身有痼疾之类,非颠狂之谓也。"

③ 《钦钦新书》,批详隽抄,李嗣京 诈狱覆审 疯狂饰辞,"律无疯人杀人在赦原之例"。

④ 《续大典》,刑典,杀狱。

⑤ 《钦钦新书》,祥刑追议,疯狂之宥一(椎人如牛 素称疯狂 实因被打),议曰。

真狂也。其结怨之端，或有或无，最宜详核。"① 丁若镛主张以案件的"根因"，即是否具备犯罪动机来判定嫌犯是真疯还是装疯。如果加害人和被害人素有嫌怨，那么嫌犯所表现出来的疯狂之举多半出于逃避法律制裁的目的。而如果疯人和被害者之间素无嫌隙却平白无故杀人的话，则多半出于罪犯当时无法控制本人行为，故而可推定为精神病人。丁若镛提出的这一辨认方法在《钦钦新书》所载中朝两国有关判例和相关立法中均未言及，却是辨别罪犯是否真为精神病人的绝好办法。

综上所述，《钦钦新书》对传统时期中朝两国"三赦"等有关刑事责任能力的案例和论述较为丰富详尽，且横向考察和比较了同时期中朝两国的相关立法（如精神病人犯罪），虽未能脱离《周礼》和《大明律》的基本框架，但其中仍不乏丁若镛本人独特而深刻的灼见。

---

① 《钦钦新书》，祥刑追议，疯狂之宥一（椎人如牛 素称疯狂 实因被打），评曰。

第 四 篇

犯罪类型与个案分析:《钦钦新书》与中朝法文化

第 八 章

断罪与祥刑

第一节　首从之别

《钦钦新书》中，丁若镛对犯罪中首犯和从犯的区分较为关注。而关于共同犯罪的理论和成文法规，无论是今日还是明清时期都较为复杂。根据相关研究①，《大明律》有关共同犯罪的规定科学而完备，其法定形式至少包括了共犯罪、因人连累致罪和同僚犯公罪三种。其中共犯罪相当于今日的共同正犯，因人连累致罪相当于共犯，同僚犯公罪相当于职务领域的过失共同犯罪。

《大明律》"共犯罪分首从"条规定，"凡共犯罪者，以先造意一人为首，依律断拟；随从者，减一等"②。而在"谋杀人"条中，《大明律》又将从犯分为加功者、不加功者和从而不行者三种类型。《钦钦新书》记载的多数案例均属于共同犯罪中的"共犯罪"类型，且大多属于其中的共殴致死情形，所载案件多发生在朝鲜本国，在类型上基本不涉及"不加功者"和"从而不行者"的情形，在量刑上主要体现为依照《无冤录》尸检以验伤定罪的处理方式。因此《无冤录》的观点对朝鲜王朝共同犯罪的审判和量刑起到了决定性的作用。《无冤录》在制作尸帐（尸形格式）方式上，在多人犯罪致人死亡时，只有确定何人为主犯的情况下才能标注"行凶正犯某人"，而"设若事情疑似，未易辨明者，则写作

---

① 喻豪：《〈大明律〉之共同犯罪研究》，安徽大学，硕士学位论文，2020 年。
② 《大明律》，名例律，共犯罪分首从。

'被告行凶人'"。① 也就是说,《无冤录》对"正犯"概念的判断极其审慎,在"首从未分"的情况下"止作行凶或被告人画字"②,而不可贸然将犯罪嫌疑人定性为正犯。

《钦钦新书》有关区分首从的案例主要集中在"祥刑追议"和"拟律差例"篇,并以朝鲜本国案例为主,因此本节主要介绍朝鲜半岛发生的案例。如在"祥刑追议"篇中,丁若镛记载了朝鲜京畿道广州发生的扈圣龙、金幼汉二人殴打郑福实致死的案件。观察使在报告中提到"一狱两因,一则正犯,一则干犯,而干犯正犯之别,最宜审慎"③,明确指出在共同犯罪的情况下,区分何人为首犯(朝鲜多称"元犯"或"正犯")、何人为从犯(朝鲜多称"干犯")是极其困难的。且因首犯和从犯所面临的刑罚有着天壤之别,首犯必须偿命,而从犯无须偿命,所以在辨识何人为正犯时必须极为慎重。正祖大王在判决文中,阐明了处理共同犯罪时一个极为重要的原则,他认为"一人致毙,二人偿命,论以狱体,必无其理"。④ 也就是说,在多人共同伤害致死一人时,只能一命抵一命,而绝不可多命抵一命,这是正祖大王主张的处理刑事案件之公平性原则。但在辨别何人为首犯时,却存在着多种需要考量的因素,且看丁若镛对于本案的评论。

> 以器仗,则石头猛于杖头;以部位,则眉角重于脊背;以伤损,则骨破深于肉烂;以根因,则稻苞之怨起于扈;以犯手,则岭上之来后于扈。此狱首从,非真有疑,特以好生之仁,姑贷必死之命也。⑤

依照《无冤录》所言,"聚众打人,最难定致命痕。如死人身上有两痕,皆可致命,若是两人,此两痕若是一人下手,则无害;若是两人,

---

① 《无冤录》上卷,格例,三 尸帐仵作被告人画字。
② 《无冤录》上卷,格例,三 尸帐仵作被告人画字。
③ 《钦钦新书》,祥刑追议,首从之别一(殴人既死 召人共殴 实因被打)。
④ 《钦钦新书》,祥刑追议,首从之别一(殴人既死 召人共殴 实因被打)。
⑤ 《钦钦新书》,祥刑追议,首从之别一(殴人既死 召人共殴 实因被打),臣谨案。

则一人偿命，一人不偿命，须于两痕中斟酌最重者为致命。"① 在这一类型的刑事案件中，朝鲜王朝基本沿袭了《无冤录》的观点，即依据司法检验的最终结果确定谁为首犯、谁为从犯。而正祖大王为本案所作判词中，则对《无冤录》的权威观点作了适当修正。正祖大王主张"不可但以伤处之紧歇硬定元犯。惟今决折之方，无出手势之先后，及首谋之谁某也"②。他认为，如果两人下手的伤处均为致命伤的话，那就要在《无冤录》"伤处之紧歇"的基础上，加入案件起因、下手先后这两种要素来确定谁为首犯。而丁若镛又在正祖大王观点的基础上予以补充。上文中，丁若镛提到了确定何人是正犯的五种要素，分别是两人所使用的作案工具（"器仗"）、被害人致命伤所处身体部位（"部位"）、人体损伤的程度（"伤损"）、案件发生的起因（"根因"）、伤害行为开始（即"下手"）的先后（"犯手"）等，分辨极为细致。可见朝鲜王朝在尊重和吸纳《无冤录》精华观点的基础上，在司法实践中对共同犯罪理论作了充分发展。由此也可确知，《大明律》及朝鲜王朝司法实践中的首犯和从犯均属于今日"正犯"的范畴，即"共同正犯"，从犯之于首犯而言不具有从属性，从犯与今日之"共犯"的概念有着本质的区别。

　　以上是二人殴打一人致死的情形。若是三人以上聚"众"③殴打一人致其死亡的话，朝鲜的刑事司法又该如何处置呢？在"祥刑追议"篇中同样记录了丁奉益等众人一同殴打林命金致死的案例。④ 这一案例起于朝鲜王朝后期盛行的"争山"陋习。所谓"争山"，就是为争夺先祖墓葬区域而发生的争端。受我国古代风水学说影响，当时的朝鲜民众认为坟墓的吉凶影响着家族的兴衰，因此都希望将逝去的家族成员埋葬在高处或风水宝地，进而产生了严重的土地纠纷并发展成为社会痼疾。祖先的墓地若在某处，便可顺带取得墓地周边土地的所有权，故而"争山"不仅关乎祖先崇拜、孝道等礼教与风俗，还涉及巨大的经济利益，所以"争山"多会呈现两个家族间旷日持久的斗争。本案中，正祖大王在别谕中

---

① 《无冤录》下卷，九 棒殴死附拳等。
② 《钦钦新书》，祥刑追议，首从之别一（殴人既死 召人共殴 实因被打）。
③ 《大明律》，名例律，称日者以百刻，"称众者，三人以上"。
④ 《钦钦新书》，祥刑追议，首从之别十七（争山伐衰 一号众应 实因被打）。

提到,"奉益之为元犯,特丧主也,先导也。然其伐丧之时,既无一个公眼,此边之看证,彼边之指告,率皆携贰,终未归一"①。国王认为,虽然本案中丁奉益是主丧之人和群龙之首,但由于在群殴的混乱过程中无法确定下手的先后和轻重,而且供词中对首犯的指认涉及三名犯罪嫌疑人,因而始终无法统一。本着疑罪从轻从无原则,国王在最终判决中未将丁奉益定为"元犯"(首犯),而是在加刑后将其释放。丁若镛对本案却有着更为细致深入的剖析。

> 主此丧者,奉益也,管此山者,奉益也。张拳李踢,皆瞻奉益之旗,伯埙仲篪,皆应奉益之唱,则虽使奉益端坐高丘,无所犯手,犹不免为罪魁。况稍老者之终始殴打,厥有林用文之招者乎。然乡俗蚩蠢,习气愚妄,以禁山看作义理,以伐丧指为能事,号声一起,冲撞四集,当此之时,其拳之或猛或缓,其伤之或重或轻,有非主丧者之所能指挥,亦非主丧者之所能禁止。此与同谋杀人,而初造意者,其情不同,又与命奴执杖,而坐堂上者,其罪有间。既然如是,则甲乙轻重,在所审问,而所传死者之言,或贰或参,无所归一,此奉益之所以活也,圣意在此,岂不微哉?②

丁若镛在该案评论中,既通过提出自己的见解以对正祖大王的判决作委婉的批判,又通过揣摩圣意找到了国王的判决依据,并通过解释这一判决的合理性为国王打了圆场。依照丁若镛的分析,此案的首犯当属丁奉益无疑,即间接否定了国王在判决中未将其定为首犯的谬误。其依据的不仅是丁奉益是主丧者和该坟山的管理者,更是因为其他人的殴打行为均唯丁奉益马首是瞻,因此丁奉益是本案的主使者无疑。丁若镛认为,在定性集团犯罪或多人共同犯罪的主犯时,相较致命伤是何人所为来说,更应重点考虑何人是该集团的魁首。"虽使奉益端坐高丘,无所犯手,犹不免为罪魁",丁若镛在此提到了一个极为重要的法律概念,即"间接正犯"。他认为即使丁奉益未实施殴打而仅仅坐在高处旁观,他仍

---

① 《钦钦新书》,祥刑追议,首从之别十七(争山伐丧 一号众应 实因被打)。
② 《钦钦新书》,祥刑追议,首从之别十七(争山伐丧 一号众应 实因被打),臣谨案。

然属于首犯，何况丁奉益也同样参与了殴打，是被指认的三位下手最重者之一。如此看来，丁若镛明确支持《大明律》中"其造意者，身虽不行，仍为首论"① 的规定和观点。即比起犯罪行为本身，犯罪意志（意识）更应着重考察。但与此同时，丁若镛也提到了本案的特殊之处，也就是"争山"的社会文化背景，他认为对案情的分析和案件的审判应放在特定的社会文化背景中看待。因为当时朝鲜庆尚道的乡俗和习气是"以禁山看作义理，以伐丧指为能事"，所以为了保护埋葬祖先的坟山，在殴打之时便会一拥而上，此时的主丧人既无法指挥，也无法阻止。因此结合本案案情，主丧人丁奉益在此情形下与《大明律》"谋杀人"中的"造意者"又有着较大区别，因为众人的殴打行为皆属于临时起意而事先并无谋划。又因众人的供词中对首犯的指认各有不同，所以在本案中断然将丁奉益定为首犯，在法理上确实略显唐突。丁若镛据此论证正祖大王最终判决之微妙以及圣意之精微，实则为国王判决的公正性予以辩护和开脱。

在朝鲜王朝的共同犯罪中，还存在一类特殊的情形。即两人以上共同犯罪的嫌疑人都到案的情况下，在调查确认何人是首犯的过程中，其中一位嫌疑人在囚禁或审讯时突然死亡的情形。这时，本着《无冤录》"若是两人，则一人偿命，一人不偿命"② 的对等原则，在未能确定何人为主犯时，案犯中的任意一人死亡的话，对首犯的确认工作便随即终止，即便生存之人就是该案主犯，那也无须偿命了。《钦钦新书》"祥刑追议"篇就记载了这类特殊案件，生存者因此获得免死的幸运。

正祖大王在位时，全罗道海南县发生了金贵千、德兴二人殴打李太世致死的案件。在本案调查过程中，德兴已死于狱中，因此臣下提议减轻另一位案犯金贵千的处罚。正祖大王在判决中认为，"一人致死，二人偿命，殊非审克之道"③，从而遵照《尚书》"罪疑惟轻"的经训④，判决

---

① 《大明律》，刑律，人命，谋杀人。

② 《无冤录》下卷，九 棒殴死附拳等。

③ 《钦钦新书》，祥刑追议，首从之别八（两人共殴 一触一踢 实因被触）。

④ 《尚书·大禹谟》；《钦钦新书》，祥刑追议，首从之别八（两人共殴 一触一踢 实因被触），判付曰，"罪疑惟轻，自有经训"。

另一位犯人金贵千"加刑减死,远地定配"。

那么在首犯业已认定的情况下,共同犯罪中首犯以外的嫌疑人在狱中或者审讯过程中突然死亡的话,朝鲜司法又该如何处理呢?《钦钦新书》同样给出了相应的案例。正祖大王在位时,黄海道文化县发生了居民裴学大与同宗的裴弘绩的从嫂通奸,裴弘绩及弘绩之母李氏等人因愤恨而合力殴打犯奸之裴学大致其死亡的案件。① 经司法检验,判定被害人裴学大的致命伤是裴弘绩足踢所致,因而认定裴弘绩为首犯。然而,作为同案犯的裴弘绩之母李氏在第二次刑讯后于狱中死亡。推官在其论报中援引《无冤录》"若是两人,则一人偿命,一人不偿命"② 的准则,认为"若拘常法,又杀弘绩,则是杀一当死之,人偿二可疑之命,实非圣王制法之本意"③,因而主张裴弘绩因母亲的意外死亡而无须偿命。丁若镛在阅览本案后,对本案的判决结果提出了异议。

> 《大明律》"凡奸同宗无服之亲及无服亲之妻者,各杖一百"而已,"和奸而有夫者,杖九十","惟强奸者绞"。推官今以为应死之人者,法虽如此,其情可死也。昔余在西邑,有武人金履信者,和奸其九寸叔母,至于生雏。一乡举状,咸愿打杀,监司题判,亦令打杀。余考法律如上,是以持难,亦不敢形言法律,屡施刑棍,惟令瘐于狱中,亦顽不死,心甚苦之。余甫归,赵判书德润代余知府,怪之曰"此汉胡不杀?"上官之初即杀之。④

本案的特殊之处在于死者(被害人)在生前犯有通奸和乱伦的重大过错,因此本案与其他二人以上共同伤害致人死亡案有较大的不同。丁若镛在评论中提到他任黄海道谷山府使时的审判故事,从中让我们看到法律与习俗、中国成文法与朝鲜习惯法间的巨大张力。丁若镛在评论中首先提到了审判本案的推官认为被害人本属"应死之人"的论断。审理

---

① 《钦钦新书》,祥刑追议,首从之别十一(母子同犯 母锤子踢 实因被踢)。
② 《无冤录》下卷,九 棒殴死附拳等。
③ 《钦钦新书》,祥刑追议,首从之别十一(母子同犯 母锤子踢 实因被踢)。
④ 《钦钦新书》,祥刑追议,首从之别十一(母子同犯 母锤子踢 实因被踢),评曰。

本案的推官在其论报中依照《大明律》"杀死奸夫"条将被害人推定为"应死之人"。推官认为，"裴学大既奸同宗之妇，在律应死之人也。果令淫妇之夫厚绩，奸所亲获，登时杀死，则宜在勿论之科是乎矣，既不登时，又非奸所，而其所杀死者，皆非本夫，故至于成狱"①。推官通过假设在特定时间（登时）和空间（奸所）等极端情形下，被害人若被特定身份之人（本夫）杀死，杀人者可不负任何刑事责任的规定，以此反向推导出被害人裴学大本属"应死之人"。而丁若镛在理解此句时，有意将之曲解为以情理论，被害人属于"应死之人"。因为丁若镛不赞同推官假设极端情形时得出的结论推及至极端情形以外的一般情形，但却以情理的视角赞同推官"应死之人"的结论。丁若镛在评论中通过考证《大明律》"亲属相奸"条、"犯奸"条等法律条文的规定，认为在法律上该案的被害人应罪不至死。

但是法律和习惯之间有时并不一致。《大明律》将与"同宗无服之亲及无服亲之妻"通奸行为的刑量定为"杖一百"。从上文可知，丁若镛在任谷山府使时，就遇到过武人金履信和奸九寸叔母并产下奸生子的乱伦丑事。按照朝鲜亲等论，叔父母为三寸（期亲），堂叔父母为五寸（小功），族叔父母为七寸（缌麻）。那么九寸叔母已属无服亲，若与之和奸（乱伦），依照《大明律》规定，其法定刑仅止于"杖一百"。② 但《大明律》对无服亲通奸（乱伦）极轻的法定刑量，显然无法满足朝鲜官员和当地民众对正义的要求。朝鲜王朝后期的民众和官员均认为，做出此等伤风败俗丑事的当事人应被"打杀"（处死）。这反映出我国古代（特别是明代）与朝鲜半岛古代对亲属相奸的宽容度存在着巨大差异，也与两国古代社会和民风的差别有关，我国古代社会远较朝鲜半岛复杂多元，朝鲜王朝的民风似乎较我国明清时期更为"淳朴"、恶性案件发生率相对更低，因此对亲属相奸等风化案件的容忍度也就更低。在外来法律和本土习惯的张力面前，丁若镛是如何处理的呢？这使他左右为难（"是以持难"）。在两难的处境下，丁若镛选择了相对折中的办法，即遵照《大明律》成文法条（至少表面遵循）的同时（《大明律》止于杖刑而罪不至

① 《钦钦新书》，祥刑追议，首从之别十一（母子同犯 母锤子踢 实因被踢）。
② 《大明律》，刑律，犯奸，亲属相奸。

死），通过法外刑讯的方式去尽量地靠近民意（期待罪囚在刑讯过程中死亡），以合乎民众和上司对于心中正义的需求，以平民愤。而他表面遵照《大明律》的折中做法，其结果却不尽如人意，犯人金履信生命顽强，屡遭刑讯而不死，使得丁若镛十分郁闷（"心甚苦之"）。丁若镛调任中央后，继任的知府赵德润在查阅卷宗时，反问道"该犯人怎么还没杀掉？"其在上任之初就使其毙命了。由此看出，丁若镛相比上司和继任府使等同时期的朝鲜官员，更加严格恪守《大明律》等成文法，即便自身对成文法的法定刑量不甚认同，仍然奉行"罪刑法定主义"，基本做到了不因个人判断、民意压力或本地习惯法等因素的干扰，努力避免在执法过程中掺入主观因素。

而在同样涉及亲属相奸的裴弘绩案中，丁若镛认为裴弘绩和其母李氏的行为属于《周礼》中"杀人而义"的情形。那么在该案的最终判决中，正祖大王为什么会将裴弘绩处以刑推三次后流配的严刑呢？丁若镛在该案评论中对此作了解释。

> 《周礼》曰："杀人而义者，令勿雠。"即令勿雠，则非当死，非当死而杀之，即非王法。虽使弘绩母子具存，犹当两释，况母已死乎？至若弘绩之专事掉脱，归罪其母，此于本事之外，别一罪案。然愚贱之民，不知义理，谓母既死，归罪无伤，此与母生，而归罪者，煞有间焉，特法官难于形言耳。弘绩本应全释，其所以至于减死定配，而又令准三次严刑者，圣意在是也。①

丁若镛在评论中提到了《周礼》关于义愤杀人后被害者的亲属不得复仇的观点。② 他据此推导出既然经典中已阐明义杀不得复仇，那么义杀行为也就罪不当死。丁若镛由此主张，即使裴弘绩的母亲李氏并未中途死亡，裴弘绩和李氏二人也都应得到无罪释放，何况李氏已在狱中死亡，对该案未按经典中"杀人而义者"无罪的准则加以审判表达了委婉的批评。而本案犯人裴弘绩之所以被国王重判，是由于他在审判过程中犯了

---

① 《钦钦新书》，祥刑追议，首从之别十一（母子同犯 母锤子踢 实因被踢），臣谨案。
② 《周礼·地官·调人》。

一个在统治者看来极为严重的错误，即他将和母亲共同犯罪中的主要刑事责任归于业已死亡的母亲。丁若镛认为，"此于本事之外，别一罪"，其归罪于母亲的"不孝"言行已能单独成立另外的一条罪名，也隐然包含了案件本身和认罪态度（审讯过程中的表现）应该分开的观点，而不应在审判中将之混淆，即刑事案件与刑事诉讼、实体法与程序法应当分隔开来，对本案判决中因诉讼过程中触犯禁忌而归责于刑事案件本身以加重刑罚的做法提出了批判。

正祖大王在判决本案时，面对《无冤录》中二人共同犯罪"一人偿命，一人不偿命"的原则，以及审讯过程中罪犯为减轻自身刑事责任而欲将罪行转嫁于已故母亲的不孝做法，据此作出了折中的裁决。"一狱两犯，在所当恤；伤伦败俗，尤属严重"，因而判决"弘绩段，减死定配为乎矣，令道臣严刑准三次发配"。① 正祖大王因一命偿一命的原则免除了裴弘绩的死罪，但在活罪中却加重了他的处罚。

丁若镛据此看到了普通民众和统治者思想观念间的巨大区隔，这种区隔也是导致裴弘绩因无法揣摩圣意而被重判的原因所在。若是一般情形下，其法律逻辑是审理共同犯罪过程中从犯中途死亡的情况下，秉持《无冤录》所示原则而禁止"一狱二偿命"，即将首犯的刑事责任归罪于从犯，将首犯和从犯的角色权且置换，原定的首犯无须再偿命。但本案的特殊之处在于审理途中死亡的从犯是主犯的母亲，因此作为母亲的从犯即便在审理过程中业已死亡，作为儿子的首犯也不能将主要责任归罪于自己的母亲，因为这是极大的不孝。当时的案件只要一涉及家族伦理，事情立马就变得复杂起来。朝廷认为，作为人子的理想做法是即便舍弃自己的生命，也应该努力维护亡母的尊严和名誉。孝子应包揽所有刑事责任，以使母亲的刑事责任得以免除或最小化，不论其母亲生存与否。这显然对触犯刑法而正面临生存危机的普通民众要求过高。因为求生和自保是人的本能，况且母亲已死，当事人即便做出了合乎统治者价值理念的做法，也仅是出于为迎合统治者的口味而特意做出的表演，绝非出于嫌犯本意。本案当事人裴弘绩显然认识不到这一点，他为了求生而"隐然归罪于其母"的做法恰恰适得其反，被刑曹和国王认为此举"伤伦

---

① 《钦钦新书》，祥刑追议，首从之别十一（母子同犯 母锸子踢 实因被踢）。

败俗"。而他为求自保的"正确"做法应是尽力展现自己的至孝品质,为维护母亲的名誉而包揽全部的罪责,只有这样才能获得尊崇儒教家族伦理的统治者的肯定。丁若镛至此找到了本案判决的法理依据,在批判的同时也对正祖大王的判决作了说明和辩护。

与之相反,在兄弟二人共同犯罪时,只要在审理过程中相互争死,二人都争相把生存的机会让给自己的兄弟,那么这一行为就立马被判官和国王归入"兄友弟恭"的孝悌范畴而获得刑罚的减免,具体案例和分析详见本篇"兄弟争死"一节。朝鲜王朝司法在审断案件时对伦理一以贯之的过度要求,有时反而使得正义得不到应有的伸张。也正因为其对治下民众道德和人伦秩序的极度渴望,有时使审讯过程中嫌疑人的表现(认罪态度)盖过了案件本身的过错,导致犯人在刑事案件中的是与非,常常与刑事诉讼过程中嫌犯表现的是与非相混淆,且直接影响到案件的最终判决,使量刑常常受到审讯过程中嫌犯能否展示出孝悌等儒家伦理的左右,这就要求犯罪嫌疑人在朝鲜国这一大的"剧场"之中,善于将刻意的表演贯穿刑事诉讼全程,以迎合统治者的需要和期待。而这类混淆和不公也是丁若镛在《钦钦新书》诸多案件后的评论中所一贯质疑和批判的。

第二节　故误之判

《钦钦新书》各篇均记录了大量中朝两国过失犯罪的案例,其中"经史要义"篇载有 7 例,"批详隽抄"篇载有 3 例,"拟律差例"篇载有 29 例(包含"故误之判"27 例、"嬉戏之宥"2 例),"祥刑追议"篇载有 7 例。由此看来,对故意犯罪和过失犯罪的区分与判别贯穿《钦钦新书》全书,也是丁若镛法律思想中最为显著的特征。除具体案例外,无论是在"经史要义"篇"眚怙钦恤之义"还是"司刺宥赦之义""过杀谐和之义"等条目中,丁若镛还意图通过经典原文和注疏来阐述对过失犯罪的宽宥之道。

在各类刑事案件中,由于"人命关天",丁若镛对人命案件的各种类型格外重视。他认为刑事司法应秉持对百姓的钦恤精神。在《钦钦新书》序文中,他开宗明义地指出《大明律》谋、故、斗、戏、过、误等六种命案类型。① 序文在讲述中国各朝代时，丁若镛仅将明代称之为"大明"，如"大明御世""律例大明"等，处处显露出包括丁若镛在内的朝鲜士大夫对大明王朝的尊崇和追思。在"经史要义"篇"过杀谐和之义"条和"拟律差例"篇序文中，丁若镛又对这六种命案类型再次加以分类，认为应将其分为故意杀人、斗殴杀人和过失杀人三类。他认为，"故意杀者，料其必死而杀之也；斗殴杀者，乘愤使气，只料其伤，不料其死而致杀也；过误杀者，若司刺三宥之条一不识、二过失、三遗忘之类是也。"②其范畴大致对应了《大明律》刑律"人命"门的"谋杀人""斗殴及故杀人"和"戏杀误杀过失杀伤人"条，由此可见，丁若镛对当时命案的类型划分是基本准确的。与此同时，丁若镛又认为在三大类命案中，"斗殴杀"这一类型相对暧昧，因其可上可下而不易归类。他指出，"约而括之，则可为三级，上曰故杀，下曰误杀，而可上可下，疑而难决者，为斗杀耳"③。也就是说，丁若镛认为如果将这三类命案类型再次归类的话，就只能分为"故杀"（故意杀人）和"误杀"（过失杀人）两大类，而居于其间的"斗杀"一类，可根据案情将其拆分至"故杀"和"误杀"两大类中。丁若镛将命案分成故意杀人和过失杀人两大类的思想与现代法律不谋而合。

《大明律》规定，"若过失杀伤人者，各准斗杀伤罪，依律收赎，给付其家"，并且"以为营葬及医药之资"④，清代基本沿袭了过失杀伤人用金钱收赎的做法，除服制案件外，极少科以实际的刑罚。《钦钦新书》"拟律差例"篇就记载了几例过失杀人后判处赎钱的案件。如直隶赤峰县民"李珍拾石打牛，不期牛背礴转石块，误伤李玉根眉梢，伤风身死"⑤的案件，直隶人"王开阁与乔十共锯树段"，而"锯断之树，滚入干河，

---

① 《钦钦新书》，序，"至大明御世 律例大明 而人命诸条 粲然章显 谋故斗戏过误之分眉列 掌示斯无昏惑"。

② 《钦钦新书》，经史要义，过杀谐和之义，镛案。

③ 《钦钦新书》，拟律差例，序。

④ 《大明律》，刑律，人命，戏杀误杀过失杀伤人。

⑤ 《钦钦新书》，拟律差例，故误之判一（两人同耕 以石打牛 不意礴转 误中一人 〇乾隆）。

蹉跌高三致死"①的案件，"贵州妇潘氏因子周阿三抵触，拾石击打，并非与人争斗，不知门内有万文秀突出，适中致死"②的案件等，清廷均允许过失犯收赎，追取赎银后给付尸亲收领。

　　同一时期的朝鲜王朝在过失犯罪的赎钱制度及相关司法实践上，与我国明清时期存在一定的差异。如《钦钦新书》"祥刑追议"篇就记载了一起发生在朝鲜黄海道载宁的案件。③该案嫌犯文昌龟在射箭时，被害人鲁斗三因不善避身而导致其中箭身亡。黄海道观察使在审断该案时，拟判"昌龟段虽无可核之端，正为过失之杀。以此照律，罚金四十九两，依法收赎，给付尸亲（为乎矣）"④。可见当时的朝鲜在司法实践中也有实际赎钱的案例。丁若镛结合此案，对朝鲜王朝后期赎钱制度的执行情况作了精确说明，并抒发了自己的见解。

　　　　《大明律》云:"过失杀伤人者，各准斗杀伤罪，依律收赎，给付其家。"《讲》曰:"过失杀人者，依死罪赎铜钱四十二贯。"四十二贯者，四百二十两也。东人误以百钱为一贯，凡收赎钱，皆收十分之一，似与法违。然国瘠民贫，不可加也。我之邦域，折长补短，方千里者二，比之大明之十三省，亦不过十分之一。以此言之，赎钱之征什一，亦无伤也。罚金者，黄金也，以钱为金亦非矣。（其云"四十九两"亦可疑)⑤

　　丁若镛在本案的评论中援引了《大明律》与赎钱有关的规定，以及明人所撰《大明律讲解》中对过失杀人者赎钱具体金额的说明。《大明律讲解》在朝鲜王朝影响极大，朝鲜王朝适用《大明律》时，《大明律讲解》起到了很好的释法效果。丁若镛提到，朝鲜司法在执行《大明律》中的过失犯收赎之时，因为对中国的货币单位不甚了解，导致其在换算

　　① 《钦钦新书》，拟律差例，故误之判二（两人相锯 劈木为段 不意蹉跌 误触别人 ○乾隆)。
　　② 《钦钦新书》，拟律差例，故误之判十七（拾石吓儿 误中他人致死 ○乾隆)。
　　③ 《钦钦新书》，祥刑追议，故误之劈三（当场射候 飞箭误中 实因中矢)。
　　④ 《钦钦新书》，祥刑追议，故误之劈三（当场射候 飞箭误中 实因中矢)。
　　⑤ 《钦钦新书》，祥刑追议，故误之劈三（当场射候 飞箭误中 实因中矢)，案。

过程中出现了偏差。如一贯应为一千文钱，而朝鲜却误认为一贯等于一百钱，因而在执行收赎时仅仅收取了《大明律》法定金额的十分之一，丁若镛在此明确指出，朝鲜当时的赎钱标准违背了《大明律》所规定的额度。与此同时，丁若镛又笔锋一转，主张应该将错就错。他认为执行这种错误的赎钱标准恰好符合朝鲜本国的国情，因而无须再做改动。他给出的理由有以下两点。第一点是朝鲜"国瘠民贫"。朝鲜半岛多山地，物产不及中国丰饶。丁若镛认为朝鲜土地贫瘠而百姓穷困，如果完全按照中国的赎钱标准执行的话，会使案件当事人难以负担过重的处罚，从而加重百姓负担，在实际操作时也不易执行。二是朝鲜的国土面积恰好是大明十三省的十分之一，因而赎钱时按照中朝两国疆域面积的比例，将《大明律》中赎钱的法定金额作相应折减，也是非常合理的。与此同时，丁若镛对此案中观察使所用法律术语的不准确之处，即不可将"罚金"一词当作"赎钱"的意思加以使用。"金"在当时意味着黄金，与铜钱分属完全不同的货币计量单位，足见丁若镛对法律用语的精确要求。

　　以上关于赎钱的案例均属于过失犯罪的一般情形。但如果过失杀伤的被害人是加害人的尊亲属，就会因案件关涉人伦纲常而另当别论了。《钦钦新书》"经史要义"篇就记载了这样一起案例。该案发生在朝鲜肃宗即位年（1674）的京畿道广州。

　　　　国史，肃宗即位之年，（甲寅秋）广州民李尚信，尝习射于家后庭场。其母适坐于篱内。尚信弯弓将发之际，手决脱落，矢离弦横发，正中其母腰背间，三日而毙。敛葬后，尚信诣官自告，请被戮死，本府推核得实。尚信之父，亦以为尚信遭变之后，累次自缢，仅得救解，使之受罪于官家。事下刑曹，议大臣。领议政许积等议曰："尚信母之致死，既由于尚信射矢之误中，则在尚信之道，不可一日，自容于覆载之间，宜即自决，以少伸罔极。而虽曰'当初自缢之时，为其父所执解'，至今不死，亦可见其顽蠢无状。而子孙于父母，过失杀者，杖一百流三千里，自有本律，非如此律之比，朝家用法，不可舍律而加其罪。"上命依议施行。①

————————

① 《钦钦新书》，经史要义，习射中母（许积）。

该案原收录于《国朝宝鉴》。朝鲜京畿道广州居民李尚信在练习射箭时,箭矢不小心误中于母亲的腰背之间,其母在三日后死亡。李尚信在处理完母亲的丧事后自首,请求官府将自己处死,并在误杀母亲后屡次试图自缢,被其父多次解救而自杀未遂。此事在朝议时,领议政许积认为,过失致死母亲的当事人一日都不容于天地之间,而应立即自裁。但过失杀伤祖父母父母的情形在《大明律》"殴祖父母父母"条中有明文规定①,因此就不可舍弃律法正文的法定刑量而随意加重当事人的刑罚。肃宗大王认为,宰相许积的观点非常合理,便命令依照其主张施行。

此案因介于"恶逆"(加重处罚的情节)与"过失杀伤人"(减轻处罚的情节)之间,且在朝鲜王朝平时的司法实践中极少遇到,所以该案于肃宗大王在位时颇具争议性。从上文领议政的论述和当事人的自缢做法可知,在 17 世纪时,无论是朝鲜官员还是以该案当事者本人为代表的普通民众,在其观念中都普遍认为若杀害了自己的母亲,无论是否有意为之,均已不容于天地之间,而应立即自裁或被处以死刑。而朝鲜当时的这一观念和习惯(法)与《大明律》科学而规范的法条间并不一致。《大明律》中,过失杀人的法定刑量均罪不至死,即使致死的是加害人的祖父母、父母也同样不例外。因此,律文的规定和当时朝鲜人的认知与习惯间存在显著差异,《大明律》对过失杀伤祖父母父母的法定刑量可能参考并使之介于具有加重处罚情节的"谋杀祖父母父母"(已行者,皆斩;已杀者,皆凌迟处死)条②、"殴祖父母父母"(殴者,皆斩;杀者,皆凌迟处死)条③与具有减轻处罚情节的"过失杀伤人"(依律收赎)④之间。而本案的最终判决结果是朝鲜本国习惯被作为外来成文法的《大明律》所纠正,该案中的朝鲜君臣均遵照《大明律》法定条文执行。丁若镛评论本案道:"此条虽有本律,猝然遇之,人必有惑。曷若引故事以为重乎?"⑤他认为如果对与本地习惯不符的《大明律》法条心存疑惑,

---

① 《大明律》,刑律,人命,殴祖父母父母,"过失杀者,杖一百流三千里;伤者,杖一百徒三年。"

② 《大明律》,刑律,人命,谋杀祖父母父母。

③ 《大明律》,刑律,人命,殴祖父母父母。

④ 《大明律》,刑律,人命,戏杀误杀过失杀伤人。

⑤ 《钦钦新书》,经史要义,习射中母(许积),案。

以及在判决疑难案件时，均可以援引先前发生的案例（"故事"）加以佐证，即丁若镛主张用判例法来弥补成文法的不足，使得法典与先例并重，通过先例的佐助来增加判决的合理性和说服力。

无独有偶，《钦钦新书》"拟律差例"篇中也记载了我国清代过失杀伤尊亲属的案例。"拟律差例"篇收录案例中，"故误之判"类别的案例最多，共计27件，本研究主要讨论附有丁若镛个人评论的案件。其中具有代表性的要属徐张贵过失致父死亡案，从中亦能看出中朝两国在适用法律和量刑上的差别。

> 和宁奏，兵丁徐张贵，因淘井桶落，过失伤伊父徐国威身死一案，照例声明可否，将徐张贵改为绞候，请旨定夺，一折此案。徐张贵随父淘井，伊父在井底挖泥，该犯在井上，循环提挈。适因提至井傍一半，桶梁脱落，桶泥坠井，致伤徐国威，移时殒命。其桶梁脱落时，徐张贵尚手握绳索，并非失手。将桶坠井，致伤伊父，其情节尚稍可原，徐张贵着改为绞候。钦此。[①]

嘉庆皇帝在上述判决中指出，当桶梁脱落之时，身为儿子的徐张贵仍旧手握绳索，并非失手。由此可见，桶梁的脱落实乃由于该桶的质量问题导致，应属不可抗力导致的意外事故，其子徐张贵既无任何过错，也无任何失误，因此笔者认为本案嫌犯徐张贵甚至连过失犯都称不上。按照《大明律》对"过失"概念的法律解释，"过失，谓耳目所不及，思虑所不到。如弹射禽兽，因事投掷砖瓦，不期而杀人者；或因升高险足，有蹉跌累同伴；或驾船使风，乘马惊走；驰车下坡，劫不能止；或共举重物，力不能制，损及同举物者"[②]。由此可见，过失犯罪在《大明律》及其后的《大清律例》中皆认为由嫌疑人的行为而引起，并导致了某种意料之外的结果，损害了他人的生命健康。通过《大明律》所枚举的情形可知，过失犯本人的行为与损害结果之间必须存在某种因果关系，

---

① 《钦钦新书》，拟律差例，故误之判七（子在井上 父在井底 不意桶梁脱落 其父致死 ○ 嘉庆）。

② 《大明律》，刑律，人命，戏杀误杀过失杀伤人。

嫌犯的行为本身必须有某种非主观原因导致、却使损害结果发生的失误或过错，这样才能被认定过失犯罪。但本案的当事人徐张贵提挈该桶的行为本身并未引起损害结果的发生，损害结果仅与该桶质量低劣有关，其提挈的行为与桶梁脱落这一意外之间本无因果关系，其行为本身也无任何失误可言，因而不应认定徐张贵的行为为过失犯罪，但该案犯仍被嘉庆皇帝判处绞监候。丁若镛在阅览本案后如此评论道："如此之案，在伊道理，求死不暇，其在王法，唯有眚赦一法而已。虞帝之刑，必不如此。"① 丁若镛主张应完全赦免本无任何过错、也无刑事责任的徐张贵，而不必拘泥于服制或伦常，他认为清代过度严苛的刑罚绝非王法，上古时期舜帝的刑法绝不会如此判决。

通过此案，也足以显示出清代过失犯罪的一个重要特征，即尊亲属的死若与卑亲属哪怕存在一丝一毫的关联，即便卑幼本人对悲剧的发生并无任何责任，清代司法依然会治卑亲属之罪，这是丁若镛明确反对的。而通过"拟律差例"篇所载案例，还可以发觉清代过失犯罪的另外一个特征，那就是清代司法常常将刑事责任延及加害人和被害人以外的第三人。即加害人——被害人法律关系之形成究竟由何人联结，损害结果是否由加害人和被害人以外的第三人引起，是清代刑事司法着重考察的。如乾隆年间发生在四川省的刘长保父亲失跌身死案就是如此。

> 四川民刘长保，因父赶戳其弟，欲图劝慰，转致伊父失跌身死。事在仓猝，实非思虑所能及，依过失杀律绞决。刘长陇出言触怒，虽与骂詈有间，但现因顶撞致父失跌毙命，并陷其兄致罹重罪，其情罪较重于骂，应照"骂父母律"绞决。②

《钦钦新书》中该案的名称略微有误，应为"弟被父戳，兄劝父解"而非"兄被父戳，弟劝父解"。此案因其父失跌致死，便导致兄弟二人全

---

① 《钦钦新书》，拟律差例，故误之判七（子在井上 父在井底 不意桶梁脱落 其父致死 ○嘉庆），按。

② 《钦钦新书》，拟律差例，故误之判八（弟被父戳 弟劝父解 不意足势失跌 其父致死 ○乾隆）。

被判处绞立决之死刑，确实显得过于严酷。通过此案可以窥见，只要尊亲属的死亡或者罪行由卑亲属所引起或与其略有关联，那么清代司法便会对卑亲属处以极重的刑罚，即使该卑属难以预见相应的后果。此案判决时认为加害人（兄长）——被害人（父亲）的法律关系乃是因其弟的顶撞行为才得以产生，正因为刘长陇出言顶撞了父亲，所以才会发生后面一系列的悲剧。因此，虽然在今日看来刘长陇并无任何刑事责任，但乾隆皇帝却认为其"因顶撞致父失跌毙命，并陷其兄致罹重罪"，即当事人刘长陇因陷其兄于恶逆之罪，是极大的不孝、不悌，本案中承担连带责任，兄弟二人也就这样不明不白地赔上了性命。虽然该案的兄弟二人被判处的刑罚均为绞立决，但二人所依据的法条和依据却完全不同。兄长刘长保依照的是"殴祖父母父母"条中过失杀伤的情形①，其弟刘长陇依照的是"骂祖父母父母"条②的规定。自乾隆二十八年（1763）始，清代对过失致祖父母父母死亡的法定刑量从杖一百流三千里升为绞立决，因此本案在案发时，所适用的法定刑量与同时期适用《大明律》的朝鲜王朝已有所区别。在"恶逆"（加重处罚的情节）与"过失杀伤人"（减轻处罚的情节）为两端的过失杀伤祖父母父母犯罪情形中，清代中后期为维护家族伦常秩序（实为维护统治秩序），其量刑已明显偏向加重处罚的"恶逆"一端，而明显不及《大明律》那般中庸持正，从《大明律》的罪不至死到清代无任何缓冲余地的"立决"，法律规定的变化所反映的是法治的退步。

追究加害人和被害人以外第三人之刑事责任的情形也反映在"拟律差例"篇李红牯误触其母致死案中。

　　直隶民李红牯，不知伊母邝氏与梁告化通奸。黑夜拟贼，向捉梁告化，挣脱力猛，李红牯手松后退，不期邝氏走至身后，误碰跌毙。李红牯依过失杀绞决，梁告化改照与人斗殴，误杀其人之母，

---

①　《大清律例》，刑律，人命，殴祖父母父母，第十二条例文，"子孙过失杀祖父母父母及子孙之妇过失杀夫之祖父母父母者，俱拟绞立决"。

②　《大明律》，刑律，骂詈，骂祖父母父母，"凡骂祖父母父母及妻妾骂夫之祖父母父母者，并绞（须亲告乃坐）"。（《大清律例》亦同）

以斗杀拟绞。该犯恋奸酿祸，致陷邝氏母子二命，从重立决。①

此案描述了直隶居民李红牯不知母亲邝氏和梁告化有奸情，误以为奸夫是盗贼，在捉拿过程中不慎将母亲碰倒致其死亡的故事。此案与前面所述案件一样，均将引起损害结果的加害人、被害人以外的第三人纳入刑事处罚的范围，即在追究加害人的刑事责任后，再次追究案件中陷加害人于不义、使加害人被处死的第三人的刑事责任。这一特征在同一时期发生于朝鲜半岛的刑事案件的判决中从未出现，因此可以视作我国清代刑事司法的特征。丁若镛阅览此案后，对梁告化依照斗杀罪处以绞刑的判决不以为然。他在此案评论中认为，"梁告化有二罪，一和奸寡妇也，一拒捕争力也。照杀而绞似差"②。他对清廷将奸夫比照斗殴误杀旁人之罪③处罚的做法表示质疑。他认为奸夫梁告化的本罪一是和奸寡妇④，二是拒捕⑤，而这两项罪名均罪不至死，二罪合并后若依"罪人拒捕"条规定"凡犯罪逃走拒捕者，各于本罪上加二等，罪止杖一百流三千里"的话，和奸罪加二等后依然罪不至死，况且《大明律》《大清律例》已明文规定罪人拒捕的法定最高刑，明确其上限仅止于流刑，罪不及死刑。丁若镛坚持"罪刑法定"，并以此表达对清代司法随意比附罪名并将刑事责任任意延伸至加害人外第三人做法的反对。从该案判决和丁若镛的批判中也可看出清代法律适用的混乱。

丁若镛不仅对清代过失杀案件判决的不合理处加以批判，也同样指出朝鲜"戏杀误杀过失杀伤人"有关案件在法律适用上的谬误。其中最具代表性的当属丁若镛针对当时朝鲜普遍误读"戏杀"这一法律概念的现象，在"祥刑追议"篇所载姜卧丁案后所作的辨析。该案发生于正祖

---

① 《钦钦新书》，拟律差例，故误之判九（不知母行奸 捉贼而挣脱 误触其母致死 ○乾隆）。

② 《钦钦新书》，拟律差例，故误之判九（不知母行奸 捉贼而挣脱 误触其母致死 ○乾隆），按。

③ 《大明律》，刑律，人命，戏杀误杀过失杀伤人，"凡因戏而杀伤人及因而斗殴而误杀伤傍人者，各以斗杀伤论"。

④ 《大明律》，刑律，犯奸，犯奸，"凡和奸，杖八十"。

⑤ 《大明律》，刑律，捕亡，罪人拒捕，"凡犯罪逃走拒捕者，各于本罪上加二等，罪止杖一百流三千里"。

大王在位时的黄海道载宁。死者金硕奉黄昏时骑牛到玩伴姜卧丁家门前，牛因突然见到生面孔，受到了惊吓而狂奔不止，骑在牛背上的金硕奉翻空坠落后随即死亡。死者的父亲金守白因晚年丧子，不胜悲冤，因此状告姜卧丁，主张该牛受惊狂奔是由于姜卧丁挥掷芦竿戏牛所致。地方官因该案原告金守白的举证不足，无法仅凭他的一面之词就断定被告姜卧丁负有责任，又因被告乃是年仅 13 岁的幼弱，所以判决将姜卧丁无罪释放。①

　　审理本案的郡县和巡营（道观察使）官员均错误地将姜卧丁挥掷芦竿戏牛、以及儿童间相互打闹致死的行为定义为戏杀。故而丁若镛在该案后的按语中对这一谬误详加辨析。他在分析中广泛援引中朝两国各类文献，明确指明出处的就有《周礼》《大明律》《大清律例》《续大典》等典籍。经笔者考证，丁若镛还参考了我国清代律学家沈之奇的《大清律辑注》。该条目中，丁若镛对《大清律辑注》的援引较多，其具体引用内容和引用方法详见本研究"'祥刑追议'篇与《大清律辑注》"一节。丁若镛通过引述《大清律辑注》，辨明了"戏杀"之"戏"并非"嬉戏"的"戏"。戏杀乃是"'两和相害'，言知其足以相害，而两人情愿和同以为之"。② 因此，"偶然相戏，致陷人于不测者，皆不得比于戏杀之法也"③。丁若镛通过援引沈之奇所撰《大清律辑注》的权威解释，否定了本案中朝鲜郡县和巡营等地方官员的错误认知。丁若镛在其后的按语中进一步勘误如下。

　　戏杀之义如此，今之卤莽者，不知戏杀为何物，凡多人乱殴，不辨谁某者，谓之戏杀。又凡儿童嬉戏，过误致死者，谓之戏杀。又凡马吊江牌，乘忿相殴者，谓之戏杀。平日习闻如此，临事何以猝辨？此皆人命家之大蔀也。

　　吾东之俗，每正月之初，两里分偏，掷石以角胜，名之曰"偏

① 《钦钦新书》，祥刑追议，故误之劈一（挥竿骇牛 稚童坠身 根由儿戏 实因内损）。
② 《钦钦新书》，祥刑追议，故误之劈一（挥竿骇牛 稚童坠身 根由儿戏 实因内损）；出自《大清律辑注》卷19，刑律，人命，戏杀误杀过失杀伤人，律上注。
③ 《钦钦新书》，祥刑追议，故误之劈一（挥竿骇牛 稚童坠身 根由儿戏 实因内损）；出自《大清律辑注》卷19，刑律，人命，戏杀误杀过失杀伤人，律上注。

斗",虽死不悔,亦不申告。京城之药岾山,岭南之安东府,此俗尤盛,此真是戏杀。又凡角抵戏(较脚力),拖钩戏(挽索以被曳者,为不胜),踏索戏(空中踏索而行),因而杀人者,近于戏杀,余不可误称也。

戏杀者偿命,与斗杀同,盖欲因以禁止,使不得以堪杀人之事,复与为戏也。今人谓"戏杀,例不成狱",亦固陋甚矣。[1]

丁若镛在上述评论中列举了朝鲜当时误认为属于戏杀的情形,比如多人乱殴、儿童嬉戏时过失致死等,足见朝鲜王朝后期的民间和官府均不了解戏杀的正确含义。而后,丁若镛又举出了朝鲜半岛("吾东")民俗中近乎戏杀的有关情形,如汉城药岾山和庆尚道安东府等地盛行的"偏斗",及一些带有危险性质的民俗竞技(民间游戏),如角抵戏、拖钩戏、踏索戏等,参与游戏(竞技)的双方都事先知道该活动具有一定危险并可能受伤("知其足以相害"),但仍然愿意冒险参与进来("情愿和同以为之"),这就与戏杀乃"两害相合"的定义相吻合了。丁若镛认为,除了他枚举的这些朝鲜民俗竞技(民间游戏)外,朝鲜半岛上的其他行为均不能误认为"戏杀"。

与此同时,丁若镛还揣测了《大明律》的立法本意。戏杀者之所以会比照"斗杀"偿命[2],是因为法律欲禁止这种双方约定并同意的危险竞技等互相伤害行为。而当时的朝鲜官方和民间均以为戏杀不足以"成狱"(构成刑事案件),可见积弊之深。丁若镛通过引《大清律辑注》加以辨析,希望能够纠正当时朝鲜的这种错误认识。基于此,丁若镛认为即使本案嫌犯姜卧丁曾经挥掷芦竿戏牛而使牛受惊,那也属过失杀而非戏杀。[3]

《大明律》"戏杀误杀过失杀伤人"条中,与"戏杀"同时出现的是斗殴而误杀伤旁人的情形。因而丁若镛在解读"过失杀"和"戏杀"之

---

[1] 《钦钦新书》,祥刑追议,故误之劈一(挥竿骇牛 稚童坠身 根由儿戏 实因内损),按。

[2] 《大明律》,刑律,人命,戏杀误杀过失杀伤人,"凡因戏而杀伤人及因而斗殴而误杀伤傍人者,各以斗杀伤论"。

[3] 《钦钦新书》,祥刑追议,故误之劈一(挥竿骇牛 稚童坠身 根由儿戏 实因内损),案,"卧丁之狱,亦过失杀也。谓之戏杀可乎?"

外，对"误杀"也有一定的探讨。他首先在"批详隽抄"篇中通过援引清初地方官赵开雍的判词，来说明误杀情形下的审判准则。该案出自李渔《资治新书》，讲述了"房星灿与房邦相原有睚眦之嫌，秪因星灿醉归，向姜吴氏索水稍迟，互相诟骂，邦相劝之，不意星灿挥铲一击，其妾走避，而误中邦相头颅，十日之后，破风而死"①的故事。本案判官赵开雍在其判词中阐明了一个审断误杀案件极为重要的原则，那就是"本意殴杀者罪重，则误杀旁人者，其罪亦重；本意殴杀者罪轻，则误杀旁人者，其罪亦轻"②的原则。如该案中，房星灿原本想要殴打的是自己的妾，却不料伤及旁人，令其十天后破风身亡。那么依照其本意，殴打妾室即便致死，其法定刑量不过是"杖一百徒三年"，且考虑到当事人是醉酒后的误杀，因此判决方星灿杖一百并断给尸亲埋葬银。丁若镛阅览本案后，对这一判决及法理依据表示赞同，他评论道："惩恶之法，诛其心而已。诛其心，不过撞其妾而已。故末减如此。"③在按语中，丁若镛表明了自己对审理误杀案件的基本立场，这一立场就是"诛心"，即看重当事人行为的本意（犯意），并以此作为量刑的依据，并基本忽略该行为所造成的意外后果。由此看来，丁若镛明确支持"行为无价值论"而反对"结果无价值论"。丁若镛的这一立场在姜卧丁案后的评论中也有明确阐述。他举例说明了斗杀、谋杀、故杀而误杀旁人的各类情形应如何裁断。

> 甲与乙斗，以棒击乙，而丙在背后，误中于举棒之势，亦误杀也。甲与乙斗，以足踢乙，而乙则躲避，丙乃闪中于足头之势，亦误杀也。因斗而误，仍用斗杀之律者，甲若中乙，乙当致命，杀丙是杀乙故也。
>
> 甲窃乙妻，因谋杀乙，明知卧处，夜往砍之，丙适卧此，误受其砍，亦误杀也。甲窥乙财，遂欲杀乙，乃进砒酒，要其独吞，乙适不饮，使丙卒饮，亦误杀也。因谋、因故而误，仍用谋故之律者，甲若中乙，乙当致命，杀丙是杀乙故也。

---

① 《钦钦新书》，批详隽抄，赵开雍 过失判词 挥铲误中（赵氏字五弦）。
② 《钦钦新书》，批详隽抄，赵开雍 过失判词 挥铲误中（赵氏字五弦）。
③ 《钦钦新书》，批详隽抄，赵开雍 过失判词 挥铲误中（赵氏字五弦），案。

　　　然复父仇者，深夜刺刃，误中别人，是复仇而误者也。御盗贼者，黑夜使棒，误中别人，是御盗而误者也。若是者容有可议，其心，杀宜杀之人，非杀不宜杀之人也。《周礼》"司刺"之注，郑玄曰："不识者，不审也。若仇雠见乙，诚以为甲而杀之者。"为不识，则误杀之中，有司刺"不识"之条也。①

　　通过上文可知，丁若镛主张在各类斗杀、谋杀、故杀却误杀旁人的情形下，仍使用斗杀、谋杀、故杀原本的律文对嫌犯予以审判。如甲想要斗杀、谋杀或故杀乙，但最后却杀害了丙，那么仍按照杀乙后的律文和刑量加以判决。即在其犯罪行为造成的后果相同但被害人（犯罪对象）和原意不一致时，仍要按照原本要施行的犯罪行为和原本要加害的对象（因当时法律为身份法，随加害对象身份的尊卑对应不同刑量）所对应的法律条文（罪名）和刑量论处。那么这里就涉及一个较为棘手的问题。即误杀发生时，当事人的原意与行为造成的后果之间，其所侵犯的法益存在较大差别的情形。即当事人原本想要实施的杀害行为属于无罪或罪行轻微的情形，但最后造成的后果却与一般杀人案无异的话，法律又该如何处理的问题。丁若镛在此举出了这一类型的两个例子，第一是欲替父复仇却错杀旁人的情形，第二是深夜为防御盗贼却误杀旁人的情形。即杀父仇人或"夜无故入人家"的盗贼在当时的特定情形下本属应死之人，复仇及对盗贼的正当防卫在古代易被法律和司法实践所宽容。在本想杀死应死之人但最后却杀害无辜的情况下，丁若镛主张应按照《周礼》"三宥"之一的"不识"，对当事人从轻或减轻处罚（"容有可议"）。

　　与之相似的还有欲杀死野兽等动物却误杀旁人的情形。丁若镛在《钦钦新书》中也记录了相应案例，并附有相关讨论。"拟律差例"篇记述了乾隆年间发生在福建省的一起案件。王永朝、张汉云二人同在田捕打野猪，并约定好了各自所守的位置。张汉云从自己所守地点潜入王永朝所守地点。当时月光恰好被云遮蔽，田傍草茂，张汉云却并不声张。王永朝忽然看见对面的黑影，疑为野猪而立即施放鸟铳，导致张汉云受

① 《钦钦新书》，祥刑追议，故误之劈一（挥竿骇牛 稚童坠身 根由儿戏 实因内损），案。

伤死亡。① 此案最后比照无故向有人居止宅舍放弹射箭因而致死律②，判处王永朝杖流之刑（刑量应为杖一百流三千里）。

　　而丁若镛在"祥刑追议"篇所载姜卧丁案后的评论中也特别关注并引用了同一时期我国清代对这一情形专门制定的条例。"凡民人于深山旷野捕猎，施放枪箭，打射禽兽，不期杀人者，比照深山旷野安置窝弓不立望竿因而伤人致死律，杖一百徒三年。若向城市及有人居之宅舍，施放枪箭，打射禽兽，不期杀伤人者，仍依弓箭杀伤人本律科断，各追埋葬银一十两。"③ 丁若镛在评论中将这一条例全文引述，足见他对这一清代新制定条例之重视。这一条例的创新之处在于将在深山旷野捕猎时因打射禽兽施放枪箭而误杀旁人的情形与向城市和居民住宅打射禽兽施放枪箭而误杀旁人的情形作了区分，因深山旷野与城市及居民住宅的地点和环境不同，导致同样因打射禽兽而施放枪箭的行为在危险性上存在较大的差异，因此在量刑及适用罪名上，清代将当事人在深山旷野中的相应行为予以酌减，使之轻于在城市和居民区实施同等行为的刑量。而前述王朝云捕打野猪致死同伴案，在量刑时仍按照"工具伤人"条中对城市及居民区的情形定罪，推测当时这一条例仍未出台，其出台不排除受到了王朝云案的影响。丁若镛以全文引述的方式对清代这一新出条例表示认同，因此同时，他也对这类情形详加阐释。

　　　　推是义也，则黑夜误认物形，真以为虎，而放铳中人，真以为狐，而发箭中人者，亦在误杀之中，与过失不同。过失者，都无杀心者也。误杀者，或谋杀嫌人，或故杀宜杀之人（即仇人、贼人），或要杀禽兽异物，虽其所欲杀不同，要之皆有杀心在中，故归于误杀。然则戏杀、误杀，有可生者，有可死者；独过失杀，无不

────────────

　　① 《钦钦新书》，拟律差例，故误之判五（两人同猎 月暗认人为猪 误放铳丸致死 ○乾隆）。

　　② 《大明律》，刑律，人命，弓箭伤人，"凡故向城市及有人居止宅舍防弹、射箭、投掷砖石者，笞四十；伤人者，减凡斗伤一等；因而致死者，杖一百流三千里。"（《大清律例》亦同）

　　③ 《钦钦新书》，祥刑追议，故误之劈一（挥竿骇牛 稚童坠身 根由儿戏 实因内损）；出自《大清律例》，刑律，人命，戏杀误杀过失杀伤人，第八条例文。

生也。①

丁若镛在其评论中将这类误认是野兽而施放枪箭致人死亡的情形归入"误杀"一类,明确其与过失杀人有着本质的区别。他在此将过失杀和误杀的根本区别作了说明,认为二者的本质不同是有无"杀心"。虽然想要杀害仇人、盗贼或禽兽却不意误中旁人,但嫌犯仍存有杀心,而犯有过失杀的当事人则无丝毫杀心。在刑量方面,丁若镛也对戏杀、误杀、过失杀三者作了说明。依照《大明律》,戏杀、误杀可能会处于死刑,而过失杀人则在任何情况下都罪不至死,即使过失导致本人祖父母、父母死亡也是如此。过失导致父母死亡仍罪不至死的定论与适用《大明律》的朝鲜王朝刑事司法相符,但与同时期的清代司法不符。乾隆二十八年(1763)始,清代过失致死祖父母父母的法定刑量已升级为绞立决②,这与同时期适用于朝鲜的《大明律》之立法精神相悖。

第三节　威逼之厄

"威逼人致死"是中华法系特有的犯罪类型,《大明律》中首次出现,与唐宋时期刑律中的"恐迫人致死伤"条有着本质不同,当时立法的本意可能出于"抑强扶弱"的需要。"威逼"概念的出现,意味着人有时要为他人的自杀承担法律责任,而这与现代的刑法理念存在本质的差异。即"威逼"是由于被害人的积极行为倒逼加害人受到刑罚的,而非一般犯罪中因加害人的积极行为导致被害人受到损害而受到的处罚。在适用《大明律》的朝鲜王朝,对"威逼人致死"条③曾有过广泛地应用,特别是在看重妇女贞节的王朝后期,因奸威逼人致死的现象十分普遍。

《钦钦新书》收录了许多与威逼人致死(自杀)有关的案件,主要集中在"批详隽抄""拟律差例"和"祥刑追议"等篇,其中记录清代乾

---

① 《钦钦新书》,祥刑追议,故误之劈一(挥竿骇牛 稚童坠身 根由儿戏 实因内损),案。

② 《大清律例》,刑律,人命,殴祖父母父母,第十二条例文,"子孙过失杀祖父母父母及子孙之妇过失杀夫之祖父母父母者,俱拟绞立决"。

③ 《大明律》,刑律,人命,威逼人致死。

嘉年间案件的"拟律差例"篇收录最多。"拟律差例"篇中，与威逼人致死（自杀）有关的案件多集中在"威逼之惩""伉俪之戕""奸淫之瘗"和"骗盗之害"等部分。虽然"威逼之惩"从字面上更容易被理解为收录"威逼人致死"关联案件的条目，但收录其中的五起案件却多数与"威力制缚人"相关。为何与"威逼人致死"相关的案件分布于"拟律差例"篇不同的类型中呢？这是因为丁若镛在对"拟律差例"篇案例进行分类时，多是考虑加害人和被害人的身份关系或事件的总体类型，而较少考虑判决结果及所适用的法律条文。因此在"拟律差例"篇中，案件即便分属同一类型，其所适用的法律条文和被害人的死亡原因（自杀或者他杀）很多也是不同的。与之相反，"祥刑追议"篇"威逼之厄"中收录的朝鲜正祖大王在位时所发生的三起案件，均属于"威逼人致死"（自杀）的犯罪类型。

　　我们先来看朝鲜发生"威逼人致死"案件。朝鲜正祖二年（1778）八月，黄海道载宁郡曾发生过一起威逼人致死案。当时，贫苦妇人崔氏在其从叔父李京辉家的田中拾穗维持生计。某日，李京辉误认为崔氏偷盗了自己家中的粮食，"谓之盗贼，乘愤搜家，欲执赃物"，并强行到崔氏家中搜查，以此想把赃物找出。"被以草贼之名，将欲申官，威喝讨捕之将，又欲捉纳"[1]，李景辉不仅诬指崔氏为"草贼"，还打算告官令捕将们抓捕崔氏。妇人崔氏于惊吓中无端受到了叔父的怀疑，她一时想不开，就和子侄们共七人全都投河自杀了。因为李京辉的威逼导致了七人丧命，所以此案在当时的朝鲜成为焦点。正祖大王在同年所作的判词中要求对案犯李景辉施以严刑，却没有当即对此案作出明确的判决，却对主张适用《大明律》"威逼人致死"条对犯人杖一百的黄海道观察使加以严惩。六年后的朝鲜正祖八年（1784），正祖大王最终判决将李景辉处以死刑。[2] 丁若镛对正祖大王的判决结果持批判态度，他认为当时判决过重而有失公允。

　　　　臣议曰：狱者，天下之平也。虽一肢无伤，苟其情犯至凶，宜

---

① 《钦钦新书》，祥刑追议，威逼之阨一（纠差吓捉 亡命投渊 根由窃禾 实因自溺）。
② 《审理录》卷11，黄海道载宁郡李京辉狱。

断其杀;虽十命同殒,苟其情犯不重,宜缓其死。但论此罪之轻重,奚问彼死之多寡。……若李景辉所为,可怒可恨,而不必可死;可愧可怕,而不必可死;容有可死,而不必并子女而可死。则李景辉者,有凌人诬人之罪,而无杀人之罪;容有杀人之罪,而无并杀七人之罪。今若以七人之并命,都载李景辉之背,以重其任,则景辉抑冤矣。①

丁若镛认为,刑狱最应讲求平允。判决的轻重应依据犯罪情节轻重而非后果的严重性与否。即使最终结果并未损害任何人,但若情节恶劣的话,也应同样处以死刑。而如果像李京辉一样情节轻微,但却由于不可控的原因导致最后出现严重后果,就应从轻发落。他认为判决应主要依据当事人是否存在主观故意,主张不应将妇人崔氏等七人同时自尽的结果完全归罪于李京辉一人,七人殒命的责任不应由他全部背负。而正祖大王的最终判决显然将七人生命的陨落全部归罪于李京辉,因此该案嫌犯不免冤屈。丁若镛对妇人崔氏带领子侄六人寻短见的行为评论道:

乡村井上,高呼击掌,诬人为盗之声,朝朝暮暮,恒起恒灭。若以此事,辄皆自戕,则乡村之人,无噍类矣。况此七母子之并命,必非寻常灾变,定有鬼物挪揄,神魂迷昧,霎然一念之邪曲,断了七个之性命。若论杀人之罪,崔女有焉。自杀,亦杀人也;杀子女,亦杀人也。以臣愚见,但见崔女之杀人,不见?景辉有杀人之罪也。且其威逼,恐之以笞扑之罚,非恐之以绞斩之律,则威逼致死之目,亦恐不合。②

丁若镛主张,乡村中错误地指认他人偷自家财物的行为比比皆是,如果因为此类被他人误解的琐事就动辄自杀,那么乡下便没有活人了。况且七人一同寻死之事或许由某种不可控的超自然力量所驱使,否则其他六人为何就如此听命于崔氏,而愿意随她一同赴死呢?丁若镛认为自

---

① 《钦钦新书》,祥刑追议,威逼之陌一(纠差吓捉 亡命投渊 根由窃禾 实因自溺)。
② 《钦钦新书》,祥刑追议,威逼之陌一(纠差吓捉 亡命投渊 根由窃禾 实因自溺)。

杀、特别是教唆他人自杀也是杀人的一种，杀人者是崔氏而不是嫌犯李京辉。她不仅不珍惜自己的生命，还顺带夺取了其他六个人的性命。他认为威逼罪在本案中应适用的刑量是笞杖而非死刑。不仅如此，他还认为"威逼人致死"条也不宜在本案中适用，因为当事人李景辉的行为并未形成"可畏之威"，因此未对崔氏构成不得不赴死的充分理由。崔氏较差的心理素质才是惨案发生的主要原因。

记载清代刑事案件的"拟律差例"篇共计188件判例中，与威逼人致死（自杀）相关的案件就占到21件，多达11%。从各类清代刑案资料中，可以发现清代普通民众相比同时期的朝鲜存在更强的自杀倾向，而"拟律差例"篇记载了多达21件清代"威逼人致死"（自杀）案件。通过阅览原文便可发现，相关案件的当事人均因细小琐事就果断放弃了自己的生命。这21件清代"威逼人致死"（自杀）案件如表8-1所示。

表8-1　"拟律差例"篇中与"威逼人致死"（自杀）情形有关的条目

在"拟律差例"篇的顺位	条目名
3	自他之分一（被殴后　投井致死　○乾隆）
72	卑幼之残十三（姑令媳妇卖奸　不从　绝食殴逼　自缢以死　○乾隆）
77	尊长之犯四（养汉丑话　骂堂叔母　羞忿自死　○乾隆）
78	尊长之犯五（兄被弟殴　家长不治　羞忿自缢以死　○乾隆）
87	尊长之犯十四（僚妾之子　殴伤僚母　自缢以死　○乾隆）
96	弑逆之变一（取父买棺钱　贩贸谷物　致忿恚自死　○嘉庆）
100	弑逆之变五（妾殴其嫡　致投井自死　○嘉庆）
104	弑逆之变九（继妻凌虐前子　使夫发忿缢死　○乾隆）
121	伉俪之戕十（调其子媳　因妻斥责殴逼　投河而死　○乾隆）
136	奸淫之殛七（本夫登时捉奸　奸夫脱身逃走　淫妇投井　本夫自缢　○嘉庆）
137	奸淫之殛八（姊妹与母同行　其姊猝遇拉奸　母妹投缳　其姊随缢　○嘉庆）
140	奸淫之殛十一（仆婢未嫁　族人和奸　事露羞愧自死　○乾隆）

在"拟律差例"篇的顺位	条目名
142	奸淫之殃一（奸人之寡母 使其子羞忿 投井以死 ○乾隆）
143	奸淫之殃二（奸人之母女 致母女三命 投河以死 ○嘉庆）
153	强暴之虐五（纠党轮奸 不能拒御 毕竟该妇自死 ○嘉庆）
156	强暴之虐八（夜觅私奸之婢 误摸洁妇之身 使羞忿自尽 ○乾隆）
157	强暴之虐九（调奸未成 本妻以此污蔑 致羞忿自死 ○乾隆）
158	强暴之虐十（冒奸未成 他人以此嗤笑 致羞忿自死 ○乾隆）
161	骗盗之害一（骗取人银两 使其人忿急自死 ○嘉庆）
162	骗盗之害二（骗取人牛只 使其人忿急自死 ○乾隆）
166	骗盗之害六（背友遗托 盗券夺屋 致二子自死 ○乾隆）

在相关判例中，这些自杀者赴死的动因多被描述为出于"羞忿"，除此之外还有"忿恚""羞愧""发忿""忿急"等词汇描述当事人自戕的动因，即多与人的羞耻心、脸面、面子、"没法做人"有关。他们的自杀行为作为一种权力游戏和报复手段，目的是让加害人（或有负于自己之人）后悔或受到惩罚。这种报复可能是有预期的"威逼人致死"等刑事处罚，也可能是使之受到社会舆论的压力。从这一角度看，《大明律》"威逼人致死"条的存在反而反向支持了自杀者的报复目的，这也致使其与现代自杀者多和绝望或自我认同的快速丧失存在巨大的差别。丁若镛生存年代的中朝两国自杀者多怀着自己死后可以实现心中"正义"的预期，将自杀行为本身视作迅速达成"正义"的手段，其自杀行为本身便带有很强的目的性和功利性。

而导致羞耻心的首要因素便和"性"有关。清代和同时期的朝鲜王朝后期，自杀者中许多是自身"贞洁"突然遭受玷污的女性，清代自杀案例中同时包括受到性侵的男性。《钦钦新书》"拟律差例"篇的21件自杀案例中，与"性"直接或间接相关的多达12例。而不少"拟律差例"篇所载清代威逼案例中的自杀行为多由直接原因和根本（间接）原因两部分构成。如乾隆年间发生在江西省的熊文炀调奸黄氏未成，熊文炀的妻子邱氏与黄氏发生口角时污蔑黄氏，导致黄氏羞愤自尽的案件。导致黄氏自杀的直接原因是邱氏的污蔑，而根本原因则是熊文炀的调戏，夫妻二人都因关涉黄氏的自杀而受到刑事处罚，邱氏拟判处绞刑而熊文炀拟判处流刑。① 从中可知，清代司法追究的是导致死者自杀的所有当事人的刑事责任，足见当时"威逼人致死"罪量刑之严酷。而这些案件中，比起男性的强奸、调奸等身体上的暴力，来自同性别的妇女辱骂和污蔑等语言上的暴力、精神上的侮辱更容易将当事人推向死亡的边缘。该案争论的焦点在于熊氏夫妇二人谁应承担主要刑事责任，即何人更应偿命的问题。督抚的原判决中将熊文炀拟为绞刑而将邱氏拟判充军，但经刑部驳改后邱氏拟判绞刑而熊文炀拟为流刑，将夫妇二人的刑事责任加以颠倒。邱氏的辱骂污蔑直接导致了黄氏的自杀，因而判决她负主要刑事责任。

因嘲笑、污蔑和辱骂而导致他人自裁的情形，在"拟律差例"篇的另一起案件中也有体现。该案发生在乾隆年间的直隶赞皇县，王四阜保（四字名）冒奸郝金陇之妻傅氏未成。在寝息后，傅氏旋即被邻人王五儿耻笑，致使傅氏羞愤自尽。该案的冒奸之人和耻笑之人均受到了刑事处罚，冒奸者王四阜保被拟流刑，而耻笑者王五儿被处以徒刑。② 可见虽因言语导致他人自尽，但耻笑和"挟仇污蔑"行为所受的刑罚是不同的。但相同的是，所谓"加害人"在行为实施时无法预判将会为自己的轻率之举付出怎样的惨痛代价，因为这完全取决于"被害人"的心理承受能力，以及"被害人"是否会想不开而寻短见。但这却不是"加害人"所能掌控的，大大超出了"加害人"的预期。故而自杀行为在此应视作被害人针对羞辱或污蔑自己之人的一种强烈且严酷的报复手段。

与清代"威逼人致死"多与"性"有关如出一辙的是，朝鲜王朝在适用"威逼"罪的过程中，因"性"导致的威逼人致死同样占据绝对多数。《大明律》"威逼人致死"条规定，"若因奸盗而威逼人致死者，斩"③。可见因奸、因盗导致的受害人自杀属于"威逼人致死"条加重处罚的情形，且处罚极为严厉。但《大明律》起初在立法时尚未阐明是强

① 《钦钦新书》，拟律差例，强暴之虐九（调奸未成 本妻以此污蔑 致羞忿自死 ○乾隆）。
② 《钦钦新书》，拟律差例，强暴之虐十（冒奸未成 他人以此嗤笑 致羞忿自死 ○乾隆）。
③ 《大明律》，刑律，人命，威逼人致死。

奸已成还是强奸未成。直到万历十三年（1585）颁行的《大明律集解附例》中，始对因奸威逼的适用作出了相应的法律解释。"因奸威逼者，如强奸不拘已成未成，而威逼妇人致死。"① 这一解释使得对因奸威逼的情形在适用上涵括了强奸已成和强奸未成两种类型。朝鲜虽知晓《大明律集解附例》对因奸威逼所作的法律解释，但《大明律集解附例》本身并不等同《大明律》本律，因此在朝鲜王朝不具有与《大明律》正文相同的法律效力。况且即便是明律的原文也可通过朝鲜的本国立法加以修正调适。因此，朝鲜在因奸威逼罪的法律适用上，与同时期的我国明清两代存在明显的区别，这主要体现在其对强奸未成却导致妇女自杀的案件量刑较轻，与明清时期的"威逼人致死"对强奸已成和强奸未成一律对待而处以极刑的做法形成了鲜明对照。下面来看因强奸导致妇人自尽时，朝鲜是如何适用《大明律》"威逼人致死"条加以判决的。

关于朝鲜的因奸威逼案在《钦钦新书》中记载较少，因而我们通过考察《审理录》《承政院日记》等官撰史料，来窥见朝鲜因奸威逼案的法律运用，以补充《钦钦新书》的这一空白。我们先来看在英祖大王在位时发生的一起因奸威逼致死案。英祖二十年（1744）时，家住忠清道公州的"童蒙"金世兴欲强奸邻居家的处女李氏而潜入她的房间，因遭到李氏的抵抗而罢手回家，李氏在受辱后随即自缢。从"童蒙"二字可知，嫌犯金世兴当时的年龄很小，可能比处女李氏的年龄还小，二人都属未成年人。因此，朝廷对应如何处理这一案件展开了激烈的争论。

> 上曰，其女则贤，而世兴则何如？寅明曰，臣意则以为其女诚贤，而世兴可死矣。显命曰，虽与强奸威逼有异，而因是致死，则此可为罪矣……宗玉曰，因奸盗威逼致死则斩，载明律，而强奸未成则生。威逼致死，亦有傅生者矣。上曰，两班威逼，则可谓威逼，而如此小童，有何威也？锡命曰，宜有可恕也。俨曰，欧阳修以李氏断臂事，载五代史，岂不伟哉？此女曰是烈女宜旌褒，而世兴则可用法也。尚星曰，既与威逼有异，而经三日始死，则似不无原恕

---

① 《大明律集解附例》，刑律，人命，威逼人致死（附例）。

者矣。①

当时朝廷的意见大致分成了两种。一种意见认为金世兴性侵李氏的举动与李氏的自杀行为之间存在因果关系，所以认为应将嫌犯金世兴处死。而另一种意见则认为金世兴属于强奸未成，且案发时他还是一名"小童"，在年龄和力量上均无法对李氏构成威逼。且李氏自杀时距离受辱之日已超过三天，因而在严格意义上很难断定两者存在直接的因果关系，所以不便适用"威逼人致死"条中因奸威逼情形的法定刑量。英祖在听取众臣的不同意见后，并未当即作出判决。于几日后再度讨论此案时，大臣们的意见仍在严刑和减刑间存在明显的对峙。英祖大王在综合考虑后，作出了如下判决。

> 上命书判付曰：此事其强奸不成之律则似近，而今者照律，不知衬着。虽然其所自毙，由于渠之强逼，则此所谓非我也刃也，不可以寻常强逼威逼之律处之。严刑三次后，减死岛配，造次之间，据理守节，凡事过时则不无解心者，既不被污，过屡日自裁，其节可尚，其令该曹，特为旌闾。②

英祖大王认为金世兴与李氏之死间存在因果关系，但认为其与"威逼"的概念略有不同，因而不能简单地依照"威逼人致死"条中因奸威逼的法定刑量判决此案。英祖大王最终判决金世兴严刑三次后发配至孤岛。国王认为，李氏为守节而自裁的行为可嘉，命令礼曹予以旌表。可见朝鲜王朝后期朝廷在判决强奸未成而致妇女自杀的案件时，一般不会判处嫌犯死刑，这在正祖大王在位年间的诸多判决中也有明显的例证，正祖大王审理此类案件时，也将强奸已遂和强奸未遂作为审判之准绳。如朝鲜正祖五年（1781）时，庆尚道熊川县发生了士族李昌范强奸 18 岁少女的案件。李昌范于光天化日之下，在"白昼通望之处"欲劫奸少女金已丹，金已丹在受辱后于次日自缢。正祖大王在认定犯罪事实时，断

---

① 《乘政院日记》，英祖 20 年 12 月 10 日。
② 《乘政院日记》，英祖 20 年 12 月 13 日。

定李昌范强奸未成:

> 名以士族，恣行武断爰除良，未羿良女，惟意劫辱，辗转至于
> 生出杀狱之境<u>是如乎</u>……道启则拈出欲为二字而归之未成，曹启则
> 指彼跨据一节而谓以已成。两般意见，各自成说<u>是隐乃</u>①，朝家之意
> 以为不然。人之死生亦大矣，己丹以乡曲间十八岁女儿，能知强劫
> 之为辱，判一死如就乐地，则昌范虽狞悍，果能夺其志而成奸乎?
> 道启中缉麻炊饭，初无必死之心<u>是如可</u>。及乎一洞人聚观，昌范妻
> 肆恶之后，羞愧舍命云者，何所据而有此论<u>是隐喻</u>。当日之结项被
> 解崔金两女，丁宁立证<u>是隐则</u>②。一死之早决于见劫之时，抑或推
> 知，其所缉麻也炊饭也，安知不出于使家人不致虑之意乎? 一死早
> 已自办，则虽以贲育之勇，莫之能屈，此所以知其未成者也。明知
> 为未成，而急于偿命，驱诸成奸，亦有欠于综核之政。③

　　本案中，庆尚道监司和刑曹的意见相左，庆尚道观察使认为李昌范
属强奸已成，而刑曹则认为李昌范属于强奸未成。正祖大王认为，金已
丹作为乡间 18 岁的少女，能因强奸之辱而有自尽之举，面对金已丹如此
刚烈的性格，李昌范即使再强悍狰狞，也不易"夺其志"而轻易得逞。
庆尚道在奏文中说，金已丹在遭遇强奸后仍缉麻做饭，证明她起初并无
必死的决心，也证明她的状况不足以使其家人担心她自尽，因此并未对
她严加看护。直到一村之人都来围观，且李昌范的妻子前来辱骂她偷汉
后，金已丹才因羞愧而自尽。可见本案中真正压死金已丹的最后一根稻
草并非李昌范，而是作为士族妇女的李昌范之妻。也就是说，她最终选
择自尽的直接原因并非由于男子所常用的身体暴力，而是出于女子所常
用的语言暴力。作为情敌的李昌范之妻可能认为平民少女金已丹勾引自
己的丈夫以期实现阶级跃升。她为了防止丈夫纳妾，而前去辱骂金已丹，
有意防患于未然。笔者认为，在分析本案时只有加入"阶级"这一因素

---

① 是隐乃: 吏读，古代朝鲜语 "인나"，相当于现代朝鲜语 "이나"。
② 是隐则: 吏读，朝鲜语 "인즉"。
③ 《审理录》卷9，庆尚道熊川县李昌范狱。

的考量，这一强奸未遂案中李昌范妻的谩骂和乡邻的围观才变得合情合理。因此本案中正祖大王在旌表金已丹的同时，认定李昌范强奸未成，判决李昌范减死流配。"昌范发配前，准三次严刑，配所以北道极边定送事分付"，因为李昌范是士族，所以对他的处罚重于平民，故而将他发配至朝鲜北部边境的寒冷地带。本案中，作为金已丹自杀之决定性因素的李妻之"肆恶"却没有任何处罚，李妻的语言暴力实则同样构成了对金已丹的"威逼"。但她辱骂时可能想不到金已丹的心理如此脆弱，少女的自尽反而使她的丈夫被流放，她不仅没能守住丈夫，反而因此失去了丈夫。

与本案形成鲜明对照的便是前述"拟律差例"篇记载的熊文炀调奸黄氏使其自尽案。该案与本案同为丈夫强奸未成后妻子辱骂被害人，被害人受到女性辱骂后自尽的情形。但不同的是，清代案件中不仅追究辱骂者熊文炀妻邱氏的刑事责任，并且经刑部驳改后令邱氏承担主要刑事责任，被判处绞刑以为黄氏偿命。但同一时期的朝鲜在遇到相似情形时，其判决结果却与清代恰恰相反。本案中仅追究强奸未遂者李昌范的刑事责任，却未追究辱骂被害人并直接导致其自尽的李昌范之妻的刑事责任。也就是说，在遭遇强奸后受到辱骂自尽的情形中，清代更看重辱骂这一直接原因，对妇人的语言暴力加以追责；而同时期的朝鲜却更看重强奸行为这一根本原因，语言暴力在朝鲜王朝不被视作处以刑罚的缘由。

朝鲜王朝后期对妇女贞洁的极端强调导致了当时许多妇女即使未曾遭遇强奸，而仅仅遭遇调戏或性骚扰，却也轻易地选择结束自己的生命。如朝鲜正祖四年（1780）发生在忠清道全义县的吴一运调戏徐氏令其自尽案即是如此。徐氏是士族妇女，而吴一运是普通良人。"徐女之自缢，由一运之挽裳"①，徐氏仅因为吴一运拉扯了一下她的衣服便选择了自尽。针对这一案件，"律无可施，准以强奸，则即有未奸之证，拟之劫夺，则又无已夺之迹"，当时的朝鲜没有对应的法律条文，如果比照强奸处理，嫌犯并非强奸已成，若是比照强奸未成处置，嫌犯却从未做出意欲强奸的任何行动。正祖大王在最后的判决中对徐氏加以旌表，并判处吴一运流配之刑。可见即便性骚扰而非强奸，但只要造成了妇人自尽的严重后

---

① 《审理录》卷5，洪忠道全义县吴一运狱。

果,朝鲜司法也大致会比照强奸未成的情形予以量刑。

然而处罚因奸威逼者的前提是有明确的事实认定,其骚扰或性侵行为与妇女自杀的结果间存在因果关系。如果事实认定不清,国王在判决时便会秉持疑罪从轻从无的原则。如在朝鲜正祖三年(1779),平安道安州就发生了一起疑案。金春同劫奸妇人金氏,致死金氏饮毒后的第十天毒发身亡。正祖大王在案发四年后方才判决,该判决体现出国王作为最高裁判官应具有的理性慎重的态度。

> 究厥罪犯,极甚凶悖,斯速偿命,以雪死者之冤,在所不容已。然既非奸所之被捉,又无奸成之明证,只凭金女生前之言,遽然成狱,终欠审慎……道启中曰疑曰惜,尽有条理,疑之者,疑其奸之已成;惜之者,惜其死之未尽。而疑多于惜,惜不敌疑。勘定之际,凿有中窾。朝家于此狱,岂有别见,即令道伯酌放以闻。①

正祖大王以为,该案中因奸威逼的犯罪事实不易认定。因为该威逼案中既缺乏目击证人(非奸所被捉),又缺乏强奸已成的证据。被害妇女既作为案件的当事人,又作为唯一举证责任人的情况非常普遍。而在因奸威逼案中,多因受害妇女业已自裁而导致死无对证,因此很难仅凭被害妇女生前的一面之词而对犯人作出判决。因此无法排除被害妇女利用"威逼人致死"条,以性命诬赖某一男子的可能性。即使在强奸已成的情况下,在法医检验技术并不发达的朝鲜王朝时期,妇人在自杀后,无法排除她生前所指认的男子会有百口莫辩的情况。而强奸未成就更难作出确凿的事实认定了。因此正祖大王在令平安道观察使详查后,本着"疑罪从无"的原则及审慎的态度,直到案发四年后的正祖七年(1783)才对本案作出判决。他要求平安道观察使酌情释放嫌疑人金春同,并在判决中表明了朝鲜王朝处理疑案时的指导原则,即"疑多于惜,惜不敌疑"。也就是说,判官绝不能因对当事人的殒命或被害感到惋惜愤痛,就感情用事而从重处罚嫌疑人,疑案的处理原则一定是"惜不敌疑"的。

而《钦钦新书》"剪跋芜词"篇中,则记述了一件丁若镛亲自撰写的

---

① 《审理录》卷11,平安道安州牧金春同狱。

威逼案跋词。该案发生在丁若镛流配全罗道康津县的朝鲜纯祖七年（1807）。居住在全罗道古今岛的郑士龙之妹郑召史嫁于莞岛，而其夫死于非命，只留有遗腹女一名。郑氏时年二十四岁，她矢志不再改嫁。镇校金尚云时年四十五岁，他膝下无子，因此想要有妻再娶，便令李辰白行媒，但郑氏坚决不从，他又令李启得贿赂吴致军处，想令郑氏回心转意，吴致军清楚郑氏的守志之心而未接受贿赂。一日，金尚云乘夜潜入郑氏家中，欲行强奸之举，郑氏大声呼喊，其兄郑士龙等人将金尚云殴打后驱逐。但金尚云仍不死心，又发动下属到金使衙门诬告郑氏一家。他命令镇卒（兵丁）白得文到郑氏家中欲将其捆缚送官。郑氏认为自己一旦被押往镇廷，就一定会失贞。因此郑氏进入房间后关门闭户，取出一条海茅索自缢身亡。① 由此可见，郑氏认为贞节重于生命。

案发后，丁若镛为康津县地方长官代写了检案跋词。丁若镛在跋词中提及《大明律》"威逼人致死"条和因奸威逼的情形，但他认为，该案中郑节妇在自缢时并未遭受强奸，因而金尚云因奸威逼的罪名不易成立。但郑节妇如果跟随兵卒到镇营的话，极可能受到镇校金尚云的玷污而失身。正因为郑节妇本人有这一预判，因而她才会在出发前果断选择结束了自己的生命，以成全自己的守志之心。丁若镛依照《无冤录》的"尸帐式"，将被害人郑氏的死亡原因记为"威逼自勒致死"。他在跋词中认为，虽然威逼的造意者在于镇校金尚云，然而威逼罪的刑事责任应由作为具体实施者的镇卒白得文承担。

而镇卒白得文仅仅只是执行了上司的命令而已，却被丁若镛拿来当作替罪羊。丁若镛的这一跋词违背了他在《钦钦新书》中一贯推崇的犯意重于行为、"惩恶之法，诛其心而已"② 的法律思想，使人感到诧异和不解。这就需要结合本案发生的时间、地点和丁若镛当时的处境来予以理解。这一跋词是受康津县长官的委托而作，实则无法全然反映丁若镛本人的意志，流放生涯中处境艰难的丁若镛无法违逆当地长官的意志，需要时时仰人鼻息。因此可以推测，地方长官授意丁若镛为镇校金尚云脱罪，从而将"威逼人致死"的罪名转嫁于奉命行事的兵丁白得文身上。

① 《钦钦新书》，剪跋芜词，康津县郑节妇初检案跋词。
② 《钦钦新书》，批详隽抄，赵开雍 过失判词 挥铲误中（赵氏字五弦），案。

跋词中的许多文句明显存在为给金尚云脱罪而加工修改的痕迹，如跋文的前后有不少矛盾之处。如跋词的开头说道："以镇卒白得文为差使，白得文腰佩红索，到金尚云处谋议，听其指挥，直到节妇之家，威喝万状，将欲捆缚。"① 而到跋词的后半段，却说"镇将题辞，既无结缚之语；镇校画策，不过虚喝之计。则非讨捕之衙门，红索何物；无罪名之村家，白地起闹。遂使自戕之变，起于顷刻之间，苟不溯本而探源，逼杀之目，宜在得文"②。这与前句相互矛盾，且明显带有为金尚云开脱罪行的意图，应非出于丁若镛的本心。更甚于此的是，紧接这一开脱之语后的是"且彼尚云者，惭愤虽激于投梭，情欲犹切于挑琴。余望不绝，隐爱方深。从容捉去，虽是妆撰之言；驱迫至死，决非嗾嘱之事。由是言之，郑女之命，不绝于尚云，而绝于得文之手矣"③ 一句，丁若镛在此将男子对美女的爱慕说成是人之常情。为了将金尚云的行为合理化并看似富于正当性，丁若镛在此用到了汉代司马相如"琴挑文君"④ 和晋代谢鲲"投梭折齿"⑤ 等中国历代典故，用骈文的形式极度美化了嫌犯金尚云的人格和作案动机，以便将主要刑事责任转嫁到普通兵卒的身上。得益于丁若镛所作跋文的极尽开脱，主犯金尚云仅被处以流配的刑罚，其后他又通过赎钱的方式脱罪。

案发十余年后，已被解除流配刑的丁若镛再无当时处境下的利害纠葛，当他为编撰《钦钦新书》而再度回首，看到自己多年前所作的这篇跋文时，他坦率地承认了自己当年的失误，并提出了与当年跋词截然不同的观点。

> 如此之狱，名目终不妥当。吾东俗例于杀狱，犯人唯有二名，不曰正犯，即曰被告，除此以外，无他名也。今俗又以犯字，误认为手犯之犯，凡非手脚所犯者，一以被告人句当，不知犯也者。犯于罪也，犯于律也，岂必手犯者为犯人乎？若有人暗室造谋，遣客

① 《钦钦新书》，剪跋芜词，康津县郑节妇初检案跋词。
② 《钦钦新书》，剪跋芜词，康津县郑节妇初检案跋词。
③ 《钦钦新书》，剪跋芜词，康津县郑节妇初检案跋词。
④ 典出《史记》，司马相如列传。
⑤ 典出《晋书》，谢鲲传。

刺人，则将其造谋发遣者，不得为正犯乎？一指不动，而造谋者，当为正犯，四体虽勤，而役使者，当为次犯。故坐堂不动，召奴执杖，而必以坐堂者，为正犯法可知也。逼杀亦杀，则此狱其可无正犯乎？况守节寡妇，强奸致死，本系一律①，金尚云之罪，乌得云不犯于一律乎？始既强奸而不成，终又威逼而致死，反复思之，未见其可生。若以本意之不在谋杀，为原恕之论，则强奸致死者，其本意亦非谋杀，亦将原恕而活之乎？右跋词，本以金尚云为正犯，姑且从俗改之曰被告人，然其罪实犯于一律，不可以不正也。大凡杀狱，非其手犯者，谓不偿命，然强奸节妇，终至逼杀，既是一律，则但当以本律杀之，不必名之曰偿命也。跋词之末，过为原情之论，终使尚云，刑配收赎而止，其为失刑大矣。且凡烈女褒扬之法，合有定制，夫死妻殉，无故自残者，多系偏情，不宜崇奖。唯如郑节妇者，真可以上达朝廷，以请绰楔之典，而或恐狱事有咎，终亦掩翳而不扬，可胜惜哉！②

丁若镛在本案按语中痛陈自己当年所作跋词的诸多失误，并对此加以批判和纠正。首先，他提出了二人以上共同犯罪案件中对正犯的认定问题，指明该案中的造意者金尚云当为正犯，属于正犯中的"间接正犯"，而受其唆使执行命令的镇卒白得文仅为从犯。当时的朝鲜土俗并无"间接正犯"这一概念，而习惯将直接实施犯罪的"手犯之犯"误认为正犯。在朝鲜当时的共同犯罪案件中，仅以是否直接实施犯罪行为，将嫌疑人区分为"正犯"和"被告"两者，这种区分容易致使造意的"间接正犯"逃避法律制裁。其次，他认为"逼杀"也属于杀人，特别是在违背妇女意志的情况下欲行强占，导致妇女为维护本人的贞洁而被迫自缢的行为当属杀人罪的一种。杀人罪应不仅局限于谋杀等直接剥夺他人生命的行为，也应包括间接致他人于死地的行为。比如被害人基于某种理念或因坚持某种信念，并将其看作重于生命的事物（如贞节），从而认为已无活路而选择结束自己生命的行为。

---

① 一律：死刑。
② 《钦钦新书》，剪跋芜词，康津县郑节妇初检案跋词，按。

本案中的威逼和其他案件略有不同。本案的造意者金尚云明知寡妇郑氏守志的意愿和贞节重于生命的信念,那就应该预见到其多次威逼的行为可能造成的严重后果。这与前述清代与朝鲜王朝诸多案例中自杀者毫无预警的自杀行为不同,那些案例中的"威逼者"许多仅是辱骂或嘲讽自杀者,完全无法预料后者会做出极端行为,即无法预计自己会承担刑事责任。因此,笔者认为在"威逼"案中,应以"威逼者"主观恶意的大小来决定其刑事责任的大小和刑罚轻重,其主观恶意的大小应以"威逼者"能否预见到其威逼行为可能造成的后果为准。清代案件中的当事人因辱骂被害人便被以"威逼"的罪名处死,而本案当事者金尚云却以"投梭折齿""琴挑文君"之用典而获得减刑并以收赎脱罪,均有违法律的公允持正而不甚合理,二者形成了强烈的反差。

《大明律》"威逼人致死"条明文规定,"若因奸、盗而威逼人致死者,斩。"[①] 这就是丁若镛所谓"一律"(死刑)的法律来源,并以此主张本案正犯金尚云"当以本律杀之"。《大明律》对"因奸威逼"量刑极重,其本意就是以法律的形式保护妇女的贞洁不受侵犯,并不以犯案男子的本意未曾想到被害妇女死亡("本意亦非谋杀")而有丝毫的宽恕。

本案当事人金尚云构成"威逼人致死"罪的具体行为则有两种。一是"既强奸而不成";二是"终又威逼而致死"。两者中的任何一种行为都能使该罪名成立。但本案的狡猾之处在于镇校金尚云直接实施的"既强奸而不成"发生在前,而作为间接正犯命令下属实施的"终又威逼而致死"的行为发生在后。发生在后的这一行为恰恰成为寡妇郑氏自杀的直接原因(导火索),从而导致发生于前的"既强奸而不成"被法官所忽略。但是,正是因为先前金尚云潜入郑氏家中并发生强奸未遂的行为,才导致郑氏在收到传票、被迫赶赴官衙前,有了此行一定会失身的预判。所以,先前发生的强奸未遂才是寡妇郑氏自杀的根本原因。金尚云无论是直接实施、作为"威逼"根本原因的强奸未遂行为,还是间接施行、作为"威逼"直接原因的唆使下属捉拿郑氏的行为,都应难逃《大明律》"威逼人致死"条处以斩刑的法律制裁。

畏于镇校金尚云的权势,正义最终无法得到伸张。正义难伸不仅表

---

① 《大明律》,刑律,人命,威逼人致死。

现在金尚云通过权力和金钱运作，使他从法网之中完美脱逃，也表现在因有权案犯的脱罪需求和唯恐翻案的心理，致使作为烈女的被害人郑氏永远无法得到朝廷的旌表，丁若镛为之哀叹并深为悯恤。但这一结果是当时身处流放地的他所无力改变的。丁若镛认为，案犯得不到应有的惩罚，烈女得不到应有的褒扬，二者都是极不公正的。若没有丁若镛在《钦钦新书》中的笔触和自我检讨，郑氏的事迹与金尚云的恶行或将永远被埋藏于历史之中而不见天日，却有幸得益于《钦钦新书》的记录而大白于天下。历史又是公正的，当事人虽在当世得不到应有的惩处或褒扬，却也必然接受历史的审判。

综上所述，朝鲜王朝与我国明清时期一样，也同样存在"威逼"案件和对"威逼人致死"条的适用，其中因奸威逼的案例占据绝大多数，朝鲜王朝在量刑时明确区分了强奸已成和强奸未成。相比我国明清时期来说，朝鲜王朝时期的因奸威逼，特别是强奸未成时对威逼罪的量刑较轻。这些因奸威逼而选择自尽的朝鲜妇女基本都受到了朝廷的旌表，因此这些自尽的妇女不仅能给自己的家庭带来朝廷颁授的荣誉，还使自己的家庭享受到"复户"的待遇，从而为家庭免除了徭役等负担。因此，她们的自尽行为有时看来或经过严密的计算，是借机主动迎合国家提倡的理念与行为，以期从官府那里获得"名""利"等各种收益。特别是妇女和她们的家人在看到其他妇女因自尽而使其家庭获得收益时，这种榜样的力量可使妇女借受辱之机争相自尽。因此，也不排除妇人们在选择这条不归路时，作为利益攸关者的家庭成员曾对她有过某种暗示或强迫。因而笔者认为，并非每一位因奸自尽的妇女在选择这条不归路时都是心甘情愿的，她们主动做出选择和被动受到鼓励的因素多同时存在。即使是主动选择自尽的受辱妇女，有时也并非仅抱着维护自身贞洁的意志而死，而是带着对名誉和利益的预期慷慨赴死的，尽管那时的她已看不到这一预期收益的实现。而更多的妇女或是在维护自身尊严、以此为手段换取荣誉及利益、惩罚威逼者等因素的共同作用下，艰难地做出自尽这一选择的。

在某种程度上，正是"威逼人致死"条在明清时期中朝两国的普遍适用，反而鼓励和造就了中朝两国大量妇女做出了自杀选择，即法律规范影响和塑造了人的行为选择，而不是相反。因为妇女一人的牺牲不仅可换来对性侵者的严惩，还可以通过"旌表""复户"等，为自己的家族带来众多看得见和看不见的收益。也只有通过她的牺牲，她自身的"贞"与"烈"才被公之于世，她的父母和兄弟才能因此获得更好的生活和更大的荣光，至此，她的"孝"和"悌"才通过结束生命的方式得以隐秘地实现。从这一视角来看，她的自尽又是一举多得的，是经济的。由此可知，程朱理学的思想体系塑造了朝鲜官方褒奖"忠""孝""烈"等热衷实践官方提倡的价值理念者的制度，而具体的个人和家庭又积极迎合和利用了这一制度，其理念和行为在被当时制度塑造的同时，对自身利益最大化的追求又反作用于制度，进而使得制度被他们重塑，也使制度因之扭曲和变形，从中让我们看到了人和制度间的双向互动和相互塑造，以及米歇尔·福柯所称的呈弥散状的、由下到上的权力运用。

第四节　图赖之诬

我国明清社会曾广泛存在过借尸图赖现象，而同一时期同属中华法系的朝鲜也不例外。"图赖，或称白赖，译之以东语，即云'用恶'，亦云'臆持'，其白赖者，东语谓之'生臆持'。"① 丁若镛在《牧民心书》中明确指出朝鲜图赖的概念。图赖也称作"白赖"，在朝鲜称作"用恶"或"臆持"②，朝鲜语称图赖他人者为"生臆持"③。金迈淳（1776—1840）在其《阙余散笔》中谈道，"今乡曲小民，告诉杀伤，图赖者十居六七，此二字不可模糊打过。"④ 他指出普通民众因命案而告官者，多半出于借尸图赖，可见朝鲜王朝后期借尸图赖这一恶习在民间社会相当普遍，而朝鲜史料中有关图赖的记载却很少。丁若镛在《钦钦新书》中同时记载了明清时期中朝两国发生的图赖案件，并对两国的图赖现象作了自己的比较和评论。

明宗大王在位时，朝鲜首次记载了"图赖"这一法律概念。即明宗

---

① 《牧民心书》卷10，刑典六条，断狱（诬告起狱 是名图赖 严治勿赦 照律反坐）。

② 臆持：汉字借词，朝鲜语单词"억지"的音读，固执、要赖之意。

③ 生臆持：朝鲜语与汉字的组合词，"生"为汉字，臆持为朝鲜语单词"억지"，要赖、无理取闹之意。

④ 《台山集》卷19，"阙余散笔"，文王第五。

十三年（1555）发生的从兄弟间恶斗，两家各自把自家儿子杀害后相互图赖对方的恶性案件。当时三公的审理意见认为：

> 深叹世道人心之薄恶，一至于此也。虽蚩蚩之氓，不胜忿怒所为，而其残忍至此，从重究治，有不足惜。但帝王用法，自有定制，不可因一时之议而有所低昂。《大明律》"杀子孙及奴婢图赖人"条：凡祖父母、父母，故杀子孙图赖人者，杖七十徒一年半。此为正条，不可舍此而求比于他也。且人之故杀子孙，少有慈心者，孰不知恶之，而律止于此，岂无其意？臣意依律文痛杖，而定徒役于两界远邑残驿，则只用本律，而犹可惩其恶也。若系贱口，徒应收赎，则收赎而黜去都下，使不得安其故居，以示移郊移遂之意。①

朝鲜的宰辅们在此援引了《大明律》"杀子孙及奴婢图赖人"条②的规定。众臣都认为，相对这一犯罪的恶性程度而言，《大明律》的法定刑量显然太轻。但罪刑法定，不能因一时朝议而肆意改变律法的严正，因此这一互相杀子图赖人的案件只能适用"杀子孙及奴婢图赖人"条，而不可比附《大明律》其他条文执行。宰相们认为《大明律》的立法者当然了解这类犯罪的恶意，但律文如此规定必然有其深意。朝鲜在依照这一条文执行的基础上可有所加深，比如在执行杖刑时"痛杖"，在确定徒役时发配到最远的朝鲜北部边境等。这样一来，即便是遵照《大明律》"杀子孙及奴婢图赖人"条执行，也可以惩罚犯人的凶恶。但如果犯人是奴婢身份的话，因其要服贱役而应将徒刑用钱收赎，但不得让其居住在原来的地点。大臣们的提议得到了国王的准允。

有关"图赖"可大致定义如下。图赖是指图赖者在杀害他人后用其尸体（或用本已死去之人的尸体），以告发其杀人罪为要挟来恐吓被图赖者，从而达到榨取被图赖者钱财、诋毁其名誉、为自己或家人复仇、甚至将对方置之死地等目的的一种犯罪行为。图赖具体可分为杀人图赖、借尸图赖、自杀图赖以及为杀人犯掩盖罪行的要挟图赖等各种类型。由

---

① 《朝鲜王朝实录》，明宗实录卷18，10年2月9日。
② 《大明律》，刑律，人命，杀子孙及奴婢图赖人。

此可知，图赖行为虽和诬告罪、谋杀人罪偶尔存在一定关联，但其本身有着自身独特的构成要件，这也是《大明律》为图赖罪单独立法的目的所在。丁若镛据此认为，图赖犯罪带有明显的恶意，必须从重处罚，主张对图赖人者处以反坐的刑罚。他在其著作《牧民心书》中论述道：

> 以自溺为被溺，以自缢为被勒，以自刺为被刺，以服毒为被打，以病患为内伤，若是者，多矣。考诸法书，形证各殊，辨之不难，但既辨之后，狱事出场，官意遂解，不思惩恶，略施刑杖，例皆全释，民何所怵畏哉？凡诬告者，法皆反坐，诬以死罪者，厥罪应死，虽不能然，并与流配，而免之，岂不疏哉？此由嫉恶之心不能真切故也。宜论报上司，必罪无赦。①

丁若镛认为，图赖是指将自杀或本来就有的伤病伪装成他杀或他人故意伤害，从而以杀人罪诬告他人的行为。且《无冤录》中对自杀和他杀的鉴别有着清晰的说明，经过仔细检验后，分辨自杀和他杀其实并不困难，从而侧面反映了朝鲜王朝后期许多地方官对《无冤录》等法医学著述从未认真钻研。图赖人者的诬告在被识破后，地方官的态度也十分关键，朝鲜王朝后期的地方官一般仅将图赖之人"略施刑杖"后便释放回家，才使得这类刁民有恃无恐。他认为，对图赖人者应适用反坐律，即诬告他人犯有死刑罪的人，在被揭穿后应对其处以相同的刑罚，即使不能处死，也理应与其他罪犯一同流放，若仅仅施以杖刑后就将其释放，岂不是太便宜他们了吗？他认为这出于地方官疾恶如仇之心不够真切的缘故。这类案件应在上报后对图赖人者施以严刑，而不应随意赦免。

丁若镛在《牧民心书》的这段论述及《钦钦新书》"经史要义"篇"图赖设禁（陶承学）"条后均附有《大明律》"诬告"条和"杀子孙及奴婢图赖人"条的法律条文。其中"诬告"条规定，"凡诬告人笞罪者，加所诬罪二等，流徒杖罪，加所诬罪三等，各罪止杖一百流三千里"，

---

① 《牧民心书》卷10，刑典六条，断狱（诬告起狱 是名图赖 严治勿赦 照律反坐）。

"至死罪所诬之人已决者，反坐以死，未决者，杖一百流三千里加役三年。"① 而《大明律》"杀子孙及奴婢图赖人"条的立法分为前后两个部分，前半部分指未告官时的图赖，而后半部分则规定了告官后的图赖，告官后的图赖依"诬告"罪的规定处理，从而被"诬告"的概念所吸收，而未告官时的图赖则不可以诬告罪论处，因而处罚较轻。因此，"图赖"相对于"诬告"来说是一个独立的法律概念，"诬告"本身无法完全涵括"图赖"，而仅仅可以将"图赖"视作诬告他人杀人前的预备行为。

但在法律实践中，如果图赖人者和被图赖者的任何一方均未告官的话，官府将无法介入其中，即便"图赖"条规定的诬告前的轻微处罚在实际中也不易执行。因而在立法和司法实践间存在某种悖论。但现实中在不告官的情况下对他人施以胁迫，以图赖其财物的情况却很普遍，这些事实因未能纳入官方视野而在史料中记载极少。图赖人者一旦将所威胁之事告官，那么被官员所洞察后，他将按照诬告罪反坐。此时的图赖人者自身将处于极为不利的境地，所以他尽量在不告官的前提下以尸体（人命）作为工具，不断使胁迫他人而产生的恐吓效果逼近极限，从而让被图赖者陷入极大的恐惧不安中，以便达成自己的目的，使自身的利益最大化。

但丁若镛认为，当时朝鲜的执政者们并不清楚何为"图赖"，他们不仅不知"图赖"的立法目的在于惩治奸巧，而且也无法理解"杀子孙及奴婢图赖人"条文本身。丁若镛在《钦钦新书》中指出，即使是朝鲜最精通法理的宰相南九万，也对"图赖"这一概念不甚明了。他举出肃宗大王在位时发生的金厚男借尸图赖案，对该案最终比附谋杀人罪论处的结果作了批判和驳斥。

> 南相国九万，论金厚男定罪议云：厚男欲泄愤于崔南山，掘取其弟家病毙之男儿尸，称为己子，而诬以南山之踏杀，送其女儿于弟家，以为藏踪之地，乃使时丁呈状，官家检尸成狱，南山终至于杖毙。今论以诬告律，发状之时丁为首，而偿命，主谋之厚男，为

---

① 《钦钦新书》，经史要义，图赖设禁（陶承学 大明律），按；原出自《大明律》，刑律，诉讼，诬告。

从而免死。则原其情状，轻重有乖，论以谋杀人，则厚男以立谋为造意，时丁以呈状为加功，皆当处以一罪，而或虑此狱诬告为当律谋杀为比律，此该曹之所以有所疑难，而请询于臣等者也。然今观二人之情犯，若以诬告断之，时丁以发状之人，反坐处死，固所当然，而至于造谋发状，换易儿尸，检尸时识认成狱，皆出于厚男，则决无为从而反轻之理，且律之所谓谋杀人，非特以梃与刃而已，虽拥迫遮阻恐吓之类，亦皆以加功处绞，则今以杀人诬人换尸立证者，断以谋杀人，亦未知其不可也。①

宰相南九万在不了解"图赖"这一法律概念的情况下，对金厚男借尸图赖案的处断一直摇摆于"谋杀人"罪②和"诬告"罪之间。此案中，金厚男为向崔南山发泄私愤而掘取了弟弟家病死之子的坟墓，将这名已死的侄子谎称是自己的儿子，并一口咬定是崔南山用脚踏杀致死的。之后金厚男又把自己的女儿送到弟弟家藏匿起来，为防止自己日后被反坐，他指使自己的侄儿金时丁向官府告状，官府在尸检后将崔南山杖毙，金厚男阴谋顺利得逞。后来真相大白于天下，朝中对如何处置金厚男存在两种看法。一是以反坐律论处，如此一来作为直接诬告者的金时丁就理所当然是本案主谋，而指使他的金厚男则是从犯，这样认定则与案情本身的情理不一致，主谋金厚男便得不到应有的惩罚。而如果援引律文而比附于"谋杀人"条的话，金厚男本是造意之人，故而是主犯无疑，金时丁则是加功之人，应被认定为从犯，二人都应以死刑论处，这样法理便与案件的情理趋于一致了。然而当时刑曹认为，这一案件的本律是《大明律》的"诬告"条，能否舍弃原本的法条而比附其他条文的问题，将之提交给众臣们审议。

南九万等重臣认为，金厚男若依照诬告罪论处的话，那么其"造谋发状，换易儿尸"的罪恶就得不到应有的惩罚，他认为谋杀人不应限于利刃杀人，也应该包括胁迫和恐吓等情形，因此主张本案应比附"谋杀人"条处决。在此案审理过程中，在适用《大明律》条文时之所以摇摆

---

① 《钦钦新书》，经史要义，诬赖反坐。
② 《大明律》，刑律，人命，谋杀人。

不定，其根源在于金厚男在犯罪之时早已洞悉这一法律漏洞，因而他对日后可能要负的刑事责任作了相应的规避，从而指使自己的侄子金时丁到官府诬告。他的奸巧使他的侄子被推向前台，去承担本应他来承担的刑事责任。本案中的无辜者除了受到诬陷而被杖毙的崔南山之外，还有听从其指使并被最终处死的侄子金时丁。

本案在如何适用律条的推理过程中，大臣们始终未提"图赖"这一法律概念。丁若镛据此认为，"此《大明律》所云图赖之狱也。图赖原有本律，而吾东议狱，不知引照，故所论或失平"①。这一案件审判时，适用的条文不应是《大明律》"诬告"条，而应是"图赖人"条，当时朝鲜刑曹和众大臣在适用《大明律》时，却因不知这一法律概念而未能援引此条，从而使这一案件的最终判决略失公允。下面再来看几起正祖大王在位年间发生的图赖案件。

朝鲜正祖四年（1780）六月，黄海道的白川郡发生过一起尸亲图赖案。这一案件同时载于《钦钦新书》和《审理录》。赵载恒因为一升米而踢打了妻子尹氏，导致尹氏意外致死。② 尹氏的姻亲李可远和尹氏的舅父赵鍒作为尸亲，到官府状告赵载恒杀害了妻子。事件经过调查后发现，尹氏在死后的五日内就已下葬，当时没有任何人提出过任何异议。然而在尹氏死亡的一个多月后，尹氏的尸亲又突然向衙门告发尹氏死于非命。没有即刻告发赵载恒杀人，而是等了一个多月才主动告发，这引起了官府的怀疑。官府怀疑告发者在此期间可能曾向被告勒索过财物。经过官府的数次调查审讯后，李可远等人对为榨取钱财而胁迫赵载恒的犯罪事实供认不讳。

李可远作为图赖的始作俑者，他当时以厚葬尹氏之名向赵载恒勒索巨额财产。不直接勒索财物，而是要求必须加以厚葬，这反映出李可远之奸猾。为了规避刑事责任，他在告发时并不亲自出面，而是唆使老病之人赵鍒告官。赵鍒是尹氏之舅，当时已卧床不起。为了达到自己的目的，李可远还谱写了几曲乡间农谣，并将写好的农谣教给乡里的农妇们，让她们广泛传唱，农谣的歌词都是关于尹氏被丈夫殴打后含冤而死的内

---

① 《钦钦新书》，经史要义，诬赖反坐。

② 《钦钦新书》，祥刑追议，图赖之诬二（嗾证杀妻 索赂不售 实因被踢）。

容。他寄希望于谣言的传播和舆论的力量。在案发三年之后的朝鲜正祖七年（1783），正祖大王对本案作出判决。李可远被判"减死定配"，在严刑后发配极边之地，终身不得返回；赵鏆则被处以徒刑；赵载恒被无罪释放。① 而本案中的尹氏确实是被丈夫赵载恒殴打致死，严格意义上来说李可远和赵鏆并不能算是诬告，他们只是以赵载恒殴妻致死的犯罪事实来要挟赵载恒，以达到鲸吞其财产的目的。但他们为牟取暴利而借尸图赖，及编造民谣让妇人传唱的行为都是国王难以容忍的。与此对应的是，正祖大王在位时发生的许多因丈夫家暴导致妻子死亡的案件中，国王对丈夫的判决都极为轻微，朝廷对夫权的维护可见一斑。

有些图赖在时人眼中已经与伦纪相抵触。朝鲜正祖六年（1782）十一月，家住庆尚道顺兴的金岩回状告私奴致乞杀害了自己的父亲金厚先。② 经官府调查，金厚先的命案发生于金岩回告官的十四年之前。当时金厚先被致乞殴打，于被殴六天后死亡。当时金岩回因贪图致乞的钱财，将父亲金厚先伪装出自缢而死的假象，金岩回和致乞二人将此事私了（私和）。尝到甜头的金岩回不仅不告官为父洗冤，还把父亲的尸体当作自己生钱敛财的工具，他从案发到告官的十四年间不断向致乞索要钱财，致乞在十四年中也因身负这一命案而心虚，故而他为了封口而不得不整日满足金岩回的无理要求。十四年后的他最终忍无可忍，并断然拒绝了金岩回持续不断的勒索行为。已经习惯把致乞当作摇钱树的金岩回因此大怒，愤怒中的他告发了十四年前发生的这一命案。国王对私奴致乞从轻处罚，判决他"远地定配"，但认为"岩回之前后罪恶，大关伦常，凶狞叵测，覆载难容"③，要求对他严刑审讯后依律处置，将他判处死刑。丁若镛对该案有着精彩的评论。

> 若如初查之状，则岩也，与仇私和，取其父尸，假作结项之状，此与弑父者奚间焉？贪财卖尸，藏标为质，以至十四年之久，犹耽耽索赂之不已，竟因溪壑之不充，始乃发告。如此之狱，何为而追

---

① 《审理录》卷4，黄海道白川赵载恒狱事。
② 《审理录》和《钦钦新书》记载的人名略有出入，《审理录》作"李厚元"。
③ 《审理录》卷9，庆尚道顺兴金致乞狱事。

究事原乎？藉使犯人断人脰而决人腹，此是余事惟岩也。是鞫是讯，可也。况取父尸而假作缢痕者乎？……私和有律，图赖有律，而岩也之罪，直于弑逆上旁照，始可以正伦纲而敦风教，不可但以私和图赖论也。①

丁若镛认为，金岩回在父亲的尸体上动手脚，将父亲伪装成自缢而亡的行为本身就等同弑父，因为他在父亲的脖颈上套紧绳索的动作本身与弑杀无异，即便是在父亲已死的情况下。丁若镛列举了与本案相关的律条。除"图赖人"条外，"尊长为人杀私和"条也与本案密切相关。"尊长为人杀私和"条规定："凡祖父母、父母及夫，若家长为人所杀，而子孙、妻妾、奴婢、雇工人私和者，杖一百徒三年。"②但丁若镛认为，《大明律》这些条文中"徒三年"的刑量根本不足以惩处金岩回的凶恶。他主张本案唯有以弑父罪，即比附《大明律》"谋杀祖父母父母"条③论处才能够端正伦纲而敦化风教。欲壑难填的金岩回在长达十四年的时间里"贪财卖尸，藏标为质"，将自己父亲的尸体居为奇货，父尸沦落成了他手中敛财的人质和道具，而不断向导致父亲死亡的私奴致乞索要财物的行为，在崇尚儒教的朝鲜国王和士大夫们看来是无法容忍的，认为这是最大的不孝。基于上述考虑，国王最终轻判了元初的凶手致乞，却从重判处大不孝之子金岩回死刑，应是参照了"谋杀祖父母父母"条的法定刑量。

而发生在朝鲜正祖五年（1781）平安道中和的李甘丁案则属于杀人后嫁祸他人的类型。李甘丁将儿子李共元杀害后，诬蔑金处元杀害了自己的亲子，他的这种图赖行为明显出于对金处元的私愤。由于儿子李共元在金处元的引诱下不务正业，整日沉迷于酒精而无法自拔，甚至在金处元的欺骗下将家中的田产偷偷变卖，最终使家产荡尽，导致李甘丁对儿子又气又恨。所以他在手刃亲子后，将杀人罪名嫁祸于让自己家破人亡的金处元头上。本案经官府检验后，检官们认为天下绝无父亲杀害儿

① 《钦钦新书》，祥刑追议，图赖之诬一（假缢埋父 背赂乃告 根由使酒 实因被打）。
② 《大明律》，刑律，人命，尊长为人杀私和。
③ 《大明律》，刑律，人命，谋杀祖父母父母。

子的道理，因而最初断定金处元就是本案正犯。之后经过长达数年的调查后，最终排除了金处元杀人的嫌疑，认定李甘丁就是杀害自己亲生儿子的凶手。国王最终判决李甘丁"特为减死，严刑二次，绝岛定配"①，将杀子的李甘丁流放孤岛，并将金处元无罪释放。丁若镛对此案评论道："甘丁杀子之罪反小，诬人之罪甚大，刺子殒命，虽出于邂逅，引人诬赖，明属于故犯。"② 他认为李甘丁比起过失杀子来，其诬告金处元的罪过更大。因为杀子很可能出于一时激愤，但图赖人则带有明显的故意。因此从主观恶意上看，图赖人反而比杀子的罪行更加严重。

正祖大王在位时的另外一起杀死子女后图赖他人的案件发生在黄海道黄州，李春世杀害了自己的亲生女儿。当时李春世和大奇、宅勋等人喝酒，醉酒后的李春世对大奇、宅勋二人施以暴力。之后李春世担心被打的二人日后会报复自己，所以将自己三岁的女儿小连杀死后嫁祸给宅勋。李春世恶人先告状，他在诬告时一口咬定宅勋就是杀害自己亲生女儿的凶手。李春世诬告说他在醉酒后背负大奇走路时，宅勋跟在他们后面，宅勋跟着进入房间后，将自己的女儿踩踏致死。可见他杀女图赖的根本动机是为了防范仇家的报复，因而先下手为强。而"大凡发怒他人，自扑子女，闾巷例习"，查官在报告中阐明这种得罪他人后为防报复而扑杀子女的情形，乃是民间普遍存在的陋习，从中也可窥见朝鲜当时的民风。

调查过程中，复检官在对李春世和大奇对质审讯后，确知李春世乃是诬告，认为"此实天下之极恶，人伦之大变"③。丁若镛对本案的量刑建议是"父母殴杀子女者，杖一百而已；故杀者，杖六十徒一年；其用意凶惨者，禀旨乃决。④ 若春世者，其故杀者乎，然杖之宜猛，乃惩其恶"⑤。由此可见，丁若镛的建议参酌了《大明律》和《续大典》的相关

---

① 《审理录》卷9，平安道中和金处元狱事。

② 《钦钦新书》，祥刑追议，彝伦之残一（听谗杀子 诬人手刺 根由夺田 实因被刺）。

③ 《钦钦新书》，祥刑追议，彝伦之残二（移怒杀孩 诬人足踏 根由使气 实因被扑）。

④ 《续大典》，刑典，杀狱，"父母杀子女，兄杀弟，而其用意凶惨者，以斗杀律论；谋杀子女而未行者，远地定配"；《续大典》，刑典，杀狱，"父杀子，兄杀弟，罪止杖徒，制法本意。而先朝受教，定为一罪者，盖出于欲惩其恶，非为偿其子之命也。从今以后，一依法文施行，如有情节痛恶，不可不别样处断者，则攸司之臣，随时禀定。"

⑤ 《钦钦新书》，祥刑追议，彝伦之残二（移怒杀孩 诬人足踏 根由使气 实因被扑）。

条文。因为《大明律》对父母杀害子女的处罚极为轻微，所以《续大典》对《大明律》作了有益补充，对父母杀子类型中的恶性案件追加了刑量。但本案嫌犯李春世的杀女行为属于"故杀"情形，因而只能依照《大明律》判处"杖六十徒一年"的刑罚。在法定刑量如此轻微的情况下，丁若镛认为只能痛杖犯人，以惩罚他的罪恶。《大明律》和朝鲜本国法典在量刑上的差异，以及在具体案件适用过程中所形成的张力，给了朝鲜各地的胥吏们从中牟利的空间。丁若镛在流配全罗道时，曾寓居康津县城，当时的他就观察到了胥吏的奸猾。

> 然余旅寓县城，屡见杀狱，凡情犯凶惨而律文不死者，奸吏讳其本律，吓以必死，以索重赂。毕竟免死，则藉为己功，盖愚氓不知律例，但知生死出于吏手。若检官于此，又从而吓喝如此，则吏于中间，舞弄益便。凡遇如此之狱，检官宜对众明说本律不死，使犯人释虑，虽其罪犯凶惨，宜令焦灼，而吏之舞弄，不可以不防。①

《续大典》规定的杀子时"用意凶惨"的犯罪情形补充了《大明律》刑量轻微的不足，但在具体案件中，"用意凶惨"的标准却不易界定。朝鲜各地衙门的胥吏们是不会放过任何一个在法律上存在弹性和刑量上有所出入的机会的。一旦《大明律》和朝鲜本国法典在同一犯罪情形的规定上存在差异，这在奸诈的胥吏们看来便是获取暴利的绝佳时机。因为吏胥们精通律文，而普通的犯人却不懂律法，在法律知识储备上双方存在严重的信息不对称。于是，奸吏们便拿出处罚较重的条文来恐吓这些犯法的民众们，告诉他们所犯的罪行将会必死无疑。嫌犯们以为自己的生死取决于胥吏，所以为了保命必然会出重金贿赂胥吏，有时甚至可谓倾家荡产。然而依照原本的律文，这些犯人本就可以保命而不死，判决时被免死的囚犯们却以为是胥吏拯救了他，被胥吏骗取巨额财产的嫌犯们反而对胥吏感恩戴德。因此丁若镛认为，检官在进行尸检时，就应事先对犯人说明他们罪不至死，使犯人们免除恐惧，从而就能有效防止胥吏们从中"舞弄"，杜绝其牟利的空间。反之，如果检官在尸检时就吓唬

---

① 《钦钦新书》，祥刑追议，彝伦之残二（移怒杀孩 诬人足踏 根由使气 实因被扑）。

嫌犯,说他们犯了死罪,那么胥吏从中操作时就更加方便了。

另外,朝鲜王朝时期还存在一种特殊类型的图赖,丁若镛将其称为"刁赖"。朝鲜纯祖三年(1803)四月,全罗道康津县的朴光致的父亲状告同里(同村)的郑化山、郑亿等人,说他们殴打了儿子朴光致,而朴光致在被打六天后死亡,因而希望他们为亲子偿命,以雪幽明之冤。① 官员在复检时确认朴光致是他杀无疑,并认定郑亿就是杀害朴光致的主犯。直到对尸体作第三次检验时,作为主检官的海南县县监李惟秀才发现其中疑点,并终于揭穿了该父亲的奸计。原来在 4 月 8 日那天,朴光致于郑化山等人曾经斗殴,并在四天后的 4 月 12 日,他因酗酒而被父亲殴打。被父亲责打后的朴光致因气不过而"自缢于庭前杏树",即他自己吊死在了家门口的杏树上。"以三纠麻索 作活套子以结之,家人急解之,已无及矣。"② 朴光致是用麻绳做了活套儿后自缢的,他的家人发现后急忙上前解套,但为时已晚。"以免杀子之名,于是有此诬告。"朴光致的父亲为了不让自己背负逼死亲子的恶名而诬告他人,主张是郑化山等人的殴打导致了儿子的死亡。而案发几天前恰好发生过朴光致与这几人互殴之事,所以在时间和事实上貌似天衣无缝。这一案件是丁若镛在寓居全罗道康津时亲历。"此中国所云,刁赖之狱也。"丁若镛参考中国的图赖类型,将之归于"刁赖"。

而因"没法做人""没脸见人"等面子问题而自杀的行为,是传统时期中朝两国的共同现象。下面一则发生在正祖大王在位时黄海道延安的案例也是如此。当时,赵绮里的儿子赵老赤醉酒后"以少凌长",在乡里的长辈面前撒泼,作为乡中元老的李元卜由此召开乡会,经过讨论后给予赵老赤"损徒"的处罚,即把他从乡会中除名。因为儿子被乡会除名,赵绮里感到"既难举颜于里中,身经元卜之斗,又复怀怨于心内,溘然自戕"③。他觉得自己已无颜在村中做人,加上出于对李元卜的怨恨,于是喝下卤水自杀。通过原文中的"斗""复"二字,可推测李元卜和赵绮里二人或许早已不和,李元卜借赵老赤酒后轻薄之名而将他除名的行为,

---

① 《钦钦新书》,剪跋芜词,拟康津县朴光致检案跋词(代人作)。
② 《钦钦新书》,剪跋芜词,拟康津县朴光致检案跋词(代人作)。
③ 《钦钦新书》,祥刑追议,图赖之诬四(父既自戕 诬人报怨 根由报怨 实因服卤)。

或许正是出于对其父赵绮里的恶意报复。若这样去看赵绮里自杀行为的话，其自杀的目的并不单纯，而带有报复宿仇的强烈动机。自杀在此时成为一种强硬而有效的复仇手段。而父亲通过生命换取并遗留的这一任务当然由他的家人代为完成，赵绮里的妻子和儿子由此向官府状告李元卜，主张是他杀害了赵绮里。初检官根据乡邻供述，以及卤水缸等证据证明了赵绮里是自杀无疑，最终将告状的赵老赤及其母亲痛杖后予以释放。丁若镛则认为，这一尸检结果很不全面，他援引《无冤录》"服卤"条说明人服卤水而死的情形，其尸体应"有发乱指甲秃，胸前有爪痕，身不发疱、腹不胖胀"① 等具体特征。这起图赖案本身就带有替夫、替父复仇的强烈动机。

《钦钦新书》中除记载朝鲜本国图赖案外，对我国古代的图赖案件也有所涉猎。而关于中国的图赖案大都载于《钦钦新书》"批详隽抄"、"经史要义"篇。"批详隽抄"篇的许多图赖案原本出自李渔的《资治新书》"判语部"，从中也可窥见明末清初我国图赖案件之频发。

"经史要义"篇中，丁若镛选取了我国北魏时李崇②、赵宋时谢麟③、孙长卿④、贾昌龄⑤、明代陶承学⑥等历代官员所审断的图赖辨诬案。而"批详隽抄"篇中，丁若镛引述了《资治新书》中记载的明末清初的图赖案件，写作相关判词的地方官有毛际可⑦、沈迪吉⑧、林云铭⑨、马瑞图⑩、颜尧揆⑪、高翔⑫、张一魁⑬、李清⑭等人。由此可知，我国历代均

---

① 《钦钦新书》，祥刑追议，图赖之诬四（父既自戕 诬人报怨 根由报怨 实因服卤）。
② 《钦钦新书》，经史要义，图赖辨诬（李崇）。
③ 《钦钦新书》，经史要义，图赖辨诬（谢麟）。
④ 《钦钦新书》，经史要义，图赖辨诬（孙长卿）。
⑤ 《钦钦新书》，经史要义，野葛中毒。
⑥ 《钦钦新书》，经史要义，图赖设禁（陶承学 大明律）。
⑦ 《钦钦新书》，批详隽抄，毛际可 勒死详驳 杀妻图赖（毛氏字会侯）。
⑧ 《钦钦新书》，批详隽抄，沈迪吉 毒死详驳 弑夫图赖（沈氏字惠孺）。
⑨ 《钦钦新书》，批详隽抄，林云铭 假命申详 买尸图赖（林氏字西仲）。
⑩ 《钦钦新书》，批详隽抄，马瑞图 假命申详 假尸图赖（马氏字遇伯）。
⑪ 《钦钦新书》，批详隽抄，颜尧揆 烧棺审语 自缢图赖（颜氏字孝叙）。
⑫ 《钦钦新书》，批详隽抄，高翔 落水审语 儿溺图赖（高氏字云施）。
⑬ 《钦钦新书》，批详隽抄，张一魁 病死审语 道院图赖（张氏号梅庵）。
⑭ 《钦钦新书》，批详隽抄，李清 病死审语 儒巾图赖（李氏字心水）。

存在借尸图赖的现象,深植于文化传统中。这些案件的审断不仅仰赖当时当地官员的辨别能力,更仰赖官员们廉洁奉公的品质。诚如"批详隽抄"篇中,丁若镛就引述了徐斯适所作文移中对当时图赖现象弊端的描述。

> 殊不知人命一案,十有九虚。西北多触石投厓,东南每服毒自缢。实出一时愤激,以为虽不能索彼之命,必能破彼之家,以此轻生于一朝。治狱者,即明知其伪。而近时秘诀,以为假人命最可得钱。原告自知情虚,而不抱怨,被告得蒙开释,而反感恩。于是肆志咆哮,差役、仵作、状师、帮讼、光棍,种种小人,乘此以明勒暗索,撞岁装风,无所不至,而其家果破矣。然上之人,不惟不知自罪,且以为功曰"彼于此重纲,吾出脱不致于死。即多金彼所乐从,有何冤枉?"嗟乎!此又与于不仁之甚者也。夫受贿而出脱,则不行贿而坐罪,可知也。其犹有人心者,即不坐罪,而淹滞不决,可知也。甚而肆详累驳,以致尸腐骸抛,死者不得掩土,生者不得宁家,非司民者之罪,而谁罪哉?①

明清之际的徐斯适描述了面对图赖案时两造和判官的心理。首先,他阐述了当时人命案件造假的现象非常普遍,许多人为了报复对方而携仇自杀。虽然自杀的方法在当时的中国各地有所区别,有的跳崖有的自缢,但目的都在于让对方"破家",即使其家破人亡。而地方官员明明很容易看出这些伪造的命案,却借助这类图赖案件大发横财,达到中饱私囊的目的。这些官员看准的正是原被告双方的心理。原告本来就是诬告,所以即便败诉也不会抱怨或上诉,而被告因官员为其洗刷冤屈,使其沉冤得雪,反而对受贿的官员极为感激。诉讼容易破家的原因便是当时上至地方官,下至差役、仵作、状师、帮讼、光棍等人,或以此作为营生的手段,或通过敲诈勒索有利可图。被告为了洗脱罪名而行贿,原告因怕被"反坐"也要行贿,官员和衙役、讼师等人由此可以尽情地渔利两

---

① 《钦钦新书》,批详隽抄,徐斯适 人命首议 饬禁诬赖;原出自《居官寡过录》卷2,徐斯适重人命说。

造，在他们看来这是一桩极好的"生意"，因而他们反而乐见图赖案的发生。唯有行贿才能免罪，如果不予行贿，官员和胥吏们要么判处其有罪，要么故意将案件久拖不决。而久拖不决的意图在于期待两造家属在焦虑和漫长的等待中向官员贿赂大量财物。因借尸图赖案涉及已死之人，所以不仅使涉案的死者无法尽快下葬，使其不得安息，也使得活着的两造当事人家中鸡犬不宁，并为免除刑事责任倾尽家财，最终导致其破产。徐斯适认为，这是审理案件的官员的罪过。而丁若镛在看到徐斯适对中国当时司法腐败的描述后，在本条后的按语中评论如下。

> 鬻狱，恒事也。藉使印官，不必肥己，而裨佐宾客，有受之者矣。至于首吏刑吏，十狱十鬻，余未见不鬻者矣。中国唯图赖之狱，有此受赂，吾东凡真杀误杀，无不行货，余久在民间，知之详矣。不唯破家，必成破村，嗟乎！胡不察矣。[1]

丁若镛在评论中描述了甚于中国的朝鲜司法腐败，可谓触目惊心。丁若镛认为，即便是地方长官自己不受贿，也难保其手下的佐贰官和幕僚等人不会受贿。而胥吏们更是每起刑事案件都会向原被告双方伸手要钱。丁若镛历经多年流放生涯，久在民间，他说还未曾见过不吃拿卡要的朝鲜胥吏。原以为丁若镛会批判中国图赖案件的司法腐败，没想到他反而感慨中国官吏仅仅在图赖案件中受贿，而朝鲜（"吾东"）的情况是不管是故意杀人还是过失杀人，也不管是真的命案还是假的命案，两造没有不向官吏们行贿的。也正因为贿赂成风，导致了涉案家庭和涉案村庄破产的情况屡屡发生，可见当时朝鲜的司法腐败比起同时期的我国明清时代，可谓有过之而无不及。

综上所述，朝鲜王朝时期的民间虽存在图赖案件，但可能由于司法腐败等原因，真正进入官方视野并记录在案、流传至今的案例不多。而在图赖的具体类型上，朝鲜远不及我国明清时期的图赖案那般复杂多变。丁若镛认为，朝鲜的借尸图赖现象之所以不及明清社会普遍，其原因在于朝鲜没有明清时期法律所规定的烧埋银制度。

---

[1]　《钦钦新书》，批详隽抄，徐斯适 人命首议 饬禁诬赖，案。

> 吾东无葬银征给之法，故图赖者亦少。由是观之，中国征银之法，盖衰乱之末造也。用于葬乎，仇人之财，不可使葬其亲也。用于家乎，古者不家于丧，况亲死之谓何？因以为利 忘其仇而用之乎。王者教民以义，不教民以利。中国之民，习于此俗，利诱以生，故图赖之诬，接踵比肩，皆由葬银孝布之等坏人心而污习俗也。后之君子，其勿以中国之法而或思仿行焉，可矣。《周礼》调人，调和万民之仇，无征财之法，只言语以成之。①

丁若镛主张苦主绝不可用仇人的钱财来料理亲人的丧事，若真如此，便是见利忘义。他认为正是因为明清时期中国法律上的烧埋银制度，诱使了当时的人们争相借尸图赖，从而败坏了人心、污染了风俗。他认为《周礼》中只通过言语调和万民之仇的"调人"制度值得效法，因而主张对严重背离伦理道德的图赖者施以严惩。面对民间的各类诈伪行径，丁若镛在其著作《牧民心书》中列举备受朝鲜王朝尊崇的朱子在任崇安（今福建省武夷山市）知县时的故事，以慨叹民间奸巧诈伪之难防。

> 朱文公守崇安，有小民贪大姓之吉地。预埋石碑于其坟前，数年之后，突以强占为讼。二家争执于庭不决。文公亲至其地观之，见其山明水秀，凤舞龙飞，意大姓侵夺之情真也。及去其浮泥，验其故土，则有碑记所书，皆小民之祖先名字。文公遂一意断还之。后隐居武夷山，有事经过其地，闲步往观，问其居民，则备言其埋石诬告冈上事，文公悔懊无及。②

丁若镛由此感慨道："按朱夫子明理达物，犹此见欺于小民，况于庸暗之吏乎？"③ 他认为，连朱子这般明理之人有时都会被小民欺骗，更何

---

① 《钦钦新书》，批详隽抄，尤侗 人命条约 约禁图赖。
② 《牧民心书》卷9，刑典六条，听讼下。
③ 《牧民心书》卷9，刑典六条，听讼下。

况那些昏聩的地方官了。丁若镛通过考察中朝两国的历代图赖案并将之录于《钦钦新书》中，其期待的是朝鲜地方官在断案能力和司法公正性上能够有所精进。

第 九 章

家族与伦常

第一节　弑逆之变

在同属中华法系的东亚各国传统法律中，因卑幼杀害尊长的犯罪行为严重悖逆人伦而以"特殊主义"区别对待，从而加重其刑罚。这一传统至今仍保留在韩国的现行法律中。《大明律》在朝鲜半岛施行超过五百年，其立法精神及诸如"殴祖父母父母""谋杀祖父母父母"等法律条文对半岛影响至深。大韩民国刑法的第250条、第257条、第258条、第260条、第271条、第273条、第283条分别规定，凡对本人及本人配偶的直系尊亲属施以杀人、伤害、重伤害、暴行、遗弃、虐待和胁迫等情形的，要在普通人施以同种犯罪的基础上加重其刑罚。

《大明律》规定，"骂祖父母父母"处以绞刑①，"殴祖父母父母"或"谋杀祖父母父母"未遂则处以斩刑②，"谋杀祖父母父母"既遂或"殴祖父母父母"致死则处以凌迟刑③，处罚极为严酷。《钦钦新书》记录了许多家族成员间所发生的犯罪案件，但其中涉及对祖父母父母犯罪的案件极少，且多是因过失而导致祖父母父母死亡的情形，除继母杀父后杀死继母这类极端情形外，关于谋杀或故杀祖父母父母的案件在《钦钦新书》中仅有四件。这四件案例分别是唐代杜亚审理的以毒酒诬告继母案④、清

---

① 《大明律》，刑律，骂詈，骂祖父母父母。
② 《大明律》，刑律，斗殴，殴祖父母父母；《大明律》，刑律，人命，谋杀祖父母父母。
③ 《大明律》，刑律，斗殴，殴祖父母父母；《大明律》，刑律，人命，谋杀祖父母父母。
④ 《钦钦新书》，经史要义，谋弑继母（杜亚）。

初王士禛拟判的朱世璧夫妇弑母案①，以及朝鲜宣祖大王在位时发生的存伊弑母贿赂案②和尹百源妾子状告嫡女弑父案。③

那么为什么《钦钦新书》中记载中朝两国杀害祖父母父母等直系尊亲属的案件如此之少呢？这可能受到了丁若镛所参考的中朝两国法制文献的限制。也就是说，这不是丁若镛有意为之或故意将此类的案件加以过滤，而是丁若镛所参考或援引的中朝两国各类法制资料中，本身就极少记录此类"恶逆"案件。以朝鲜王朝为例，记录正祖大王在位期间（1776—1800）刑事案件的《审理录》和参考《祥刑考》（现已佚失）案例的《钦钦新书》"祥刑追议"篇中，无一例记录杀害祖父母父母的案件，甚至连过失导致祖父母父母死亡的案件也无一件。这是非常诡异的。即便因风俗敦厚而无任何谋杀、故杀直系尊亲属的情形的话，那么在共同生活的过程中，难免会出现因过失导致家庭成员死亡的情形。而在一段时期（如正祖大王在位的二十余年）内，朝鲜国内竟无一例过失导致祖父母父母死亡案的现象确实不合常理。而如果和《秋官志》《朝鲜王朝实录》等文献加以对照，便能恍然大悟。《朝鲜王朝实录》中简单记录了从世宗大王到英祖大王在位期间所发生的共二十起左右的杀害祖父母父母案，而《秋官志》中也记载了几起英祖大王在位以前的杀害父母案，这些资料均无一例发生在正祖大王在位之时。这出于什么原因呢？

这可能与当时朝廷对杀害父母等弑逆案件的刻意隐瞒有关。在"经史要义"篇"弑逆绝亲之义"条的按语中，丁若镛既已说明了这一点。"弑逆之狱，随用极刑，不问情理，故史册无传。"④ 该句表明，朝鲜王朝司法在处理杀害直系尊亲属等恶逆案件时，其司法程序、量刑和法律文书的记录上，与一般刑事案件有着根本的区别。"不问情理"表明了朝鲜王朝在审理恶逆案件时，很可能不严格遵守法定的审理程序，而是一切从简，致使司法程序被大大简化。"随用极刑"意味着朝鲜王朝在审理恶逆案时均从重处罚，当事人一般都被处以死刑，"随"即"随时"之意，

---

① 《钦钦新书》，批详隽抄，王士禛 弑逆判词 与妻弑母（王氏字贻上 号渔洋）。
② 《钦钦新书》，经史要义，弑母行赂（存伊）。
③ 《钦钦新书》，经史要义，弑父辨诬（尹百源）。
④ 《钦钦新书》，经史要义，弑逆绝亲之义，案。

其中有特事特办的意涵。"随用极刑,不问情理"反映出朝鲜王朝处置杀害父母等弑逆案件时从重从快的准则。那么案件简易的司法流程和从快的司法效率是否就能够说明"史册无传"呢?即使案件办理速度再快,也理应有司法记录的时间。因此,朝鲜弑逆案件从重从快的处理方式并不是导致"史册无传"的真正原因。那导致此类特殊案件不被记录的真正原因又是什么呢?

这很可能与以国王为首的朝鲜统治者的观念和心态有关。纵览《朝鲜王朝实录》,就能发现支持这一观点的语句。在《朝鲜王朝实录》所载尹百源嫡女弑父案的启文中,明确反映出了当政者的这种心态。

> 院启:"尹百源狱事,乃纲常莫大之变。古之人君,遇如此之变,瞿然失席,至指为寡人之罪。今三省交坐推鞫大罪,而明日自上春堂台亲临庭试,极为未安。请姑停。"①

从上文可知,朝鲜当时的当政者认为,其治下若发生了弑逆悖伦的案件,便是统治者自身的罪过,需深刻反省自己执政的过失。因此,彼时的当政者不仅将弑逆案简单视作一起普通的刑事案件,而是与自身的政绩、甚至执政的合法性联系起来。因此记录自身当政期间发生的弑逆案件就变得异常敏感。也就是说,统治者极有可能将这类侵犯直系尊亲属的弑逆案件从信息的源头上加以封锁,尽可能不被民众和后世知晓。

无独有偶,这种有意隐瞒弑逆案的情形可能同样也发生在同时期的我国清代,以致集中记载清代乾嘉年间命案的《钦钦新书》"拟律差例"篇当中也几乎未见到故意谋弑祖父母父母的案件,仅能见到过失导致祖父母父母死亡或威逼致祖父母父母自尽的情形。经笔者考证,"拟律差例"篇的多数案例应出自清代的《成案所见集》,因此可以推断,《成案所见集》几乎未记载这一类型的案例。那么是否存在这样一种可能,即丁若镛在选择清代案例时,有意将恶逆类的案件过滤掉了呢?因此笔者又考察了清代最具代表性的另一判例集——《刑案汇览》,基本排除了丁若镛在编撰过程中有意将之过滤的可能,而是其参

---

① 《朝鲜王朝实录》,宣祖实录卷23,宣祖22年9月16日。

考的资料本就未记载这一类型的案件。纵观《刑案汇览》归入"谋杀祖父母父母"条的所有刑事案件，几乎未能发现故意谋害祖父母父母的情形，仅有妻子谋杀丈夫的情形。作为网罗乾隆元年（1736）至道光十四年（1834）百年代表性案例的《刑案汇览》，竟无一例谋杀祖父母父母的案件，实属不可思议。也就是说，清代统治者很可能与朝鲜王朝统治者一样，也对谋弑祖父母父母的案件从信息源头上予以封锁，使之不被记录或传播。这可能也同样基于某种儒教统治理念，将之与自身统治甚至天命相连接所致。

　　虽然同一时期的中朝两国都有刻意隐藏恶逆案件的现象，但通过比较可以发现，两国朝廷所隐瞒的范围和类型却有着微妙的差别。如清代过失导致祖父母父母死亡的案件仍被《刑案汇览》《成案所见集》等判例集记录在案，而在记录朝鲜正祖大王在位期间命案的《审理录》等史料中，即便是过失导致祖父母父母死亡的案件仍无法被历史记录。此外，清代谋弑丈夫的案件均被《刑案汇览》等案例集记录在案。这可能与统治者的观念有关，即认为弑夫的情形略轻于谋弑祖父母父母、夫之祖父母父母的情形。而《审理录》为首的朝鲜判例集等王朝后期史料中，甚至连弑夫的案件都被统治者刻意从历史中抹去。朝鲜前期公然现于史料的恶逆案件，为什么到了朝鲜后期就不被允许记录了呢？这可能与随着时间推移，朝鲜王朝儒教统治理念逐渐强化有关。而比较中朝两国同一时期（清代和朝鲜王朝后期）朝廷封锁恶逆案的具体范围和类型，可知朝鲜当政者的信息封锁范围较清代多出了过失致祖父母父母死亡和妻子谋弑丈夫这两种情形，从中也可窥见朝鲜王朝后期的统治者受到儒教统治理念的约束甚于我国清代，"法"受到"礼"等伦理规范更为严重的侵蚀，以致许多案件的真实情况被刻意掩盖而无法被后人知晓。

　　在《钦钦新书》仅有的几件谋弑父母案中，最有代表性且最具争议的便是宣祖大王在位时发生的尹百源妾子状告嫡女弑父案了。此案的真实情况一度被利益攸关者扭曲，只有将《钦钦新书》和《朝鲜王朝实录》等史料结合起来加以考察，方能基本还原这一案件的历史真实。下面我们来重点分析这一案件。

　　依照《钦钦新书》记载，宣祖二十二年（1589），居住在京城龙山的富人尹百源忽然去世，他的众多妾生之子于是状告嫡女尹氏毒杀父亲，朝廷因此设鞫审讯。① 然而《钦钦新书》中仅记录了案件的基本信息和宣祖大王对下官的批答,案件的详细信息和最终的判决结果均不载于《钦钦新书》。在宣祖大王的批答中,提到了尹百源平日就怀疑自己的嫡女进毒谋害他,因而从来不吃女儿家送来的食物。那么为什么尹百源会认为自己的女儿可能加害于他呢?这种种疑问通过《钦钦新书》均无法找到答案。笔者翻阅《朝鲜王朝实录》后,发现其中记述了该案的整个经过。该案的审理过程极其漫长而复杂,总共历经 24 年之久,从壬辰倭乱之前的宣祖二十二年(1589)直至壬辰倭乱之后的光海君四年(1612)。《朝鲜王朝实录》中这样描述了尹百源的死亡经过。

> 及第尹百源在其家,与德城监对坐食薏苡粥及烹牛肉,即死。德城监允,呕吐不省人事,至数日仅苏。其妾子尹德敬以粥中置毒而死,告状于宪府。其嫡女李弘元妻尹氏,则以中肉毒而死告状于刑曹。初令检尸,则汉城参军李赍、西部参奉柳永忠等,以别无毒死之状,以"非常致死"书填实因……②

从上文可知,尹百源是在与德城县监一同在自家吃饭时当即猝死的。而德城县监当时也呕吐不止且不省人事,最终于数日后方才苏醒。《朝鲜王朝实录》中描述的这一状况貌似与食物中毒有关。因此,尹百源的庶出之子尹德敬和嫡出之女尹氏之间互相状告对方投毒谋害了父亲,因而此案成为互诉案件。由此也可以看出,尹百源的嫡女和庶子之间平时极度缺乏信任,势同水火。而二人的控告略有不同。尹德敬向司宪府提起了诉讼,主张尹氏于粥中投毒弑杀了父亲;而尹氏则向刑曹提起了诉讼,主张尹德敬在牛肉中投毒弑父,二人起诉衙门的不同很可能与被告人的不同身份有关。而经过尸检,尹百源的死因并非典型的中毒死亡,因此检官在尸帐上填写了"非常致死"的死因,即离奇的非正常死亡。

那么尹百源为什么处处提防自己的女儿,害怕她谋害自己呢?若细心阅读《朝鲜王朝实录》中史官用小字题写的注解,便可以领略其中的

---

① 《钦钦新书》,经史要义,弑父辨诬(尹百源)。
② 《朝鲜王朝实录》,宣祖实录卷 23,宣祖 22 年 9 月 3 日。

奥秘。

> 初，百源娶公主女，生尹女，妻亡而与其妾居，专其妻之财。
> 及尹女长，而有悖行，欲专其母之财。以财利，父女不相得，百源
> 至为其女呈不孝状，尹女亦寡居，而得不善名。①

从史官这一并不起眼的注释可知，嫡女尹氏和其父尹百源的身份本
就极为特殊。尹百源的已故正妻是朝鲜的公主（国王之女），尹百源乃是
朝鲜王朝的驸马，而嫡女尹氏则是公主所出，具有王室血统。正因为尹
氏的母亲是公主，所以在其死后留下了大量遗产，这可能与公主大婚之
时王室的巨额陪嫁有关。尹百源因其驸马身份，在公主死后不便续弦再
娶，因此他只能通过蓄养多名妾室的方式满足自己的欲望。由此可知，
父女间关系的紧张应与公主留下的巨额遗产有关，即父女二人都想支配
公主的遗产。二人剑拔弩张的程度甚至已经到了尹百源到官府控诉女儿
不孝的地步。其控告的目的就是制造舆论，使自己在遗产争夺战中赢得
战略上的主动。这里便涉及了朝鲜时期的财产继承制度。朝鲜王朝时并
无夫妻共同财产的概念，夫妻二人的财产均归各自所有，夫妻二人之间
互不继承对方遗产，遗产一般由所生子女继承。嫡女尹氏因是公主的独
生女，因此作为公主的唯一后嗣，她是母亲巨额遗产的唯一合法继承人。
尹氏年幼丧母，年幼时尚不具备管理财产的能力，因而她的父亲尹百源
对公主的遗产代行管理之责。也就是说，尹百源仅拥有亡妻遗产的管理
权和部分使用权，但在法律上却无任何所有权，亡妻遗产的所有权归亡
妻所出子女所有，这与今日的继承法存在根本的差异。待到尹氏成人后
出嫁，其父尹百源理应将亡妻的财产交付到嫡女尹氏手中，但他却没有
这样做。他靠亡妻的巨额遗产蓄妾并育有多名庶子，这些妾室和庶子的
生活费用全仰赖公主的遗产支撑，且尹百源更偏爱庶出的儿子们，日后
想将亡妻的遗产转给诸位庶子继承。

因为尹百源存有这样的私心，所以父女之间的利益并不一致。在巨
大的利益面前，父女间的亲情显得不堪一击。综观其家族利益的版图，

---

① 《朝鲜王朝实录》，宣祖实录卷156，宣祖35年11月13日，史官注。

乃是尹百源和三名以上妾室、两名以上庶出之子等多人站在一方，而在另一方仅有嫡女尹氏一人，这对尹氏来说极为不利。虽然朝鲜当时的继承法对尹氏有利，但从孝道等家族伦理上，以及尹氏本家目前的利益格局上来看，局面对嫡女尹氏十分不利。尹百源霸占亡妻遗产并欲将之转移至庶子的行为，虽说于情于法都站不住脚，但他却利用自己作为父亲的身份先下手为强，公然状告嫡女尹氏不孝。不孝在当时的朝鲜是较为严重的罪名（污名），尹百源通过诉讼达到了自己将嫡女污名化的目的，正如《朝鲜王朝实录》所言，尹氏因之"得不善名"，从此她背上了不孝的臭名。尹百源从而赢得了继续非法占有亡妻遗产的时间和契机，并为日后将遗产非法转移至庶子留下了空间和余地。

本案中的尹百源死得蹊跷。比起无预谋的一般性食物中毒来，本案更可能是有预谋的毒杀行为。本案的最大疑点在于被害人尹百源在死前同时食用了妾室和妾子准备并进献的熟牛肉，以及嫡女所孝敬的薏米（粥），以致不易判断是哪一方投毒。因此便出现了嫡女和庶子互相控告对方谋弑父亲的一幕。如果其中一方为加害者的话，就必然存在诬告的一方。诬告方意图将弑父的罪名嫁祸给另一方，以刑事诉讼的手段通过法律杀人，以达到除去对方的目的。下面来看《钦钦新书》中宣祖大王对此案的分析。

> 上答委官之启曰："尹氏生自深闺，一朝驱迫，与狱吏相对，乱杖之下，魂飞魄散，其不殒绝幸矣。招辞何得不错？若执此词，直加酷刑，恐至冤矣。天下之罪，无大于弑父，当参其情理，致其详慎。其父长在龙山，众妾环列，诸客相对，外来之女，何以毒弑？百源平日疑其进毒，不食女家之馈，信如斯言，其女来到，唯恐挥斥之不速，岂使接迹于其家，自取毒死乎？众妾厥有多子，嫡妻只有此女，今此指告，出于厥辈之口，人心其可服乎？若以平日不顺之故，而指为弑逆，则天下不顺之子多矣，无乃奴婢凶恶者，乘其来到，嫁祸置毒耶？三妾在侧，不可不问，并加刑讯。"①

---

① 《钦钦新书》，经史要义，弑父辨诬（尹百源）。

　　上文中，宣祖大王的怀疑显得十分合理。首先，宣祖大王认为尹氏不在犯罪现场。其次，宣祖大王认为尹百源突然食用嫡女所献食物的做法，与他平时从不吃其送来食物的习惯有悖。即便偶尔食之，为防不测也应单独食用，为何会与家中其他食物一同食用呢？再次，宣祖大王提到了被害者家庭结构的不对称，"众妾厥有多子，嫡妻只有此女"，且双方有着明显的身份差异，一方有王室血统，另一方只是普通平民，宣祖用"厥辈"一词形容这些妾生子，足见对他们的蔑视。因此，宣祖大王怀疑众妾和妾子有嫁祸于尹氏的嫌疑，所以命令法官严审尹百源的众妾室。

　　本案到底由何方所为的可能性更大呢？我们有必要像侦探般推断双方的犯罪动机。诚如宣祖大王提及的"众妾环列，诸客相对，外来之女，何以毒弑"，嫡女尹氏应不具备作案时间和空间。按照朝鲜王朝当时的法律规定①，尹百源死亡后，嫡女尹氏将继承父亲约 6/7 的遗产和母亲的全部遗产。而诸位庶子总共仅继承父亲约 1/7 的遗产，已故嫡母（公主）的遗产无权继承，众妾和庶子马上便面临生存的窘境。正如上文中宣祖大王所言，"百源平日疑其进毒，不食女家之馈，信如斯言，其女来到，唯恐挥斥之不速，岂使接迹于其家，自取毒死乎？"因其死后有利于嫡女而不利于庶子们的遗产分配方案是尹百源本人不愿看到的，怀着对自己死后遗产归属的巨大恐惧，尹百源平时根本不敢进食嫡女尹氏送来的东西。因此，随着尹百源年龄渐长、身体渐衰，众妾和庶子的紧迫感和焦虑感也与日俱增，嫡女尹氏却不存在任何焦虑，因为时间和法律都在她这一边。这样看来，尹百源的众妾和庶子们为改变这种随时间推移而对自身更加不利的现状，而有着充分的作案动机。且平时他们与尹百源一同生活，有充分的机会下手。且尹氏已被其父污名化为不孝之女，父女关系之不和已是众所周知的事实，因而庶子们欲利用这一舆论优势，将弑父的罪名嫁祸给嫡女尹氏，从而实现铲除尹氏而瓜分全部遗产的目的。

---

　　① 《经国大典》，刑典，私贱，"①未分奴婢，勿论子女存没，分给，身没无子孙者，不在此限。未满分数者，均给嫡子女。若有余数，先给承重者。又有余，则以长幼次序给之，嫡无子女，则良妾子女，无良妾子女，则贱妾子女同。②田地同。父母奴婢：承重者，加五分之一，如众子女各给五口，承重者给六口之类。③众子女平分。④良妾子女七分之一，如嫡子女各给六口，良妾子女各给一口之类，下同。⑤贱妾子女十分之一"。

这一早有预谋的杀人计划若想真正实现还需具备以下几个条件。一是要有外部人士在场作证。外部人士主要以来家拜访的宾客为主。在本案中即是来访的德城县监。县监与尹百源一起中毒,使得此案有了外部的佐证,并使该案具有某种公共性而脱离了自家之中单纯的食物中毒。二是为将刑事责任嫁祸给对方,在食物中须有来自对方送来的食物,如此才能混淆视听、颠倒黑白。能把握时机以同时满足这两个条件的唯有与尹百源一同居住的众妾和庶子们,出嫁后的尹氏基本上难以做到。

遗憾的是,宣祖大王并未亲自审理此案,这就使直接审理此案的官员有操作的空间,并使此案朝着预料之外的方向发展。根据《朝鲜王朝实录》记载,嫡女尹氏在三省推鞫的讯问过程中受刑杖而死①,因此已无法证明她本人是否有罪。朝鲜半岛其间历经壬辰倭乱(万历援朝战争),在案发十余年后的宣祖三十五年(1602),《朝鲜王朝实录》中忽又记载孽子出身的尹氏叔父尹兆源被人告发,说当年是他教唆庶子尹德敬状告嫡女尹氏的。有人想为尹氏翻案,尹兆源也在审讯过程中受刑杖而死。纵览宣祖大王时期的《朝鲜王朝实录》,尹氏虽未完全洗刷冤屈,却也朝着有利于尹氏的方向发展。但到了光海君在位年间,《实录》中便直接将尹氏称为弑逆罪人,而不见任何与冤屈相关的词汇。光海君四年(1612)的《实录》中出现过关于尹氏的记录。这时的尹氏已被称作"弑父女",名字也改成了"介未致",并将其描述为"以王室族属,嫁入无行之家,渎乱天伦,行秽奴仆,丑声彰闻,家祸将作"②,完全是负面的否定。前后两位国王对本案之所以不同立场,很可能与政治派系有关,更有可能与国王本人的出身背景或性格有关,光海君本人即是庶出。这一陈年旧案在光海君在位时期被再度提起的原因是由于已故的尹氏之子李淳想为死于杖下的母亲翻案,以为母亲洗刷冤屈、平反昭雪。《朝鲜王朝实录》记载:"介未致子李淳,为其母报复灭口之计,纳厚赂于永庆及权势家,以酒食声妓,缔结一时名流,昼夜聚会,谋反已成之狱。"③ 以此足见尹氏的儿子李淳为平反母亲的冤案所作的各种努力,但最终仍徒劳无功。

---

① 《朝鲜王朝实录》,宣祖实录卷156,宣祖35年11月17日。
② 《朝鲜王朝实录》,光海君日记(正草本)卷55,光海4年7月4日。
③ 《朝鲜王朝实录》,光海君日记(正草本)卷55,光海4年7月4日。

此后的《实录》便再也不见关于该案的记载。

　　笔者通过《钦钦新书》和《朝鲜王朝实录》等多种史料，基本复原了尹百源案的全貌。而《钦钦新书》记录的本案相关内容不见于《朝鲜王朝实录》，二者互为补充，足见《钦钦新书》的史料价值。若将《钦钦新书》与其他史料结合起来加以充分考察运用，便可以发现更多隐藏在历史深处的秘密。

第二节　卑幼之残

　　与侵犯尊亲属时加重处罚相对的是侵犯卑亲属时的减轻处罚，这在《大明律》等历代法典中均得以确认。祖父母、父母本就有教导子孙的权力，子孙应无条件服从祖父母、父母的教令。因此，祖父母、父母殴打或惩罚子孙本就不属于犯罪行为，仅在出现命案时官府才会介入并处以刑罚。《大明律》"殴祖父母父母"条规定："其子孙违犯教令，而祖父母、父母非理殴杀者，杖一百；故杀者，杖六十徒一年。"[①]而唐宋时期的对应刑量则是徒两年至两年半不等。[②]可见即便是杀害子孙的命案，我国古代法律对祖父母、父母的惩处仍然非常轻微，而朝鲜王朝对父母杀子的认识和刑量则与我国古代略有不同。

　　丁若镛首先关注到了传统时期中朝两国的杀子现象。在"经史要义"篇中，以"父母杀子"命名的条目共有两条，一条记录了中国历代杀子的故事[③]，另一条则是发生在朝鲜半岛上的杀子案件[④]，以此对两国的杀子现象加以对照和比较，并在案例后附有丁若镛本人的独到见解。这些案例都是杀子现象中一个较为特殊的情形——杀婴。在有关中国古代杀子的条目中，丁若镛列举了中国历史上的四位名人在地方官任上对当地杀子的恶俗加以变革的故事。

　　这四则故事分别发生于我国的东汉、北宋（2 例）和南宋时期，主

---

① 《大明律》，刑律，斗殴，殴祖父母父母。
② 《唐律疏议》，斗讼，殴詈祖父母父母；《宋刑统》，斗讼律，夫妻妾媵相殴并杀。
③ 《钦钦新书》，经史要义，父母杀子（贾彪　苏轼　俞伟　虞允文）。
④ 《钦钦新书》，经史要义，父母杀子（明川妇　徐疏　明律）。

人公分别是贾彪、苏轼、俞伟、虞允文。杀婴恶习的成因多与当地贫困导致的抚养困难有关。如关于苏轼的案例中,岳州与鄂州间的农家多以养育"二男一女"作为惯例,超过此数便立即杀掉。无独有偶,南宋时俞伟任剑之长官时,顺昌的百姓也有养育三四名子女的习惯,其后再出生的子嗣便不再抚育。当时的杀婴手法多是采取溺死的方式。"初生辄以冷水浸杀,其父母亦不忍,率常闭目背面,以手按之水盆中,咿嘤良久乃死。"[1] 父母通过将初生婴儿溺毙水中的方式达到杀婴的目的。采取这种方式时,婴儿的死因是窒息而亡,既不流血也未破坏婴儿的身体,貌似是最为"人道"的杀婴方式。这一案例典出苏东坡的《与朱鄂州书》。在元丰五年(1082)写给鄂州知州朱寿昌的信中,苏轼提到了改变当地杀婴陋习的具体举措。一是严格按照《宋刑统》中杀子"徒二年"的法律规定执行,并通过邻保地主加以监督;二是向广大民众普及法律知识,通过普法教育使法律规定家喻户晓,使百姓知法守法。当时的苏东坡正处在黄州流配期间(1080 年 2 月至 1084 年 4 月),但他仍念念不忘救活更多的婴儿,可见其良苦用心。

在婴幼儿死亡率本就很高的古代,生育子女而"不举"的现象可能具有一定的普遍性。苏东坡和俞伟的案例中,民众大都将理想的子女数控制在三名左右,且苏轼提到的"二男一女"的惯例还一定程度上反映出当地民众的男儿偏好。若按照亲代投资理论(parental investment theory),越年幼的子女父母对其付出的成本(包括经济、时间、精力、情感等)越少,因而更有可能遭到父母的遗弃或杀害。丁若镛所列举的四件中国案例中,大多都提到了父母贫困这一经济上的原因,即父母在精力、财力等资源有限的情况下,无法同时投资于多名子女,而只能忍痛作出取舍。

古代东西方各国大多承认父亲拥有一定程度的杀子权,有时还拥有对子女的买卖权、送养权,并作为父权的一部分呈现。因子女在成人前均依赖父母生活,所以如果父母不想养育某个子女,即便不直接将之杀害,也可以有多种方法导致其死亡,如遗弃、虐待、有意或无意地疏忽照看、饥饿却不给食物、生病却不予治疗等。因此仅用法律手段无法根

---

[1] 《钦钦新书》,经史要义,父母杀子(贾彪 苏轼 俞伟 虞允文)。

除这一现象。在避孕和堕胎技术均不甚发达的古代，杀婴作为控制人口的重要手段，实则法不责众。《钦钦新书》记录的四件中国事例虽分别发生在不同的时间、地点，但均被描述成地方长官的禁令一出，辖下所有百姓便立即不再杀婴，效果可谓立竿见影。故事本身的真实性值得怀疑。地方衙门的禁令当然会收到一定的成效，但在古代生产力和避孕手段均较为落后且人口与粮食间的矛盾始终无法解决的前提下，能否取得如此迅速而彻底的成效则未可知。这类描述很可能是为了凸显历史人物的治理能力、品格和业绩而被有意夸大的。丁若镛在中国历代杀婴案例后的评论中，对中朝两国的杀婴现象作了对照和比较。

> 中国多产子不举之俗，或以俗忌（如五月五日生者），或以贫贫，或以赋重。而我邦惟一明川事，见于国乘。然议其律者，当原情而定罪，不可与用意凶惨者同论也。[1]

丁若镛举出了中国"产子不举"恶俗的几个成因：一是习俗上的禁忌（属于迷信的一种）；二是家庭经济困难；三是赋税过重、为逃避赋役而杀子。他同时指出，中朝在杀婴文化上存在较大的区别，他认为相较中国较为普遍的杀婴现象来，朝鲜半岛却极少存在这类现象，这虽不排除当时两国在土地、赋税等制度或政策存有差异的原因，但更可能是出于两国文化和习俗上的显著差别。丁若镛在该评论中的提到的"明川事"，即发生在朝鲜肃宗七年（1681）咸镜道明川的莫今产子欲杀案。该案作为"父母杀子"的另一个条目，紧接中国历代杀婴案例出现。

> 国史，肃宗七年，咸镜道明川寺奴山奉妻莫今，产子欲杀之，被人救止。问情则以为丐乞中产子，万无保育之理，不得已至此。监司尹阶以闻，该曹覆奏言："父母杀子女者，受教中论以一罪，此则已杀之谓也。请依律文杖六十徒一年。"判曰："虽因禁抑，未遂凶计，原其心迹，与杀无异，不可不断以一罪，以正风教。"领议政金寿恒议曰："北路之民，虽极顽蠢，手戕其赤子，岂其本情哉？盖

---

[1] 《钦钦新书》，经史要义，父母杀子（贾彪　苏轼　俞伟　虞允文），镛案。

其生理之艰，赋役之重，比他道特甚，父子不相保，诚可哀而不可恶矣。且未杀，与已杀者不同，施以次律，似合酌处。"上命依议施行。

　　肃宗十年，户曹参判徐文重上疏:"言律文中，父母之杀子，罪止杖徒，意盖有在。而先朝受教，父杀子兄杀弟，而事系故意者，论以一罪，欲惩杀子之恶，而反与弑逆之罪，同归杀死。其所以重其律，乃所以乱其伦也。"上曰:"父母杀其子者，自今一依律文施行，如有情节痛恶，不可不别样处断者，随时禀定。"①

　　《钦钦新书》详细记载了发生在朝鲜咸镜道的寺奴山奉之妻莫今杀子案的经过和审判量刑时的争议。莫今和丈夫均为奴婢身份，二人以乞讨为生。莫今杀子的原因与上述中国古代案例相仿，都是因经济困难而无力抚养刚出生的子女所致。而咸镜道地处朝鲜半岛最北部，气候寒冷，因而领议政金寿恒才会说咸镜道"生理之艰、赋役之重"更甚于朝鲜其他各道。针对父母杀子这一犯罪行为的量刑，朝鲜的国法和习惯与《大明律》存在一定的差别。《大明律》对父母杀子量刑极轻，乃依照服制和亲疏尊卑的法理而制定。服制越重，尊属侵犯卑属时的量刑越轻而卑属侵犯尊属的量刑越重。朝鲜当时的习惯和认识则与之不同，由此也产生了与《大明律》不同的法理和相应的法规（处以"一罪"，即死刑）。

　　在朝鲜肃宗十年（1684）户曹参判徐文重的奏议中，明确提到了朝鲜将故意杀子者处死的法理，即"其所以重其律，乃所以乱其伦"。杀子与普通杀人的最大不同乃是杀子行为有乖于伦常，严重背离父子至亲的情理。由此来看，朝鲜与大明在父母杀子问题上所持的立法依据不同。《大明律》更重尊卑而朝鲜本国习惯更重亲疏。这就导致了《大明律》认为杀子行为轻于杀害常人，而朝鲜本国习惯反而认为杀子行为重于杀害常人。作为《大明律》立法依据的"五服"等服制，虽依照"亲疏"和"尊卑"为基准加减刑量，但"亲疏"却是为"尊卑"服务的，其立足点和落脚点乃是"尊卑"。而朝鲜本国的习惯则是将"亲疏"置于"尊卑"之上，在存在"亲疏"的情况下，作为量刑要素的"尊卑"甚至会

---

　　① 《钦钦新书》，经史要义，父母杀子（明川妇　徐疏　明律）。

被忽略。如果深入探究，家族伦理和量刑原则的差别可以从侧面反映出两国古代不同的价值判断和思维方式。

在朝鲜肃宗七年（1681）初次判决中，国王仅提到了"以正风教"，竟未提及或援引先王的受教（即"国法"），虽然当时已有相关受教颁布。由此可知，国王在嫌犯莫今犯罪未遂的情况下仍然将其判处"一罪"（即死刑）做法乃是出于朝鲜本国关于杀子的固有认识和习惯（法），而非依照朝鲜先代国王业已颁示的教旨等成文法规。而领议政金寿恒在令国王改判的奏议中，也避开了《大明律》和朝鲜本国习惯存在差异的事实，而通过说明当事人杀子乃是生计所迫、不得已而为之的行为，以及犯罪未遂等减轻处罚的情节，来说服国王改变了原来的主意，使本案最终依照《大明律》"杖六十徒一年"判决。而朝鲜肃宗十年（1684）户曹参判徐文重的奏议中，则明确提到了在杀子问题上《大明律》和朝鲜本国习惯的矛盾及其成因，以及先王受教在法理上的不足。他提出如果将杀子的犯罪也同样处以死刑的话，那么"反与弑逆之罪，同归杀死"，即杀子与弑父同为死刑，就无法明尊卑了。而朝鲜国法的立法依据乃是"人伦"，即"亲疏"。也就是说，徐文重明确认识到了明律和国法间的立法差异乃出于"尊卑"和"亲疏"间的矛盾。具体来说，就是"尊卑"和"亲疏"间孰轻孰重的矛盾，即如何调和"尊卑"和"亲疏"二者的重要议题被徐文重提了出来。而朝鲜最终的解决方案是优先适用《大明律》，但情节恶劣的案件仍然可随时禀告国王而适用本国习惯，即在一定称得上对"尊卑"与"亲疏"、明律与本国习惯二者一并作了调适与中和。

然而，在朝鲜王朝日后颁布的《续大典》等法典中，先王受教所代表的朝鲜本国习惯仍在一定程度上被保留了下来。《续大典》刑典"杀狱"篇规定，"父母杀子女、兄杀弟，而其用意凶惨者，并以斗殴杀律论"①。《续大典》又在其后的注释中云："谋杀子女而未行者，远地定配。"② 由此可见朝鲜本国习惯的顽强，对于犯罪情节恶劣的杀子案件，朝鲜王朝仍保留了适用死刑的法律空间。与此同时，上文中徐文重的主

---

① 《续大典》，刑典，杀狱。
② 《续大典》，刑典，杀狱。

张和肃宗大王所作的调和,也在《续大典》中被保留下来①,并申明了国法关于杀子适用死刑的规定乃是"出于欲惩其恶,非为偿其子之命也",以便在表面的法理和法律适用上以《大明律》为旨归。丁若镛在考察中国历代律法和朝鲜本国法典后,评论说明如下。

> 汉贾彪之法,杀子与杀人同。《宋律》徒二年(并见上),《大明律》《续大典》又各不同。盖父母杀子,其情万殊,不可一概论。故其情哀者,罪止徒年,用意凶者,律如杀人。又如石碏杀子,《春秋》许为纯臣。瞽叟谋杀子,古今皆称恶人。《大典》所言者,盖因争财、奸淫,或惑于后妻,视为仇敌,以至谋杀者也。故圣教令一依《大明律》,其用一律者,令随时禀定也。②

丁若镛在《钦钦新书》综合考察了我国汉律、宋律、明律以及朝鲜本国法典等中朝两国历代法典中关于杀子犯罪法规的异同。与此同时,又援引《春秋》《孟子》等先秦经典中石碏、瞽叟等关于父亲杀子的先例,以此说明杀子分为多种情况,不可一以论之。在父母杀子的问题上,丁若镛也同样赞同根据具体情节选择性地适用《大明律》和《续大典》。他在评论中列举了杀子时用意凶惨的几种表现形式,如与争夺家产、奸淫、受到后妻挑拨等情形下的杀子行为,主张这些特殊情形需要随时禀告国王,以便适用国法中的死刑加以严惩。而《续大典》中也专门制定了针对后妻挑拨杀子的法条:"继母嗾其夫故杀子女者,以一律论。"③ 朝鲜本国刑法规定,将怂恿丈夫杀害前妻所出子女的继母直接处死。比起其他家庭悲剧来,有关继母的此类情形相对更容易发生。因而朝鲜以法律的形式杜绝这种因人性的卑劣面所导致的家庭悲剧。

从上述分析中不难发现,丁若镛和不止一位朝鲜国王关于刑法适用的主张都存在一个共同特征,那就是根据具体的犯罪情节选择性地适用

---

① 《续大典》,刑典,杀狱,"父杀子、兄杀弟,罪止杖徒,制法本意。而先朝受教,定为一罪者,盖出于欲惩其恶,非为偿其子之命也。从今以后,一依法文施行,如有情节痛恶,不可不别样处断者攸司之臣,随时禀定"。

② 《钦钦新书》,经史要义,父母杀子(明川妇 徐疏 明律),案。

③ 《续大典》,刑典,杀狱。

外来法律（中国法）或本国法律（朝鲜法）。这是朝鲜王朝法律适用的最重要特征之一，也是朝鲜王朝法律体系的特色所在，中国古代就很少具备这样的条件。正得益于法律体系中本国法令和多种外来法典的长期并存，在法律实践中不断对照从而发现各自的所长和局限，使得朝鲜的刑事司法拥有了极大的开放性、灵活性和特别的张力，为合理地定罪量刑预留了合理的空间和腾挪的余地，使朝鲜的刑事司法能在充分吸收外来法律的基础上做到旁观者清、兼听则明。

而《钦钦新书》中另外两种常见的杀害卑幼的犯罪类型是婆婆对儿媳的虐待与杀害，以及因妇人奸情而名节被毁后，家中父兄将之杀害的情形。第一种情形主要见于"拟律差例"篇的清代案例①，而第二种情形主要见于"祥刑追议"篇的朝鲜案例。下面主要论述朝鲜案例中父兄将家中犯奸妇人杀害的情形。

英祖五十年（1774）十一月在黄海道信川郡发生了一起命案。金梦得因为自己未成年的妹妹忽然被人奸污而觉得玷辱了家门，所以擅自将自己的妹妹杀害。当时能举证金梦得杀妹的仅有他的亲弟金梦必和其从弟乌贵，但因为"以弟证兄，在渠为伤伦，在法为违格"，因朝鲜奉行亲亲相隐的原则，国王认为其亲弟和堂弟在案发时仅有八九岁②，而且弟弟举证哥哥本身就有损伦常，于律法上也是违法。因此其亲弟和堂弟不得作为目击证人举证，其证言也就不予采纳。因此嫌犯金梦得在狱中被关押了近十年后，于正祖六年（1782）最终被判决释放，"以示朝家重狱体、敦风化之意。"③丁若镛对此评论道：

臣议曰：取以弟证兄之招，断以兄杀弟之狱，有害于风教，此处分之所以如是也。然若使梦得之事，不出于门户之公愤，或由于

① 《钦钦新书》，拟律差例，卑幼之残十一（姑婆以微罪杀媳妇 ○乾隆）；《钦钦新书》，拟律差例，卑幼之残十二（姑婆以非理杀媳妇 ○乾隆）；《钦钦新书》，拟律差例，卑幼之残十三（姑令媳妇卖奸 不从 绝食殴逼 自缢以死 ○乾隆）；《钦钦新书》，拟律差例，卑幼之残十四（改嫁之姑 殴同居前媳妇致死 ○乾隆）。
② 《续大典》，刑典，杀狱，"杀狱，关系甚重，必须详慎，年未满儿（十五岁以下），勿以为证。"因此其亲弟和堂弟都不够法定的举证年龄。
③ 《审理录》卷9，黄海道信川郡金梦得狱。

闺房之私讦，则圣断岂止是乎? 室女行淫，贱流皆以为大耻，淫妹擅杀，愚民谬知为无罪，羞愤潜发于心地，谬习久惯于耳闻，仓卒之间，行此残忍，此其情有足原恕，故圣明于此，不欲深明其事实也。①

丁若镛认为，兄弟之间互相举证于风教不合，所以国王如此处断是正确的。《大明律》规定在兄姊杀害弟妹时，殴杀者处以杖一百徒三年的刑罚，故杀者处以杖一百流二千里的刑罚。② 但相比《大明律》，朝鲜对这一情形的处罚则更为严厉。《续大典》规定，"父母杀子女，兄杀弟，而其用意凶惨者，以斗杀律论;谋杀子女而未行者，远地定配。"③ 也就是说，明律兄杀弟时仅止于徒流，但朝鲜这一犯罪情形中的"用意凶惨者"可最高处以死刑。与此同时《续大典》也补充解释道，"父杀子，兄杀弟，罪止杖徒，制法本意。而先朝受教，定为一罪④者，盖出于欲惩其恶，非为偿其子之命也。从今以后，一依法文施行，如有情节痛恶，不可不别样处断者，则攸司之臣，随时禀定。"⑤ 也就是说，虽然"用意凶惨者"最高可判处死刑，但其立法只是出于惩恶的目的，在执行前需要得到国王的特别许可。金梦得杀害妹妹的行为虽是出于故意，但因他是出于对室女淫乱的羞愤而最终获得释放。民众擅杀家中犯奸妇女的行为在某种程度上是朝鲜半岛当时的陋习，因"法不责众"而使百姓们认为这一行为并不构成犯罪。丁若镛在评论此案时，特别区分了"公愤"和"私讦"的概念，他认为若是出于私人之恶意而非家族之公愤的话，国王的判决就不会如此轻微了。反之，若是出于对淫乱的公愤而犯罪，在某种程度上是能够被宽恕的。

而另一起发生在朝鲜正祖十四年（1790）庆尚道蔚山府的坚圣民杀妹案也是如此。坚圣民之妹坚氏平日悍毒，夫妻和婆媳关系很不融洽，坚氏在夫死孀居后又行淫乱，最终无法容于夫家而被赶回了娘家。在当

① 《钦钦新书》，祥刑追议，彝伦之残三（室女潜奸　胞兄迭刺　根由奸淫　实因被刺）。
② 《大明律》，刑律，斗殴，殴期亲尊长。
③ 《续大典》，刑典，杀狱。
④ 一罪:指死刑。
⑤ 《续大典》，刑典，杀狱。

时，坚氏的行为对娘家来说是一件极为羞耻的事情。因而坚氏之兄坚圣民把妹妹坚氏带上了船，他划船到江心后将坚氏推入江中（或强逼其投江自杀）。初检报告中目击这一惨案的津夫供述如下：

> 今月初一日，本府内太和江津夫文顺三进告云：矣身家在津头，坐吃朝饭，望见津口有一男一妇，男着黑笠，女着白衣，不招艄工，划船自渡是如可，既过中流，未及南岸，那妇人忽然投水，这男子不相援救，到岸舣船，急急走了。矣身不胜惊骇，急乘他船，到彼跟追，不知去处，两个踪迹，未由采问是乎旀①。船中遗落青布小袄、裹钱三十文、白苎布五尺、鬌发三条、襦袷一事、弊袜一双、并此现纳是白齐②。③

依照船工的陈述，妇人（即坚氏）在自己投江后，同船的男子（其兄坚圣民）不仅见死不救，而且不慌不忙地登陆并迅速逃离了现场。他这一反常举动使得船工大为惊讶，所以急忙将船划到彼岸去追这名同船的男子，但却已经不知其去向了。如果依他所言，妇人坚氏虽是自杀，但其兄带她到江中后勒令其投江的可能性较大。这一案例因不载于《审理录》，所以无法确知其最终的判决。丁若镛对此案评论道："藉使坚女不孝其姑，不顺其夫，孀而行淫，百恶具备，家人不可擅杀，虽在父母，犹当有罪，况以兄而杀妹乎？孀不守节，本非死罪，非死罪而杀之，庸得不抵乎？"④丁若镛认为，虽然妇人在夫家不孝不恭，孀居时犯奸淫乱的行为都很恶劣，但孀居不守妇道本身并不构成死罪，因而即便是妇人的亲生父母也没有擅自杀害她的权利，何况是她的兄弟。因而丁若镛认为若擅自杀害未触犯死罪之人（"应死之人"），擅杀者理应抵罪。通过上述两起案件可知，朝鲜王朝后期民众对妇女的贞节及其关联的家族名誉极为看重，甚至认为家族的名声重于妇人的生命，因此才会出现尊长杀

---

① 是乎旀：吏读，古代朝鲜语"이오며"，表并连。
② 是白齐：吏读，古代朝鲜语"이삷져"，相当于现代朝鲜语"이옵니다"，"是""乃"之意。
③ 《钦钦新书》，祥刑追议，彝伦之残四（嫁妹被遗　胞兄推溺　根由羞淫　实因被溺）。
④ 《钦钦新书》，祥刑追议，彝伦之残四（嫁妹被遗　胞兄推溺　根由羞淫　实因被溺）。

死家中犯奸之人或勒令其自杀的犯罪情形。而这类情形在清代案例中却极少出现，由此可知当时中朝两国的中下层民众对妇人失贞的容忍度不同。

第三节　伉俪之戕

《钦钦新书》各篇均记录了传统时期中朝两国夫妻之间的犯罪案件，但所载中朝两国相关命案在类型上存在较大不同。《钦钦新书》所载中国古代夫妻间犯罪案件不仅有丈夫杀害妻子的案件，也不乏妻子杀害丈夫的案件，二者比例较为均衡。然而，《钦钦新书》所载朝鲜夫妻间的犯罪案件则除了"经史要义"篇中三则富于文学色彩的案例外，基本仅记载丈夫杀害妻子的诸多案件，而不见妻子杀夫案的记载。

为什么《钦钦新书》中基本不见发生在朝鲜的妻子杀夫案件呢？其原因或是出于当时夫妻间的法律权利义务关系并不对等，夫侵犯妻与妻侵犯夫两种犯罪情形在法律上分属不同的类型，妻子对丈夫的侵犯属于《大明律》"十恶"中的"恶逆"一类，在当时属极严重的犯罪，可处以凌迟之刑。因此，与杀害祖父母父母的情形一般，朝鲜王朝后期弑杀丈夫的案件可能被刻意隐瞒。

丁若镛在"经史要义"篇的"弑逆绝亲之义"的评论中点明，"弑逆之狱，随用极刑，不问情理，故史册无传"。[①] "不问情理"表明朝鲜在审理弑夫等恶逆案件时，并不严格遵守法定的审理程序，而是一切从简，则使司法程序被大大简化。"随用极刑"意味着朝鲜在审理恶逆案时特事特办并从重处罚，从而反映出朝鲜处置弑逆案件从重从快的准则。由此可见，朝鲜王朝司法在处理弑夫案件时，其司法程序、量刑和法律文书的记录上与杀妻等一般刑事案件有着根本的区隔。虽然清代各判例集中也几乎未见有谋弑祖父母父母的案例而能够推断相关案例从源头上可能被封锁消息，而朝鲜当政者封锁消息的范围较清代多出了过失致祖父母父母死亡和妻子谋弑丈夫两种情形，详细分析可参见本研究"弑逆之变"一节。

---

① 《钦钦新书》，经史要义，弑逆绝亲之义，案。

因《钦钦新书》"祥刑追议"篇所载朝鲜案例大多来自《祥刑考》等朝鲜王朝官撰判例汇编，所以该篇并无弑夫案的相关记载。因此，《钦钦新书》全书所呈现的朝鲜杀妻案件与弑夫案件在数量上完全不成比例的现象也就不足为奇了。《祥刑考》《审理录》等记载正祖大王在位年间刑事判例的官撰资料虽并无弑夫案件，但《秋官志》《日省录》《朝鲜王朝实录》等涉及朝鲜王朝其他时段案例的史料则记载了少量的朝鲜弑夫案。且在《钦钦新书》中，弑夫案被归入"弑逆之变"类，而杀妻案件则被归入"伉俪之戕"类。即丁若镛所理解的"伉俪之戕"仅仅包含丈夫杀害妻子的情形，这与今人所理解的夫妻间的相互侵犯有较大出入。而本节所讨论的"伉俪之戕"则包含了夫妻之间发生的所有类型的犯罪案件。

我们先来看《钦钦新书》中仅存的三例发生在朝鲜半岛的谋杀亲夫案，这三起案件与三起相似的中国古代案例同时出现于"经史要义"篇，这五个条目下的总共六起案件在《钦钦新书》中均归属"闻声知杀"的类型，因此便可对中朝两国这一类型的案件予以横向比较。

> 《顺庵政要》云："高丽时，有妻杀夫狱。验之无伤，刑官为忧。其妻问之，知其状告曰，'当置尸室中，就蝇聚处验之。'刑官从其言。果脐中，纳小针钉之，遂正其罪。刑官之妻，亦再适而来，疑其有奸黜之云。"①

> 高丽李宝林宰京山府，（废王禑元年）道闻妇人哭曰："哭声不哀，必有奸也。"执讯之，果与奸夫，谋杀夫者也。②

> 朴松堂英（武承旨）尝为金海府使，在衙轩，闻东邻妇哭声，急使刑吏往捕之，问曰："汝何哭。"对曰："吾夫无病暴死。"公再问之，又曰："吾夫妇同居无间，邻里所共知。"在庭下人齐应曰："然。万无他疑。"公使人抬其尸来，内外上下，转辗视之，并无痕

---

① 《钦钦新书》，经史要义，闻声知杀（韩滉），按。
② 《钦钦新书》，经史要义，闻声知杀（李宝林）。

迹。妇人擗踊号哭曰:"天乎知我。令公何为此。"下人无不潜叹,至有流泪者。公令仰卧其尸,使军校有力者,自胸至腹,奋袖按之。果自脐中,有刺长如中指迸出。公即缚其妇曰:"吾固知尔有私。速言之。"遂伏曰:"某里某人,约与同去,乘其醉寝而行凶。"发军急捕之,其言符合,乃置于法。人问:"何以知之?"公曰:"初闻其哭声不悲。故逮来,而检尸之际,外虽号擗,实有恐惧之色。故知之耳。"①

经笔者考证,"经史要义"篇记载的这三起朝鲜半岛的弑夫案件分别出自安鼎福所著官箴书——《临官政要》《高丽史》"李宝林传"和朴东亮《寄斋杂记》中的"历朝旧闻"部分,足见丁若镛资料搜集之广泛。这三则案例的前两件均发生在高丽王朝时期,后一件则发生在朝鲜王朝时期。且大都是地方官听到妇人哭泣却"哭声不哀""哭声不悲"后断定其中有诈的,命案基本与妇人的奸情有关,且妇人多是与奸夫同谋作案。阐明作案手段的两件案例均是加害人向被害人(本夫)的肚脐中钉针(或插入长刺),这样做的目的是掩人耳目,因为肚脐是较为柔软而隐蔽的部位,且容易致命。而破案的手法(或者找到证据的方法)分别是通过观察苍蝇聚集之处,以及用力按压尸体的主要部位而找到线索的。其中第一起案例的有趣之处在于判官之妻为丈夫提供了破案线索,却因为她本人乃是再婚而遭到丈夫的怀疑,最后反遭休弃的故事。判官怀疑时的逻辑是妻子怎么会知晓这一破案手法,莫不是她有作案前科?即判官怀疑妻子曾用相同方法谋害其前夫,其前夫死于妇人之手,且判官本人日后也可能同样遭其谋害,为小心起见而将之休弃。该判官可谓过于多虑。若妻子真有前科,就不会坦然告诉他这一破案线索了。

这些案例的故事类型非常相似,多是地方长官听闻妇人哭声即知有奸(第一则案例缺此情节),且犯案妇人均通过钉刺肚脐这一隐蔽的作案方式(第二则案例缺此情节)将丈夫杀害,这不禁令人怀疑这些故事的真实性。丁若镛在看过李宝林所断案件后,也不禁感慨"此条,亦必有

---

① 《钦钦新书》,经史要义,闻声知杀(朴英)。

事实。不应神通如此，记录疏略，不可知也"。① 丁若镛认为这类断案故事所描画的主人公过于神通，但也承认有相应的事实。笔者认为虽有一定的历史事实，但必然随着时间推移而经历了故事情节的附会和文学加工。

更为重要的是，朝鲜半岛上的"闻声知杀"很可能源自我国古代的同种故事类型。通过阅览《钦钦新书》"经史要义"篇所载的三例中国古代"闻声知杀"案，并与朝鲜古代案件加以对照，便可一目了然，并能够从中发现中朝两国在同一故事类型案件中存在的微妙差异。

> 郑子产晨出门，妇人哭拊仆之手，而听有间，使吏执而问之，乃杀其夫也。其仆曰："夫子何以知之？"子产曰："人于所亲爱，知病而忧，临死而惧，已死而哀。今哭已死而惧，知其奸也。"（出《论衡》）②

> 汉，严遵为杨州刺史，行部，闻女子哭声，惧而不哀，问之曰："夫遭烧死。"遵敕吏，与尸令人守之曰："当有物。"往吏曰："有蝇集尸首。"乃披髻视之，有铁锥贯顶。（一本作铁钉）乃拷问云，以奸淫杀夫也。③

> 唐，韩滉在润州，夜与从事，登万岁楼，方酣饮，语左右曰："汝听妇人哭乎？"命吏捕哭者，讯之。对曰："夫死而哭。"滉疑之，再三拷问，信宿狱不具，吏惧罪守于尸侧，有大青蝇集于其夫之首。因发髻验之，果妇私于邻人，醉其夫而钉杀之。人以为神。④

《钦钦新书》记载的上述三起中国案例均为我国历史著名的"闻声知杀"案，这三则案例均载于《折狱龟鉴》，其中郑子产和严遵的案例还一

---

① 《钦钦新书》，经史要义，闻声知杀（李宝林），案。
② 《钦钦新书》，经史要义，闻声知杀（郑子产）。
③ 《钦钦新书》，经史要义，闻声知杀（严遵）。
④ 《钦钦新书》，经史要义，闻声知杀（韩滉）。

并载于《疑狱集》。《钦钦新书》所载三起中国案例应全部源自《折狱龟鉴》。这三则案例都是官员听到妇人哭声，但哭声大多"惧而不哀"，由此断定其中有奸。而朝鲜半岛的案例仅提到哭声"不哀""不悲"，却从未说明哭声中带有恐惧，这是中朝两国此类案件的不同之处。另外，中国此类案例大多并未说明是否与奸夫同谋，因而姑且认为是妇人一人所为，而朝鲜半岛的案例大多是与奸夫同谋作案。言明作案手段的两起中国案件中的加害人均采用向被害人（本夫）头部（头顶部位）钉针的方式，这样做的目的是掩人耳目。头顶因毛发遮盖而属于较隐蔽的部位，且头部最易致命。从中可以发现，中朝两国"闻声知杀"案件（或故事类型）的最大不同是两国妇人下手的部位有根本区别。朝鲜半岛两起案件中的妇人均选取肚脐部位下手，而中国古代两起案件中的妇人作案时均选取头顶部位下手。中国这类案件的破案手段大都是通过观察苍蝇聚集之处而发现证据的。朝鲜半岛的其中一例案件可能模仿自中国，也是观察苍蝇聚集之处，但中国的两则案例都是吏胥守于尸体一旁后经观察发现。根据丁若镛的解释，"既发疑心，即当解尸检验，而必令吏守尸，待蝇之至，始乃发验者，狱体至重，苟无词证，不能开检也"①。他认为官员之所以这么做，乃是出于当时中国检验流程之严谨，没有确凿的证据不得随意验尸的习惯。而朝鲜半岛案例中观察苍蝇聚集处的办法则出自妇人的主意，但该妇人最终却因自己的聪慧而遭到丈夫休弃。较晚近发生的朝鲜案例则通过从胸部到腹部按压尸体的办法发现证据的，在破案和尸体检验方法上与中国案例不同。

通过比较《钦钦新书》"经史要义"篇所载中朝两国"闻声知杀"案，可知两国共享"听妇人哭声而知晓其奸情"这一同种故事类型，朝鲜半岛的这一故事类型很可能源于中国，但传至朝鲜半岛后，在叙事手法和故事情节上发生了一定的变异。在上述案例中，历史与文学、事实与虚构之间的界限是较为模糊的，个案中包含着一定的史实，但也无法否认其同样夹杂着不少的文学虚构。此类案件在我国属于较为成熟而独立的民间故事类型，按照"AT 分类法"（"阿尔奈—汤普森体系"），该故事类型被标记为"926Q1 听哭声断案"，丁乃通作"AT926Q 苍蝇揭露

---

① 《钦钦新书》，经史要义，闻声知杀（韩滉），按。

伤处"，祁连休分作"哭夫不哀型""勘钉案型"。① 这一故事类型在我国
源远流长，除《疑狱集》《折狱龟鉴》外，在《韩非子》《论衡》《搜神
记》《酉阳杂俎》《太平广记》《南村辍耕录》等各代文献中均有相关
记载。

　　除"经史要义"篇外，《钦钦新书》的"拟律差例"篇和"祥刑追
议"篇集中记录了同一时期（清代乾嘉年间）中朝两国的夫妻间犯罪案
件，但弑夫案件仅出现于"拟律差例"篇而不现于"祥刑追议"篇。
"拟律差例"篇所载弑夫案中不乏特殊情形的疑难案件。如丈夫有错在先
的前提下，妻子杀伤丈夫的情形应如何处理？清代为维护夫权和丈夫的
权威，而严格禁止妻子的任何越轨行为。譬如发生在嘉庆年间的陕西省
合阳县的一起案例就是如此。民妇雷氏的丈夫刘世敏图奸自己的儿媳未
成，儿媳因此欲行自杀而未遂，雷氏激愤而趁丈夫醉卧之时将其勒死。
嘉庆皇帝的判决中说道："夫为妻纲，岂可因其夫行止不端，遽忍致死，
易启流弊"，所以其不因丈夫行为不端而对弑夫之人有丝毫的宽容，并认
为此类情形日后不必加签声请减刑，并最终判处雷氏凌迟之刑。②

　　而丈夫因妻子的过错而自尽，妻子也无法逃脱法律的制裁。如发生
在乾隆年间江苏省的一起案件就是如此。该案中倪玉之妻顾氏凌虐前妻
之子，并与丈夫倪玉争闹，倪玉愤而自缢。朝廷认为，该案督抚拟判绞
监候，但刑部最终改拟绞立决。③ 由此可见清代刑罚之严酷。丁若镛对此
案的判决不予认同。他评论道，"凌贱亦有差等，若一时吵责，非有猜凶
大恶，则自缢为轻生浪死，部拟恐差"④。丁若镛认为，后妻对前妻之子
的凌辱或虐待要区分具体情形，若只是训斥责骂而没有重大过错的话，
应不足以令丈夫寻短见。丈夫不珍惜自己的生命，怀着报复之心轻易寻
死的行为是他自身的问题，而不应将主要责任归咎于后妻，因此丁若镛
觉得清代刑部的量刑过重。也就是说，明清时期即使有"威逼人致死"
条，但何种行为可以构成"威逼"，应有一定的门槛，不是任意一件因日

---

① 顾希佳：《中国古代民间故事类型》，浙江大学出版社 2014 年版，第 170—171 页。
② 《钦钦新书》，拟律差例，弑逆之变八（图奸其子媳　被妻勒伤致死　○嘉庆）。
③ 《钦钦新书》，拟律差例，弑逆之变九（继妻凌虐前子　使夫发忿缢死　○乾隆）。
④ 《钦钦新书》，拟律差例，弑逆之变九（继妻凌虐前子　使夫发忿缢死　○乾隆），按。

常琐事而轻生的行为都可随意归咎他人。

若是妻子协助丈夫自杀或丈夫令妻子杀害自己而妻子遵照执行，清代法律又该如何处理呢？"拟律差例"篇便记载了这样一起案件。

> 王继先因妻父麻景奎不允盖还住屋（不助苫屋也），欲行胀毒图赖，令妻王麻氏，将家存砒药，私捣付给，王麻氏屡次劝阻。迨及王继先，告以系欲借此吓诈，并非真即服食，王麻氏始将砒药交给。乃王继先乘间服毒，王麻氏先已回家，无从阻止。次早前往，亲见王继先毒发呕吐，仍在场帮同灌救。是王继先怀忿轻生，伊妻王麻氏，实无致死其夫之心，不应援以致死之典。刑部将王麻氏比照"妻殴夫致死律"拟斩立决，请旨定夺，改为斩监候，秋后处决。①

本案中的死者王继先原本是怀着某种经济上的期待离开人世的，却不承想到妻子要为他的自杀行为偿命。本案也反映出清代许多刑事案件的一个共同特征，那就是不少案件中的当事人为了些许钱财和利益而将自己的生命当作筹码和工具，从而轻易结束自己生命的惯常做法。而此类情形在朝鲜王朝时期的命案中却极少见到，这或许能够反映清代中期普通民众生活之困苦和人格之不健全，也无法脱离 18 世纪中国人口暴增、人均耕地面积锐减的时代背景。本案中王麻氏本无重大过错，最多是对丈夫的自杀图赖行为起到一定的帮助作用，而她的协助也并非自愿，在清代却被处以死刑。因此，丁若镛在看到清代的这一判决后，以旁观者的视角表达了异议。他主张："麻氏受欺于其夫，非欲弑也，拟斩不可也。"② 丁若镛认为当事人王麻氏受到了丈夫的欺瞒和哄骗，本身并无任何犯罪意图，因而不应被处以斩刑。如按照今日之刑事法，王麻氏无任何刑事责任。此案反映出清代刑事司法更注重尊卑、服制和案件的后果，虽然对情理和有无主观恶意等略作考量，却对最终的量刑结果影响甚微，导致这些判决在今日看来显得过于残酷而不通情理。如审判本案的官员

---

① 《钦钦新书》，拟律差例，弑逆之变十一（知夫欲以胀毒图赖　进砒致死　○嘉庆）。

② 《钦钦新书》，拟律差例，弑逆之变十一（知夫欲以胀毒图赖　进砒致死　○嘉庆），按。

虽然认识到了王麻氏"实无致死其夫之心",但刑量也仅从斩立决改为了斩监候,案件的具体情节、犯罪目的和是否存在主观恶意等基本无法影响到量刑的结果。

　　而许多妻子出于奸情而谋杀亲夫,她们为了与奸夫做"长久夫妻"而将本夫除掉。"拟律差例"篇所载关于妻子有计划地谋弑本夫的案件中,基本都与妻子的通奸行为相关联。这些案例中多数是奸夫奸妇合谋,虽也有奸妇一人谋杀本夫的情形,但却占比很小。纵览这些案例,其刑罚无一例外地按照律条①判决奸妇凌迟处死、奸夫处斩。在清代,已经订婚的但未正式出嫁的妇女犯有奸案时,在司法实践中仍比照已婚男女办理。如"拟律差例"篇就记录了这样一起案例。此案发生在乾隆年间,湖北省保康县民女望兰大与许宗举通奸,共同谋杀未婚夫赵金保致其死亡。望兰大最初拟判斩决,但刑部认为,望兰大与赵金保虽未成婚,但名分已定,所以应照已婚的情形定拟,因而将望兰大改判凌迟处死。②

　　还有一种同为在室女犯奸的情形也被记录于《钦钦新书》中,但当事妇女所受到的刑罚却极为轻微。该案发生在乾隆年间的广东省。民女小张氏在未出嫁前与钱至隆通奸,听闻自己不久便要出嫁,因而关门闭户,决心与钱至隆不再来往。钱至隆因不能和小张氏复合,遂迁怒于她的新婚丈夫,在小张氏成婚次日将她的新婚丈夫杀死。刑部认为,该案与已成婚夫妇仍与旧好通奸而导致奸夫杀死本夫的情形存在较大出入,所以仅将小张氏判处犯奸罪。③这就导致虽然同为奸夫杀死本夫,但已婚时通奸和未婚时通奸两种情况下,犯妇在刑量上出现巨大的差异。虽依照今日刑事法,该妇人本无任何刑事责任,但在明清时期,犯奸妇人在不知情的情况下,仍要受到奸夫犯罪行为的牵连而被处死。按照明清时期的法律,已婚通奸时"若奸夫自杀其夫者,奸妇虽不知情,绞"④。但法律并未规定妇人未婚通奸,并在成婚后原奸夫杀死现任丈夫时应该如

①《大明律》,刑律,人命,杀死奸夫(《大清律例》亦同)。
②《钦钦新书》,拟律差例,弑逆之变十五(室女奸夫　于未婚之前　谋杀新夫　○乾隆)。
③《钦钦新书》,拟律差例,弑逆之变十六(室女奸夫　于既嫁之后　来杀新夫　○乾隆)。
④《大明律》,刑律,人命,杀死奸夫(《大清律例》亦同)。

何处罚，这一情形实属法律上的空白。但清代司法并未通过"条例"或"通行"等方式填补这一法律空白，而是将当事人小张氏以"犯奸"条论处，即"凡和奸，杖八十；有夫，杖九十"①。这就导致了已婚和未婚两种情境在量刑上显现巨大的偏差，已婚者处以死刑中的绞刑，犯奸时仍未婚的妇人仅被处以杖刑，显然有失公允。

丁若镛也明显看到了这一点，这种偏差很可能是他特意选取该案并将之载入《钦钦新书》的原因。他于本案后评论道："鲁桓既死，则哀姜与弑也。小张氏只科奸罪，可乎?"②丁若镛在此援引《公羊传》等经典中的历史解释（虽然真实历史中文姜与鲁桓公之死无关），认为文姜虽未直接弑夫，但正是由于她的淫乱才间接导致了鲁桓公的死亡，致使鲁庄公不得不与母亲文姜断绝母子关系。丁若镛将这一典故作为先例来指导和评判本案，因而主张本案中清代司法对小张氏的处罚过轻。不可否认，丁若镛法律思想同样存在明显的时代局限。今日刑事法仅处罚犯罪的当事人而不牵连无辜，但传统时期刑事法在许多情形下即使自身不知情也会受到牵连，自身的微小过错（如辱骂、通奸等）会被他人的另一个极端行为（如自杀、杀人等）或过错无限放大，但这又是自己不可知、不可控的，这是中朝两国传统法制的一大特征。丁若镛在此却支持这种牵连，不仅如此，还主张对不知情的小张氏加重处罚，可见他并未完全脱离所处的时代。

上文阐述了《钦钦新书》中与弑夫有关的案例。下面我们来看《钦钦新书》中有关杀妻的案例。《大明律》对丈夫侵犯妻子的行为则要宽容得多。如"杀死奸夫"条中，对奸所登时杀死的通奸妻子的情形免除刑罚③；"夫殴死有罪妻妾"条中，丈夫擅自杀害殴骂夫之祖父母父母的妻妾，法定刑量仅为杖一百④；"妻妾殴夫"条中，对丈夫殴打妻子，折伤以下不受刑事处罚，折伤以上则较常人减二等处罚，致死者，处以绞

---

① 《大明律》，刑律，犯奸，犯奸（《大清律例》亦同）。
② 《钦钦新书》，拟律差例，弑逆之变十六（室女奸夫 于既嫁之后 来杀新夫 ○乾隆），按。
③ 《大明律》，刑律，人命，杀死奸夫。
④ 《大明律》，刑律，人命，夫殴死有罪妻妾。

刑。① 这便是丁若镛在"祥刑追议"篇按语中所说的"杀妻之律，凡有三等"②。由此可见，丈夫在法律上被授予许多的特权。

"经史要义"篇中，丁若镛记载了一起朝鲜英祖大王在位时发生的命案。此案发生在朝鲜英祖三十三年（1757）的咸镜道镜城郡。卜道咸因为妻子不顺从继母，而殴打妻子致死，并将现场伪装成妻子自缢身亡。英祖大王阅览本案后，认为继母帮助继子清除犯罪痕迹，继子殴打不顺从继母的妻子，可谓母慈子孝，因不孝之妇而让丈夫偿命并非王政，因而特命减等，判处卜道咸流配之刑。③ 丁若镛虽对这一案件无明确评论，却在本案后附上《大明律》"夫殴死有罪妻妾"条中"杖一百"的相关规定，以比照本案的判决。英祖大王对卜道咸的判决结果是流配，而《大明律》的法定刑量是"杖一百"，二者并不一致。朝鲜在判决时的实际刑量明显重于《大明律》的法定刑量。丁若镛以此隐晦而委婉地质疑并批评了英祖大王的判决，认为其未严格按照法定刑量执行。由此可见，丁若镛支持并承认在妻妾不孝的情况下，丈夫具有一定程度上的杀妻权。

在"批详隽抄"篇中，丁若镛援引了余象斗《廉明公案》中的杀妻个案，所载案件均为奇异荒诞的故事。如生活在云南省临安府的支弘度狐疑成性，为试探妻子是否对自己忠诚，先找一名男子调戏妻子，被妻子骂走；而后又找三名轻浮浪子试探和调戏，妻子持刀杀害其中一人后不忍其耻，遂一刀自刎的故事。④ 又如生活于山西大同府的尤广廉性格残忍猜忌，因怀疑性情活泼的妻子施氏与外人私通，于一日傍晚杀害妻子后潜逃。施氏因死于非命，她死后的冤魂不断跟随丈夫，案犯也由此被顺利捉拿归案。⑤ 这些案例都由丈夫的疑妻症引起，虽不完全真实，但都反映了明代的社会生活和家庭生活。丁若镛之所以选取并收录这些案例，不仅由于案情传奇跌宕并富于戏剧效果，更在于这些案件的判词精彩绝

---

① 《大明律》，刑律，人命，妻妾殴夫。

② 《钦钦新书》，祥刑追议，伉俪之戕二（见忤媚嫂　被夫殴踢　实因被踢），臣谨案。

③ 《钦钦新书》，经史要义，以孝杀妻（卜道咸）；《朝鲜王朝实录》，英祖实录卷89，英祖33年2月7日。

④ 《钦钦新书》，批详隽抄，刘通海　杀妻判词　三人强奸。

⑤ 《钦钦新书》，批详隽抄，谭经　杀妻判词　冤魂跟追。

伦,如"冤魂跟追"一案中的判词,丁若镛在评论中谓之"纯用四六骈体"①,这对朝鲜各级官员的公文写作有很好的参考价值。

"拟律差例"篇中也记载了为数不少的杀妻案例,在此仅选取具有代表性的案例加以论述。如发生在乾隆年间湖广地区的刘敬上杀妻案,该案就反映了当时不少因妻子要求改嫁而发生命案的情形。该案讲述了犯人卧病半载,其妻陈氏因贫病相连不时吵闹,令丈夫将她改嫁他人,刘敬上举手欲殴,陈氏拾刀向夫拼命,刘敬上夺刀迭砍陈氏顶心、额角、脑后发际,陈氏即时倒地殒命的故事。②清代督抚拟判绞刑后,刑部在驳议中援引和比附"夫殴死有罪妻妾"条"杖一百"的规定,并令督抚妥议后再行具题,却未记载最终的判决结果。丁若镛对刑部的驳议表示异议。他认为,"陈氏持刀,是自求拼命(吾东谓之用恶),非欲杀夫也。直求改嫁,与潜奸他人不同,则乱砍急杀可乎?部驳恐差"③。本案中,丁若镛和清代刑部的见解出现明显差别的根源在于对被害人陈氏"拾刀向夫拼命"中"拼命"一词的理解不同。清代刑部将其理解为"持刀砍戳""持刀杀夫",即被害人(妻子)将刀架在丈夫的脖子上,以加害人(丈夫)的性命相要挟的行为。而丁若镛将之理解为"自求拼命",朝鲜习惯将其称作"用恶",即妻子(被害人)将刀架在自己的脖子上,以本人性命相要挟的行为。可见二者的理解截然相反,一种对内而一种对外,相反的理解导致案犯的过错程度呈现明显的差异。即一种属于正当防卫而另一种却不符合任何减轻处罚的情形,进而导致量刑上的巨大差异。"拼命"在现代汉语中意为"豁出性命去干某事""将自己的生命置之脑后"等,因而在字面意义上丁若镛的理解似乎更为准确,但清代刑部的理解可能基于当时的法律用语习惯和具体情境,但审理此案的督抚却最初拟判绞刑,是否果如丁若镛所言,清代刑部对该案理解确有问题,现已不得而知。因此已无法准确断言哪一方的理解更准确恰当。笔者认为,结合其夫长期卧病在床的事实,作为女性的陈氏(被害人)将刀架在自

---

① 《钦钦新书》,批详隽抄,谭经　杀妻判词　冤魂跟追,按。
② 《钦钦新书》,拟律差例,优俪之戕六(妻求改嫁　持刀拼命　遂夺刀杀之　○乾隆)。
③ 《钦钦新书》,拟律差例,优俪之戕六(妻求改嫁　持刀拼命　遂夺刀杀之　○乾隆),按。

己的脖子上，并以本人性命相要挟的可能性更大，即"你不让我改嫁，我就死给你看"，而不应是"你不让我改嫁，我就杀了你"，而丈夫犯罪时的心理则是"你不是想死吗？我就让你死"，这也成为他夺刀并连砍妻子的直接动机。这种词汇理解的差异可能源于中朝两国法律用语和对应含义的不同（一为"拼命"，一为"用恶"）所致。而丁若镛在评论中认为，改嫁请求与通奸等具有明显过错的行为不同，属于妻子一方的合理而正当的要求，丈夫不可也无权因此"乱砍急杀"。这类案件实则反映出清代中下层家庭在贫困的境遇下，因丈夫无力养家而导致夫权衰落的现实，贫困的丈夫逐渐丧失对妻子的控制力，妻子不断挑战丈夫的权威，因此在妻子提出离婚要求时容易气急败坏继而发生家庭悲剧。

"祥刑追议"篇中，丁若镛共记录了 12 例朝鲜王朝的杀妻案。通过"拟律差例"和"祥刑追议"篇来比较乾嘉年间中朝两国的杀妻案后可知，同一时期朝鲜王朝司法对杀妻案中加害人的处置明显比清代宽容得多。朝鲜王朝后期杀害妻子的丈夫所受刑罚较同时期的清代更加轻微，且主要以流配刑为主。

"祥刑追议"篇中，甚至还有杀妻后被国王无罪释放的情形。如发生在京城汉阳的曹命根杀妻案便是如此。其妻三梅"朝李暮张，人尽夫也"，妻子常常与其他男子淫乱，而曹命根却"不思处置"并"屡遭奸夫之毒拳"，直到"奸夫生荷杖之计，淫妇逞倒戈之谋"之际，即奸夫奸妇想一同谋杀他时，他才不得不拔出佩刀将妻子三梅杀害。正祖大王因此判决曹命根无罪释放。[①] 但本案并非在奸所即时杀奸，奸夫奸妇的谋划杀人也难以确证，因为即便二人起意谋杀本夫曹命根，也应处在预备阶段而尚未实施，因而案犯曹命根并非正当防卫，国王的判决实属法外开恩。

正祖大王在位时，朝鲜杀妻之人所受到的刑罚基本不超出普通的流配刑。而《钦钦新书》所载朝鲜王朝多起杀妻案件中，当事人受到的最高刑量乃是"绝岛定配"。该案嫌犯之所以受到比其他同类杀妻案的嫌犯更重的刑罚，是由于该案正犯徐必守乃是因"花妻"（朝鲜用语，等同于"妾"）而杀害正妻的。正如丁若镛在本案评论中所言，"若有人惑于妖妾，谋杀嫡妻，其罪亦止于绞死。故殴而至死者，得不死也。然其至于

---

① 《钦钦新书》，祥刑追议，伉俪之戕三（屡执奸赃　先觉杀机　实因被刺）。

絶岛定配者,花妻为之祟也(夫杀妻者,皆不至岛配)"①。丁若镛在此首先阐明了谋杀和殴打致死在刑量上略有差别,然后解读了该案刑量重于其他杀妻案的原因是由于妾对夫妻关系的破坏,国王因此严惩因妾杀妻之人。虽然杀妻的最高法定刑量是绞刑,但丁若镛依照朝鲜多年的司法实践,言明在习惯上朝鲜王朝的杀妻者不至于流放绝岛,实际的最高刑量仅是一般流配刑而已。这为我们提供了朝鲜当时杀妻犯罪在法律条文和法律实践间存在显著区别的历史事实。

在杀妻案的法律叙事中,国王判决时往往会站在亡妻及其子女的立场上替作为杀人犯的丈夫开脱罪责。譬如"祥刑追议"篇所载朴道经杀妻案判决中,正祖大王如此说道:"在妇既死而夫又死,则无辜者子与女也。况凶身之偿命,所以慰死者之冤。而死者渠妻也。如使死者有知,必阴幸其夫之生出,宁或甘心于正法。"② 在国王看来,如果丈夫为妻子偿命,那么他们的子女就无人抚养。而死者又是犯人的妻子,倘若其泉下有知,则很可能不需要丈夫为自己偿命。这其实是国王为杀妻嫌犯法外开恩而经常使用的一套说辞,国王又如何得知作为被害人的妻子一定不希望杀害自己的丈夫偿命呢?虽然死者站在母亲这一身份的立场上,确实有可能不希望因丈夫偿命而使得自己的子女无人照顾。但国王此类开脱之辞不能全然成立的原因在于其在相反的情形下从不适用。即在妻子杀害自己丈夫的情况下,理论上也可同样适用亡夫若泉下有知,也可能会因子女无人抚养而不希望妻子为自己偿命的可能性,作为母亲的妻子在抚养子女的过程中付出的心力难道不是更多吗?但是在妻子弑夫的情形下,国王便会自动收回这种话语体系,使得以死者和子女立场为犯人开脱的叙事模式变得不再适用。因此,国王以子女和亡妻之立场为嫌犯开脱的行为本身就是片面的、不对等的、虚伪并略带伪善的,其背后所反映的是朝鲜统治者对丈夫的袒护、对夫权和家长制的刻意维护。且国王习惯性地认为妻子被丈夫殴打致死的案件多出于"邂逅",丈夫本无

---

① 《钦钦新书》,祥刑追议,优俪之戒六(情移少艾 衅起打儿 实因被踢),臣谨案。
② 《钦钦新书》,祥刑追议,优俪之戒七(怒奴移妻 阃扑泄忿 实因折项)。

"戕杀之心"。① 正是因为正祖大王在杀妻案中总持有相似立场，所以他才会在"夫偿妇命之狱"中"每有所持难"②，而对杀妻案的主犯多有宽纵。丁若镛据此评论道，"杀妻之狱，多所平反者，圣意其在是矣"③。他在此点明了朝鲜多数杀妻案的主犯多被宽免而未被处以死刑的原因，虽然这种说辞显得过于片面并有失公允。

其后，丁若镛记载了崔一赞将妻子李氏休弃后出妻自杀的案件。该案案情复杂跌宕，值得细细分析。该案中，李氏因淫乱而被丈夫休弃，并被没为公奴婢。李氏被逐后，有一日在路上碰见前夫，埋怨前夫狠毒而被前夫所殴，之后她在小叔崔汝赞的家中服毒自杀。国王在判词中说李氏"漂泊失所，身世悲凉，抱子徒步，已办归死夫家之心。及其驱逐备至，饱经困辱，则不忍一时之褊性，乃有三更之自裁"④。可见李氏被休弃后生活无着，在物质上、精神上、心理上都受到了极大冲击，在走投无路后选择了结束自己的生命。而崔一赞的弟弟崔汝赞主动将刑责揽下，说殴打李氏之人乃是自己而非哥哥崔一赞，希望自己能为兄长抵命，并请求自己的妻子辛氏为自己作证。辛氏架不住丈夫的恳求，为了满足丈夫代死的愿望，而为丈夫作了伪证，地方官因此将主犯改成了弟弟崔汝赞。但辛氏证明丈夫有罪的行为却触犯了朝廷的大忌。正祖大王的判词中对此有明显体现，现摘录如下。

此狱之蔑法伤风，即是前后杀狱之所未见者。看详屡回，不觉瞠然而惊，惕然而惧。到今折狱反轻，扶伦为重，先正风化，次论狱情可乎。大抵妇之于夫，其恩义，犹子之于父，臣之于君，三从之托在焉，百年之好在焉。生则同室，死则同穴，伉俪之义，顾不重欤？此狱辛女事，即一变怪。渠夫则以为兄代死之心，回顾狱中，丁宁密嘱者，可见本心之不泯，而夫之所命，亦有顺受不顺受者，夫之于叔，孰重孰轻，孰亲孰疏？设令汝赞真个犯手，其夫则为兄

① 《钦钦新书》，祥刑追议，伉俪之戕八（骂儿殴妻　庭讪挑忿　实因被踢），判付曰"乘醺拳踢，不择紧歇，此岂有戕杀之心哉。故犯邂逅……"
② 《钦钦新书》，祥刑追议，伉俪之戕七（怒奴移妻　阃扑泄忿　实因折项）。
③ 《钦钦新书》，祥刑追议，伉俪之戕七（怒奴移妻　阃扑泄忿　实因折项），臣谨案。
④ 《钦钦新书》，祥刑追议，伉俪之戕十一（兄逼妻死　弟受妻诬　实因服毒）。

替当，其妻则为夫曲护，此是天理人情之所必然是如乎。若欲念其夫友于之情，愍其叔冤枉之状，则其夜事渠既参看，挺身争死，亦何不可当?①

正祖大王的上述判词将朝鲜当时的法理和审判逻辑淋漓尽致地展现了出来。首先，他认为该案"折狱反轻，扶伦为重"，将伦理道德放在了刑事司法之前，而任由伦理架空法律。其次，他将夫妇之义类比君臣、父子，将"三从"之间完全画上等号。笔者认为，夫妻之于君臣父子，在内部逻辑上有着根本的区别。传统社会中的君臣父子是明显的上下、尊卑关系，讲求的是绝对服从，但夫妻间却不然。因为"妻者，齐也，与夫齐体"②，夫妻间讲求的是举案齐眉、琴瑟和谐、阴阳调和、内外有别。传统社会夫妻之间虽不完全平等，但这种不平等是隐含在夫妻"齐体"基础上的，即在相对地平等中，又隐含着略带主从和先后的次序。因此，夫妻虽与君臣、父子同属"三从"之一，但与其余二者却有着本质的区别。正祖大王通过援用"三从"的概念，而将夫妻完全等同君臣、父子的关系，这显然矮化了妻子的法律地位。

正祖大王在判决中肯定了崔汝赞代兄受死的壮举，认为其本心不泯，值得嘉赏。但又话锋一转，认为当丈夫叮嘱妻子，令妻子为想做主犯的丈夫作伪证时，妻子此时应如何抉择就显得极为重要了。依照儒家伦理理应亲亲相隐，妻不可以证夫。因此，辛氏证明丈夫有罪的举动触犯了朝廷大忌，因而使得国王大怒。正祖在阅览本案后，因本案中辛氏证夫的行为严重背离了其所受的教育和尊崇的价值，故而"瞠然而惊，惕然而惧"。妻子在领有丈夫之命的情况下，国王认为妻子应该权衡丈夫和丈夫兄弟间于己"孰重孰轻，孰亲孰疏"这一伦常上的根本问题，然后再行决定到底是"顺受"(听从夫命)还是"不顺受"(虽不从夫命，但却维护丈夫的根本利益)。这一案例也充分体现了朝鲜王朝审断案件时对伦理异乎寻常而又一以贯之的过度要求。笔者认为，辛氏为了满足和成全丈夫的"弟悌"之义，而甘愿冒着失去丈夫的风险为丈夫出庭作证，辛

---

① 《钦钦新书》，祥刑追议，伉俪之戕十一(兄逼妻死　弟受妻诬　实因服毒)。

② 《白虎通义》，嫁娶。

氏本人已经作出了巨大牺牲，实属不易。而丈夫崔汝赞为了成全自己孝悌的美名，以牺牲性命的方式去追寻儒教的理想，从而诱导妻子为其作出伪证，却从未想到自己的行为已陷妻子于不义，这又该当何罪呢？

正祖大王在判决中假设了该案最理想的解决方案。他设想"其夫则为兄替当，其妻则为夫曲护"，即丈夫请求替兄长赴死，妻子却为丈夫辩护。这一画面才是国王想要看到的。在此基础上，正祖大王又假设了辛氏在面对该案时最为理想的应对方案，即"念其夫友于之情，愍其叔冤枉之状"，将丈夫和丈夫兄弟的罪责一并包揽到自己身上。即她挺身而出，宁愿代替两位男子受死。国王的假设过于理想化了，但也反映出当时的朝鲜越是家庭和社会地位卑下者，因受到"三从"的约束而更需克己复礼，须一切以君王、父亲、丈夫等尊长的利益为重，并随时准备牺牲作为"小我"的个人利益。由此可见，朝鲜王朝对卑幼者的道德要求反而更高。相悖的是，卑幼无论是在年龄、伦理知识、儒学常识，还是阅历和见识上大都不及尊长，他们很难站在统治者的角度上考虑问题，以便作出合乎统治者胃口及背后的儒教（而非儒家）正统价值观的选择，因而常常弄巧成拙，最终的判决结果反而对自己不利。而本案中，国王对当事人的最终量刑同样意味深长。

　　　　汝赞身乙以此判付，晓谕放送。辛女段罪大恶极，论以王章，决不宜生出狱门，而汝赞今既白放，合有参恕。令道伯严饬地方官，严刑绝岛，限己身永属官婢，勿拣赦前，以示朝家重伦敦风之政。①

国王的最终判决中，崔汝赞被无罪释放，受其请求而作出伪证的其妻辛氏本应处死，但考虑到其夫崔汝赞既已释放，看在丈夫的颜面上而对辛氏稍作宽恕。正祖大王命令地方官将辛氏严刑后流配绝岛，并永远没为官婢（但仅限本人，其奴婢身份不波及子孙），即使遇到大赦也永不被赦免。可见正祖大王对以妻证夫者的处罚相当严厉。但笔者看来，正祖大王的处罚仍显得过于偏颇，这一偏见出于国王受到男尊女卑、夫为妻纲观念的严重束缚，也出于其对正义和情理的偏狭理解，更出于其挖

_____

① 《钦钦新书》，祥刑追议，伉俪之戕十一（兄逼妻死　弟受妻诬　实因服毒）。

掘案件法理逻辑时的浅显。国王仅仅看到了辛氏举证丈夫有罪的这一层事实，却从未顾及丈夫崔汝赞因请求妻子作伪证而陷妻子于不义这一更深层次的事实，其主要过错原在丈夫崔汝赞一方，但刑事责任最终却由妻子辛氏背负。妻子因按丈夫意愿作出伪证的行为导致她被流放绝岛、没为奴婢，那么陷妻子于不义的丈夫又理应受到什么样的处罚呢？不应仅限于内心的愧疚吧。丁若镛在其评论中也为辛氏的不幸遭遇鸣不平。

> 兄弟争死，其情可悲；夫妇立证，其事乖常。故放汝赞，以敦兄弟之伦；殛辛女，以正夫妇之伦，即处分之本意也。然辛女愚昧，但知顺夫之为方便，不念证夫之为悖逆，顾其情亦可悲愍。或者立证之日，别有罪恶，不见原案，今不可考。①

丁若镛在按语中点明，国王如此判决的原因是基于兄弟、夫妇的伦常（"五伦"）。他认为正是辛氏的无知和愚昧，才将自己陷入不利的境地，令人悲悯。此外，丁若镛也对辛氏受到如此重的刑罚略感不解，他在评论中怀疑辛氏除证夫之外，是否还有其他的罪状，但因其手上无该案的检案等地方衙门原始资料，所以在编撰《钦钦新书》时已无法考证。丁若镛的这一怀疑实则委婉地批评了国王对辛氏的量刑过重，其受到个人情绪的支配而显失公允。

此案与本研究"首从之别"一节中裴弘绩将罪责推卸到审讯过程中已死的母亲身上而受到重判的案件相似。正因为朝鲜王朝的统治者其对治下民众道德和人伦秩序的极度渴望，有时使审讯过程中嫌疑人的表现反而盖过了案件本身的过错。"先正风化，次论狱情"，导致犯人在刑事案件中的是与非，常与刑事诉讼过程的是与非相混淆，即未将刑事案件本身（实体法）与刑事诉讼（程序法）区隔开来，且最终影响到了案件的判决结果，使量刑常常受到审讯过程中犯人能否展示出孝悌等儒家伦理的左右。这就要求犯罪嫌疑人在朝鲜国这一大的"剧场"下，善于将刻意的表演贯穿刑事诉讼全过程，以迎合朝廷的价值取向。唯有如此，案犯才能得到最利于自身的判决结果。

---

① 《钦钦新书》，祥刑追议，伉俪之戕十一（兄逼妻死 弟受妻诬 实因服毒），臣谨案。

第四节　奸淫之殃

丁若镛在《钦钦新书》中记录了大量性犯罪相关的案例，这些案例在具体类型上相对复杂多样，需要详细整理。笔者在《钦钦新书》所载中朝两国性犯罪案例的基础上，结合这一时期两国的其他法制资料，如清代的《刑案汇览》和第一历史档案馆藏刑科题本婚姻奸情类档案①，以及朝鲜王朝后期的《审理录》《秋官志》等官撰资料所载案例，整理表格如表9-1所示。

表9-1　　　　　　清代与朝鲜王朝后期性犯罪行为类型比较

犯罪类型或当事人的行为类型	清	朝鲜
由丈夫通奸引发的犯罪	×	○
妻子通奸引发的犯罪	○	○
1）本夫忍气吞声或仅仅警告妻子	○	○
2）本夫仅要求奸夫赔罪或做出补偿	○	?
3）本夫因妻通奸而告官	○	×
4）本夫对妻子犯罪	○	○
5）本夫对奸夫犯罪	○	○
6）本夫同时对奸夫和妻子的犯罪	○	○
7）本夫对奸夫之家庭成员的犯罪	○	○
8）本夫因奸卖妻	○	×
9）丈夫对使妻子通奸的媒介之人的犯罪	×	○
10）丈夫或妻子因此自杀	○	×
11）通奸妻子独自谋害本夫	○	×
12）妻子与奸夫合伙谋害本夫	○	○
13）通奸男女间的犯罪	○	×
14）奸夫对本夫的犯罪	○	○

---

① 间接参考自王跃生《清代中期婚姻冲突透析》，社会科学文献出版社2003年版中的诸多案例，以乾隆四十六年到乾隆五十六年（1781—1791）为主。

续表

犯罪类型或当事人的行为类型	清	朝鲜
15）奸夫诱拐犯奸之妻	○	×
16）两名以上奸夫时，奸夫甲、乙与本夫之间的犯罪	○	×
疑妻症引发的犯罪	○	○
1）丈夫因怀疑妻子通奸而对相关男子犯罪	×	○
2）丈夫因怀疑妻子通奸而对妻子犯罪	○	○
妻子以外的家中女性通奸	○	○
1）父兄等家庭成员对家中通奸女性的犯罪	○	○
2）奸夫与通奸女性的家庭成员间的犯罪	○	○
3）家庭成员对使家中女性通奸的媒介之人的犯罪	×	○
4）家族成员因此自杀	○	×
5）已出嫁妇女的本家家庭成员因女性通奸所行的犯罪	×	○
因奸怀孕	○	○
近亲相奸	○	?
家庭内的性买卖（卖奸）	○	×
1）丈夫因贪财而放任妻子通奸	○	×
2）夫妻合议后妻子卖淫（通奸）养家	○	×
3）丈夫强迫妻子卖淫（通奸）	○	×
4）丈夫以外的家庭成员要求或放任家中女性卖淫（通奸）	○	×
策略性的"一妻多夫"① 引发的犯罪	○	×
性骚扰与性暴力	○	○
1）女性因遭受性骚扰或性侵而自杀	○	○
2）女性为不被性侵而对性侵者犯罪	○	○
3）性侵者对被害女性的犯罪	○	○
4）女性的家族（亲族）成员与性侵者之间的犯罪	○	○
因污蔑妇女贞洁引发的犯罪	×	○
1）因污蔑妇女失贞而导致妇女自杀	×	○
2）女性对污蔑自身失贞之人的犯罪	×	○

---

① ［美］苏成捷撰:《作为生存策略的清代一妻多夫现象》，李霞译，载黄东兰主编《身体·心性·权力》，浙江人民出版社 2005 年版。

续表

犯罪类型或当事人的行为类型	清	朝鲜
同性性犯罪	○	×
1）同性性买卖与同性性犯罪	○	×
2）男性为不被性侵而对性侵者犯罪	○	×
3）同性性关系暴露或同性性骚扰引发的自杀	○	×
4）同性伴侣（含性买卖对象）间的犯罪	○	×
性侵儿童	○	×
1）成人男子性侵幼童	○	×
2）成人男子性侵幼女	○	×

从表 9-1 可知，性犯罪相关案件多数由妻子或其他女性家族成员（如女儿、儿媳）的通奸引发，极少因男子的通奸引发。也就是说，同一时期（清代乾嘉年间）中朝两国的民众们大多把妇女的性（贞节）当作一个问题，其女性家族成员的性（贞节）需要她所在家族的男性成员努力守护，却基本不把男性的性当成一个问题，即当时的两国民众不会把男性除妻子外拥有其他性伴侣当作一个问题。

而通过比较同时期中朝两国性犯罪相关案件的具体类型可知，在妻子通奸导致的命案、强奸犯罪等类型中，两国虽有一定的相似性，但清代与朝鲜王朝各有许多特有的犯罪类型或亚类型。如清代民间社会中，丈夫强迫或默认妻子卖淫、夫妻协商后让妻子卖淫挣钱、近亲相奸、因妻子通奸而将之嫁卖、因妻子通奸导致的丈夫本人或家人自杀、通奸男女之间的相互杀害、犯奸妻子单独谋杀本夫、奸夫为"做长久夫妻"而诱拐犯奸之妻、"招夫养夫"等策略性的一妻多夫现象，以及同性强奸与同性性买卖、同性伴侣间的犯罪等类型都是同时期的朝鲜所没有的，从而表现出清代平民因生存艰难而在两性关系上所持的实用主义立场，以及与朝鲜相比较为强烈的自杀倾向。而朝鲜王朝后期因丈夫通奸导致的犯罪、丈夫怀疑妻子通奸而导致的犯罪、丈夫因妻子的娘家人通奸而犯罪、女性因自己的贞洁受到诬蔑或诽谤而导致的犯罪或自杀等是清代案例中极少见到的类型，从而表现出朝鲜后期女性及其家人在女性贞节与性道德方面的较高要求。此外，朝鲜王朝时期男子所具有的较强的家长制倾向,与清代男子把妇女的身体和性作为生存资源的现象形成了极为鲜明的对照。通过对这一时期两国各类型案件中犯罪类型和判决结果的差异,可以看出这一时期清代社会文化中注重物质与实用,从而体现出较强的功利主义倾向,而朝鲜王朝后期由于程朱理学的影响,使朝鲜文化呈现出注重理念和伦理的约束,从而体现出较强的道德主义倾向,以此得以窥见同属中华法系的中朝两国在法律文化和犯罪亚文化的细微差异。

通过《钦钦新书》同时记录中朝两国案件的丁若镛当然也看到了两国法律文化的这类差异,他在相关案件后的评论中阐述了自己的见解。如"批详隽抄"篇的"王仕云 自死审语 出妻自尽"条讲述了判官王仕云"审得邹氏之被掳赎回,历今十四年所矣。王厂之不收覆水,起于执理太过,不以遭乱失身之故而稍有恕辞"① 的故事。该案中妻子邹氏被掳失贞,赎回后其丈夫王厂拒不承认其妻子的身份,并阻止儿子承认她的母亲身份,导致"出不成出,归不果归"的邹氏自尽的故事。丁若镛看过此案后,如此点评道:

> 被掳失身之妻,不与再好而咎之,曰执理太过。中国之俗,大异于吾东也。吾东虽旷隶之贱,其妻失身而见弃者,父母兄弟,不敢有言,法官讼官,不得强劝,况见称孝廉,为清明之士族者乎?见谓之礼义之邦,其以是矣。②

从丁若镛的上述评论可知,当时中朝两国官员和普通民众关于妇人贞节的观念存在明显不同。中国判官在该案中认为,妻子因被掳走而受到玷污,这属于不可抗力,并非妻子本人的意愿或主动为之,妻子一人无法抵抗突然来临的性暴力。本案中的中国判官认为这一情形下的丈夫应该选择谅解,在妻子被赎回后应与之重归于好,而不应将其休弃,因此认为本案中当事人"执理太过",不通情理。但丁若镛结合朝鲜王朝的实际而持有不同的观点。他从中也看到了中国本土与朝鲜半岛在习俗上

---

① 《钦钦新书》,批详隽抄,王仕云 自死审语 出妻自尽(王氏字望如)。
② 《钦钦新书》,批详隽抄,王仕云 自死审语 出妻自尽(王氏字望如),案。

的巨大差异。他认为即便是朝鲜的奴婢贱人，若因妻子被掳走或遭受强奸等被动失身而将之休弃，法官和女方的父母兄弟都不能持有异议，更何况如本案的官僚士大夫了。丁若镛由此标榜朝鲜乃是"礼义之邦"。由此可见，相较朝鲜半岛，当时中国对妇女的贞节多采取一种现实主义或实用主义的立场和做法，对被迫失身的妇女多持宽容态度，而不像朝鲜民众对女性贞操那般执拗地要求，可见朝鲜王朝受程朱理学影响之深，即使丁若镛亦不能免俗。此处所隐藏的含义便是女性自身的价值仅与其"性"和"生殖"画等号，此外再无其他额外的价值，女性本身的价值由男性定义，且依靠丈夫、儿子等男性实现。

此外，朝鲜王朝案例中出现了本夫杀害为妻子通奸牵线搭桥的媒人的情形①，或因自己的淫乱行为被暴露而将公开之人杀害的案件②，以及因有人诬蔑自己或自己的父母与他人有奸而将恶意中伤之人（造谣者）杀害的案例③，而清代案例中则基本未见到这些类型的犯罪。由此反映出相比清代民众，当时的朝鲜民众对自己的名节、贞操及声誉极为看重，当其自身的名节或声誉（有时虽仅为表面的假象）受到损害时，有时会不顾一切令相关之人拿命来抵。而"祥刑追议"篇中涉及污蔑他人奸淫、损害其名誉的朝鲜刑事案件中，当事人报复的手段都出奇一致。在黄海道信川百姓李奉京杀害崔太化一案中，当事人的复仇手法是"以秽物纳诸口中"。④ 而在黄海道永同妇人李氏杀害官婢莲台一案中，李氏的报复手段则是"以粪汁抹口纳吻"。⑤ 丁若镛在《钦钦新书》"祥刑追议"篇记载检验跋词、巡营题词等地方上处理刑事案件公文书的案件大多是发

---

① 《钦钦新书》，祥刑追议，首从之别十二（叔侄共犯　一死一释　实因被打）。

② 《钦钦新书》，祥刑追议，自他之分二十三（死于咬压　疑于自尽　实因被咬），"李女淫行，莲台发之，由此发愤……"

③ 《钦钦新书》，祥刑追议，伤病之辨十三（年老被捣　气绝无痕　实因被捣），"夫孰曰太化之死不由于奉京。既以斁伦之丑谈，诬人于罔测之科，则奉京虽是平顺之人，其肯顺受其诬，谓其癃老，归之妄言而止哉……"；《钦钦新书》，祥刑追议，情理之恕四（谓父行淫　其子雪耻　实因被打）；《钦钦新书》，祥刑追议，情理之恕五（谓母行淫　其子雪耻　实因被踢）；《钦钦新书》，祥刑追议，情理之恕八（室女被诬　自杀奸婆　实因被刺）。

④ 《钦钦新书》，祥刑追议，伤病之辨十三（年老被捣　气绝无痕　实因被捣），巡营题词。

⑤ 《钦钦新书》，祥刑追议，自他之分二十三（死于咬压　疑于自尽　实因被咬），初检跋词。

生在黄海道的案例,因此对案件的详细经过记载较为详尽。这些案件中的犯人在听闻他人损害自己的名誉(主要与"性"有关)时,最先做出的举动就是将粪便等秽物塞入恶意中伤者的口中,以及将秽物涂抹在其嘴部。这一报复之举极具象征意义,象征着污蔑造谣者之口极为污秽,犹如粪便一般肮脏,也间接反映出当时朝鲜民众对自身名誉的极度看重。

与朝鲜民众重视名誉、贞节等价值理念相对照的是,清代犯奸相关的案件中则表现出极强的逐利倾向和商品化意识,普通民众对贞节等无形的价值理念则不甚重视。如清代就不乏将犯奸妻子嫁卖的案例,但朝鲜却基本没有这种情形。嫁卖妻子的行为不仅可以自动解除与犯奸妇人的夫妻关系,还能以此获得不菲的报酬,对本夫而言可谓一举两得。"嫁卖"二字意味着本夫可以将犯奸妻子的身体和"性"视作一种"商品"出售,并将妻子的"所有权"有偿让渡给其他男子,即通过强制妻子再嫁的方式获取经济上的报酬,以补偿丈夫本人在妻子犯奸行为中所受的损失,并将之作为对犯奸妇人的一种惩罚。《大明律》等明清时期法律支持嫁卖妻子的行为①,反映出当时女性法律地位的低下。若结合清代较为普遍的"典妻"和买卖妻子的风俗,就更容易理解丈夫的"嫁卖"行为了。朝鲜王朝虽然将《大明律》作为刑法的基本法典,但在实践中却基本没有"嫁卖"的发生,可以推测这一行为因与朝鲜本国风俗不合,并缺乏社会基础而无法得到有效推广。这是为什么呢?犹如上文的分析一般,朝鲜民众对妇女的贞节极为看重,犯奸或业已失身的妇女在朝鲜基本没有市场,因缺乏买方而无法形成有效的交易,所以嫁卖行为在朝鲜始终无法推广。而明清时期中国有较为普遍的嫁卖行为本身,也可反向推导出比起"性"和生育等现实需求来,作为买方的男子对所买妇女是否曾经犯奸等贞节和品行的问题并不十分看重。

《钦钦新书》"拟律差例"篇中,丁若镛同样记录了几例清代令妻子卖奸的案件。而将家庭中妇女的"性"加以商品化,通过妇女的身体补贴家用,也反映出清代普通民众生活之艰辛。"拟律差例"篇所载案例中,强令妇女卖奸的人有她的丈夫(2例)、婆婆(1例),此有岳母纵容妻子卖奸的案件(1例)。

---

① 《大明律》,刑律,人命,杀死奸夫,"若止杀死奸夫者,奸妇依律断罪,从夫嫁卖"。

　　如嘉庆年间发生在河南省的胡约殴妻致死案①就是如此。此案中赵芳先与胡约的母亲赵氏通奸，随后又看到胡约的妻子向氏年轻貌美而企图与之奸好，但向氏不从。胡约便令赵芳在向氏熟睡时进入房间，协助赵芳强奸自己的妻子，自己在一旁按住向氏以协助其事成。因胡约曾多次从赵芳那里取钱花用，赵芳是胡约的债权人，因而胡约又殴打逼迫妻子向氏，令其与赵芳奸宿。但向氏仍不就范，赵芳随即喝令胡约将向氏殴伤毙命。嘉庆皇帝在判决中认为，该案嫌犯寡廉鲜耻，判决赵芳即行处斩，胡约于配所绞决。本案中的胡约因贪图赵芳的钱财，所以在赵芳与其母亲通奸时，"因利其资助，并未阻止"，然后在赵芳图奸其妻时，"该犯又向赵芳取钱应用。"胡约因贪图钱财而多次帮助和纵容奸夫赵芳，属于典型的为了金钱而主动将妻子出卖给他人的行为。

　　同样发生在嘉庆年间的另一起案件更是如此。生活在直隶的李纪元因贪图借贷而甘被王济众鸡奸。王济众因李纪元借贷不还，有心挟制，因而又图奸李纪元的妻子李慕氏。李纪元随即听从并甘心为其引导，导致李慕氏在情急之下投井自杀。② 嘉庆皇帝判决王济众斩立决，李纪元发往伊犁给兵丁为奴，并为李慕氏建坊旌表。

　　以上两起案件都是丈夫为了钱财而甘心自己的妻子被他人玷污，毫无廉耻之心可言。丈夫图财而乐见妻子与其他男子奸宿的行为已接近苏成捷（Matthew H. Sommer）所谓的"策略性的一妻多夫"③，不过是长期与短期之分、性买卖中的"批发"与"零售"之别。妻子的身体和"性"作为丈夫最好（成本极低、得钱极易）和最后的敛财工具和生存手段，以期获得来自"奸夫"（或可称作"第二丈夫"）的持续资助。在性别比例较为失衡的清代中期，这类"奸夫"多是大龄未婚的单身汉，因其并无妻儿要养，做工后手头多有余钱，却持续得不到性满足和异性的照料。而这正与要养活妻子和多名子女、家庭经济捉襟见肘的已婚男子

---

　　① 《钦钦新书》，拟律差例，伉俪之戕七（令妻卖奸不从　受奸夫命　殴妻至死　○嘉庆）。

　　② 《钦钦新书》，拟律差例，伉俪之戕八（令妻卖奸不从　逼其妻命　投井身死　○嘉庆）。

　　③ ［美］苏成捷：《作为生存策略的清代一妻多夫现象》，李霞译，载黄东兰主编《身体·心性·权力》，浙江人民出版社 2005 年版。

在需求上形成互补，二者一拍即合，以此形成互惠交换行为。在生存面前，未得到充分利用的劳动力都被动员了起来，而其中最重要的便是家中妻子的"性"和生殖能力。

两起案件中的妻子都选择了不妥协，或至死不从，或寻机投井自杀，以此来抵抗夫权的过度滥用，而朝廷也时常以旌表的方式肯定妇女作为道德守护者的地位。由此可见，她们并非因丈夫等男子守护自己的贞洁，其守贞并非出于对丈夫及其意志的顺从，而仅仅是为了使自己有尊严地活着而主动做出的选择。当再也无法有尊严地过活时，她们主动或被动地选择了死亡。投井自杀等行为看似是女性主动做出的选择，但其背后仍受到礼教等思想观念的强烈规制。而李纪元案的不同之处在于其为了钱财，先是出卖自己的身体，与债权人发生了同性性关系，然后又意图出卖妻子的身体，使之与债权人发生婚外异性性关系，其目的乃是通过使债权人获得性满足的方式来抵销债务，从而使得债务被逐步免除。而无论是同性性关系中扮演被动角色，还是强迫妻子卖奸，从这些清代案例中均可以看出，在同性和异性性关系中扮演被动角色之时，在时人眼中能够以此来冲抵债务或要求财物。而冲抵债务的性交易有时是相对被动的，是在债务人无法偿还所欠债务时不得已而为之的变相性买卖行为。由此也可看出，现实世界中极少有"性"是完全免费的，"性"总与金钱或物质利益存在千丝万缕的联系。而清代普通民众在基本的生存都面临窘境时，所谓"贞节"等无形的理念又显得多么苍白无力。

此外，岳母纵容妻子在娘家卖淫的案例也被记录在《钦钦新书》中。该案发生在乾隆年间的广西。罗黄氏因贪图梁奇保资助，纵令女儿麻罗氏屡次在家卖奸，女婿麻六成闻知后马上前往岳母家捉奸。麻六成到场后正值妻子与人谈笑，便声喊捉拿，当场将奸夫梁奇保捆缚，见妻子向里逃跑，麻六成便手执铁尺追赶，适值岳母罗黄氏闻声走出，麻六成于黑暗中望见人影，怀疑就是妻子麻罗氏本人，便用铁尺殴打，因而误伤岳母罗黄氏殒命。①

本案中，督抚对麻六成拟判绞监候，而将在娘家卖奸的麻罗氏仅按

---

① 《钦钦新书》，拟律差例，优俪之戒十二（妻母纵女卖奸　而本夫殴妻　黑夜误杀其母〇乾隆）。

犯奸罪拟为杖九十。但乾隆皇帝对此并不认同。他认为，纵容女儿卖奸的被害人罗黄氏并非普通"旁人"，而是其女儿卖奸的主使者和同谋，本就属于过错方。罗黄氏贪图梁奇保的财物而令女儿与其通奸的行为本身已属"不顾其婿"，岳母在纵容女儿通奸的行为发生时，其与女婿因婚姻关系而形成的"恩义"已自动断绝，即岳母罗黄氏本人做出了足以破坏这一姻亲关系的不义之举，其行为本身业已颠覆这一关系得以成立的基础。因此，乾隆皇帝认为在麻六成误杀岳母之时，双方的法律关系早已等同凡人。乾隆皇帝认为，像这种名节攸关之事，作为妻子的麻罗氏不宜听从母亲的命令而不顾丈夫。而其母之死乃是麻罗氏"与人通奸所致"，因此麻罗氏应该负主要刑事责任，而督抚的拟判倒置了二人的刑事责任。因此乾隆皇帝将麻罗氏的刑量改为绞监候，而将麻六成的刑量改为杖九十，"两相互易"，圣裁将夫妻二人的刑量作了相互置换。

　　本案中的乾隆皇帝提出了一个非常重要的观点，即法律上姻亲关系的成立和丧失（解除）的问题。岳父母和女婿间并无血缘关系，其姻亲关系因女儿和女婿间的婚姻而成立，而婚姻关系成立的基础便是双方负有互相忠诚的义务。血亲间的关系依血缘关系而天然形成，因而是永久性的；而姻亲关系（血亲的配偶、配偶的血亲等）则因婚姻关系的成立才得以形成，也同样因婚姻关系的解除而自动丧失。因此血亲关系和姻亲关系截然不同，有着先天与后天、永久与非永久、固定与不固定之别。诚如乾隆皇帝所言，姻亲关系形成的基础乃是"恩义"，一个"义"字道尽了双方关系的本质。只有双方都遵守各自的道义，姻亲关系才能顺利地维持下去。若有一方主动破坏应有的道义，那么其姻亲关系就难以为继。这与"弑逆绝亲与继母杀父"一节中对继母子关系的论述的如出一辙。继母子关系因父亲缔结的婚姻关系而成立，继母是作为血亲的父亲的配偶，属于典型的姻亲。而在继母杀死父亲的一刻起，继母子关系成立的前提业已由继母本人亲手颠覆，继母子关系在继母动手之时既已断绝，双方的法律关系已形同凡人。所以若亲子为父报仇而杀害继母的话，亦如汉武帝做太子时所主张的，应视为杀害普通凡人而非尊亲属。乾隆皇帝深知血亲和姻亲的根本差别，本案中的姻亲关系业已由岳母纵令妻子卖奸而自动断绝，这成为乾隆皇帝最终裁决的重要依据。

　　通过本案，也可发现传统法律和现代法律间的根本差异。现代刑事法仅仅处罚与犯罪行为直接相关的当事人，而不会随意牵连，但传统法律却并非如此。比起犯罪行为和犯罪结果本身，传统刑事司法更加重视犯罪行为发生的根因，或因非法的或不合乎伦理的行为而可能引发的（或能够预见、应当预见的）不良后果，以及到底是何人引起了这一命案悲剧的发生等各类要素。因而与现代刑事法相比，传统刑法上存在明确的连带责任，并对此极为看重。如奸夫谋害本夫，即便奸妇不知情，也要处以绞刑。① 因为正是她的通奸行为才导致了她的丈夫被其他男子所谋害。本案审判时的法律逻辑亦是如此。正因为麻罗氏的卖奸行为，才导致了本夫匆匆赶来捉奸，也才最终致使母亲于黑夜中被本夫所误杀。所以在法律上，岳母指使女儿卖淫的行为有负于女婿，女婿与岳母间的恩义早已断绝，是麻罗氏间接杀害了自己的母亲罗黄氏，是为极大的不孝。虽然麻罗氏的本意是听从母亲的指令而卖奸，以此贴补家用，或许在她本人和作为被害人的罗黄氏看来是"孝""顺"的表现，但因本夫捉奸和误杀这一变量的出现，导致本案中法律对其"孝"的解读与她本人原本对"孝"的理解呈现出了截然相反的面貌。麻罗氏从未有伤害自己的母亲的动机和意志，这定是她始料未及的。但在清代法律看来，麻罗氏在卖奸之时就应预见到本夫前来捉奸所可能带来的一切危险后果。麻罗氏因而被定性为始作俑者和罪魁祸首。在清代，如果某人因小的过错而最终酿成了大错（导致他杀或自杀等人命案件等），那么犯有微小过错的当事人也要承担其引发命案的主要刑事责任，连带责任人随时可能变成承担主要刑事责任的主犯。这一法律推理虽然不无合理之处，却也变相地要求当时的普通民众须防微杜渐。因此在理论上，传统法律和刑事司法变相要求人们，只有在道德和人伦上成为完美无缺的"圣人"，且要有极强的预见性，才有完全解除忽然（意料之外地）被迫承担刑事责任这一威胁的可能，继而显示出传统法制对民众道德的过度苛求。

　　而这类刑事责任的连带倾向也鲜明地体现于"拟律差例"篇记载的另一起案件中。该案发生在嘉庆年间的云南省。杨有礼与殷宗堂之妾高氏通奸，被殷宗堂于奸所捉获并殴伤奸妇身死。② 《大明律》并未规定在

---

① 《大明律》，刑律，人命，杀死奸夫。
② 《钦钦新书》，拟律差例，伉俪之戕十八（行奸之妾　登时见捉　被夫殴死　○嘉庆）。

本夫于奸所杀死奸妇后，奸夫需要承担何种刑事责任。因此我们可以将之理解为奸夫在奸妇被本夫杀死的情形下无须承担重大刑事责任，即便承担，也应是犯奸罪的杖刑而已。而清代的刑事法律却首次规定了这种情形下应如何处罚奸夫。《大清律例》"杀死奸夫"条其后的例文规定，"如本夫登时奸所获奸，将奸妇杀死，奸夫当时脱逃，后被拿获到官，审明奸情是实，奸夫供认不讳者，将奸夫拟绞监候，本夫杖八十"[①]。《大清律例》中的这一条例填补了《大明律》在立法上对杀奸后奸夫应如何处置的空白，明确了奸夫负有较重的连带责任。这一法律条文依照构成要件的不同，差等地对奸夫和本夫分别适用不同的刑量。只有本夫于奸所（空间）即时（时间）将犯奸妇人杀死，且须是奸夫脱逃后又被捉拿归案的情况下，奸夫才适用死刑，其余情形下均不适用死刑。如本夫杀死奸妇的行为发生时，其在空间上是奸所但时间上并非登时的话，奸夫的刑量便降为杖一百流三千里，而本夫的刑量则上升为杖一百。再进一步，本夫杀死奸妇的行为发生时，其在空间上并非奸所或时间上也非登时，而是在数日后的话，那么奸夫的刑量便进一步降为杖一百徒三年，本夫的刑量则进一步上升为徒刑，这时奸夫和作为杀人者的本夫的刑量已大致相等。以杀奸时时间和空间的不同来厘定奸夫和本夫二人对应的刑量，其所依据的是本夫杀奸时的义愤程度和主观恶意的大小。当场发觉时义愤程度最高而主观恶意最小，几日后本夫的义愤程度已经显著下降，主观恶意已明显加强。奸夫和本夫的刑量虽此消彼长，但二人的刑量相加之和却好似是恒定的，二人的刑量之和大致等于一人死刑的刑量，其法律逻辑乃是奸妇死于非命而需一人抵偿，但一人死刑的刑量可以按不同的犯罪情形将之不均匀地分配到奸夫和本夫二人身上，由与奸妇之死相关联的两人共同承担，实则这二人最后均不需要真正偿命。

　　这类情形下作为杀人者的本夫仅需承担较小的刑事责任，而奸夫却要连带承担较重的刑事责任（判词中称为"移坐"），这与当代的法律规定和法律逻辑截然不同。与上一起案例在逻辑上一样，传统的刑事司法更重视犯罪行为得以发生的根因，以及到底由何人引发了这一悲剧。而犯罪行为的实施过程和具体实施者仅作为裁判和量刑的其中一项要素，

① 《大清律例》，刑律，人命，杀死奸夫，第一条例文。

既非最重要的要素，更非全部之考量。本案中的刑部驳议首先否定了督抚因妻妾有别、妾犯奸被杀不移坐奸夫的说法，认为律文所称"奸妇"一词原本就是统称妻、妾二者。其驳议明示了奸夫负有连带责任的根据，即"本夫杀妻，移坐奸夫者，盖本夫之杀，出于义愤，而奸妇之死，由于奸夫之恋奸，不异奸夫杀之也。"① 也就是说，奸妇的被杀是由于奸夫恋奸情热所致，因而可以视为奸夫间接杀死了奸妇，而本夫捉奸时因受到刺激而实施的即时杀人行为乃出于义愤，主观恶意极小。也就是说，清代刑事司法常要求加害人和被害人以外的第三人承担连带刑事责任，在当时被称作"移坐"，其法律逻辑和审断依据乃认为正是第三人的越轨行为导致了悲剧的发生和被害人的死亡，因此等同于第三人间接杀死了被害人（即使其没有任何犯罪故意）。基于此，与该命案相关的第三人需要承担主要刑事责任，而加害人反而仅承担次要刑事责任，这与现代法律逻辑截然相反。

《钦钦新书》对中国古代同性间的性犯罪也予以特别关注。同性伴侣间的犯罪和同性间的性侵案件当时在朝鲜半岛极少发生，因此《钦钦新书》未载有相应的朝鲜案例，仅有中国发生的案例。众所周知，清代是我国古代同性恋较为兴盛的时期。其原因可能与整体社会风习有关，也不排除当时民众因弃养女婴而导致性别比严重失衡的因素。在清代法律术语中，同性性行为被称作"鸡奸"，这一概念也被《钦钦新书》"拟律差例"篇采纳。"奸"意味着某种越轨的性行为，泛指婚姻关系以外的所有性关系。

我国关于同性性犯罪的正式立法始于明代。在明后期嘉靖年间被编入律例的60余条比例律中载明，"将肾茎放入人粪门内淫戏，比依秽物灌入人口律，杖一百"②。明代将同性性行为的刑量比附秽物灌入他人口中的规定，并一直沿用至清代。二者的相似之处均是将异物置于受害者身体之内，因而在明代立法者看来两种行为具有某种相似性。入清以后，朝廷面对男性间同性性犯罪案件的暴增，在明代立法的基础上又制定了更为严格而详尽的法律条文加以规范。相关条文规定，"和同鸡奸者，照

---

① 《钦钦新书》，拟律差例，伉俪之戒十八（行奸之妾　登时见捉　被夫殴死　○嘉庆）。
② 《大明律例附解》，附录。

军民相奸例，枷号一个月，杖一百"①。与之相反，同一时期的朝鲜半岛因现实中基本未发生过此类案件，所以导致朝鲜王朝在同性性犯罪相关立法上始终处于空白状态，从中也可窥见这一时期中朝两国在社会风俗上的差异。"和同鸡奸"类似两位男子自愿发生的同性性关系。但在清代的法律实践中，基本没有单独处置"和同鸡奸"罪的案件，"和同鸡奸"多是在重罪案件中被一并处罚。"和同鸡奸"的法定刑量不高且基本不被执行，可能由于同性间的性关系不易对当时的婚姻制度和家族秩序构成冲击有关，男子如果在妻子之外拥有一位同性伴侣，基本没有利害关系人加以阻挠。但如果其与女子通奸，便会视作对该女子所在家族的男性成员（如丈夫、父亲）的侵犯，该女子的父亲（未婚时）或丈夫（已婚时）常会赶来捉奸。因为女子的"性"和贞操常常关系到家族的名誉和血统的纯正，且女子常被视作其男性家族成员的某种"财产"，而男子则截然不同。传统的儒教理念也几乎未对男性之间的同性性关系加以批判，因为其不易撼动儒教宗法秩序，也未对传统的"五伦"和"五常"等伦理秩序构成冲击。一位拥有同性伴侣的男性完全可以成为一位好丈夫和好父亲，也无损其成为"君子"和"圣贤"。

"拟律差例"篇中，丁若镛记录了清代的两起鸡奸案件。两起均是男性为保护自己不受性侵，而扎伤欲鸡奸自己的男子并致其死亡的案件。两起案件均发生在嘉庆年间。第一起发生在甘肃省，当时尚正义欲鸡奸马见龙，马见龙不从，因拒奸当即扎伤尚正义身死。②该案判词中提到了尚正义年长马见龙十二岁。刑部认为拒奸杀人时必须有目击者在场，而非在杀人后"闻声趋视"，且"奸情暧昧"又"不在众人瞩目之地"，所以难以认定为正当防卫。而另一起则是营兵冯育瀠因拒奸扎伤革兵马坂云并致其死亡的案件。此案判词中同样提及了加害人和被害人的年龄，"凶手冯育瀠，年二十一岁；死者马坂云，现年三十五岁，长于凶手十四岁"③。丁若镛在本案末尾加注曰"嘉庆十六年九月初七日邸抄"，以此便可断定丁若镛编撰《钦钦新书》"拟律差例"篇时，其参考的清代判例

---

① 《大清律例》，刑量，犯奸，犯奸，第三条例文。
② 《钦钦新书》，拟律差例，奸淫之殃六（男子拒鸡奸　扎伤淫男致死　○嘉庆）。
③ 《钦钦新书》，拟律差例，奸淫之殃七（男子拒鸡奸　扎伤淫男致死　○嘉庆）。

集中必定有成书年代不早于嘉庆十七年（1812）的成册资料。两起案件之所以都提及了加害人和作为被害人之性侵者的年龄，乃是因为在拒奸自卫而导致性侵者死亡的情形中，二人的年龄差成为量刑的重要依据，清代法律对此有明文规定。

> 男子拒奸杀人，如死者年长凶犯十岁以外，而又当场供证确凿，及死者生供足据，或尸亲供认，可凭三项兼备，无论谋、故、斗杀，凶犯年在十五岁以下，杀系登时者，勿论；非登时而杀，杖一百，照律收赎，年在十六岁以上看，登时杀死者，杖一百徒三年，非登时而杀，杖一百流三千里。①

从上文规定足见清代立法之严谨。同性性犯罪中的性侵者是否年长嫌犯（自卫之人）10 岁以上，成为嫌犯能否获得减刑的重要依据。此外，是否将性侵者即时杀死、防卫之人的年龄是否成年（年满 16 岁）、是否有确切口供等证据等都成为清代司法机关量刑时着重考虑的因素。即时杀死与否反映了嫌犯的义愤程度、防卫的迫切性和恶意的大小。而立法对嫌犯是否年满 16 岁的划分，恰恰反映出清代立法对男童等未成年人的保护。而《钦钦新书》所载案例中，被害人比加害人的年龄分别大 12 岁、14 岁，均符合例文中"死者年长凶犯十岁以外"的情形。可能在立法者看来，欲行鸡奸之人若年长防卫之人 10 岁以上的话，其"和同鸡奸"的可能性便相对更小，而主观恶意便相对更大，从而使得拒奸防卫具备了某种正当性。而这一立法也符合清代当时的社会现实。根据相关研究，刑科题本中明确记载同性性关系中两位男子年龄的案件共计 64 件，其中记录扮演主动角色男子年龄的案例有 53 件，记录扮演被动角色男子年龄的案例共有 59 件。统计结果表明，同性性关系中主动者的平均年龄为 32.58 岁，而被动者的平均年龄仅为 15.37 岁，二者的平均年龄差竟高达 17 岁。② 而刑科题本透露出的被动者平均年龄只有十五六岁的事实，让我们不禁联想到了古希腊的少年爱，反映出清代少数成年男子的

---

① 《大清律例》，刑律，人命，杀死奸夫，第二十条例文。
② 董笑寒：《清代男性之间的同性关系研究》，《近代史研究》2019 年第 3 期，第 136 页。

特殊性癖好。也就是说，至少刑事案件所体现的清代同性性关系中，主动方和被动方在经济地位和社会地位上是严重不平等的，刑科题本所载清代案例中，常见到同性性关系中的主动方不时向被动方提供食物或金钱令其花用，以此来维系二人的同性性关系。也就是说，这种二人年龄相距较大的同性性关系多是用金钱交换而予以维持的，接近某种长期且对象固定的性买卖。

刑科题本所载 64 起相关案件中，共有 59 起记录了同性性关系中的主动者的婚姻状态，其中"和同鸡奸"时主动者处于独身状态的案件共计 30 起。① 由此可见，这些平均年龄超过 30 岁的主动者超过半数仍未婚配，在当时属于大龄未婚的"光棍"。相信这些案例中多数当事人的未婚状态不是个人主动选择的结果，而是因性别比例失衡和自身经济条件所限而始终未能婚配。在清代中期男性相对过剩的时代背景下，这些案件的当事人因而把处在青春期的少年列为关注的对象，导致少年和男童频频受到成年男子的性侵，这也成为朝廷制定法律加强保护未成年男子的初衷。但清代男子受到性侵而做出防卫的行为相比女子遭受强奸时的防卫而言，其在量刑标准上却仍无法同日而语。女性在遭受强奸时，若即时杀死强奸犯可判处无罪，但"拟律差例"篇记录的这两起同性性侵防卫案的最初刑量均为杖一百流三千里（其后可奏请减刑），可见在男性遭受性侵时，对其正当防卫的认定较女性遭受性侵时更加严格复杂，需同时满足多个要件。立法上存在这种差异的原因在《刑案汇览》所载案例的判词中有过明确说明：

> 查男子与妇女守身不辱，其事固无二致，其情实有不同。盖男女不亲授受，匪为不可手足相戏，亦不得语言亵狎。故妇女拒奸定例杀在登时即予勿论。杀非登时，调奸者罪止拟流，强奸者罪止拟徒。而男子群游聚处无嫌可远，或同室而居，或联床共宿，事所恒有，奸情又多出暧昧，易于狡饰。若竟与妇女一例办理，则凡逞凶杀人各案，势必纷纷借口杀奸，图脱重罪，奸伪百出，何所底止。②

---

① 董笑寒：《清代男性之间的同性关系研究》，《近代史研究》2019 年第 3 期，第 136 页。
② 《刑案汇览》，杀死奸夫，请改男子拒奸条例部议不准。

由此可见,男女两种性别在遭受性侵时,其正当防卫不同的认定难度与男性间社会交往更加频繁、同性间性侵取证更加困难、男性较女性犯罪率更高(男性加害人的数量远超女性)、男性被成功性侵的难度更大等因素有关。同性性侵发生时认定标准的严格是为了防止男子犯罪后以拒奸防卫的借口为自己推脱刑事责任所致。刑部对此有明确的立场,由此上文中驳回了修订男子拒奸条例的请求。

"批详隽抄"篇中,丁若镛特别记录了一起发生在同性伴侣间的命案。该案原载于李渔的《资治新书》,讲述了朱阿宝是俞君檠的"嬖臣",表面上是主仆关系,实则形同夫妇。俞君檠因有人伴宿,断弦五年而不续。俞君檠将亡妻遗物数百金和锁钥均委托朱阿宝保管,朱阿宝渐渐将这些财产盗走。俞君檠声言报官,却又迟迟不报官,以致朱阿宝先下手为强,纠集亡命之徒,趁夜击碎了俞君檠的头颅,杀人灭口。犯案后的朱阿宝逃往外地,漏网长达四年之久,终被捉拿归案。① 丁若镛在阅览此案后,综合其他相关案例,对中朝两国同性爱风俗的差异作了比较和评论。

> 男淫之俗,中国忒甚。观此判词,不以鸡奸为恶事,唯知狼噬为背恩,责之如夫妇之义。盖其习俗已成,虽学士名官,不知此事深伤天理,故其词如此。日本之俗,亦重娈卟。以此言之,吾东诚礼邦也。②

丁若镛在此批判了中国明清时期蔚为壮观的同性爱之风,并认为同性性关系是违背天理的恶事,可见他对此持相对保守的态度。他在对照当时中国、日本、朝鲜三国的同性爱现象后,认为中国和日本两国都风行同性之爱,唯独朝鲜没有男风现象,以此盛赞朝鲜是礼仪之邦。丁若镛评论中的"唯知狼噬为背恩,责之如夫妇之义"之语,是因倪长玗所作判词中有"殆主仆而夫妇者也""受人断袖之恩,报以屠肠之惨,中山

狼之奇横，果若是哉"等判语。"断袖"典出《汉书》"佞幸传"有关董贤的记载，描述了汉哀帝和董贤间的爱情故事。"屠肠"典出《史记》"刺客列传"关于聂政的记载，形容死状之惨烈。"中山狼"典出明代马中锡小说《中山狼传》，原出自春秋时期晋国大夫赵简子在中山举行狩猎时遇狼的典故，后改编为东郭先生误救中山上的一只狼，反而几乎被狼吞噬的故事，比喻恩将仇报、忘恩负义。倪长圩在判词中将二人的同性性关系比作夫妇，并认为被害人俞君檠对加害人朱阿宝有"断袖之恩"，这基本符合该案事实，也反映出丁若镛所指的中国男风"习俗已成"，官员名士都习以为常，在判词中以"夫妇之义"来定义二人的关系，表现出对同性之爱的宽容态度。

由此可见，当时的中朝两国官员在面对同性性关系和相关犯罪时，中国官员持较为宽容的态度而朝鲜官员则相对保守，这是由于中朝两国社会风俗存在较大的差别，反映到士大夫的观念上，自然也显示出两国官员不同的立场。当时的朝鲜半岛几无男风的现象，可能出于风俗的差异，也可能由于儒教对朝鲜半岛的深刻影响，使得当时的朝鲜民众在性观念上极其保守，使得这类倾向和行为受到压制而始终无法暴露。总之，朝鲜王朝因极少存在男风和同性间性犯罪的记载和相关案例，所以在同性性犯罪立法上远不及同一时期的明清时期完备，相关法律一直处于空白状态。

第五节　兄弟争死

《钦钦新书》"经史要义"篇中，记载了几起中朝两国兄弟间争相受死的案件，这几起案例分别发生于我国汉代、南北朝、元代和朝鲜仁祖大王在位年间。兄弟中的一人犯罪后，兄弟二人争相受死的情形涉及礼法间的冲突与调和，也可从中窥见儒家化法律精神的悖论和局限，因此有必要详加说明。

代亲受刑的现象在我国史料中较为多见，一般以卑幼代替尊长受刑的情况最为多见，如子女代父母受刑、弟代兄死、妻子代丈夫受刑等。瞿同祖先生在其《中国法律与中国社会》中曾经专列"代刑"一目。在尊崇孝悌、以儒立国的朝鲜王朝，声请为业已犯罪的兄弟代为受刑的情形较为普遍,这是一种审断命案时较难处理的情形,也说明了朝鲜半岛与我国古代共享同种法律文化。丁若镛对争相受死而导致以情屈法的现象深表忧虑并明确加以批判。

在"经史要义"篇中,丁若镛首先收录了我国南北朝时期发生的一则案例。袁彖在南郡江陵县担任长官时,县人苟蒋之的弟弟苟胡之的妻子与寺庙的沙门淫乱,苟蒋之将晚上潜入苟家欲行通奸的沙门杀死,而后苟蒋之、苟胡之兄弟二人争相承担刑事责任,最后兄弟二人皆被免死。[①]《钦钦新书》的这一案例应引自《折狱龟鉴》"宥过"门,而《折狱龟鉴》的这一案例则出自《南史》"袁彖传"。这一案例的特殊之处在于兄长代替亲弟行使"杀死奸夫"的权限,况且淫僧夜半潜入苟家寻欢作乐,奸夫在苟家当属陌生人,因而亦符合"夜无故入人家"的正当防卫精神,且苟蒋之的杀人(正当防卫)行为乃出于维护弟弟对弟媳的性的专属权,因而弟弟出于愧疚之心而代兄赴死也属情理之中的事情。这与一般的兄弟争死案在案情上存在较大不同。

丁若镛收录的第二起案例发生于我国元代至正年间(1341—1368)。秦润夫的继妻柴氏嫁入秦家后生有一子,与秦润夫前妻所生之子都很年幼。丈夫秦润夫患病身亡,在临终前将前妻所出之子托付给柴氏。柴氏将前妻所出的长子视如己出,辛勤纺织以供二子读书。至正年间有恶少年杀人后牵连到柴氏的长子,其罪当死。柴氏领着自己所生的次子见官,哭诉说"杀人者是我的次子而非长子",次子也说"我的罪行自己承担,不能加诸兄长"。经过刑讯拷问后,二人至死都不改变供词。官长怀疑次子并非柴氏所出,经过讯问其他的罪因后,才知道柴氏是拿自己亲子的生命换取继子的生命。官长大为感动,赞叹"妻割爱以从夫言,子趋死以成母志,此天理人情之至也",因而判决将二子全部释放,柴氏一家获得旌表的故事。[②] 这一案例载于《元史》"列传"卷八十八,但将其与《钦钦新书》"经史要义"篇的原文加以比较后,发现二者在行文上有所差异。而将"经史要义"篇原文与明代姚儒所撰《教家要略》"夫妇"门原文对照后发现,二书于该案例的记载竟一字不差。由此可以推断,

---

① 《钦钦新书》,经史要义,兄弟争死(苟蒋之)。
② 《钦钦新书》,经史要义,兄弟争死(秦润夫)。

载入《钦钦新书》的这一案例很可能直接引自姚儒的《教家要略》。

丁若镛收录的第三起案例发生在朝鲜仁祖大王在位期间。当时李克诚杀人，其罪当死，其弟李克明自言是首犯，兄弟二人争相受死。仁祖大王不仅免除了兄弟二人的刑罚，而且加以表彰。① 这则案件出自朝鲜王朝史书——《国朝宝鉴》。丁若镛收录的第四起案例发生在我国东汉年间。汉安帝时，河间人尹次和颍川人史玉杀人，其罪当死，尹次的兄长尹初和史玉的母亲军氏分别请求代替弟弟、儿子受刑，并在朝廷准允其代刑前便自缢身死的故事。② 这一案例最早载于《后汉书》卷四十八"杨李翟应霍爰徐列传"中关于应劭的传记，丁若镛很可能直接参考自《后汉书》。

这四起案例中，丁若镛评论了其中三起，分别是苟蒋之、李克诚、尹次和史玉的案例。丁若镛点评如下：

> 历观古史，以及先朝之《祥刑考》，凡兄弟争死者，莫不传生，而愚民于兄弟，同犯之狱，鲜能出此，斯则教化不明故也。《诗》云："脊令在原，兄弟急难。凡今之人，胡不由矣？"昔姜肱遇盗，更相争死，遂两释焉。（见《小学》）赵孝弟礼，为贼所得，将食之。孝自缚诣贼曰："礼瘦不如孝肥。"贼晓其意，俱舍之。（见《五伦行实》）盗犹然矣，况于风教之所出乎？③

> 近来习俗多文，兄弟共殴者，多能争死，恐不可一切两免之也。④

> 应劭之议，盖云"愚氓无知，计虽在于代死"，王法至严，命难饶于有罪。幸门一启，流弊无穷，将使悖子、顽弟，幸逭宜被之律，慈母、仁兄，枉受自戕之悲，皆王者之所宜虑也。⑤

纵览历代史书，统治者对代亲受刑的处理大致有将代刑请求者和被

① 《钦钦新书》，经史要义，兄弟争死（李克诚）。
② 《钦钦新书》，经史要义，兄母代死（尹次　史玉）。
③ 《钦钦新书》，经史要义，兄弟争死（苟蒋之），按。
④ 《钦钦新书》，经史要义，兄弟争死（李克诚），案。
⑤ 《钦钦新书》，经史要义，兄母代死（尹次　史玉），按。

代刑者一并免除刑罚、同意所请而由代刑请求者受刑并将被代刑者免除刑罚、不同意代刑而将罪犯依律处罚、因代刑请求而将罪犯减轻处罚等几种方式。在古代中国的众多案例中，将代刑请求者和被代刑者一同免除刑罚的情形虽最为常见，但其他几种处理方式也都体现于相关案例中。与此相对应的是，朝鲜王朝在应对这类情形时，基本都是将请求者和被代刑者一并免刑，对"亲亲相隐"的极度崇尚说明了朝鲜王朝统治者的儒家化程度更深，对儒教伦理更加笃信。

丁若镛敏锐地认识到出现兄弟争死等代刑请求时朝廷无不宽免而产生的重大弊端，并明确加以批判。丁若镛看到了兄弟二人共同犯罪时，互相将生的机会让与对方的"争死"现象是一种为免除刑罚的求生战略。好生恶死乃人的本性，为何却在此种情形下出现争相受死的现象呢？这是由于作为案件当事者的兄弟二人知晓先前同一情形下的先例，而认为如果能投统治者所好，开展一场兄友弟悌的动情表演，那么二人极有可能同时获释。即作为案件当事者的兄弟二人充分利用了作为当时主流的儒教价值观为其服务，这一价值观的核心便是"孝悌"。如果相互礼让生存的机会，并将兄友弟恭的悲情剧演出至极致，那么一定可以打动深受儒教伦常洗礼的国王和众卿，以实现二人均可求生的目的，从而在案件中使自身利益最大化。因为怀有这样的期待，凡是兄弟二人共同犯罪等情形，当事人大多能无师自通地开始这一表演。

为力证相关案件中当事人的狡诈，丁若镛举出了被盗贼所擒后兄弟的对策。他援用《小学》和朝鲜《五伦行实图》中东汉姜肱、赵孝二人在兄弟被盗贼所得时因争死而得以俱释的案例，以说明连盗贼都会心生怜悯而释放兄弟二人，力证兄弟间的争死行为只是紧急关头的生存策略而已，实乃"置之死地而后生"的生动演绎，与兄友弟悌等儒家伦理并无明显关联，更与当时的社会风气与儒家教化毫无瓜葛。因而丁若镛指出，朝鲜王朝的统治者不应将所有兄弟二人共同犯罪后相互争死的案件一律免除当事人的死刑。

丁若镛在评论中特别点明了我国后汉时学者应劭的观点并与之遥相呼应。在尹次和史玉案中，尚书陈忠因兄母代刑而主张从轻发落。应劭据律追驳，著有"驳议"三十篇。现将丁若镛所推崇的"应劭之议"全文列出。其原文如下：

《尚书》称"天秩有礼，五服五章哉。天讨有罪，五刑五用哉"。
而孙卿亦云："凡制刑之本，将以禁暴恶，且惩其末也，凡爵列、官
秩、赏庆、刑威，皆以类相从，使当其实也。"若德不副位，能不称
官，赏不酬功，刑不应罪，不祥莫大焉。杀人者死，伤人者刑，此
百王之定制，有法之成科。高祖入关，虽尚约法，然杀人者死，亦
无宽降。夫时化则刑重，时乱则刑轻。《书》曰"刑罚时轻时重"，
此之谓也。

今次、玉公以清时释其私憾，阻兵安忍，僵尸道路。朝思在宽，
幸至冬狱，而初、军愚狷，妄自投毙。昔召忽亲死子纠之难，而孔
子曰"经于沟渎，人莫之知"。朝氏之父非错刻峻，遂能自陨其命，
班固亦云"不知赵母指括以全其宗"。传曰"仆妾感慨而致死者，非
能义勇，顾无虑耳"。夫刑罚威狱，以类天之震耀杀戮也；温慈和
惠，以放天之生殖长育也。是故春一草枯则为灾，秋一木华亦为异。
今杀无罪之初、军，而活当死之次、玉，其为枯华，不亦然乎？陈
忠不详制刑之本，而信一时之仁，遂广引八议求生之端。夫亲故贤
能功贵勤宾，岂有次、玉当罪之科哉？若乃小大以情，原心定罪，
此为求生，非谓代死可以生也。败法乱政，悔其可追。①

应劭的论辩极为精彩。他首先引用《尚书》中"礼"与"罪"的分
置对代刑行为加以驳斥，认为刑罚具有独立的社会功能，即"禁暴恶"。
"德治"与"法治"、"礼"与"法"之间是各自独立而相辅相成的，
"法"不应被"礼"肆意侵蚀。他认为"刑不应罪，不祥莫大焉"，并主
张罪刑相适应和罪行法定的原则。其后应劭又引用《尚书》"刑罚时轻时
重"的观点，提出"时化则刑重，时乱则刑轻"，主张应根据当时的社会
治安环境来确定犯罪嫌疑人刑罚的轻重。因"法不责众"，嫌疑人的犯罪
行为相对于当时的众人而言，其越轨程度是权衡刑量的重要考量，律法
只惩处嫌犯偏离大众行为的部分。而尹次、史玉二人在清明的治世中犯
下重罪，不应有任何的开脱空间。其后应劭又援引孔子对召忽为全臣节

① 《后汉书》卷48，杨李翟应霍爰徐列传。

而自杀的点评等历代故事,来力证自己的观点。"刑罚威狱,以类天之震耀杀戮也",他认为"礼"与"罪"、"德"与"法"之并用犹如春华秋枯的天道一般,其功能各自独立并共同支撑起了国家的整体治理体系,而不应有所偏废。他批驳了陈忠欲引"八议"而为尹次、史玉开罪的意图,认为两名罪囚的案情不合乎亲、故、贤、能、功、贵、勤、宾中的任何一项。他主张"原心定罪",即根据嫌疑人的犯罪动机而科以不同的刑罚,同样为命案,是故意杀人还是过失杀人,抑或是正当防卫,应作为轻重刑罚的准绳,而不应有人为其代死就可以随意免除案犯的刑罚。

丁若镛看到应劭的驳议后深表认同。他同样认为"王法至严,命难饶于有罪",如果宽宥的恩典一旦开启,将会后患无穷。这便是先例的力量,先例会导致后世遇到相似的情形时,当事人会争相模仿先例的做法。丁若镛认为,理应受到惩罚的悖子、顽弟逍遥法外,而他们的慈母和仁兄却要为这些不孝子弟自杀赴死,这严重背离并损害了司法的公正性和法律的尊严,是国王等最高裁判官须着重考虑的,以此委婉地批判了朝鲜王朝对争死的兄弟二人不分具体情形均予以宽宥的习惯做法。

然而,每每遇到相似的案件,当时的朝鲜都会发生兄弟二人互相争死的情形,难道朝廷和国王都看不出其中端倪和隐藏的猫腻吗?这其实与传统时期中朝两国法律为首的中华法系的限界或法的悖论有关。每当兄弟争死发生之时,就使得统治者马上面临一个两难的处境,这时"礼"与"法"立马变得冲突和对立起来,朝鲜国王或地方官员即使看穿了争相受死的兄弟二人的计谋,也不便更不能将其直接戳穿。这一悖论就是当幼弟甘于为犯法的长兄赴死之时,既无法不成全幼弟的孝悌之心而依照律法裁断兄长的罪行,又无法处罚善良而又毫无刑事责任的幼弟。这时,看似完美的解决方案就只能是同时将二人免死了。

与丁若镛认为这一现象的产生原因是"教化不明"相对的是,朝鲜的国王等统治者自欺欺人地认为,兄弟争死产生的原因乃是其治下的教化成功所致,是礼义的彰显,是治世的象征,争相受死现象本身便意味着统治的合法性,是国王功业和治绩的隐喻。正因如此,国王反而需要更多类似的争死案例不断涌现。无法忽视的是,在兄弟争死的剧情中,国王才是其中最重要的演员。国王不仅不是旁观者,而恰恰是该剧的主演,争死的兄弟二人反而是主动配合国王参加演出的配角。国王和争死的兄弟二人本质上形成了一种利益交换关系，国王通过此案成就了其治下"出则孝、入则悌"的美名，而兄弟二人则充分利用当时的主流价值观而使自身利益最大化，通过演出这一苦情戏达到了保全生命的目的。这一双赢的局面可谓皆大欢喜，而唯一受损的却是法度，是法律的尊严和准绳。而这恰恰反映出儒家化法律的悖论和局限，同时也是中朝两国传统法律的弱点所在。朝鲜王朝的国王们在此情形下十分乐于且不得不穿着"皇帝的新衣"，对争死的兄弟二人的真实意图视而不见，这反而导致了当时的"教化不明"。丁若镛犹如"皇帝的新衣"故事最后的那个小男孩，应劭等我国先代法学家给予他灵感和力量，他勇敢地说出了真相，并予以无情的讽刺，这在当时的环境下确是难能可贵的。

第十章

避险与防卫

第一节 盗贼之御

《钦钦新书》中记载了许多与正当防卫有关的条目，如擅杀盗贼、杀死奸夫、尊长被殴之时救护等。其中最具代表性的就是在"经史要义"篇第一卷即已阐明的"盗贼擅杀之义"了。在这一条目中，丁若镛直接援引了《周礼》和《大明律》等周代、明代法律，同时又通过援引汉代学者郑众对《周礼》的注疏，从而间接援引了汉代律令对这一情形的规定。因此本研究有必要对擅杀盗贼的法律变迁作历时考察。

《周礼》"秋官"篇经文有云"凡盗贼军乡邑及家，人杀之，无罪。"① 而《大明律》"夜无故入人家"条规定，"凡夜无故入人家内者，杖八十；主家登时杀死者，勿论"②。这些条文均可视作今日刑法"正当防卫"中的一类情形。作为朝鲜王朝一般刑事法的《大明律》中，关于正当防卫的内容大致分属四条，分别是"夜无故入人家"条、"杀死奸夫"条、"父祖被殴"条和"罪人拒捕"条。在《钦钦新书》中，丁若镛除了对"罪人拒捕"条较少论及外，对其他三种涉及防卫的情形都有所涉猎，并且选取了富有代表性的中朝两国案例载入《钦钦新书》。如在"经史要义"篇中，丁若镛通过援引朝鲜野史杂记，记录了英祖大王在位时发生的一起关于正当防卫的有趣案例。

---

① 《钦钦新书》，经史要义，盗贼擅杀之义；出自《周礼》，秋官，朝士。
② 《大明律》，刑律，贼盗，夜无故入人家。

　　《西山丛话》云："公州有一寒士，骑款段马，萧条过山下。山上有樵者数十人，罗坐休息，遥叫下马，寒士不听。樵者群下来，拽下之，议以阴茎纳口中以示辱。寒士力弱，但得恭受。有一夫其茎甚强，纳口进退，良久不拔。寒士不胜愤苦，齘以咬之血出，伊等亦散去。后数日，咬毒大发，遂至致命。初检覆检，皆请偿命。李节度源，提督之孙也。时为瑞山郡守，适到公州。遂差查官，查讫入告于监司曰，'此狱不当偿命。'仍请酌放。监司怒曰，'岂有口咬杀人，而不偿命者乎。'李公争之不已，乃曰'令使道当此境，岂不咬其茎乎？'监司大怒，遂以公堂悖说，状请罢黜，书记其事，报于政院。英宗大王览奏疑之，召承旨问之。承旨具达其事，上曰，'李源之言是也。令承旨当此境，能不咬其茎乎？人情所同，不可罪也。'遂命白放，查官勿罢。"①

　　本案记述了发生在朝鲜忠清道公州的一则故事。此类逸事自然在正史中没有记载，但却有可能是历史上真实存在过的案件。故事讲述了一位寒士骑马下山，山上正巧有樵夫数十名，他们正坐着休息。樵夫们令寒士下马，却遭到了拒绝。这群樵夫从山上下来，将寒士拽下马后，轮流将各自的阴茎纳入寒士口中，强令寒士为其口交，以示羞辱。寒士体弱而无法反抗，只能被迫接受。其中一位樵夫的阴茎过大，寒士不胜其苦，因此不得不用牙齿咬之，导致其阴茎出血。这些樵夫见状后，因惊恐也纷纷散去。数日后，被咬的樵夫毒发身亡。李源时任忠清道瑞山郡守，当时恰好在公州，因而他命人加以调查检验后，报于忠清道观察使，认为该案的当事人不应偿命，理应无罪释放。而观察使则认为寒士应该偿命。李源因此反问观察使道，"若是观察使本人遭逢这一境遇，难道不会做出同样的口咬行为吗？"这一反问激怒了忠清道观察使，他上书中央，请令国王罢黜查官。英祖大王在阅览奏章后，认为李源的主张是正确的，在忽然遭受不法侵害之时，做出一定的防卫举动实乃人之常情，因此判决寒士无罪释放。这一案件中体现的正当防卫行为虽未载于《大明律》规定的几种防卫情形之中，地方官也对如何定性情急之下口咬加

---

　　① 《钦钦新书》，经史要义，愤杀樵夫（李源）。

害人阴茎致其死亡的行为争执不下，但国王还是依照"人之常情"作出了无罪释放的判决。

从上述案件可知，防卫的争议之处在于防卫的正当性和杀人的违法性之间产生的张力。如当时朝鲜适用的《大明律》"夜无故入人家"条，即直接起源于唐律的"夜无故入人家"条，其渊源可追溯至丁若镛援引的《周礼》"朝士"篇。唐代贾公彦在其注疏中将"盗贼"分为"盗"和"贼"两种概念，"盗"一般指强盗和窃盗，而"贼"一般指杀人行为。而丁若镛所援引的《周礼》注疏中的"若今时无故入人室宅庐舍，上人车船，牵引人欲犯法者，其时格杀之，无罪"① 一句，实乃汉代时针对贼盗而制定的法律。汉代法律增加了"车船"和"牵引人"两种情形，因为车辆和船舶是民众长途旅行时临时居住的场所，所以汉代将"室宅庐舍"这一概念适用的空间范围加以扩张。而"牵引人"即劫掠良人，也属于盗贼所常犯的罪行。由此可见，汉代法律较《周礼》更加细化和完善，其空间效力已从家宅扩展至车辆和船舶等交通工具，当时的法律对遭遇盗贼时的正当防卫行为均加以保护。

丁若镛依照朝鲜的现实情况在该条目下对《周礼》中的"盗贼"一词作了解释："此即今所称明火贼也。"② 朝鲜王朝后期的"明火贼"是朝鲜农民阶层不断瓦解和破产的产物，明火贼脱胎于"居士党"。所谓"居士"，既非僧人也非俗家，而是脱离户籍后不履行赋役义务的流民中行踪最诡异的一群人。由此可见，明火贼形成的原因可能与朝鲜王朝的自然灾害、土地兼并和官吏的巧取豪夺有关，主要由一帮失地农民组成，且逃往异地的奴婢阶层应是明火贼中最主要的组成人员。明火贼与一般盗贼有如下几种区别。第一，他们具有自己的武装，为了维持其战斗能力，他们有火药及子弹等必要的火力。第二，明火贼通过秘密结社形成了极强的组织动员能力。第三，明火贼常在白天公然攻击朝鲜官军并掠夺物资。③ 由此看来，朝鲜的明火贼与《周礼》中的"盗贼"概念相近，

---

① 《钦钦新书》，经史要义，盗贼擅杀之义。

② 《钦钦新书》，经史要义，盗贼擅杀之义，镛案。

③ 한상권, 1992, "18 세기　前半　明火賊　활동과 정부의 대응책", 《한국문화》13, 501—505 면。

是专门从事杀人越货勾当的秘密结社组织，却与后世法典中"夜无故入人家"条中涉及的犯罪主体在概念和性质上略有区别。

丁若镛不仅在"经史要义"篇提及盗贼犯罪的问题，在"批详隽抄"和"祥刑追议"篇中也对中朝两国历代盗贼相关案件有所涉猎。"经史要义"篇中，丁若镛记载了我国宋代的一起盗贼案。名相韩琦在担任大宋审刑院长官时，有盗贼杀害同党后自己被捕，按照惯例无须抵命。韩琦认为，这是由于分赃不均或为了独吞财货导致的灭口行为，并非改过自新之举，因而朝廷下诏盗贼杀害同伙却不自首者，不得宽宥。[①] 丁若镛在本案后的按语中，通过回顾宋代以前的故事，来解释和说明盗贼相杀后免除死罪这一惯例的历史渊源。丁若镛首先举出汉代张敞守胶东时，设置奖赏以令盗贼相互抓捕斩首以除其罪的故事，至此盗贼解散、胶东得以大治。其后又列举了汉光武帝派遣使者到郡国，听任群盗自相残杀，五人共斩一人者，即免除其罪的先例。因而丁若镛认为，盗贼杀灭同党而得免罪的惯例，从汉代即已成形，但今日的盗贼相杀，并非由郡县长官招谕而致。[②] 他认为朝鲜的情形与汉代先例不同，因而不应轻易宽免杀害同伙的盗贼。丁若镛对韩琦的观点表示赞赏。通过汉代官员为维护社会治安而实施的特殊治盗举措可知，当时地方强盗盛行，其组织具有集团性和暴力性，对公权力造成了巨大威胁，仅靠地方官府的力量难以根除，唯一的办法就通过强盗的内部斗争而使其自行瓦解。通过张家山汉简中的《二年律令》所载条文可知，至迟在吕后二年（前186），我国既已出现鼓励盗贼杀死同伙的做法。[③] 经韩琦提议，宋廷修订后的做法要求盗贼杀害同伙后必须手提同伴首级马上自首，以证明自己悔罪自新的决心，以此方能满足减免刑罚的构成要件。在被官方抓获后，盗贼被动交代此前曾杀死自己同伙的做法是无法获得减刑的。

"批详隽抄"篇中，丁若镛记录了明末清初毛际可关于盗贼擅杀的批词。[④] 时人姚才开有一家旅店，妻子和母亲同宿一房。一天深夜，母亲和

---

① 《钦钦新书》，经史要义，匪党杀徒（韩琦）。

② 《钦钦新书》，经史要义，匪党杀徒（韩琦），按。

③ 《二年律令》，捕律，"群盗命者，及有罪当命未命，能捕群盗命者，若斩之一人，免以为庶人；所捕过此数者，赎如律"。

④ 《钦钦新书》，批详隽抄，毛际可 擅杀批词 一刀研贼。

妻子一同喊叫有盗贼闯入屋内，姚才赶忙提刀赶至内房，在黑影中看见有人闯入，便挥刀一击，那人不出数步便倒地丧命。点灯后，方才发现此人不是别人，正是为防御盗贼而守宿于店门外的防兵李成龙。他赤身裸体，半夜潜入妇女房间，姚才挥刀防御的行为正符合"夜无故入人家"条"登时杀死"的情形。知县欲为防兵李成龙开脱，故而提出防兵与姚才之妻李氏通奸的说辞，但李氏与婆婆同寝，且闻声后二人同喊，所以本有奸情的说法不攻自破。知县又提出了防兵因天冷而讨火吃烟的说法，但讨火又缘何赤身裸足？因此这一说法也不足为据。根据尸检，防兵李成龙乃是"横斫看伤，非仰睡而杀"，丁若镛在按语中对此解释为"必其苦主之招，谓成龙仰面而睡，被他刀砍，故今以手势，明其不然也"。① 通过检验尸体上的刀痕，可以排除苦主的质疑，即姚才的妻子并无勾引兵丁通奸且与其睡卧在床的可能，应是兵丁本人趁夜裸身进入房中，欲行强奸姚才之妻。据此毛际可判决"兵丁不能守法，自取其死，无可归咎于人"，与姚才之妻无关，店主姚才按律亦无须承担刑事责任。

"祥刑追议"篇中，丁若镛记录了以"盗贼之御"命名的三起朝鲜后期案件，且在案例后都附有按语。其中最具代表性的就属发生在咸镜道永兴的孟才云等多人杀害金千归案②了。此案缺失了检验记录等地方衙门的司法文书，仅载有正祖大王的判词。本案中，正祖大王和丁若镛虽均提及《大明律》"夜无故入人家"条，但对具体如何判决却持有截然不同的观点。二人观点有所差异的原因是本案犯罪经过与《大明律》"夜无故入人家"条规定的无故侵入他人住宅的情形有较大不同。

正祖大王在其判词中首先描绘了案发时间和周边环境，乃是"晓色熹微，松阴森密"，即在清晨的密林中，有一男子诡异地出现了，此人"隐身忙步，背包首囚，行止殊常"，孟才云等人疑其是盗贼，而上前追赶并欲将之捕获。此时该男子拔出白刃，孟才云等六人出于自卫的目的而用杖将其打死。正祖大王在判词中阐述道："律曰，明火贼登时打杀者，勿论。虽不可与此比拟，彼刃既凶，我杖亦猛，此足可恕。"③ 国王

---

① 《钦钦新书》，批详隽抄，毛际可 擅杀批词 一刀斫贼，解曰。
② 《钦钦新书》，祥刑追议，盗贼之御一（拒捕拔刃 认盗杀良 实因被打）。
③ 《钦钦新书》，祥刑追议，盗贼之御一（拒捕拔刃 认盗杀良 实因被打），判付曰。

认为该案发生于林中，与潜入他人家宅中的情形有较大出入，因而不能随意比附《大明律》"夜无故入人家"条，却也存在从轻处罚的情节。因而判决主犯孟才云流放，并将其余五人施以刑杖后释放。该案中六人共同犯罪，且在"其谁人之先犯要害，某人之下手最重，所难分别"的情况下，其实难以区分何人为首。之所以将孟才云确定为首犯，很可能是因为他首先发现了被害男子并牵头予以追击。丁若镛对正祖大王的判决略持保留态度，并在案后的按语中提出了自己的观点。

> 周官三宥之法，一曰不识。不识者，与甲为雠，见乙为甲，误杀乙者也。乙固无罪，而彼心诚以为甲，则圣王宥之。人虽非贼，彼心诚以为贼，则其杀固然。黑夜拔剑，非盗而何？《大明律》曰："无故夜入人家，而主家登时杀死者，勿论。"既曰无故，则未必是盗也。然主家之心，诚以为盗，则杀之无罪。引经据律，才云其不死矣。①

丁若镛在此引用了《周礼》和《大明律》的原文，以阐发自己的立场。他认为，该案中孟才云等人的行为属于《周礼》"三宥"中的"不识"一类，即今日刑法"事实上的认识错误"。且在当时被害人"黑夜拔剑"的情况下，按照常理，包括加害人在内的常人均易作出此人就是盗贼的假设或推断，因而应当予以宽宥。而随后他又援引《大明律》"夜无故入人家"条原文，重点解释其中"无故"二字，以阐明《大明律》的立法本意。丁若镛认为，《大明律》中的"无故"二字既已包含对杀死侵入家宅者的加害人可能发生的认识错误的宽容。"无故"二字包含了多种可能性，侵入者在身份上不必一定是盗贼，只要防卫之人在危险状况发生时认为他是盗贼，就可以认定正当防卫了。由此可见，丁若镛在正当防卫的认定范围上较正祖大王更加包容，即认为该案可以比附《大明律》"夜无故入人家"条，而正祖大王却认为该案的案发地点不是私人住宅，因而不完全符合"夜无故入人家"的构成要件，故而反对随意比附"夜无故入人家"条加以适用。可见君臣二人对同一案件持有略微不同的立

---

① 《钦钦新书》，祥刑追议，盗贼之御一（拒捕拔刃　认盗杀良　实因被打），臣议曰。

场,正祖大王更看重"夜无故入人家"中的"人家"这一空间上的场所,而丁若镛却更看重"夜无故入人家"中的"无故"这一法定情节,并以有无主观恶意来判定加害人是否有罪。

第二节 卫尊之犯

祖父母父母被他人殴打时,子孙在情急之下及时救护而殴伤施暴者的行为在中朝两国古代均属于正当防卫的范畴。《大明律》"父祖被殴"条规定:"凡祖父母父母为人所殴,子孙即时救护而还殴,非折伤勿论。至折伤以上,减凡斗三等,至死者,依常律。"① 子孙在情急之下及时救护父祖的案例在同时期的中朝两国均有发生。通过分析和对比可以看出,这一类型的案件在量刑和法理上的相关特征以及中朝两国间存在的微妙差异。

先来看发生在朝鲜王朝的案例。朝鲜正祖八年(1784),黄海道载宁郡曾发生过一起命案。李厚相的母亲方氏与孔氏是"十寸娣姒之亲",即二人的丈夫互为四从兄弟,二位女性是远亲之间的姒娌关系。且二人的年龄相差较大,方氏年长而孔氏年幼。但孔氏却以幼犯长,"始既捽发,终又批颊。"撕头发和打脸原本就是女人打架时所常见的动作。身为人子的李厚相见到自己的母亲受到远房姒娌的欺辱岂能坐视不理,他"痛心疾首,怒气山涌,不觉拳之自奋,足之自抵,而孔女则已重伤矣。何暇计较其生死乎?"他因痛愤而对孔氏拳脚相加,哪里还顾得上孔氏的生死,而孔氏已因拳脚而遭受重伤,并因伤势过重于次日死亡。② 国王对此案的判决如下:

> 载宁郡杀狱罪人李厚相狱事段……推以情理,参以事势,有十分可恕之端,无一毫必杀之罪,为其子者,见其母之与人相哄,推挤之颠仆之,如不急急赶到急急挽救,则岂可谓之有人理有至情哉?今若以毒殴猛踢,因仍致死,拟之以故杀人律,则在廷尉奏当之方,

---

① 《大明律》,刑律,斗殴,父祖被殴。
② 《钦钦新书》,祥刑追议,情理之恕二(为母救难 殴人致毙 根由义愤 实因被踢)。

虽云守经，视朝家励俗之政，似涉乖宜，本曹回启，未免太执拗，厚相减死徒三年定配。①

正祖大王认为，李厚相救母之难的行为"有人理有至情"，是孝子的表现，所以免除了他的死刑，判决"徒三年定配"。本案中国王的判决依照的是《续大典》中的相关规定。《续大典》规定："其父被人殴打伤重，而其子打其人致死者，减死定配。"② 而本案将这一条文的适用范围从救护父亲扩大至子女对母亲的救护，从而使律法进一步让位于儒教"亲亲尊尊"的情与理。

国王对李厚相的判决比照了同年发生在黄海道平山的郑大元杀人案。罪犯郑大元10岁丧父，其后二十年与寡母相依为命。他与金光鲁比邻而居，二人友情甚笃，形同兄弟。郑大元丧母不久之后的一天，二人在醉酒后，金光鲁略带戏谑地诋辱刚入土的郑大元之母曾有淫乱之行，郑大元听到后愤怒至极，他借着酒劲"不顾死生，拳殴足踢"，导致金光鲁于次日死亡。犯人郑大元在招供时"了无一毫隐讳之意，唯有拼弃一死之志"。黄海道监司认为，"盛气发愤，便下毒手，在法则固难赦，在情则必可恕。"刑曹对此表示同意。正祖大王在判决中说："生前被殴或死后被辱，为其子奋痛欲报仇之心，岂或间然以此以彼。"国王认为在世父母被殴时的救急和父母死后对其声誉的维护在本质上完全相同，都是至纯之孝的表现，因此判决"大元之传生，实关风化之一助，大元身乙严刑一次徒配"。③ 国王由此扩大了《续大典》中为救父难而致人死亡条文的适用范围，将之延伸到父母死后为维护其声誉而致人死亡的情形。国王认为，免除郑大元的死罪对朝鲜的风教有所助益，因此判决郑大元杖徒之刑。《钦钦新书》同样详载了这一案件，丁若镛对正祖大王的判决持赞赏的立场，其评论如下：

奸淫之诬，甚于被殴，何也？有妇人于此问之曰："汝宁受人之

---

① 《审理录》卷13，黄海道载宁郡李厚相狱，判。

② 《续大典》，刑典，杀狱。

③ 《审理录》卷13，黄海道平山府郑大元狱。

殴打乎？抑受奸淫之诬乎？"彼"必以殴打为甘，而决一死于淫诬也。"护父母之殴伤，其事微小，雪父母之冤诬，其义至重，大元之狱，于是乎可决矣。①

随着程朱理学在朝鲜半岛日渐普及，至朝鲜王朝后期，士大夫和妇女本人都对女子的贞节无比看重，丁若镛曾向一妇人问道，"如果被人殴打和贞操遭人诽谤两者只能选一的话，应该如何抉择？"妇人给出的回答是"必以殴打为甘，而决一死于淫诬也"。该妇人认为，对被殴之事可甘之如饴，但对被诽谤自身淫乱的诬蔑行为则要决一死战。这在当时的时代背景下似乎是妇人的标准答案，与程颐"饿死事极小，失节事极大"如出一辙。结合此案，则表现为"护父母之殴伤，其事微小，雪父母之冤诬，其义至重"，在父母死后对其声誉的维护不仅可以比照在世父母被殴时的救急，而且意义更加重大，所以更应得到国王的宽恕。由此可知，朝鲜君臣均认为对父母名誉的及时维护可比照对父母身体的及时保护，维护父母的名誉（权）甚至重于对其身体和生命（权）的保护。

无独有偶，将维护和救助父母的行为延伸至父母死后的做法不仅在朝鲜王朝存在，同时期的我国清代同样也有将"父祖被殴"条的适用范围扩大至父祖死后的主张和相应的案例。《钦钦新书》"拟律差例"篇中便有相关记载。

> 广东民林智之因母棺被掘，殴死缌麻服兄一案。部议："人之生死虽异，而人子爱亲之心，则生死同揆。人子痛父母之已葬被掘，更甚于父母之生存被殴，应比照'救父母情切例'办之。"②

本案讲述了犯罪嫌疑人林智之因为自己母亲的棺材被人掘出，愤而殴打缌麻服兄致死的故事。本案在《钦钦新书》中缺少乾隆皇帝的最终

---

① 《钦钦新书》，祥刑追议，情理之恕五（谓母行淫 其子雪耻 根由奸淫 实因被踢），臣议曰。

② 《钦钦新书》，拟律差例，卫尊之犯五（母棺被掘 子报其怨 殴伤族兄致死 ○乾隆）。

判决。但从刑部意见来看，认为子女爱父母之心，不因父母的亡故而有任何淡化，所以可比照"父祖被殴"条的律文和例文①办理。由此可知，清代刑部和朝鲜国王在这一问题上的看法基本相同，均认为父母生前被殴和死后被辱发生时，子女痛愤报仇之心完全相同，甚至均认为对父母死后的侮辱（如名誉被诋毁或墓葬被掘）更甚于生前被殴。因此，清代刑部和朝鲜国王均主张在这类情形下，可通过类推后比照适用律法中的"父祖被殴"条，从而无形中扩大了中朝两国"父祖被殴"条的适用范围，而将之延伸至父祖去世以后。

与前述朝鲜发生的父母死后受到"奸淫之诬"而复仇的案件中持赞成立场相反的是，丁若镛对清代父母死后棺材被掘而复仇案件中的刑部立场持反对立场。同时期中朝两国发生的相似案件中，丁若镛为何会持有截然相反的立场呢？因为他主张"父母被殴未死而杀死殴者，无以免抵，况掘冢异于殴生，恐林智无以免死矣"②。丁若镛认为，父母生前被殴而未死时，若因救护父母而杀死施暴者，则按《大明律》"父祖被殴"条"至死者，依常律"的规定无法减轻刑罚，况且掘人父母之墓与生前殴伤有着巨大的差别，因此他认为殴死掘墓者的林智不应被免除刑罚，并从律文中的"依常律"三个字推断当事人应被处以死刑。这可能由于清代刑部和丁若镛在看待这一案件时，其所依据的法条不同的缘故。丁若镛依照的是《大明律》"父祖被殴"条律文的正文，而清代刑部依据的《大清律例》"父祖被殴"条条例三中的例文，即"祖父母父母被本宗缌麻尊长殴打，实系事在危急，卑幼情切救护因而殴死尊长"的情形，而清代的例文较律文优先适用。这一例文实则修正了"父祖被殴"条律文中"至死者，依常律"的规定，即便殴死的是本宗缌麻尊长及外姻小功缌麻尊长，在救父母于危难的情境下仍可以不照常律办理，体现了清代刑事法对"孝"的维护和防卫过当的宽容。

丁若镛的推论与清代刑部的法律推理和法律逻辑呈现完全相反的观

---

① 《大清律例》，刑律，斗殴，父祖被殴，第三条例文，"祖父母父母被本宗缌麻尊长及外姻小功缌麻尊长殴打，实系事在危急，卑幼情切救护因而殴死尊长者，于疏内声明减为杖一百发边远充军，照例两请，候旨定夺"。

② 《钦钦新书》，拟律差例，卫尊之犯五（母棺被掘　子报其怨　殴伤族兄致死　〇乾隆），按。

点。清代刑部认为,维护父母死后的尸体要重于对父母生前身体的救护,但刑量仍比照父祖生前被殴的相应情形办理。而丁若镛却认为,对父母生前身体的救护应重于对父母死后尸身的维护。二者的观点可谓背道而驰。这可能由于丁若镛认为父母墓葬被掘时的"情切"程度远逊于父母被殴之际,因而其已脱离正当防卫的范畴而仅是一种复仇的行为。而行为的迫切程度与其主观故意成反比。主观恶意越大,刑量就应越重,这也就解释了为何《大明律》多个法条中对"登时"和"非登时"行为的刑量作出区分。因此,一向批判清代量刑过重的丁若镛在这一案件中罕见地认为清代刑部所提议的量刑过轻。由此看来,丁若镛在重要度排序上认为维护父母的名誉(特别是母亲的贞节)重于救护在世父母的身体(较之更加"情切"),而救护父母生前的身体又重于维护父母死后的尸体(较之更加"情切"),反映出了朝鲜王朝士人思想中某种重视名誉的"务虚"倾向。

朝鲜王朝后期诽谤淫乱的受害者不只局限于妇人,亦同样包括男子。朝鲜正祖三年(1779)五月,庆尚道大邱府发生过一桩命案。女婢一丹诬蔑成圣一和其父成泰郁与同一名女子存在奸情,成泰郁父子四人因愤痛而同时对女婢一丹施以拳脚,导致一丹在被打的十天后不治身亡。而她的这一诬陷则出于他人的怂恿。

> 成泰郁,既有班名,亦具彝性,岂忍为此聚麀①之行,甘自陷于斁伦之科。……大抵泰郁,以他乡羁旅之踪,挟家产富饶之名。而父子兄弟,亦称蕃盛。则和睦既失于四邻,嫉恶都归于一身。于是乎,成致文、朴弘述、金世贞辈,潜煽蜚语,欲逞私憾。忽将黑夜难明之案,做出白地构虚之术。怂㥄愚蠢之老妪,指嗾痴騃之小女,至以毁家黜乡,或放良得田等语,唆之胁之,无所不至。则彼愚蠢痴騃者,以平日免贱之计,生美土获占之欲。②

---

① 聚麀:语出《礼记》,曲礼上,"夫唯禽兽无礼,故父子聚麀"。"麀"的原意是母鹿,泛指母兽。聚麀是指兽类父子共奸一个母兽。

② 《审理录》卷13,庆尚道大丘府成泰郁狱。

　　成泰郁一家非大邱府本地人，而是寓居此地。由于他家家境富饶，所以引发了四邻的妒忌。成致文、朴弘述、金世贞等人对老婢一丹和其女孟春威逼利诱，向两位婢女承诺，如果她们构陷成泰郁父子，便可不再为奴为婢，而能赎身成为良人，并且对老婢一丹许以良田。如果不听从他们的指令，便对她们"毁家黜乡"，令其无法在此地立足。由此可知，老妪一丹的诬陷行为是受到了成致文等邻居的教唆和威胁。国王判决"罪人成泰郁，减死定配；其子圣一等并只刑推一次，惩励放送；婢孟春仍本役绝岛为婢；成致文、朴弘述等，亦各严刑放送；金世贞，自本道参酌决放。"因成泰郁父子几人一开始供认"合势下手"，但成狱后"为其子者，争命就死，互称元犯"①。几个儿子为了力保父亲和兄弟而争相受死，他们都供认自己便是首犯。国王因此大受感动，认为正是因当地的"厚朴之俗"才导致了这类"悖戾之举"的发生。因此在这一命案中，国王主要惩罚了父亲成泰郁一人，而他的几个儿子在刑讯后均得到释放。一同行诬陷之举的女婢孟春被发配至绝岛为婢，教唆老婢一丹诬蔑成氏父子的始作俑者成致文、朴弘述等人则在刑讯后被释放。丁若镛由此认为，对始作俑者成致文、朴弘述等教唆者的处罚过轻。

　　　　乡村富民，例失人心，既失人心，例诬以淫，必欲破其家诛其人，散其田产，以享其波及之利，此例习也，亦痼习也。（今全州，亦有如此之狱）殿下明见万里，使成太郁者，得昭其覆盆之冤，以见日月之光，猗其盛矣！但成致文、朴弘述、金世贞等，是初造意始发谋者，奸状即绽，法当反坐，御判无所论，意或传写者删之也。且成圣一等，其父被麀聚之诬，其子奋鹯逐之气，无论造意者受嗾者，便当一拳打杀，宁得云有罪乎？②

　　丁若镛对此案点评道，乡村中因嫉妒他人富有而造谣生事的情况十分普遍，他们通过诬陷而想要达到使其破家散财的效果，造谣者从而便

---

　　① 《审理录》卷13，庆尚道大丘府成泰郁狱。
　　② 《钦钦新书》，祥刑追议，情理之恕四（谓父行淫　其子雪耻　根由奸淫　实因被打），臣议曰。

能享受"波及之利",从而趁势瓜分富人原有的家产。这是朝鲜王朝后期乡村社会的一种顽固陋习。他还举例说明了当时不仅是庆尚道大邱有这类案件,在全罗道的全州同样也有。丁若镛虽然肯定了国王的判决,但也认为教唆老妪的始作俑者应该受到"反坐"的刑罚,而在父亲受到诬陷时为父报仇的成圣一兄弟则不应受到任何处罚。丁若镛的观点表明其在情理与法理的系谱中,有时会比国王更接近情理的一端。即比起行为造成的后果来,他更重视当事人本心的善恶。

上述案例的主犯都受到了徒刑或流配的刑罚,而另一案件中的当事人却被无罪释放,这又是怎么回事呢?朝鲜正祖八年(1784),黄海道凤山郡发生过一起命案。朴奉孙和裴从男分别是朴者斤尚①的亲子和同居继子,因为裴从男想向继父朴者斤尚借一袋粮食("稷包")而朴者斤尚没有借给他,愤怒的裴从男便开始辱骂和殴打继父,导致继父朴者斤尚的胸部出血。看到自己亲生父亲被殴,朴奉孙为救父难而对裴从男拳脚相加,导致其四天后死亡。本案与其他案件的不同之处在于本案属于继子殴打继父而亲子救难的情形。

黄海道观察使在上报本案时,援引了《续大典》的相关条文②,建议对嫌犯朴奉孙处以流配的刑罚。但正祖大王却认为"以义子而殴义父,岂或方之于路人之驱伤乎?象魏悬法,风教为先。典律有无,不必援引"③。因而正祖大王判决朴奉孙无罪释放,原因是正祖大王认为义子(继子)殴打义父(继父)时亲子救难的情形,与常人殴打其父时子女救难的情形有着本质的不同,因而不便适用也无须拘泥于《续大典》的相关法条,而应从天理人情和法律的正义出发作出了无罪的判决。

因为继父子间的服制为齐衰一年,所以被害人裴从男依照《大明律》"殴妻前夫之子"条的规定④已属于应死之人("其罪可杀"),亲子将其殴打致死的行为乃是擅杀应死之人。黄海道观察使因错误的量刑提议而

---

① 朴者斤尚:朝鲜语人名"박작은상","작은"意为"小的"。
② 《续大典》,刑典,杀狱,"其父被人殴打伤重,而其子殴打其人致死者,减死定配"。
③ 《审理录》卷13,黄海道凤山郡朴奉孙狱。
④ 《大明律》,刑律,殴妻前夫之子,"若殴继父者(亦谓先曾同居今不同居者),杖六十徒一年,折伤以上,加凡斗伤一等,同居者,又加一等,至死者,斩。其故杀及自来不曾同居者,各以凡人论"。

遭到国王问责。丁若镛对此案评论道："同居继父,其服齐衰期年,其名义至重,殴之至死,其罪当斩,如此之人,人得而殴之,况以子而卫父者乎?"① 丁若镛认为,《大明律》"殴妻前夫之子"条中规定了殴打继父致死者的法定刑量是斩刑,故而继子裴从男本已属应死之人,应死之人人人得而殴之,更何况是被殴者的亲生儿子了。所以丁若镛认为亲子朴奉孙理应被无罪释放,并对国王的判决结果深表认同。

由此看来,同样是为救父祖于危难而犯罪的案件,朝鲜国王作出不同判决的原因在于被害人生前是否存在重大过错,即被害人是否已属应死之人成为朝鲜王朝司法判决时重点考虑的因素。与之相反的是,同时期的清代相似案件中,作为最高裁判官的乾隆皇帝在量刑时似乎未把被害人生前是否存在过错纳入量刑的考虑范围。《钦钦新书》"拟律差例"篇记录的一起案例即是如此。

> 安徽民于茂奉母张氏,同居堂兄于惠,屡次拉牛欺诈,寻衅行凶,至声言必欲砍死,于茂方休其心,实不可问。迫于茂逃避,复行追至撞逼,张氏理斥,竟致茂伦凶砍,立毙期服婶母,已干斩决之条。于茂持镰奔救,情急格毙。若按服制定拟斩决,则于茂情切天伦,较寻常情轻者,更觉堪怜,若照父母被人所杀,而子即时杀死行凶人者勿论,究属大功服弟,未便与平人漫无区别。于茂应照"卑幼殴死本宗大功堂兄斩罪"本律上酌减二等,杖一百徒三年。②

上文判决透露出于茂救母殴毙堂兄案的如下法律信息。第一,被害人于惠砍死婶母的行为业已犯斩立决之罪。第二,于茂杀死大功服兄的行为也已触犯斩立决之罪。第三,于茂母亲被人所杀,于茂即时杀死行凶人的行为应被无罪释放。第四,若行凶人是与自身存在服制的尊长,则应与一般行凶之人有所区别,而不能完全定为无罪。乾隆皇帝基于以上四点分析,最后将犯人于茂的刑罚定为杖一百徒三年。乾隆皇帝的这

---

① 《钦钦新书》,祥刑追议,情理之恕三(义子殴父 亲子救难 根由吝财 实因被踢)。

② 《钦钦新书》,拟律差例,卫尊之犯四(母被砍杀 子救母难 镰打大功兄致死 ○乾隆)。

一判决基于两条律文，分别是"父祖被殴"条和"殴大功以下尊长"条。当事人于茂的救护行为同时符合"父祖被殴"条和"殴大功以下尊长"条的构成要件，但单独适用二者中的任何一个都不能全面而充分地评价他的救护行为，且两个法条均归于"刑律""斗殴"门，属于互相平行的法条，因此该案属于法律条文的想象竞合。乾隆皇帝面对"父祖被殴"条和"殴大功以下尊长"条的想象竞合，他采用了折中的办法，即在适用刑罚较重之法条的基础上作减等处理，使最终的刑罚刚好处于"父祖被殴"条（勿论）和"殴大功以下尊长"条（斩立决）法定刑量的中间位置。丁若镛对乾隆皇帝的判决评论道："只减二等，亦似差过。"① 他认为清代这类犯罪案件的量刑过重。

而该案与此前分析的朝鲜黄海道朴奉孙案件极为相似。两起案件中的加害人和被害人分别是堂兄弟关系和无血缘的继兄弟关系，而加害人救护的对象分别是母亲和父亲。被害人都曾对救护的对象施暴，被害人的施暴对象分别是自己的婶母和继父，而被害人的犯罪手段和结果分别是"蔑伦凶砍，立毙婶母"（将婶母当即砍死）和"捉搦殴辱，伤胸出血"（将继父殴打出血）。从情节上看，清代的这一案例似乎更加残暴，被害人的行径更加野蛮，造成的后果也更为严重。而救护父母的加害人得到的刑罚却分别是杖一百徒三年（清代）和无罪释放（朝鲜）。为什么同一时期中朝两国在相同类型案件的量刑上会产生如此巨大的差异呢？笔者认为有以下几点原因。

第一，两国在法律推理方面存在较大不同。朝鲜王朝在审判时更看重案件发生的起因（诱因）和主要过错方，而清代在审判时更看重案件的犯罪结果，即加害与被害的事实。朝鲜国王在量刑时会优先考虑被害人生前是否存在过错，如是应死之人，则会对加害人格外开恩。而乾隆皇帝虽曾提到被害者本人"已干斩决之条"，但却未能将被害人本身存在的过错纳入量刑的考虑因素。即在这类案件的量刑过程中，朝鲜王朝会考虑加害人与被救者、加害人与被害人（施暴者）、被害人（施暴者）与被救者等三重关系，而清代则主要考察加害人与被救者、加害人与被害

---

① 《钦钦新书》，拟律差例，卫尊之犯四（母被砍杀 子救母难 镰打大功兄致死 ○乾隆），按。

人（施暴者）这两重关系，无意间忽略了被害人（施暴者）与被救之人的关系。

第二，两国最高裁判者在判决时所秉持的价值取向略有差异，即法律条文优先还是风教（教化百姓）优先的问题。朝鲜王朝相对清代更崇尚"礼治"，而清代相对朝鲜更仰赖"法治"。朝鲜国王认为当既有的成文法条已无法表达案件的正义时，则会直接摆脱法条的限制而依照案件本身的情理和内心的正义断案。而乾隆皇帝即使在判词中表达出"更觉堪怜"等同情犯人遭遇的话语，但即使如此，最终仍会依照成文法条的规定加以裁决，最多只是在既有的法律框架内稍作减刑，但不会全然撇开既有法律条文的框架而依照自然法或心中的正义加以裁断。这使得清代刑事法在实践中作为相对独立的领域运作，而朝鲜王朝的法律却时常受到礼教的侵蚀。这也导致了相同情形下的清代刑量会普遍重于朝鲜的刑量，甚至犯罪情节轻于朝鲜相近案件的清代刑案，其刑量却普遍重于同时期的朝鲜半岛。这也导致了有时从公平正义的角度看，清代的部分案件刑罚过重的情形。

第三，清代在有服亲属间犯罪的量刑上对加害人和被害人"服制"的考察较为严格，而同时期的朝鲜在量刑时对"服制"的亲疏则不像清代那般重视。纵览《钦钦新书》"祥刑追议"篇和《审理录》《秋官志》等朝鲜判例集，无论是地方官的报告还是国王的判决中，均极少提到与"服制"有关的词汇。这是因为自古以来朝鲜半岛的亲属关系一直沿用罗马亲等计算法，即直系以一代为一寸，旁系则是计算共同始祖到本人的代数后相加，并以"寸数"作为亲属关系的称谓，这是朝鲜半岛亲属制度与我国存在的最大区别。但因为朝鲜半岛受中华文明影响极深，且以《大明律》作为基本刑事法，所以在使用罗马亲等计算的同时，也兼用《大明律》中的"服制"。罗马亲等计算法只以血缘亲疏作为衡量标准，使得父族、母族和妻族的亲属具备同等的距离，这与以父系家族成员为中心的我国古代"服制"存在较大区别。对亲属关系亲疏的不同定义也导致了同一时期中朝两国判决和量刑上的分野。

《钦钦新书》"拟律差例"篇与"卫尊之犯"相关的 8 件清代案例均属于为救护父母等"至尊"或者遵照"至尊"命令伤害兄长等"次尊"的情形。如乾隆年间发生在江苏省的一则案例即是如此。

> 江苏民黄大朋行窃被获。伊母戴氏欲行锁锢，喊令黄大本帮同锁缚。戴氏令黄大本先睡，将黄大朋训诲，诅黄大朋不服詈骂，戴氏忿恨勒毙。黄大本帮母缚兄之后遽先就睡，以致黄大朋无人救护，被母勒毙，仅照殴伤胞兄律，杖徒殊觉情浮于法，将黄大本于应得徒罪上，加一等，杖一百流三千里。①

此案明显展示出清代刑事司法不近情理的一面。此案起因于被害人的盗窃行为。过错方乃是被害人。本案中将黄大朋锁缚的是母亲戴氏和其弟黄大本，但黄大本是奉母亲戴氏的命令而被迫将兄长绑缚的，属于胁从犯。而黄大朋的毙命也与黄大本没有直接关系，是由于戴氏在训导儿子黄大朋的过程中，黄大朋不服教令而咒骂，被儿子顶撞的戴氏一气之下将其勒死。黄大本在遵照母亲的命令先行就寝，后续事态的发展远远超出了黄大本所能预见的范围。杀人者乃是母亲戴氏，但因戴氏是被害人之母，且被害人因行窃和骂詈父母而有错在先，因此主犯戴氏将不孝子勒死却无须承担任何刑事责任。相反，作为幼弟的黄大朋就不同了。他绑缚兄长和先行就寝的行为虽均奉母亲戴氏之命而为，作为胁从犯的他也没有任何犯罪故意，并自始至终没有加害兄长的主观意志，却仅仅因是被害人的卑幼而须承担"流三千里"的过重刑罚，可见严格依照律法和服制断案的清代司法之严酷。清代的许多案件在追究刑事责任时往往溢出应负主要责任的当事人，而对本无犯意且难以预料事态发展的第三人过分苛责，并使之承担较重的刑罚，主要过错方有时却只需承担轻微的刑事责任。

丁若镛在评论朴奉孙案时，点明了朝鲜"父祖被殴"相关案件应该秉持的量刑原则，即《尚书》中提及的"上刑适轻，下服；下刑适重，上服。轻重诸罚有权"②。"适""权"二字道尽了中华法系依尊卑亲疏而加减刑量的特殊主义原则。《尚书》的这一量刑原则在适用于朝鲜的"父

---

① 《钦钦新书》，拟律差例，卫尊之犯六（母命锁缚 子缚其兄 因被母勒致死 ○乾隆）。

② 《尚书》，吕刑；《钦钦新书》，经史要义，雪怙钦恤之义。

祖被殴"时，丁若镛认为："国典视律甚轻，为子弟之卫父兄，理所难禁也。情真者，宜遵国典；情不切者，宜引明律。若朴奉孙者，其用国典无疑。适轻下服，适重上服，此之谓也。"[1] 他指出，作为朝鲜本国法典的《续大典》对"父祖被殴"这一类型犯罪的法定刑量轻于《大明律》。明律在"父祖被殴"时还殴而致人死亡时应照常律对待。但《续大典》对这一情形的规定则是即便还殴时致人死亡，也要对嫌犯"减死定配"。相同情形下，《大清律例》例文也同样作出了将犯人减等并候旨定夺的规定[2]，可见同时期的中朝两国均对《大明律》"父祖被殴"条的"至死者，依常律"作出了相似的修正，以维护家族伦理和褒扬孝道。丁若镛认为，因为同为朝鲜现行法的明律和国典的法定刑量不同，便可视嫌疑人犯罪时的"情真"和"情不切"加以量刑，即参酌犯罪情节中的主观故意来对《续大典》和《大明律》进行选择性地适用。而在朝鲜司法实践中则并非像丁若镛所倡导的那样作选择性适用，而是《续大典》"刑典"法条（特别法）优先于《大明律》（一般法）适用，犹如《大清律例》中的例文较律文优先适用一般。由此可知，丁若镛对当事人是否存在主观故意极为看重，在其名为《尚书古训》的著作中曾经详细阐释道：

> 上刑下服。……律重而情轻者，降于下等，律轻而情重者，升于上等，此章之义也。何可混之？以法则上刑无疑也，以情则下刑无疑也。无疑也，故得降一等，若情之轻重，都不分明，将欲降等，犹疑至冤，将欲全赦，虑有实犯，若是者奈何？输之罚金，岂不合天理而协人情乎？明知其过误，一毫无疑，然后方可宥大。明知其故怙，一毫无疑，然后方可以刑小。若其或过或误，都不分明，将如之何？罚金，上法也。[3]

"上刑下服"和"下刑上服"的思想源自《尚书》"吕刑"篇。丁若

---

[1] 《钦钦新书》，祥刑追议，情理之恕三（义子殴父 亲子救难 根由吝财 实因被踢）。

[2] 《大清律例》，刑律，斗殴，父祖被殴，条例一，"人命案内，如有祖父母父母及夫被人殴打，实系事在危急，其子孙及妻救护情切因而殴死人者，于疏内声明，分别减等，援例两请，候旨定夺"。

[3] 《尚书古训》，吕刑。

镛认为，其主要基准在于"情"与"律"二者孰轻孰重。然而当"情"与"法"之轻重难以断定时，如果减轻处罚便可能会使被害人的冤情无法昭雪，但若赦免便难以排除当事人有犯罪故意时，判官又该如何裁决呢？茶山认为最合理有效的办法就是处以罚金（赎钱），用罚金刑取代身体刑。他认为只有在确认为过失犯罪而丝毫无误时，方才可以赦免宽宥，也只有在确认是故意犯罪而丝毫无疑时，方能对犯人加诸刑罚。在当事人犯罪到底是出于故意还是过失而无法准确判断时，则应当处以罚金。也就是说，罚金刑是介于身体刑和无罪赦免间的中间过渡地带，身体刑、罚金刑和无罪释放分别对应了"故意犯罪时""无法断定是故意犯罪还是过失犯罪时""过失犯罪时"三种情形，从而体现出丁若镛科学而鲜明的刑罚理念。而在朝鲜正祖九年（1785）发生在京畿道富平府的一个案件中，申福金为了救护遭遇殴打的父亲而致人死亡，国王对犯人也作出了释放（"决杖放送"）的判决。① 丁若镛对此评论道："晓然知朝家本意，在于屈法敦俗。"② 而可否为了"敦俗"（伦理）而"屈法"（律法）呢？丁若镛对此委婉地批评了国王的判决，他对过度地"屈法"持保留的态度。

第三节　杀死奸夫

古代中朝两国司法在丈夫维护妻子之性的专属权上表现得较为宽容，这可能和维护父系社会家族血统的纯正性有关。《大明律》明文规定，"凡妻与人奸通，而于奸所亲获奸夫奸妇，登时杀死者，勿论。"③《大明律》《大清律例》中的"杀死奸夫"条赋予了丈夫在奸所即刻杀死与妻子通奸之奸夫的权利，这一权限明显带有正当防卫的意涵。在中朝古代士人的观念中，女子从属于丈夫，通奸被认为是一名男子对拥有该女子的另一名男子（如女子的丈夫或父亲）的侵犯。

《大明律》"杀死奸夫"条明文规定："凡妻与人奸通，而于奸所亲

---

① 《审理录》卷14，京畿富平府申福金狱。

② 《钦钦新书》，祥刑追议，情理之恕一。

③ 《大明律》，刑律，人命，杀死奸夫。

获奸夫奸妇，登时杀死者，勿论。若止杀死奸夫者，奸妇依律断罪，从夫嫁卖。其妻妾因奸同谋杀死亲夫者，凌迟处死，奸夫处斩。若奸夫自杀其夫者，奸妇虽不知情，绞。"① 此条规定了与杀奸有关的四种情形。第一种是本夫在通奸场所当即杀死奸夫、奸妇二人的情形。第二种是本夫在通奸场所当场杀死奸夫一人的情形。后两种则与之相反，均是奸夫奸妇为了做"长久夫妻"而谋害本夫的情形。第三种是妻妾因奸与奸夫同谋杀死本夫的情形。第四种是奸夫自己谋害本夫，奸妇却不知情的情形。而本夫虽然有杀奸的权利，但却需要同时满足"奸所"（空间）和"登时"（时间）这两个构成要件，才能被判定不负任何刑事责任。而其他情形如非奸所亲获、非登时杀死等，杀奸者均需要承担一定的刑事责任，即可以将之理解为不被法律完全允许的杀奸情形。

但现实情况远比律文规定的四种情形复杂得多。因此，我国清代和同时期的朝鲜王朝后期均在实际司法实践中，通过类推和比附等方式对"杀死奸夫"条的适用范围有了一定扩张。两国这一时期有关杀奸的法律实践均反映于《钦钦新书》所载相关案例中。如在"拟律差例"篇中，丁若镛就记录了乾隆年间发生在直隶的一起典型的杀奸案件。

　　　　直隶枣强县民苏二作客回家，见伊妻郑氏正产生私孩，将郑氏连殴致死。比照"闻奸数日杀死奸妇奸夫，到官供认不讳例"，拟徒。刑部改拟："查苏二进屋目击伊妻郑氏生产，该犯向郑氏究问奸夫，坚不吐露，殴伤致毙。虽无奸夫到官，而奸情已有确据，是产所即同奸所，入门即是登时。试思久客甫归，亲见其妻产生私孩，与亲见其妻与人淫媾者何异？揆其情节，实与登时奸所获奸，杀死奸妇者无异。设令究出奸夫，例应拟绞，本夫罪止杖责。今该督，因郑氏不肯说出奸夫，无从究拟，遂以登时杀死奸妇之本夫而据例以闻奸数日之条，殊未允协。应将苏二改依本夫登时奸所获奸、杀死奸妇本夫杖八十例，完结。"②

---

① 《大明律》，刑律，人命，杀死奸夫。
② 《钦钦新书》，拟律差例，优俪之戕三（见妻私产　直于产草上殴杀　〇乾隆）。

该案讲述了一位名叫苏二的人长期在外,有一日他返回家中,正巧碰见自己的妻子郑氏临盆,因自己长期不归而未与妻子同房,因此他断定妻子正在生产的婴孩必是奸生子(私生子)无疑,进而推断出自己外出期间妻子按捺不住寂寞而与他人通奸的事实。他继而向妻子郑氏逼问奸夫到底何人,郑氏坚决不供出奸夫的姓名,苏二气急败坏而将生产中的郑氏殴打致死。此案中,清代刑部认为苏二目击妻子生产奸生子的情形与亲眼见到妻子与人交媾淫乱完全相同,因此对"奸所"这一法律概念作了巧妙的类推解释(或扩张解释)。刑部认为,"产所即同奸所",即奸所不仅包括传统意义上奸夫奸妇的通奸(偷情)场所,也应涵括或自然延伸至奸妇生产奸生子的现场——"产生私孩"的"产所",从而扩大了"奸所"这一法律概念的内涵和适用范围。此案中,刑部改拟了督抚针对苏二适用的条文,从适用《大清律例》"杀死奸夫"条的例文改为适用该条律文的本文,刑量也从徒刑减至杖八十。

《大明律》仅规定了丈夫捉奸和杀奸的权利,而对丈夫之外的其他家族成员杀死犯奸男女的情形未作明文规定,而实际上本夫和犯奸妇人的父兄等近亲属捉奸的可能也很大,因此"杀死奸夫"条在司法实践中存在极其复杂的情形。对于这些情形,法官和国王又应如何裁决呢?《钦钦新书》也给出了相应的案例。"经史要义"篇中,丁若镛记载了一起朝鲜肃宗大王在位时儿子杀害与母亲通奸之奸夫的案件。

> 国史。肃宗九年。上谓金锡胄曰:"刑曹有百年杀狱事,卿亦闻知乎?母有奸夫,其父痛心致疾,临死遗令必报仇。一日奸夫来,在其母之室,百年不胜其忿,且不忍负其父遗言,遂刺杀之,事发不自讳矣。"……后因旱疏决特释之,该曹执不可,遂流之。①

该案发生于朝鲜肃宗九年(1683)。有位名叫百年的人,他的母亲与外人通奸,他的父亲痛心疾首而积郁成疾,最终撒手人寰。父亲在临终前嘱托自己的儿子百年一定要为父报仇。一天,奸夫又来百年家找他的母亲求欢,百年极为义愤,他怀着为父复仇之心将奸夫刺杀,之后投案

---

① 《钦钦新书》,经史要义,杀母奸夫(金锡胄)。

自首。该案最初判决百年无罪释放，但因刑曹的坚持最后改判流配刑。流刑的最终判决应是出于对《大明律》"杀死奸夫"条的类推，即儿子在奸所杀死母亲的奸夫要比丈夫本人亲手杀死妻子之奸夫的刑量加重一等，而其他因素未反映在最终刑量中。

笔者认为，此案的特殊之处在于百年是奉父亲生前的遗命而将母亲的奸夫杀害的，父亲在此时业已死亡而无法亲自动手，因此可视为其子奉遗命代行本夫的杀奸权，应视作与本夫杀奸无异。这可能也是该案最初判决百年无罪释放的原因。因为杀奸行为到底出自儿子本人的意志，还是出自业已亡故的本夫意志，在量刑上应存在显著的区别。而本案另一特殊之处在于，百年的父亲是因母亲的奸淫而积郁成疾并最终死亡的。也就是说，奸夫的通奸行为与其父亲的死亡之间存在一定的关联，奸夫是间接导致父亲死亡的凶手（之一）。因此，该案除了母亲的通奸和"杀死奸夫"的情节外，还存在着为父复仇的情形。而无论是遵照父亲遗命代父杀奸，还是为父亲复仇雪冤，在当时均属于从轻甚至免除处罚的情形。

但以上两种考量却未反映在最终的刑量中，这就使我们感到不解。笔者通过查阅《朝鲜王朝实录》，发现此案在《朝鲜王朝实录》中亦有记载①，且《实录》的记载透露出《钦钦新书》所遗漏的一个极为重要的信息，那就是百年与其先考并非亲生父子关系，而是义父子关系。这一区别很可能成为了最终量刑时的参考因素，也解释了为什么刑曹一再坚持百年不可无罪释放且国王亦最终应允的原因，朝鲜法制之精微由此可见一斑。因为亲生父子和义父子在亲疏关系上有着明显的区隔，因而在朝鲜君臣看来，义父的遗命之于义子的效力和权威性，以及义子为义父复仇的合法性和紧迫性上，较亲生父子有着明显的折扣。所以在量刑之时，相同情况下义子和亲子的刑量不可完全一致。这也是为什么犯人百年最终未被赦免而遭受流配的原因所在。

这一案件的判决结果最终上升为适用于朝鲜全境的成文法，并收录于朝鲜英祖二十二年（1746）颁行的《续大典》中。《续大典》规定：

---

① 《朝鲜王朝实录》，肃宗实录卷 15，肃宗 10 年 6 月 9 日。

"其母与人潜奸，刺杀奸夫于奸所者，参酌定配。"① 那么，为义父杀奸这一极其特殊的情形而判决的刑量能否可以推而广之，以此适用于亲子为父亲杀害母之奸夫的一般情形呢？在判例上升为成文法条的过程中，若将这一判决中因"义子"的身份而特别加重的刑量普遍适用于日后亲子杀母之奸夫的情形的话，是否在立法上会有所偏差呢？笔者认为可能略有偏差，但考虑到本案奉父之遗命代父杀奸的情节，以及义父因奸情愤恨而死而为之复仇的情节，这两种可减轻处罚的情节与"义父子"的身份而加重处罚的情节相互抵消的话，《续大典》推而广之的子女杀害母之奸夫的一般刑量是科学适度的。

如果通奸者不是自己的母亲，而是自己的嫂子，那么小叔杀死嫂之奸夫应承担什么样的刑事责任呢？朝鲜正祖九年（1785）发生在黄海道金川郡的一起命案就出现了这种情形，这一案件被记录在《钦钦新书》"祥刑追议"篇中。李二福和李二春两人是亲兄弟关系，李二福之妻与金命喆通奸，作为小叔的李二春捆绑并殴打了奸夫金命喆，使奸夫在次日伤重身亡。② 关于此案的判决《钦钦新书》未有记载，但《审理录》记载了正祖大王对该案的最终判决。

> 杀人者死，三尺至严。而奸所捕捉，与无端杀死有异爲除良③。覆检结语中所引《续大典》，其母与人潜奸，刺杀奸夫于奸所者参酌定配之文，足可为傍照之一端。父与兄情理一般，母与嫂轻重显殊。彼而传轻，此而用律者，有乖审恤之意，二春段，严刑一次后，减死远配为旀④……⑤

国王的判决中同样提到了"奸所"的概念，但本案并非在奸所杀奸。此案发生之前，朝鲜王朝曾出现过上文阐述的儿子在奸所撞获母亲与人通奸而将奸夫登时杀死的案例，所以朝鲜王朝通过立法在《续大典》中

---

① 《续大典》，刑典，杀狱。
② 《钦钦新书》，祥刑追议，情理之恕七（嫂有淫行 叔杀奸夫 实因被打）。
③ 爲除良：吏读，朝鲜语"뿐더러"，"不仅"、"非但"之意。
④ 为旀：吏读，朝鲜语"하며"，连接词尾，表并连。
⑤ 《审理录》卷15，黄海道金川郡朴春福狱。

将《大明律》"杀死奸夫"条的适用范围延伸到了子杀母之奸夫的情形。而从本夫杀奸时的"勿论"到儿子杀母亲之奸夫的"定配",朝鲜王朝的立法根据案犯身份的不同,最终在量刑上作了区别处理,对儿子的杀奸较本夫杀奸明显严苛。而此案中国王提到了《续大典》中儿子杀母之奸夫情形的规定①并以此作为判决本案时参照的依据。国王认为,"父与兄情理一般,母与嫂轻重显殊",无论是血缘关系的有无,还是服制的亲疏,母亲与嫂子二者均无法相提并论。因而朝鲜国王在已有的儿子杀母之奸夫相关规定的基础上再进一步,对小叔李二春作出了"减死远配"的判决,即将之流放极边远的地带。而其罪不至死的原因在于被害人本身也存在一定的过错,且加害人维护的是兄长的利益和家族的体面。判词中正祖大王提到的"审恤"是对存有一定过错的被害人(奸夫)的"矜恤"及正义的维护,而非对加害人的钦恤。也就是说,正祖大王的法律意识中有明确的"罪刑相适应"原则并明确认为对加害人的同情或怜悯就是对被害人的不公,因为保护恶就是侵害善(Bonis nocet, qui malis parcit.)。丁若镛阅览此案后,于《钦钦新书》中对本案的判决结果加以批判。

> 杀人,大事也。故杀奸之法,非其夫则不许,非奸所则不许,此非可烂漫轻许者也。母之奸夫,许其子杀之,室女之劫奸者,许其父杀之者,国典也。然转转开广,又许杀嫂之奸夫,则不既滥乎?况非奸所者乎?此不当引而引者也。②

丁若镛认为,《大明律》"杀死奸夫"条的适用范围和构成要件本已十分科学,因而朝鲜不能无限扩大该条的适用范围。《大明律》仅规定了本夫可以杀奸,而朝鲜本国立法却在当时将其扩大到子杀母之奸夫和父杀在室女之奸夫的情形。丁若镛认为不宜再将适用范围进一步扩大至叔杀嫂之奸夫的情形。从本夫杀奸时的赦免("勿论"),到儿子杀奸时的普通流配("参酌定配"),再到小叔杀奸时的流配海岛或极边地带("减死

---

① 《续大典》,刑典,杀狱,"其母与人潜奸,刺杀奸夫于奸所者,参酌定配"。
② 《钦钦新书》,祥刑追议,情理之恕七(嫂有淫行 叔杀奸夫 实因被打),议曰。

远配"),我们可以依稀地勾勒出朝鲜"杀死奸夫"在法律适用上的谱系。丈夫本人对妻子的性拥有专属权,因而在其受到侵犯时,特别是在奸所,他的激愤程度最为强烈而犯罪的主观恶意最小,因此明律对此予以宽恕。而到了儿子杀奸的情形中,其维护的是父亲(无论其生存与否)对母亲之性的专属权,其所侵犯的对象已非本人,所以激愤程度较本夫次之,而已经带有某种剥夺奸夫生命的主观故意,所以在朝鲜王朝,儿子杀奸将受到流配的刑罚。而到了小叔杀奸时,其所维护的是兄长(无论其生存与否)对嫂子之性的专属权,而无论是兄之于父,还是嫂之于母来说,其"亲亲"(亲情和血缘的亲疏均无法比拟)和"尊尊"(平辈而非尊亲属)的程度都已明显减弱,因而其发自本心的激愤程度又弱于子杀母之奸夫,而已带有较为明显的杀人故意,所以在朝鲜王朝,小叔杀奸所受到的刑罚更重,一般被流放至海岛或边疆。从中可知,中华法系的司法实践中依照尊卑、亲疏而加减刑量的特殊主义传统本身就存在某种科学性和合理性,其考察了包括人的本心和社会接受程度等各种因素。

到近代以后,"杀死奸夫"条的局限性愈加凸显而受到越来越多的质疑。如沈家本在其《论杀死奸夫》一文①中即从义、序、礼、情、政治、风俗和民生等七个方面阐释了该法条不合逻辑而又无法自圆其说的事实,论证极为严密。《大明律》"杀死奸夫"条有关本夫于奸所登时杀奸而不负任何刑事责任的规定与《大明律》户律"出妻"条②、刑律"犯奸"条③和"罪人拒捕"条④的相关规定均相互矛盾。此条若放在作为整体法律框架的《大明律》之中加以考察,便可得知律不当杀而杀、律条轻重失衡和与其他法条在法律逻辑上的相互冲突等结论,因而沈家本主张将此条从律文中删除。

---

① 《寄簃文存》卷6,论杀死奸夫。
② 《大明律》,户律,婚姻,出妻,"凡妻无应出及义绝之状而出之者,杖八十。虽犯七出,有三不去而出之者,减二等,追还完聚"。
③ 《大明律》,刑律,犯奸,犯奸,"凡和奸,杖八十;有夫,杖九十;刁奸,杖一百"。
④ 《大明律》,刑律,捕亡,罪人拒捕,"罪人本犯应死而擅杀者,杖一百"。

结　语

《钦钦新书》与中朝古代判例集

　　本研究通过考察丁若镛的生平与思想、《钦钦新书》的编撰目的和编撰过程、《钦钦新书》的全书结构和所录案例的出处、与中朝历代各类法律典籍的关系、《钦钦新书》中的"礼""法"关系、《钦钦新书》记载的各种犯罪类型与代表性案例及从中体现出的中朝两国传统法文化异同等，从各个方面较充分地发掘了《钦钦新书》的史料价值和学术价值。《钦钦新书》作为唯一一部网罗并综合中华法系内部两个以上国家（法域）案件的案例汇编，同时又是集中体现朝鲜哲人丁若镛刑事法思想的著作，其史料价值如何评价都不过分。

　　通过综合考察《钦钦新书》全书的各个部分可知，书中收录的各种判例、律文和经文蕴含着东亚地区先贤丰富的法律思想。由此不仅能够体察中华法系内部中朝两国刑事司法的严谨和精微，还可感受到多种不同律学见解的交锋，并不由赞叹此书编者丁若镛的真知灼见与批判精神。

　　诚然，东亚地区近代以前的学者大多继承了孔子"述而不作"的传统，并不像西方同时代的学者那样系统鲜明地阐述自己的法律思想，而是通过整理编辑、注释疏解包括先秦经典在内的各类史料，来间接阐发自己的法律思想。丁若镛亦无法完全摆脱这一传统。这也为后世学者准确地把握和阐释其法律思想造成了一定的困难。笔者认为，能体现丁若镛法律思想的不仅在于各案例后其直接抒发个人见地的按语，也同时包括《钦钦新书》全书的结构和体例、书中所录的案例及其对犯罪类型的划分，以及丁若镛在援引中朝各类法律典籍时所作的裁剪和增删等，这些均可体现丁若镛精深的刑事法思想。

　　《钦钦新书》不仅收录了中朝两国传统时期的各种犯罪案件和判决，

也包括了与案件相关的法律条文和丁若镛的批判性见解、十三经等儒家经典中蕴含的法律思想、司法检验技术等，内容极其丰富。尤其是《钦钦新书》的学术视野横跨近代以前的中朝两国，集中朝两国历代判例之大成，并加之丁若镛本人的创造性综合、比较和评判，其学术价值和史料价值不容小觑。在中国、朝鲜、日本、越南、琉球等中华法系内部区域，能同时收录不同国家（法域）案例并予以比较综合的案例汇编在历史上仅有《钦钦新书》一部，这使得《钦钦新书》的学术价值明显高于朝鲜王朝后期的《审理录》《秋官志》等仅收录朝鲜本国案例的官撰判例集。

《钦钦新书》与同一时期朝鲜其他判例集最明显的不同有以下两点。一是《钦钦新书》乃个人私撰而非官撰；二是《钦钦新书》不仅收录了朝鲜本国案例，而且也收录了外国（中国）历代案例，特别是对丁若镛生存的 18 世纪后期的中朝两国判例有过集中收录。那么丁若镛为什么能够收集到如此多样的中国传统法制资料，又为什么要将其与朝鲜本国案例一同置于一部著作中呢？笔者认为有以下几个方面的原因。

第一，这与包括丁若镛在内的朝鲜王朝士大夫的知识结构有关。与今日不同，朝鲜王朝的士人幼年即接触《千字文》、四书五经等儒家经典，自幼便接触过许多中国经史典籍，对中国文史知识的熟悉程度有时甚于对朝鲜本国的了解，对中国历代典故更是信手拈来。丁若镛也不例外，因此《钦钦新书》中收录中国历代案例也就显得极其自然，而包括律学思想在内的丁若镛经世思想也多数脱胎于他对经学的深刻把握。《钦钦新书》将"经史要义"篇置于全书之首的原因也在于此，即"礼""法"二者并不分家。若想深刻把握朝鲜本国法制脉络，也必然会涉及对中国经史的系统考察。因此，将中国案例与朝鲜案例加以综合，并置于一部著作之中也就显得理所应当了。

第二，这与丁若镛本人宽广的学术视野和探索刑事法之普遍真理的雄心不无关系。从《事案》到《明清录》再到《钦钦新书》，著述的成书过程十分漫长。在漫长的成书过程中，丁若镛的学术视野不断扩大，从仅收录朝鲜本国案例，到将中朝两国的案例一并收录；从仅将案例收录编排到加入自己对相关案例的独到见解，《钦钦新书》是在不断补充完善中逐渐成型的。在《钦钦新书》不断完善的过程中，丁若镛也逐步跳出一国（朝鲜）、一朝（李朝）之局限，而将其学术视野扩大至历朝历代天下（当时的东亚）整体的法律制度和法律实践之中。换言之，丁若镛逐步摆脱一国（朝鲜）法制之特殊性，而上升到全天下（东亚）法制的普遍性，即从治国的层面上升至平天下的高度上来。其学术抱负之雄壮、学术理想之宏大，与普通学者迥然相异。因此，《钦钦新书》的内容构成本身就在某种程度上反映出丁若镛的天下观（世界观）。

第三，这与当时包括丁若镛在内的朝鲜士大夫有机会接触各种最新的中国书籍有关。相比其他国家图书来说，当时的朝鲜被西方人称作"隐士的王国"，信息相对闭塞，朝鲜文人的主要外来信息源即是中国，甚至天主教和西洋器物最初也是由中国传教士传入朝鲜的。而得益于明清时期我国出版业之发达，以及当时中朝两国活跃的学术交流等多重因素的影响，在中国出版刊印的书籍不出几年便能流入朝鲜半岛。《钦钦新书》"拟律差例"篇记录的我国清代乾嘉年间判例便是明证。在"拟律差例"篇中，丁若镛一共收录了 188 件清代乾嘉年间的命案，其中嘉庆年间发生的案例约占全篇三分之一。该篇最晚近的两起案例①发生在嘉庆十六年（1811）秋天，而我们知道《钦钦新书》是在 1819 年成书，经过修订于 1822 年春作序后正式完成的。而这些跃然于《钦钦新书》纸面上的清代案例须在 1812 年至 1821 年的十年间经过我国书商的编辑整理和出版刊行，又经由某种途径流入朝鲜半岛，流入朝鲜后再经某种途径流入到丁若镛手中，流入丁若镛手中后又经过筛选、分类和编辑（主要是删减和缩略）最终才能呈现在《钦钦新书》之中。可以说，从我国发生并审判相关案件，到十年内出现于朝鲜士人编撰的著作中，其间的每一个流程步骤都是以极快的速度完成的。考虑到清代法律书籍进入朝鲜境内后，其流入丁若镛手中仍需一定时间，丁若镛将案例筛选编辑也需要几年的时间，从而可以大致推测，我国清代的法律图书从在中国出版到流入朝鲜半岛的时间大概不超过五年，可谓神速。清代图书的跨境流动为朝鲜学者及时了解中国的学术动向，也对中国各类学科知识（包括从西洋和西域等地舶来的知识）提供了客观上的便利，也为清代学术思想和学术

----

① 《钦钦新书》，拟律差例，尊长之犯（病兄求死　顺意买砒　致其兄服毒以死　○嘉庆）；《钦钦新书》，拟律差例，奸淫之殃（男子拒鸡奸　扎伤淫男致死　○嘉庆）。

流派深刻影响朝鲜半岛提供了物质载体。在19世纪初，也必然存在某种相对固定的、能够使包括法律书籍在内的中国书籍快速流入朝鲜半岛的路径，虽然这一路径目前尚不十分清楚，亦无法排除当时存在不止一条书籍跨境流动的途径。正是得益于清代学术信息流入朝鲜之迅速，使得丁若镛能够以最快的速度接触到最新的海外学术信息。获取中国最新资料的便利性，也使得《钦钦新书》能够综合两国以上的案例、集中朝两国同时期（18世纪末19世纪初）最新判例和两国历代案例之大成变为可能。

第四，其与当时中朝两国同属中华法系、共享同一类型的法律文明有关。当时的中国和朝鲜不仅都推崇四书五经等儒学经典，而且在刑事法和法医检验领域也使用相似的典籍。如在刑事法方面，朝鲜王朝初期即从我国继受《大明律》作为本国的基本刑事法，由于朝鲜本国国情与我国有所差别，部分规定通过国王受教而略有增改，而其中的有些规定上升为"辑录"甚至《续大典》的法条而先于《大明律》在本国适用，即使到朝鲜王朝后期亦是如此。而我国的《大清律例》同样脱胎于《大明律》，并随着时代和现实条件的变化以"例"和"通行"的形式加以补充完善，并优先于律文适用。由此看来，明清时期中朝两国刑事法制的共同分母是相同的，均为《大明律》，而两国法制演进的路径同样是相似的，清代通过"例"和"通行"对律文加以补充，而朝鲜王朝则通过"典""录"对律文加以完善。两国同时期相似的刑事法制及演进路径使得两国的判例出现在同一案例汇编中却显得毫无违和感，也使得将两国相似而不相同的判决结果和法理论证加以比较、借鉴和批判成为可能。此外，中国的儒家经文、正史和故事都会成为朝鲜众臣论辩和国王裁决时援引的活的法源，如"经史要义"篇记录的朴圣昌为父复仇案①即是如此，最终判决时所引法源的多样性令人叹为观止。因此，"经史要义"篇中收录的经文和历史故事不仅仅具有参考价值，而且有时会摇身一变，成为朝鲜王朝判决时所援引的依据。因此，《钦钦新书》收录中国历代案例的缘由和正当性也就更加凸显出来了。为了准确而全面地了解朝鲜法

---

① 《钦钦新书》，经史要义，子复父仇（朴圣昌）；《朝鲜王朝实录》，英祖实录卷42，12年11月23日。

制的立法精神和司法实践，对中国历史上的儒家经典和历代刑事司法实践的把握乃必不可少。

如编者丁若镛在其序文中所言，《钦钦新书》乃"荟萃相附，不能浑成"。但正因各篇中荟萃了各代各种类型的法律文本，而使得此书几乎集中朝两国历代判例汇编的所有编撰类型于一身。在《钦钦新书》中，我国古代各类判例集的编撰模式（流派）均有所体现，并可与《钦钦新书》各篇一一对应。如搜集和整理历代各类史料中代表性案例的编撰模式，如《疑狱集》《折狱龟鉴》《棠阴比事》《折狱龟鉴补》等，即可与《钦钦新书》第一篇——"经史要义"篇（第2—3卷）相对应。而汇编当时地方官所作判词的编撰模式，如宋代的《名公书判清明集》和清初《资治新书》的"判语部"等，即可与《钦钦新书》第二篇——"批详隽抄"篇加以对应。又如中央政府对富于争议的地方官判决加以驳回或改正，并对法理、适用罪名和量刑的细微差异加以辨识，以展示律学之发达和极度专门化的清代判例集编撰模式，如《驳案新编》《驳案续编》《刑部比照加减成案》《成案所见集》等，即可与《钦钦新书》第三篇——"拟律差例"篇相对应。又如将当时中央政府判决的代表性案例加以整理汇编的编撰模式，如我国的《刑案汇览》和朝鲜的《审理录》《秋官志》等，即可与《钦钦新书》第四篇——"祥刑追议"篇相对应。再如将编者一人所作法律文书归纳整理的编撰模式，如明代李清的《折狱新语》和清代蓝鼎元的《鹿洲公案》等，即可与《钦钦新书》第五篇——"剪跋芜词"篇相对应。此外，还有"经史要义"篇涉及刑狱的十三经经文和注疏，"批详隽抄"篇中的文移和文告，"批详隽抄"篇中连接法律与文学的公案故事等，《钦钦新书》一书几乎网罗并涵括了中国传统判例汇编类图书的所有编撰模式，并超越判例集这一单一图书类型，而对官箴类和司法检验类著作有所涉猎，这在中国任何一部判例汇编类书籍中都是难以见到的。

通过系统考察《钦钦新书》，可以发现《钦钦新书》在编撰时受到了同一时期我国清代学术的巨大影响。无论是汇编清初地方官判词的《资治新书》，还是汇编乾嘉年间刑部驳案的《成案所见集》，抑或是清代重新刊印并风行于世的《十三经注疏》，又如官箴类著述《居官寡过录》、清代刊行的《洗冤录》最新版本和其中的检骨图格等最新法医检验技术，以及对《大清律例》和《大清律辑注》等清代律学注解图书的引用,均不难发现《钦钦新书》在判例集、经书、法医检验书、官箴书、律学注解书等领域均受到同时期我国清代刑事司法最新学术成果的全方位影响,足见有清一代我国对朝鲜半岛学术影响之深刻。

与清代刑事司法类著作联系密切的《钦钦新书》,也可成为同时期我国清代判例集与之比较的对象。那么,作为朝鲜王朝最具代表性的私撰判例集,其与我国同时期判例集相比有哪些异同呢?笔者认为二者有以下几点不同。

首先,最值得关注的是《钦钦新书》与清代判例集在经学和律学关系的处理上存在明显差异。宋代以来的中国各类判例集极少有像《钦钦新书》这般与十三经等儒家经典作明确连接并将相关经文置于著述卷首的情形。《钦钦新书》"经史要义"第一卷中的经文注疏作为统领全书的核心内容,足见丁若镛将其律学思想置于其经学思想的基础之上。从中朝两国传统判例集的编撰,可以窥见两国在经学和律学互动上存在微妙的差异。中国古代律学不断演进而最终成为独立的专业学问领域,随着时间的推移与经学逐渐分离,使得业已儒家化的律学基本不再另外受到来自经学的干扰。而朝鲜律学和经学的关系则较中国更为密切,在判决时律文有时会被架空而未得到严格执行,经文和历史上的先例对刑事司法的影响远胜于清代,朝鲜王朝的刑事司法未能完全脱离来自经、史的广泛影响,律学与经学未能完全分离,更未像同时期的清代律学那般严密精微。总体来说,朝鲜王朝后期律学的发展水平和专业化程度略逊于同一时期的我国清代,而律学之独立性和刑事司法的运行效率则远逊于我国清代。

其次,鉴于清代律学的高度发达,有清一代的判例汇编除清代晚期胡文炳的《折狱龟鉴补》外,与丁若镛同时的清代中期判例集大多只采录本朝发生甚至新近发生的刑事案件,以便将最新涌现的判例成果及时汇编,而极少越出一国(中国)、一朝(清朝)的范畴而兼涉本国历代判例,对外国的相近判例更是无从涉猎。清代学者在采录和汇编这些案例时,鉴于多为本朝案例且多数经过了皇帝御判,所以编撰者本人不便对案件和判决结果随意评论或加以臧否。与之相反,丁若镛所收录大多是外国案例和历代案例,所以并无太多顾忌,因而在许多案例之后都附有丁若镛本人的独特见解和批判，从而充分展示了丁若镛本人的法律思想，使《钦钦新书》具有鲜明的个人色彩。这是中朝两国私撰判例集在编撰风格上的区别所在。

中国历代的判例汇编多出自私人之手，即便像《刑案汇编》或《驳案新编》等出自多年在刑部任职吏胥之手的判例集，也并非奉皇帝或刑部的命令编撰，而是以本人多年从业经验为基础自发编撰而成的。得益于我国宋代以后图书出版业的发达，致使判例汇编、公案小说等法律相关书籍可以层出不穷地涌现出来，并有一大批读者乐意阅读和消费，形成了一种所谓的"公案文化"，并对周边的朝鲜和日本影响深远。朝鲜王朝后期集中涌现的各类讼事小说，无不受到我国明清时期公案文化的深刻影响。与之相对的是，朝鲜王朝的判例汇编如《推案与鞫案》《审理录》《秋官志》《祥刑考》等多出自官方之手，均是奉朝鲜国王之命编撰而成，丁若镛私人所撰的《钦钦新书》实乃朝鲜各类判例集中的异数。因而笔者认为，私撰与官撰应是近代以前中朝两国判例集的根本差异。由此可以看出，朝鲜古代民间的"公案文化"不甚发达，其商品经济特别是文化艺术产品的不发达导致了法律类图书等精神文化消费的不甚发达。

而与《钦钦新书》同时的我国有清一代乃是司法判例汇编蔚为壮观的时期。作为成文法的律文和例文已然无法适应社会发展的需要，各类成案日益增多，部分成案上升为"通行"而成为具有普遍约束力的"判例法"。判例的法定地位虽不及成文法，但司法实践中许多地方官判案时却常常参考已有成案作为"先例"，援引或比附之。这种现实的需求，也成为各类成案（判例）汇编不断涌现的动力之一。虽然清代判例与英美法系（Common Law）之"判例法"有着很大区别，但清代确实出现了判例不仅是已发生的案例，而成为指导后续判决的法源之一，并对嗣后审判具有约束力之"先例"的现象。这是同时期中朝两国"判例"的区别所在，在判例的实际效力和司法实践重要性上两国存在较明显的区别。这并不是说朝鲜的判例无法上升为法源，朝鲜的一些判决经过抽象后确已上升为成文法的法条，但朝鲜判例仅仅是成文法修订时的渊源之一，判例本身从未具有某种约束力，朝鲜王朝从未像清代一样出现类似"通行"的法律形式。如果以成文法和判例法作为一国法制之两端的话，朝鲜王朝后期比同一时期的我国清代更接近成文法的一端。

又如丁若镛编撰《钦钦新书》时，常常将《大明律》或《续大典》等法典的关联条文附于相关案例之后，以作为该案例的判决依据。与之相反，在《刑案汇览》、《成案所见集》或《驳案新编》等同时期的清代判例汇编中，案例虽大多按照律文的顺序排列，但其收录的原因却多是因为这些案例为律无正条的疑难案例，并以此来弥补律例之不足。这也是同时期中朝两国判例集的区别所在。朝鲜王朝之判例集无论是官撰还是私撰，其编撰目的或是为了标榜国王的祥刑理念，或是与当时的法规互为佐证，其判例始终被置于成文法条之下，而从未像清代许多判例集那般对许多律无正条之疑难情形作必要而有益之补充，以此来补充和完善当时法律体系。由此看来，相较朝鲜王朝，清代判例集编撰时的实用目的和现实指导意义更强。如果说朝鲜王朝的判例汇编仅是总结性的话，那么清代层出不穷的判例汇编在具有总结性的同时，还富有开拓性的一面。

而通过比较同期中朝两国的判例集可以发现，两国编撰者在身份上有着较大差别。清代判例集多由在刑部任职多年的官员或吏胥，抑或地方官员编撰而成，他们在编撰时多出于总结其多年司法实践经验的目的，而基本未能通过编撰判例集来抒发或阐述其本人的法律思想，也未能将判例上升至哲学的高度予以思考和分析。丁若镛的《钦钦新书》则截然不同。他与清代判例集的编者多是司法实务工作者不同，丁若镛是法律实务工作者的同时，更是一位法律思想家。他不仅对《大明律》《续大典》《洗冤录》等司法实务相关知识烂熟于心，而且通过《钦钦新书》的编排结构、收录案例以及对案例的评价与批判，以明确阐释自己的法律思想，已上升到了法哲学的高度。如果将《钦钦新书》与丁若镛"一表二书"中的另外两本著作——《经世遗表》《牧民心书》相连接，便可知《钦钦新书》在更宏大的层面上乃是丁若镛完整阐释其治国理念、架构其治国平天下方略和理想的重要一环。

丁若镛的法律思想并未全然脱离三纲五伦的身份秩序，而认同以加害者和被害者身份之尊卑来定罪量刑，因而未完全摆脱历史的局限。但丁若镛在学术视野上超越了一国一朝之局限，而放眼历史上全天下（东亚）刑狱，以此探索刑事司法的普遍真理，《钦钦新书》的成书过程就是丁若镛探求真理的过程。他既不盲从孟子等先贤的观点，也不盲目认同国王的判决结果，其对真理的探索，仅依赖自己清明的理性，仅追寻自己的内心，《钦钦新书》的编撰历程也是丁若镛与自己的内心不断对话的过程。他"不唯上、不唯书、只唯实"，不仅对清代皇帝和朝鲜国王判决中的谬误加以批判，而且勇于指出孟子等先贤观点中的不足之处，丁若镛不盲从权威的批判精神是他所生存的年代极为匮乏的。如果说清代判例集的编者大多是出于当时刑事司法的现实需要而编撰的现实主义者的话，那么《钦钦新书》的编撰者丁若镛却是通过"一表二书"描绘了他所梦想的理想社会，相比清代判例集的多数编者来说，足以称得上是一位理想主义者。

犯罪是文化的一部分，是文化的产物。为了理解当时、当地的犯罪，首先需要理解当时、当地的文化。比如与现代法制截然不同的血亲复仇、杀死奸夫、女性为维护自己的贞节而自杀或杀人等问题，以及清代特有的卖奸问题、同性间的性犯罪等都与当时当地的价值理念和时代背景相关。而《钦钦新书》中的诸多案件所记录的许多小人物的生活和悲喜，也为社会史和文化史的研究提供了极好的素材。

正因《钦钦新书》同时记录了中朝两国的判例，所以此书又是比较中朝两国犯罪类型、犯罪文化和刑事法之差异的绝好文本，为同属中华法系的不同国家（法域）间的比较法研究提供了极好的素材。譬如在附有个案之后的丁若镛本人按语（评论）中，就不乏对比两国犯罪文化、法律用语差异的内容。通过对比两国案例，可以得知当时两国的刑事司法和犯罪文化有如下差异。

首先，清代的犯罪类型较同一时期的朝鲜更为复杂多样，而清代案例的犯罪手段和犯罪过程较同时期的朝鲜更加残忍惨烈。其次，同种类型的犯罪案件中，清代司法在量刑上较朝鲜为重，清代司法在确定刑量时较朝鲜更为精微细腻，而朝鲜王朝的量刑明显比清代粗疏。再次，《钦钦新书》所载清代案例展示了许多异性间和同性间的卖奸、策略性的"一妻多夫"、同性间的性犯罪、采生折割等朝鲜半岛不曾出现的犯罪类型，并表现出较强的实用主义倾向和金钱至上理念。而朝鲜的案例中较多出现的因疑妻症所导致的命案、因性丑闻被传播导致的自杀或杀人等清代极少出现的犯罪类型，说明了当时的朝鲜民间社会较清代社会受到更多儒教理念的洗礼,较清代更加重视女性的贞节。因此可以说,清代比起同一时期的朝鲜来,具有较强的实用主义、功利主义倾向,而朝鲜后期社会较同时期的清代社会具有较强的道德主义倾向,从中得以窥见同属中华法系的中朝两国法律文化的细微差异。最后,两国在司法实践和定罪量刑上,清代较强调"法治",而同一时期的朝鲜较强调"礼治"。已被伦理化的法典既已确定,清代司法在实践中便会严格遵照执行,而较少再受到伦常或"礼"的冲击。相反,已被伦理化的法典在朝鲜往往还会再度受到伦常和"礼"的冲击,有时甚至会被"礼"所架空。如按照《大明律》等法典,当时夫妻间在法律地位及量刑上有二等之差异,妻妾间在法律地位及量刑上有二等之差异。在清代,诸如此类的差异既已确定便会遵照执行,而不会在量刑上再肆意扩大差异的幅度。而在朝鲜王朝,出于儒教理念和对尊卑秩序的维护,在量刑上往往会因加害人和被害人身份的尊卑而任意扩大差异的幅度,呈现出重者更重、轻者更轻的格局。甚至弑杀父母、丈夫的案例不问情由即刻处决,竟不会被记录在案①,朝鲜王朝的统治者可能因其治下发生"恶逆"案而引以为耻,因而刻意掩盖了相关案件,使之不存在于"历史"中。

而从大的时代背景来看,18 世纪中朝两国的法制均得到较大的发展,这也为《钦钦新书》最终集中朝两国当时法制与代表性判例之大成奠定了基础。18 世纪的朝鲜历经英祖大王、正祖大王两位有为之君,法律制度得以不断修订和完善,《新补受教辑录》《续大典》《大典通编》等成文法典相继问世,《秋官志》《审理录》《祥刑考》等官撰判例集不断涌现,《增修无冤录》《增修无冤录大全》《增修无冤录谚解》等司法检验图书不断修订完善,《钦恤典则》等刑具规制更加明确。丁若镛辅佐的正祖大王在位之时,朝鲜王朝的法制达到了前所未有的高度。而与其同时的我国清代乾嘉年间,君主勤勉有为,《钦定大清律例》正式颁行,例文和通行不断增加,各类成案不断累积,《驳案新编》《成案所见集》等各类判例集大量涌现,各项法律制度得到空前地发展和完善。可以说,中朝两国在 18 世纪后期均达到了传统法制的历史巅峰。这时,就呼唤一位

---

① 《钦钦新书》,经史要义,弑逆绝亲之义,案,"弑逆之狱,随用极刑,不问情理,故史册无传"。

能够打破国家间界限与藩篱，并将当时东亚地区刑事司法发展的整体面貌加以总结和概括的人物，丁若镛恰恰于此时出现并很好地完成了历史交给他的任务。

对于传统时期同属中华法系的域外学者（如朝鲜、日本、越南学者）是如何看待中国法和其本国法的，在国内先前的研究中基本未曾涉猎。而《钦钦新书》这一著述及其文本却提供了这种中华法系母法与子法间的比较视角，本研究基本沿袭了《钦钦新书》的这一超越国界的视野和取向。《钦钦新书》将法典与判例、宏观与微观、规则与事实、制度与实践、理性与经验巧妙地熔铸于一身，值得今日研究者深入挖掘和探索。

通过研究《钦钦新书》，笔者可以强烈感受到，历史上的朝鲜半岛因积极吸取中华文明的精髓，包括丁若镛在内朝鲜士人对中国的历史、学术、人物、风土都非常熟悉。而作为制度发祥地和文化传播者的我国，或许因长期处于这一文明体系的中心，反而对周边地区的各类知识不太关注，这是我们需要克服的。

历史和实践证明，我国首创的制度文明和法律体系，在变通后完全可以广泛适用于境外，许多的中国制度和中国经验在域外地区仍是合理有效的。制度自信和文化自信互为表里、相辅相成。而研究中国法律史同样需要一种外部视角，广义的"中国法律史"应涵括我国制度文明的域外延伸，《钦钦新书》便是这种宏大视角下"中国法律史"的集中体现。

《钦钦新书》于道光二年（1822）春正式编撰完成，距今恰好度过了二百个春秋。在这短短的二百年中，中朝两国的法制和社会均经历了翻天覆地的变化，原有的中华法系逐步解体，《大明律》《洗冤录》及儒家经典等东亚国家法制间的共同分母亦趋瓦解，《钦钦新书》所建构的刑事法制的根基今日已不复存在。然而，始终不变的是编撰者留给世人的勇于质疑、理性批判的风范，不畏险阻、探索真知的求道精神，以及热爱百姓、人命关天的钦恤理想。在《钦钦新书》成书二百周年之际，谨以本书追念集中朝两国律学及历代判例之大成的茶山先生丁若镛。

附　　录

一　丁若镛年谱

乾隆二十七年（1762）

6月16日（公历8月5日），生于朝鲜国京畿道广州草阜面马岘里（今韩国京畿道南杨州市鸟安面陵内里）。父亲丁载远，母亲尹氏。

乾隆二十八年（1763）

罹患天花。

乾隆三十年（1765）

四岁，始习千字文。

乾隆三十三年（1768）

七岁，始作诗。

乾隆三十五年（1770）

九岁，母亲尹氏去世。

乾隆三十六年（1771）

十岁，随父亲学习经史。

乾隆四十一年（1776）

十五岁，随父亲移居京城汉阳，同年娶丰山洪氏（武承旨洪和辅之女）为妻。

乾隆四十二年（1777）
开始接触并学习星湖先生李瀷的遗作，从此开始志于实学。

乾隆四十四年（1779）
与兄长丁若铨一起，在首尔备考科举考试。

乾隆四十八年（1783）
二十二岁，参加会试，进士科合格而入成均馆（朝鲜国太学）学习。

乾隆四十九年（1784）
向正祖大王进献《中庸讲义》，同年首次接触到天主教书籍。

乾隆四十九年（1784）
发生"乙巳秋曹摘发案"，与李檗、李承薰、丁若铨等人被一同揭发组织参与天主教活动。

乾隆五十二年（1787）
作为成均馆儒生，奉王命编撰《大典通编》《八子百选》《国朝宝典》等，受到国王赏识。

乾隆五十四年（1789）
二十八岁，参加殿试，以甲科第二名及第，被授七品官。5月任副司正。

乾隆五十五年（1790）
2月，任艺文馆检阅。同年3月，受反对派弹劾，被流放至忠清道海美县十日，后被国王召回。

乾隆五十六年（1791）

历任司谏院正言、司宪府持平等职。

乾隆五十七年（1792）

3月任弘文馆修撰。同年父亲在晋州牧使任上离世。同年奉王命设计水原华城，设计筑城用起重机，作《水原城规制》。

乾隆五十九年（1794）

结束丁忧，复归成均馆。同年任成均馆直讲、弘文馆副校理、弘文馆修撰等职。同年，大清国天主教神父周文谟到达朝鲜京城汉阳，秘密传教。同年10月，被国王任命为京畿道暗行御史，巡察涟川地方。

乾隆六十年（1795）

1月，任司谏院司谏、同副承旨，同年2月任兵曹参议，同年3月任右副承旨。受兄长丁若铨被周文谟秘密入境传教事件牵连的影响，左迁任金井察访。

嘉庆元年（1796）

任奎瀛府校书、兵曹参知、右副承旨、左副承旨。同年，水原华城竣工。

嘉庆二年（1797）

校正《春秋经传》《杜诗》。同年以信奉西学为由，再度迁任黄海道谷山都护府使。同年冬，为治愈罹患天花的百姓，撰《麻科会通》十二卷。

嘉庆四年（1799）

入京任同副承旨、副护军、刑曹参议等职。

嘉庆五年（1800）

春，携妻回故里，后奉命入京（即为避祸而归于田园，正祖大王不允）。同年著《与犹堂记》，开启著述活动。同年 6 月正祖大王薨逝，年仅十二岁的纯祖大王即位，贞纯大妃垂帘听政。

嘉庆六年（1801）

2 月，发生镇压天主教的"辛酉邪狱"，以信奉西教之罪，与丁若铨、丁若锺兄弟三人均被捕入狱（丁若锺死于狱中，丁若铨被流配新智岛）。3 月，发配至庆尚道长鬐。同年 10 月，因"黄嗣永帛书案"牵累再度入狱。同年 11 月，流配至全罗道康津。

嘉庆七年至嘉庆九年（1802—1804）

借住于康津东门外的一家酒肆。

嘉庆九年（1804）

研究《周易》二载，作《周易四笺》初稿八卷。同年完成《儿学编训义》。

嘉庆十年（1805）

移居宝恩山房。

嘉庆十一年（1806）

移居弟子李学来家，开始讲学与著述。

嘉庆十三年（1808）

四十九岁，是年春得到儒生尹博帮助，移居康津道岩面万德洞的茶山草堂，正式开始著述与讲学，著述活动得到众多弟子的协助。同年完成《周易四笺》终稿二十四卷。

嘉庆十五年（1810）

完成《诗经讲义》《梅氏书平》《小学珠串》。

嘉庆十六年（1811）

完成《我邦疆域考》十卷、《丧礼四笺》。

嘉庆十七年（1812）

完成《民堡议》三卷、《春秋考征》初稿十卷（后增补为十二卷）。

嘉庆十八年（1813）

完成《论语古今注》四十卷。

嘉庆十九年（1814）

完成《孟子要义》九卷、《大学公义》三卷、《中庸自箴》三卷、《中庸讲义补》六卷、《大东水经》初稿两卷（后增补为十三卷）。

嘉庆二十年（1815）

完成《民经密验》《小学技言》。

嘉庆二十一年（1816）

完成《乐书孤存》十二卷。

嘉庆二十二年（1817）

撰著《邦礼草本》（后易名为《经世遗表》）四十四卷（未完成）。

嘉庆二十三年（1818）

完成《牧民心书》初稿。同年完成《钦钦新书》前身——《明清录》二十四卷。同年8月，遇赦结束流配生涯，返回故乡。

嘉庆二十四年（1819）

完成《雅言觉非》三卷。

嘉庆二十五年（1820）

完成《耳谈续纂》。

道光元年（1821）

完成《事大考例册补》、《易学绪言》、《牧民心书》四十八卷（终稿）。

道光二年（1822）

春，完成《钦钦新书》三十卷。同年适逢花甲，作《自撰墓志铭》（即"圹铭"）。

道光十四年（1834）

春，将《尚书古训》与《尚书知远录》改订合编为二十一卷。同年秋，改订《梅氏书平》。

道光十六年（1836）

2月22日病逝于洌水，享年75岁。同年4月7日安葬于与犹堂后山。

光绪八年（1882）

丁若镛的所有著作被全部笔写后藏于内阁。

光绪二十一年（1895）

朝鲜脱离与中国的宗藩关系。

公元1910年

丁若镛被朝廷追封正宪大夫奎章阁提学，赐谥"文度公"。

公元1934年

郑寅普、安在泓整理的《与犹堂全书》（共76册）由新朝鲜社出版刊行。

公元2012年

丁若镛诞辰250周年之际，当选联合国教科文组织2012年年度人物，同年《定本　与犹堂全书》在韩国出版。

二　《钦钦新书》全书目次

一　序

序（道光二年壬午春　作于洌水）

二　"经史要义"篇

卷一　"经史要义"篇卷一

"经史要义"篇序

（1）眚怙钦恤之义（帝典　康诰　吕刑）

（2）辞听哀敬之义（吕刑　小司寇）

（3）明慎不留之义（旅大象　康诰）

（4）司刺宥赦之义（秋官　司刺）

（5）过杀谐和之义（地官　调人）

（6）仇雠擅杀之义（朝士调人　礼记　孟子）

（7）义杀勿雠之义（调人）

（8）受诛不复之义（公羊传）

（9）议亲议贵之义（小司寇　孟子）

（10）乱伦无赦之义（康诰）

（11）弑逆绝亲之义（左传　礼记）

（12）盗贼擅杀之义（朝士）

（13）狱货降殃之义（吕刑）

卷二　"经史要义"篇卷二

（14）诬服伸理（钱若水）

（15）诬服伸理（向敏中）

（16）诬服伸理（胡宿　○梦告）

（17）梦告得尸（黄干）

（18）梦告知痕（张洽）

（19）代囚伸理（朱寿昌）

（20）代囚伸理（侯咏）

（21）代囚伸理（刘敞）

（22）横罹伸理（王平）

（23）横罹伸理（郑云敬）

（24）图赖辨诬（李崇）

（25）图赖辨诬（谢麟）

（26）图赖辨诬（孙长卿）

（27）图赖设禁（陶承学　大明律）

（28）诬赖反坐（南九万）

（29）察色知杀（高柔）

（30）察色知杀（胡质）

（31）察色知杀（蔡君山）

（32）察色知杀（张逸）

（33）察色知杀（尹以健）

（34）闻声知杀（郑子产）

（35）闻声知杀（严遵）

（36）闻声知杀（韩滉）

（37）闻声知杀（李宝林）

（38）闻声知杀（朴英）

（39）测井知杀（张升）

（40）射鸟误中（何承天）

（41）盗菜误中（程公逸）

（42）争鹑误杀（韩晋卿）

（43）击雀误中（答里麻）

（44）习射中母（许积）

（45）蹴伤误杀（张洽）

（46）嬉戏误杀（南九万）

（47）蠢愚减死（金正国）

（48）聋哑减死（金锡胄）

（49）幼弱减死（肃宗朝）

（79）私杀婢夫（李伯温　大典附录）

（80）叛奴弑主（李永辉）

（81）继母杀父（防年）

（82）继母杀父（孔季彦）

（83）谋弑继母（杜亚）

（84）弑母行赂（存伊）

（85）弑父辨诬（尹百源）

（86）杀母奸夫（金锡胄）

（87）父母杀子（贾彪　苏轼　俞伟　虞允文）

（88）父母杀子（明川妇　徐疏　明律）

（89）以孝杀妻（卜道咸）

（90）宥姑杀妇（柳公绰）

（91）诬妇杀姑（于定国）

（92）兄弟争死（苟蒋之）

（93）兄弟争死（秦润夫）

（94）兄弟争死（李克诚）

（95）兄母代死（尹次　史玉）

（96）嫡妾诬告（夏沈香）

（97）遗鞘诇盗（司马悦）

（98）屠刀辨盗（刘崇龟）

（99）放妪诇奸（蒋常）

（100）纵儿捉贼（韩思彦）

（101）店主酖商（韦皋）

（102）匪党杀徒（韩琦）

（103）执记获盗（周新）

（104）释冤获盗（姚龙学）

（105）留尸盗妇（五代时）

（106）留尸盗嫂（太平妇）

（107）奸僧变形（张咏）

（108）淫僧杀妓（苏轼）

（109）盗断妇腕（吕公绰）

（110）盗觊僧妻（郑云敬）

（111）鬼哭诳奴（南郡女）

（112）宿海得尸（蔡君山）

（113）网水得尸（马亮）

（114）爬江得尸（李浣）

（115）风叶得尸（周新）

（116）尾蛇得尸（叶宗人）

（117）斩丐充首（宣歙盗）

（118）儒作僧（顺庵说）

（119）稻芒执犯（周纡）

（120）毒酒发奸（范纯仁）

（121）左匙辨杀（欧阳晔）

（122）左匙辨诬（钱惟济）

（123）死后假烧（张举）

（124）油伞见痕（李处厚）

（125）榉柳作痕（李南公）

（126）野葛中毒（贾昌龄）

（127）荆花中毒（许进）

（128）旱莲中毒（汪待举）

（129）医药救死（叶南岩）

（130）赂狱竟死（范蠡）

三　"批详隽抄"篇

卷四　"批详隽抄"篇卷一

"批详隽抄"篇序

（1）佟国器　问刑条议　七条通论（佟氏字汇伯）

（2）李士桢　人命条议　六条通论（李氏字毅可）

（3）徐斯适　人命首议　饬禁诬赖

（4）陈秉直　人命榜示　饬禁妄报（陈氏字司贞）

（5）李嗣京　人命申详　禁委佐领（李氏字少文）

（6）尤侗　人命条约　约禁图赖（尤氏字展成　号西堂）

（7）郑瑄　人命私议　严禁图赖（郑氏字汉奉　号昨非庵）

（8）增福　人命新奏　检骨图格

卷五　"批详隽抄"篇卷二

（9）毛际可　勒死详驳　杀妻图赖（毛氏字会侯）

（10）沈迪吉　毒死详驳　弑夫图赖（沈氏字惠孺）

（11）林云铭　假命申详　买尸图赖（林氏字西仲）

（12）马瑞图　假命申详　假尸图赖（马氏字遇伯）

（13）颜尧揆　烧棺审语　自缢图赖（颜氏字孝叙）

（14）高翔　落水审语　儿溺图赖（高氏字云施）

（15）张一魁　病死审语　道院图赖（张氏号梅庵）

（16）李清　病死审语　儒巾图赖（李氏字心水）

（17）毛赓南　自缢审语　虐妻自杀（毛氏字南熏）

（18）王仕云　自死审语　出妻自尽（王氏字望如）

（19）陈开虞　两杀判词　怒淫双殪

（20）张一魁　自杀判词　妬影浪死

（21）王士禛　弑逆判词　与妻弑母（王氏字贻上　号渔洋）

（22）李嗣京　疑狱谳词　义子弑母

（23）周亮工　自缢批驳　骄妾弑嫡（周氏字栎园）

（24）马瑞图　误药批驳　庸医杀妻

卷六　"批详隽抄"篇卷三

（25）王士禛　大憝申详　聚徒弑兄

（26）稽永福　故杀覆勘　倚兵杀长（稽氏字迩遐）

（27）赵进美　劫杀批判　雇奴弑主

（28）倪长玕　纠杀批判　嬖奴弑主（倪氏字伯屏）

（29）赵最　疑狱申详　男淫疑杀（赵氏字我唯）

（30）张能鳞　奸狱回批　僧淫判杀（张氏字玉甲）

（31）周亮工　奸狱驳语　强奸为和

（32）王阶　逼杀批判　强淫自缢（王氏字旦后）

（33）颜尧揆　老狱改议　诬服伸冤

（34）李嗣京　冤狱审议　枉告伸冤

（35）王度　复仇驳议　孙复祖仇（王氏字平子）

（36）王仕云　误杀申详　认盗杀良

（37）张一魁　自杀判词　佃客自酖

（38）张一魁　自死判词　救人自？

（39）张一魁　自杀判词　怨邻自缢

（40）张一魁　威逼判词　围擒逼杀

（41）张一魁　威逼判词　搜索骇死

（42）赵开雍　过失判词　挥铲误中（赵氏字五弦）

（43）胡升猷　过失判词　掉铍误中（胡氏字贞严）

（44）李嗣京　诈狱覆审　疯狂饰辞

（45）刘沛引　浪死申详　烟酒醉死（刘氏字松舟）

（46）赵开雍　保辜覆拟　折腿剜目

（47）纪咸亨　疑狱复议　掘冢无证（纪氏字载之）

卷七　"批详隽抄"篇卷四

（48）李之芳　首从申详　首死从释（李氏字邺园）

（49）刘时俊　首从申详　首死从减（刘氏字勿所）

（50）盛王赞　斗杀审语　三钱杀身（盛氏号柯亭）

（51）毛际可　擅杀批词　一刀斫贼（夜入）

（52）孙知县　杀妻审语　愤死图赖（以下系余象斗所辑公案）

（53）丁知县　讼兄审语　病死图赖

（54）吴推官　杀弟判语　残弟灭侄

（55）范县令　杀嫂批语　贞妇逼嫁

（56）冯知县　佃户审语　争水杀妇

（57）夏知县　土豪审语　索债殴人

（58）杨清　艄工批语　片言折狱（以下系余象斗所演小说）

（59）苏按院　淫僧决词　壁书发奸

（60）张淳　杀淫判词　三鬼吓诈

（61）刘通海　杀妻判词　三人强奸

卷八　"批详隽抄"篇卷五

（62）谭经　杀妻判词　冤魂跟追（以下尤荒诞）

（63）洪巡按　妻狱判词　鬼告酒槌（杀婢）

（64）舒推府　僧狱判词　风吹休字（杀佃）

（65）郭子章　劫杀判词　义猴报主（杀客　郭氏号青螺）

（66）曹立规　劫杀判词　灵蛛告凶（杀淫）

（67）蔡应荣　劫杀判词　失帽得尸（杀客）

（68）乐宗禹　劫杀判词　买瓜得尸（杀客）

（69）项德祥　劫杀判词　听鸟得尸（杀客）

（70）黄甲　劫杀判词　跟鸦得尸（杀客）

四　"拟律差例"篇

卷九　"拟律差例"篇卷一

"拟律差例"篇序

（1）首从之别一（多人共殴　执下手重者　○嘉庆二年）

（2）首从之别二（两人共殴　执下手重者　○嘉庆八年）

（3）自他之分一（被殴后　投井致死　○乾隆）

（4）自他之分二（被戳后　又被别人殴致死　○乾隆）

（5）自他之分三（被弟殴伤　又被别人戳致死　○乾隆）

（6）自他之分四（被人割死　又有别人划伤　○乾隆）

（7）自他之分五（斗者赶追　不及而回　奔者犹奔　遇潮溺死　○乾隆）

（8）自他之分六（殴者下海　望洋而反　捞者犹捞　遇潮淹死　○乾隆）

（9）自他之分七（斗者上船　其一夫攀船不及　失跌溺死　○乾隆）

（10）自他之分八（窃材而走　其长兄追赶　不及失跌致死　○乾隆）

（11）自他之分九（因债起闹　失跌颠扑　内损致死　○嘉庆）

（12）自他之分十（邻居相碍　析毁墙砌　使主人被压致死　○乾隆）

（30）故误之判十五（乳母睡困不谨　匪意压伤乳孩致死　○乾隆）

（31）故误之判十六（持鎈翻草　误伤幼孩致死　○乾隆）

（32）故误之判十七（拾石吓儿　误中他人致死　○乾隆）

（33）故误之判十八（断绳夺牛　不意手脱　误伤田主之妻致死　○乾隆）

（34）故误之判十九（持桶掷狗　不意柄脱　碰伤怨家之妻致死　○嘉庆）

（35）故误之判二十（赶贼　先回邻人　疑盗击伤致死　○乾隆）

（36）故误之判二十一（纠众捉人　本人疑盗　殴伤致死　○乾隆）

（37）故误之判二十二（黑夜疑盗　误砍小功叔祖致死　○嘉庆）

（38）故误之判二十三（黑夜疑盗　误砍期亲伯母致死　○乾隆）

（39）故误之判二十四（邻人黑夜挖墙　被家主放铳致死　○乾隆）

（40）故误之判二十五（客人黑夜攀船　被船人掷篙致死　○乾隆）

（41）故误之判二十六（疯人夜入人家　既就捕殴伤致死　○嘉庆）

（42）故误之判二十七（疯人牵牛赶走　既就捕殴砍致死　○乾隆）

（43）疯狂之察一（疯人无故殴人致死　○疯人条例　○嘉庆）

（44）疯狂之察二（疯人殴伤其父　又砍杀三命　○乾隆）

（45）疯狂之察三（疯妇殴其夫致死　○嘉庆）

（46）谋杀之误一（谋毒嫌人　误中邻人二命　○乾隆）

（47）谋杀之误二（谋毒知情　误中别人诸命　○嘉庆）

（48）谋杀之误三（堂叔谋毒堂侄　误中他男子二命　○乾隆）

（49）谋杀之误四（奸夫谋毒本夫　误中他妇人二命　○乾隆）

卷十　"拟律差例"篇卷二

（50）嬉戏之宥一（乘肩为戏　嘱令行走　误跌倒地致死　○嘉庆）

（51）嬉戏之宥二（持刀演戏　方其掠转　误中傍人致死　○乾隆）

（52）威逼之惩一（威力缚锁　遂以冻馁致命　○乾隆）

（53）威逼之惩二（威力缚拴　遂以勒伤致死　○乾隆）

（54）威逼之惩三（幼童偷花邻家　奸人吓骗财物　使其父自砍致死　○乾隆）

（55）威逼之惩四（疯弟被锁野死　奸人吓诈财物　使其兄自刎致死

○嘉庆）

（56）威逼之惩五（乞丐自相捆缚　因伤致死　○乾隆）

（57）复雪之原一（为父报仇　并杀仇人之母与子一家三命　○嘉庆）

（58）复雪之原二（母羞奸自缢死　其子竟杀奸夫　○乾隆）

（59）复雪之原三（义父被砍于人　义子戳其人　两皆致死　○乾隆）

（60）卑幼之残一（父捉女奸　直于奸所殴杀　○嘉庆）

（61）卑幼之残二（兄捉妹奸　直于室中勒杀　○乾隆）

（62）卑幼之残三（堂侄女淫乱　被堂叔勒杀　○乾隆）

（63）卑幼之残四（族人通奸己妻　已成乘忿　并杀三命　○乾隆）

（64）卑幼之残五（族侄强奸己妻　未成　令妻毒杀族侄　○乾隆）

（65）卑幼之残六（强奸族弟之妻　不允　戳伤致死　○嘉庆）

（66）卑幼之残七（调奸胞弟之妻　不允　扎伤致死　○乾隆）

（67）卑幼之残八（以私忿杀弟　并杀其妻子　又杀喊救之人　○嘉庆）

（68）卑幼之残九（殴毙大功弟　图赖他人之财　○乾隆）

（69）卑幼之残十（戳杀大功弟　图取其家之财　○嘉庆）

（70）卑幼之残十一（姑婆以微罪杀媳妇　○乾隆）

（71）卑幼之残十二（姑婆以非理杀媳妇　○乾隆）

（72）卑幼之残十三（姑令媳妇卖奸　不从　绝食殴逼　自缢以死　○乾隆）

（73）卑幼之残十四（改嫁之姑　殴同居前媳妇致死　○乾隆）

（74）尊长之犯一（谋毒叔父下药　并误杀亲姑亲妹　○嘉庆）

（75）尊长之犯二（追念叔父　持刀自砍杀改嫁叔母　○乾隆）

（76）尊长之犯三（挟嫌图财　砍缌麻叔　刃伤致死　○嘉庆）

（77）尊长之犯四（养汉丑话　骂堂叔母　羞忿自死　○乾隆）

（78）尊长之犯五（兄被弟殴　家长不治　羞忿自缢以死　○乾隆）

（79）尊长之犯六（兄被弟抓　旁人劝开　旧病复发以死　○乾隆）

（80）尊长之犯七（病兄求死　顺意买砒　致其兄服毒以死　○嘉庆）

（81）尊长之犯八（谋毒兄嫂　不意胞兄同食　兄独致死　○嘉庆）

（82）尊长之犯九（谋毒兄嫂　不意侄妇同食　两皆不死　○嘉庆）

（83）尊长之犯十（以私忿　杀兄嫂胞侄及其雇奴等四命　○嘉庆）

（84）尊长之犯十一（寡姊私产　被弟拄推　又产一孩而死　○乾隆）

（85）尊长之犯十二（行窃族兄之家　扎伤族兄之肋致死　○乾隆）

（86）尊长之犯十三（通奸族弟之妻　激忿族弟之母跌死　○乾隆）

（87）尊长之犯十四（僚妾之子　殴伤僚母　自缢以死　○乾隆）

（88）卫尊之犯一（父被揿按　子救父难　殴伤不孝兄致死　○嘉庆）

（89）卫尊之犯二（父被捆缚　子救父难　铳伤小功兄致死　○嘉庆）

（90）卫尊之犯三（母被压住　子救母难　殴伤不孝兄致死　○嘉庆）

（91）卫尊之犯四（母被砍杀　子救母难　镰打大功兄致死　○乾隆）

（92）卫尊之犯五（母棺被掘　子报其怨　殴伤族兄致死　○乾隆）

（93）卫尊之犯六（母命锁缚　子缚其兄　因被母勒致死　○乾隆）

（94）卫尊之犯七（兄被弟殴　幼弟承命　反殴次兄致死　○乾隆）

（95）卫尊之犯八（兄不孝顺　祖母有命　因殴悖兄致死　○乾隆）

卷十一　"拟律差例"篇卷三

（96）弑逆之变一（取父买棺钱　贩贸谷物　致忿恚自死　○嘉庆）

（97）弑逆之变二（掘母已葬尸　剥取衣服　又移尸图赖　○嘉庆）

（98）弑逆之变三（继母淫乱　叔父有命　按住加功　令被刀致死　○嘉庆）

（99）弑逆之变四（妇犯其舅　遂殴伤致死　○嘉庆）

（100）弑逆之变五（妾殴其嫡　致投井自死　○嘉庆）

（101）弑逆之变六（奴妻进毒药　使主母致死　○乾隆）

（102）弑逆之变七（不孝于父母　被妻槌格致死　○乾隆）

（103）弑逆之变八（图奸其子媳　被妻勒伤致死　○嘉庆）

（104）弑逆之变九（继妻凌虐前子　使夫发忿缢死　○乾隆）

（105）弑逆之变十（女儿窃偷被回　其母弑夫图赖　○嘉庆）

（106）弑逆之变十一（知夫欲以胀毒图赖　进砒致死　○嘉庆）

（107）弑逆之变十二（奸夫奸妇　谋杀本夫本舅　○嘉庆）

（108）弑逆之变十三（奸夫奸妇　谋毒本夫致死　○嘉庆）

（109）弑逆之变十四（奸僧奸妇　同勒本夫致死　○嘉庆）

（110）弑逆之变十五（室女奸夫　于未婚之前　谋杀新夫　○乾隆）

（111）弑逆之变十六（室女奸夫　于既嫁之后　来杀新夫　○乾隆）

（112）伉俪之戕一（奸夫奸妇　谋杀本妻　推溺以死　○乾隆）

（113）伉俪之戕二（奸夫奸妇　两坐谈笑　骈杀以死　○嘉庆）

（114）伉俪之戕三（见妻私产　直于产草上殴杀　○乾隆）

（115）伉俪之戕四（见妻私产　逼往奸夫家自刎　○乾隆）

（116）伉俪之戕五（妻既露奸　持刀反砍　遂夺刀杀之　○乾隆）

（117）伉俪之戕六（妻求改嫁　持刀拼命　遂夺刀杀之　○乾隆）

（118）伉俪之戕七（令妻卖奸不从　受奸夫命　殴妻至死　○嘉庆）

（119）伉俪之戕八（令妻卖奸不从　逼其妻命　投井身死　○嘉庆）

（120）伉俪之戕九（淫其表妹　因妻劝阻扎伤　怀孕而死　○嘉庆）

（121）伉俪之戕十（调其子媳　因妻斥责殴逼　投河而死　○乾隆）

（122）伉俪之戕十一（继妻欲杀长子　而女媳同谋　气忿勒杀母女　○嘉庆）

（123）伉俪之戕十二（妻母纵女卖奸　而本夫殴妻　黑夜误杀其母　○乾隆）

（124）伉俪之戕十三（妻忤逆其舅　被夫殴死　○乾隆）

（125）伉俪之戕十四（妻忤逆其姑　被夫勒死　○乾隆）

（126）伉俪之戕十五（剥衣锁拴　惩妻善逃　因冻致死　○乾隆）

（127）伉俪之戕十六（偷被宣露　恨妻不隐　刀砍致死　○嘉庆）

（128）伉俪之戕十七（未婚之妻　悔约坚拒　被夫砍死　○乾隆）

（129）伉俪之戕十八（行奸之妾　登时见捉　被夫殴死　○嘉庆）

（130）奸淫之殛一（奸夫遇奸夫　假作本夫　强令饮卤以死　○乾隆）

（131）奸淫之殛二（奸夫杀奸夫　商同本夫　赚以财物加功　○嘉庆）

（132）奸淫之殛三（奸妇私会　僻地密话　夫往而捉　刀戳致死　○乾隆）

（133）奸淫之殛四（淫妇悔过　拒绝奸夫　主使其弟　殴伤致死　○乾隆）

（134）奸淫之殛五（蓄意图奸　先杀本夫　其妻忍辱告仇　○乾隆）

（135）奸淫之殛六（先与和奸　乃杀本夫　其妻仗义告奸　○乾隆）

（136）奸淫之殛七（本夫登时捉奸　奸夫脱身逃走　淫妇投井　本夫自缢　○嘉庆）

（137）奸淫之殛八（姊妹与母同行　其姊猝遇拉奸　母妹投缳　其姊随缢　○嘉庆）

（138）奸淫之殛九（邻人与妻谈笑　乘昏枉杀他兄弟　○乾隆）

（139）奸淫之殛十（和奸被人窥破　仓猝误触死奸妇　○乾隆）

（140）奸淫之殛十一（仆婢未嫁　族人和奸　事露羞愧自死　○乾隆）

（141）奸淫之殛十二（淫尼纵奸　别人求奸　中夜发喊殴杀　○乾隆）

卷十二　"拟律差例"篇卷四

（142）奸淫之殃一（奸人之寡母　使其子羞忿　投井以死　○乾隆）

（143）奸淫之殃二（奸人之母女　致母女三命　投河以死　○嘉庆）

（144）奸淫之殃三（一夫媒奸　一夫图奸　杀伤其妇之家姑妇二人　○乾隆）

（145）奸淫之殃四（奸妇改嫁　奸夫被拒　遂杀新夫之党无故三命　○嘉庆）

（146）奸淫之殃五（本夫亲属来捉　奸被奸夫扎死　○乾隆）

（147）奸淫之殃六（男子拒鸡奸　扎伤淫男致死　○嘉庆）

（148）奸淫之殃七（男子拒鸡奸　扎伤淫男致死　○嘉庆）

（149）强暴之虐一（强奸未成　本夫殴强人致死　○嘉庆）

（150）强暴之虐二（强奸未成　其兄殴强人致死　○乾隆）

（151）强暴之虐三（强奸已成　哭诉其夫　即往砍杀　○乾隆）

（152）强暴之虐四（强奸未成　哭诉其子　即往殴杀　○嘉庆）

（153）强暴之虐五（纠党轮奸　不能拒御　毕竟该妇自死　○嘉庆）

（154）强暴之虐六（猝遇拉奸　用力挣脱　误伤幼孩致死　○乾隆）

（155）强暴之虐七（身以知县之弟　调戏良家之妇　使羞忿自缢○乾隆）

（156）强暴之虐八（夜觅私奸之婢　误摸洁妇之身　使羞忿自尽○乾隆）

（157）强暴之虐九（调奸未成　本妻以此污蔑　致羞忿自死　○乾隆）

（158）强暴之虐十（冒奸未成　他人以此嗤笑　致羞忿自死　○乾隆）

（159）强暴之虐十一（调奸不从　纠差吓逼　却引彼妻　受刀以死○乾隆）

（160）强暴之虐十二（调奸之诬　以报私嫌　诈援己妻　横殴以死○嘉庆）

（161）骗盗之害一（骗取人银两　使其人忿急自死　○嘉庆）

（162）骗盗之害二（骗取人牛只　使其人忿急自死　○乾隆）

（163）骗盗之害三（纠党抢牛　遂杀幼童二命　○嘉庆）

（164）骗盗之害四（捞塘偷鱼　因殴雇奴致死　○乾隆）

（165）骗盗之害五（借贷不遂　纠党共谋　杀一家三命　○乾隆）

（166）骗盗之害六（背友遗托　盗券夺屋　致二子自死　○乾隆）

（167）骗盗之害七（骗财过期　杀财主　又剥其衣　○乾隆）

（168）骗盗之害八（索债相斗　迎头势偶触其凶　○乾隆）

（169）骗盗之害九（盗贼被拿　纵其亲属　殴官差致死　○乾隆）

（170）骗盗之害十（佣雇谋财　并有赃仗　为官差所诬　○乾隆）

（171）骗盗之害十一（受盗赃不用　免与盗同诛　○乾隆）

（172）骗盗之害十二（索雇钱不遂　将主儿杀死　○嘉庆）

（173）多命之歼一（索债相斗　杀伤四家男妇二十余口　○乾隆）

（174）多命之歼二（盗水为疑　枉杀八家男妇三十五口　○嘉庆）

（175）多命之歼三（两家之斗　互相殴杀　此一彼二　○嘉庆）

（176）多命之歼四（流配之人　因奸砍杀　至三至四　○嘉庆）

（177）奴婢之擅一（雇奴上奸主妹　被主擅杀　○乾隆）

（178）奴婢之擅二（通奸族兄之婢　因殴致死　○嘉庆）

（179）奴婢之擅三（殴伤族兄之奴　因伤致死　○乾隆）

（180）师弟之核一（僧师通奸僧母　被僧砍死　○乾隆）

（181）师弟之核二（僧徒未受经教　殴师至死　○乾隆）

（182）师弟之核三（幼年暂学旋弃　既壮踢师致死　○雍正　下贱学戏与歌　不与百工同论　○乾隆）

（183）邪妄之诛一（采生折割　诱取幼童　煮炙致死　○乾隆）

（184）邪妄之诛二（身患麻疯　嘱取人胆　剖腹致死　○乾隆）

（185）私和之禁一（遭二弟相杀　其兄其妻匿告　○乾隆）

（186）私和之禁二（杀一家三命　保正甲长匿告　○乾隆）

（187）辜限之展一（金刃砍伤　死在百日之外　○乾隆）

（188）辜限之展二（铁器殴伤　不用刃伤之限　○乾隆）

五　"祥刑追议"篇

卷十三　"祥刑追议"篇卷一

"祥刑追议"篇序

（1）首从之别一（殴人既死　召人共殴　实因被打）

（2）首从之别二（殴者蓄怨　从者助力　实因被打）

（3）首从之别三（两人共殴　护强指弱　实因被打）

（4）首从之别四（两人共殴　护强指弱　实因折项）

（5）首从之别五（两人共殴　护强指弱　实因被踏）

卷十四　"祥刑追议"篇卷二

（6）首从之别六（两人共殴　一勒一踢　实因被踢）

（7）首从之别七（两人共殴　一椎一踢　实因被踢）

（8）首从之别八（两人共殴　一触一踢　实因被触）

（9）首从之别九（两人同犯　一奸一助　实因被刺）

（10）首从之别十（父子同犯　子救母难　实因被踢）

（11）首从之别十一（母子同犯　母锸子踢　实因被踢）

（12）首从之别十二（叔侄共犯　一死一释　实因被打）

（115）伉俪之戕三（屡执奸赃　先觉杀机　实因被刺）

（116）伉俪之戕四（确有奸证　偏信盲妪　实因被踢）

（117）伉俪之戕五（情移少艾　疑生匹布　实因被打）

（118）伉俪之戕六（情移少艾　衅起打儿　实因被踢）

（119）伉俪之戕七（怒奴移妻　阃扑泄忿　实因折项）

（120）伉俪之戕八（骂儿殴妻　庭讪挑忿　实因被踢）

（121）伉俪之戕九（既殴而毙　投渊诿溺　实因被踢）

（122）伉俪之戕十（既殴而毙　假缢图生　实因被打）

（123）伉俪之戕十一（兄逼妻死　弟受妻诬　实因服毒）

（124）伉俪之戕十二（男殴妇顺　妇死男逃　实因被打）

（125）奴主之际一（赎婢负愆　为兄执杖　实因被笞）

（126）奴主之际二（族奴争赌　对众投槃　实因被打）

（127）奴主之际三（以奴告主　成狱谋杀　实因被打）

卷二十六　“祥刑追议”篇卷十四

（128）盗贼之御一（拒捕拔刃　认盗杀良　实因被打）

（129）盗贼之御二（拒捕拔刃　以盗杀主　实因被刺）

（130）盗贼之御三（乘醉行凶　诈称认贼　实因被打）

（131）胞胎之伤一（殴人夫妇　孕妇捐命　实因被打）

（132）胞胎之伤二（殴人夫妇　孕妇捐命　实因被踢）

（133）胞胎之伤三（孕妇既殒　死孩乃产　实因被捣）

（134）胞胎之伤四（孕妇竟殒　匹嫡为祟　实因被打）

（135）胞胎之伤五（胞脱而死　殴踢为咎　实因被踢）

（136）殽胪之尸一（奸夫杀正　奸妇同死　实因刃毒）

（137）殽胪之尸二（其子杀人　其母先死　实因被踢）

卷二十七　“祥刑追议”篇卷十五

（138）经久之检一（腐朽之腹　履迹宛然　实因被踏）

（139）经久之检二（掩埋之骨　血晕显然　实因被打）

（140）经久之检三（埋既三月　痕余一处　实因被打）

（141）经久之检四（私和出殡　开棺行检　实因折项）

七　跋

申明掘检之法　教文跋

三　常用吏读疏解

吏读又称吏读、吏道、吏吐，是近代以前在朝鲜半岛广泛使用的一种文字形式，朝鲜半岛古代书面语通用汉文，但语言却为朝鲜语，吏读试图解决的正是文字与语言不一致的问题，从而借用汉字的音和训（义）来标记作为黏着语一种的朝鲜语，特别是语尾和助词等朝鲜语语法的一种书写方法。朝鲜半岛文字的表现形式共分为四种。第一种是纯汉文文言形式，其与我国古代的文言完全相同；第二种是汉文的吏读形式，其在表面看来虽全是汉文，但其中的许多部分我国人无法读懂，因为这些部分是借助汉字标识朝鲜语词尾等语法；第三种是汉文和谚文（朝鲜文字）并用的形式，即朝鲜语中的汉字词使用汉文，纯朝鲜语的单词和语法等内容使用谚文；第四种是纯谚文的形式，即将朝鲜语中的所有汉字词均替换为谚文的朝鲜语发音，相当于将汉语拼音替代汉字。从中可知，吏读是介于纯用汉文文言标记和夹杂谚文标记文字间的折中形式，即在表面上维持了文字的一致性，即只使用汉字一种文字，从而维护了朝鲜半岛"文物礼乐，比拟中华"的自尊，同时又充分考虑和包容了朝鲜半岛的语言和文字并不一致的现实。朝鲜半岛在长期应用吏读的过程中产生了一些自造的汉字，这些汉字仅在朝鲜专用，我国并不使用。吏读是朝鲜半岛的各类文字形式中最难于理解的一种，但吏读却又是朝鲜王朝的各类法律典籍和法律文书中所常常出现的一种文字形式，所以就要求专治朝鲜法制史的学者粗通吏读。以下对吏读的疏解主要参照韩国语言学家张志暎（1887—1976）博士所著，由其子在整理遗稿后，于先父去世一个月后出版的《吏读辞典》①，与此同时也参考了多种现代韩语语法专著、韩国出版的汉韩大辞典（即"玉篇"）及韩语语尾助词辞典等。

借用汉字标记朝鲜语时大体上只有两种形式：一种是借用汉字的音加以标记，另一种是借用汉字的义来标记。吏读所借用的汉字音多为我国中古时期的汉字发音，与现代汉语发音有所区别。吏读早在新罗时期就已产生，在朝鲜半岛的历史源远流长，笔者在此主要解读与朝鲜时期

---

① 　장지영 · 장세경, 1976,《이두사전》, 정음사.

相关的、特别是与法制资料有密切关联的各类吏读用法三十余例。

我们先来看借用汉字发音或部分发音来标记朝鲜语的常用类型。

1）吏读汉字"乙"，用来标记朝鲜语的宾格词尾"을（를）"，发音为"eul"①，出现在宾语之后，最主要的功能就是表示前面的单词是句子的宾语，包括直接宾语、间接宾语、转成宾语。此外，它还表示手段（或材料），行动的目的或内容，时间或数量等。

2）吏读汉字"矣"，用来标记朝鲜语的属格词尾"의"，发音为"ui"，用在体词之后，作定语而表示所属关系，与汉语"的"的意思大致相同；此外，汉字"矣"也用来标记朝鲜语的与格助词"에"，发音为"e"，用在非活动体名词之后，用来表示地点、场所、时间等。

3）吏读汉字"果"，用来标记朝鲜语的连格词尾"과（와））"，发音为"gwa"，相当于汉语的"和""与""同"等，表示并列的对象、共同行动的对象、相关的对象或比较的对象。

4）吏读汉字"亦"，用来标记朝鲜语的主格词尾"이（가）"，发音为"i"，出现在主语之后，最主要的功能就是表示前面的单词是句子的主语。

5）吏读汉字"所志"，用来标记朝鲜语单词"소지"，发音为"so-ji"，汉语"诉状"的意思。

6）吏读汉字"次"，用来标记朝鲜语单词"때""번""차례""즈음에"，汉语"时候""次""回"的意思。

7）吏读汉字"次知"，用来标记朝鲜语单词"차지"，发音为"cha-ji"，汉语"责任""责任人"的意思。

8）吏读汉字"行移"，用来标记朝鲜语单词"행이"，发音为"haeng-i"，表示官府间公文的移送。

9）吏读汉字"行状"，用来标记朝鲜语单词"행장"，发音为"haeng-jang"，表示旅行所用的证明文书、通关文牒等。

10）吏读汉字"行下"，用来标记朝鲜语单词"행하"，发音为"haeng-ha"，表示上级对下级的指示或命令，或表示上级赐予下级财物之

---

① 朝鲜语的拉丁字母注音主要依照韩国国立国语院提供的"国语罗马字标记法"，笔者根据我国习惯有所修正，下同。

事等。

11）吏读汉字"段"，用来标记古代朝鲜语"딴"，发音为"dan"，相当于现代朝鲜语的添意词尾"는（은）"，用于体词之后，主要表示强调、提示。包括着重指出需要加以陈述的对象，或是带有对比性的强调；在双重主语的句子中表示大主语等。

12）吏读汉字"昆"，用来标记古代朝鲜语"곤"，是吏读"去乎（거온）"的缩写，发音为"gon"，相当于现代朝鲜语中表原因的连接词尾"므로（으므로）""기에""니까（으）"，表示前面的内容是事情的原因，相当于汉语的"因为""由于"等。

13）吏读汉字"沙"，用来标记古代朝鲜语"사"，发音为"sa"，相当于现代朝鲜语表条件的连接词尾"야""아야（어야）""아야（어야）만"，其基本含义是强调前面的内容为"必须具备的条件"，相当于汉语的"必须（只有）……才能"。

14）吏读汉字"别音"，对应朝鲜语"별음""벼름"，发音为"byeol-eum"，源于朝鲜语单词"벼르다"，汉语"分配""分成几份"之意。

15）吏读汉字"叱"，该字的朝鲜语发音是"질"，后来仅取其收音"ㄹ（—l）"，用来作为朝鲜语的宾格词尾"을（를）"，见吏读汉字"乙"的注解。

16）吏读汉字"㫆"（或"弓尒"）①，其本字原为"彌（弥）"，至朝鲜初期已经简写为"弓尒"，后来又转写为"㫆"，用来标记朝鲜语中表并列的连接词尾"며（으며）"，发音为"myeo"，基本的含义是"并连"。吏读汉字"良"的用法有时与"㫆"相同，也表并连。

我们再来看借用汉字的义来标记朝鲜语的常用类型。

17）吏读汉字"向"，语义对应朝鲜语单词"안"，本意为"内""里"，语义延伸后用来表示"想法""心计"等。

18）吏读汉字"以"，用来标记朝鲜语造格词尾"로（으로）"，表示行动的手段、工具或材料，相当于汉语的"以""用"等；也表示资

---

① 㫆（弓尒）：两字均为朝鲜自造汉字，与我国写法不同。

格，相当于汉语的"作为""为"。另外还表示原因、限定的时间或次序、用作转成宾语、行动的方式等，并与许多辅助动词结合使用，其用法非常广泛。

19）吏读汉字"并以"，"并"字用来表示朝鲜语单词"아울러""아우르다"，"并且""同时""结合"之意，尾音"러"用"以"字训读，用法同上。

20）吏读汉字"乎"，模仿"乎"在汉语中的用法，用来标记朝鲜语各类语尾中的"온（on）"音，相当于现代朝鲜语词尾"은"；有时也用来标记词尾中与之相似的"올（ol）"音和"오（o）"音。

21）吏读汉字"色"，语义对应朝鲜语单词"빗"，意为官府中的一个部门；"빗리"，训读为"色吏"，类似于我国历史上的"胥吏"。

22）吏读汉字"衿"，语义对应朝鲜语单词"깃"，意为分割或分配之时每人所得的那一份。在分割遗产的文书常出现此字。

23）吏读汉字"叱"，语义对应古代朝鲜语单词"구즛다"，现代朝鲜语为"꾸짖다"，"叱责"之意，仅取其尾音"ㅅ"，用来标记朝鲜语辅音"ㅅ（s/x）"，其中在标记朝鲜语收音"ㅅ（d/t）"时极为常用。

24）吏读汉字"卧"，语义对应朝鲜语单词"눕다"，"躺""卧"之意，吏读时仅取"눕다"的部分发音"누"，用来标记朝鲜语词尾中"누（nu）"的发音。

25）吏读汉字"可"，语义对应古代朝鲜语单词"하얌즉하다"，吏读时仅取其部分发音"즉"，用来标记朝鲜语词尾中"즉"的发音。

26）吏读汉字"良"，语义对应朝鲜语单词"어질다"，"纯良""善良"之意，吏读时仅取"어질다"的部分发音"어"，用来标记朝鲜语词尾中"어（eo）"的发音。延伸后也用来标记词尾中与之相似的"여（yeo）"音、"아（a）"音和"야（ya）"音，在副词中常出现。

27）吏读汉字"卜"，语义对应朝鲜语单词"점"（汉字词"占"），"占卜"之意，用来标记语尾中与"점（jeom）"发音相似的"짐（jim）""진（jin）""지（ji）"等音。"卜"也用来表示朝鲜土地的计量单位。

在吏读时，有时也用两个以上汉字合成一个朝鲜语的音节，合音时，首个吏读汉字用其全音，第二个汉字用其部分音素。

28）吏读汉字"库叱"，对应朝鲜语单词"곳"，"地方""处所"之意，汉字"库"的朝鲜语发音为"고（go）"，"叱"对应朝鲜语收音"ㅅ（d/t）"，其具体演化同上，二者合成音即为单词"곳（got）"。后来将"库叱"合成为朝鲜的自造汉字"廛"，从而为朝鲜语单词"곳"量身定做，使之完全有了与之对应的汉字。从而使"廛"字的音义合一，均为"곳（got）"。

29）吏读汉字"去乎"，"去"字的朝鲜语发音是"거（geo）"，"乎"字训读为"온"，其具体演化同上，"去乎"即对应古代朝鲜语的连接词尾"거온"。其缩写为"곤（gon）"时与"昆"字的用法相同，相当于现代朝鲜语中表原因的连接词尾"므로（으므로）""니까（으니까）"等，表示前面的内容是事情的原因，相当于汉语的"因为""由于"等。此外"去乎"也用来标记现代朝鲜语中表方式的连接词尾"고서""고는"，表先后，相当于汉语"……了以后"，或表示带着前一个行动形成的样态去进行后一个行动。

30）吏读汉字"加隐"，"加"字的语义对应朝鲜语单词"더"，"隐"字则取其尾音"ㄴ（n）"，二字合成为朝鲜语中动词和形容词的规定词尾"던"。词尾"던"表示过去持续，即直到某项动作发生前为止还在进行着另一动作，或曾有过某种状况但现在已有所改变，带有中途转折的意思，类似汉语中的"曾经""本来"。

另外，尾音的添记也是朝鲜语吏读的重要方法，可视为音读与训读结合的方法。

31）吏读汉字"题音"，对应朝鲜语单词"제김"，意为官员在诉状上所题写的意见，源于朝鲜语动词"제기다"，官员在诉状或请愿书上题写（处理意见或简易判决）之意，其名词则为"제김（je-gim）"，取其义而训读为"题"字，而后取单词中"m"的尾音而音读为"音"字，单词的音和训融合为"题音"二字。

32）吏读汉字"侉音"：对应朝鲜语单词朝鲜语"다짐"，意为当事人的供词或呈堂证供，源于朝鲜语动词"다지다"，"下决心""保证""拿定（主意）"之意，其名词则为"다짐（da-jim）"，朝鲜取"考"字

之义而自造了专门指称供词的汉字"侤"①，而后取单词中"m"的尾音而音读为"音"字，单词的音和训融合为"侤音"二字。

当然，还有许多无法明确解释其来源的在吏读汉字，这些用法在朝鲜半岛漫长的吏读史中形成并广泛加以使用。

33）吏读汉字"遣"，该汉字的朝鲜语发音为"견（gyeon）"但却吏读为"고（go）"，用来标记朝鲜语中表并列的连接词尾"고"，其基本含义是"平列"（平行列出），有时也表示两个以上的动作是先后进行，或者前者为后者的方式、状态或原因等。

34）吏读汉字"矣"，其除了用于表示朝鲜语的属格词尾"의"以外，还吏读为"되（doe）"，这与该字的朝鲜语发音"의（ui）"相去甚远。吏读为"되"时用来标记朝鲜语中表对立的连接词尾"되"，其基本作用是提出引子以引出对立的内容，带有轻微的转折，或提出引子以便后文作进一步的说明。

35）吏读汉字"教"，用来标记朝鲜语的尊称词尾"이시"（"이신""이샨"）。用于体词之后，用来表示对该人的尊敬；或用于谓词词干或体词的谓词形之后，用来表示说话之人对该动作发出者或该状态的保有者的尊敬。笔者推测这一用法可能源于对"教"字中"教导"之意的延伸，即"受教于尊者"可能是其本意。

36）吏读汉字"白"，用来标记古代朝鲜语中的尊称词尾"삽"或"옵"，用于谓词词干或体词的谓词形之后，用来表示说话之人对该动作发出者或该状态的保有者的尊敬。

---

① 侤：该字朝鲜语发音为"go"，而我国却将这一朝鲜专用汉字依照"다짐（da-jim）"的首音发音为"ta"。

四　常用吏读释义

以下是常用吏读用语所对应的现代朝鲜语语意，包括了朝鲜语中常见的语尾和助词。

教是乎旀　이옵시며, 하옵시며
同　위의, 같이, 같은
旀　며
並以　아울러
並只　모두, 같이, 아울러
分叱　뿐
分叱不喻　뿐 아닌지
分叱除良　뿐더러
是去等　이거든
是去乙　이거늘
是遣　이고
是乃　이나
是良置　이라도
是旀　이며
是白加尼　이옵더니
是白加喻　이옵든지
是白去等　이옵거든, 이옵는데
是白去乙　이옵거늘
是白遣　이옵고
是白良置　이옵셔도
是白如可　이옵다가
是白如乎　이옵다는, 이옵다고 하므로
是白为白乎所　이라 하옵는바
是白喻　이옵지, 이올지

是白在果　　이옵거니와

是白在如中　　이옵건대, 이옵는 때에

是白齐　　입니다, 이어라

是白置　　이옵니다, 이옵기도

是白乎　　이온, 이온바

是白乎乃　　이사오나

是白乎等以　　이온들로

是白乎旀　　이며, 이오며

是白乎所　　이옵는바

是白乎喻　　이온지

是白乎乙喻　　이올지

是白乎矣　　이되, 이오되

是白乎則　　이온즉

是如　　이라고

是如可　　이다가

是如是遣　　이라는 것이고

是如是白遣　　이라 하옵고

是如是置　　이라는 것이다

是如是乎等以　　이라 하오므로

是如是乎所　　이라 하온바

是如是乎矣　　이라 하오되

是如为旀　　이라 하며

是如为白遣　　이라 하옵고

是如为白卧乎所　　이라 하옵는바

是如为白置　　이라 하옵니다

是如为白乎旀　　이라 하옵시며

是如为白乎所　　이라 하옵신바

是如为白乎矣　이라 하옵시되

是如为是置　이라 합니다, 이라 하더니

是如为卧乎所　이라 하는바

是如为有在果　이라 하였거니와

是如为有置　이라 하였다

是如为置　이라 하다, 이라 하여도

是如为乎乃　이라 하오나

是如为乎旀　이라 하오며

是如为乎所　이라 하온바

是如为乎矣　이라 하오되

是如乙仍于　이라고 함을 말미암아

是如乎　이라 하는, 이라 하므로

是喻　인지

是隐乃　이나

是隐喻　인지

是乙喻　일지

是在　인

是在果　인 것과, 이거니와

是在如中　인 때에, 인 터에, 이건대

是置　이다, 이어도

是置有亦　이라고 하였기에

是乎　인, 이니

是乎加尼　이더니, 이옵더니

是乎遣　이고, 이시고

是乎乃　이나, 이오나

是乎等用良　이옴으로써

是乎等以　이오므로

是乎旀　이며, 이오며

是乎所　이온바

是乎喻　이온지

是乎乙　이올

是乎乙遣　이고, 이옵고

是乎乙喻　이올지

是乎矣　이되, 이오되

是乎则　인즉, 이온즉

良　에, —아 (—여, —어)

良中　에

亦教是如乎　라고 하시더니, 라고 하시는

亦为有等以　라고 하였으므로

亦为有如乎　라고 하였다는

为去乎　하므로, 하니, 한, 하곤

为等如　함께, 모두, 같이

为良如教　하여라 하신

为旀　하며

为白去乎　하오므로, 하오니

为白遣　하시므로, 하시니

为白如乎　하신다는, 하신다고 하므로

为白齐　한다, 하거라

为白只为　하도록…, 하기 위하여…

为白乎旀　하오며

为白乎喻　하온지

为有等以　하였으므로, 한 것으로

为有如乎　하였다는, 하였다 하므로

为有矣　하였으되

为只为　하도록…

为在果　하거니와

为乎旀　하며, 하오며

为乎矣　하되, 하오되

乙　을 (를)

乙良　을랑

乙仍于　을 말미암아

矣　저

矣身　의몸, 저몸

而渠等　이거든, 인데

而事　할 일

耳亦　뿐

除良　덜어, 하지 말고

向事　할 일, 한 일

五　朝鲜王朝各类法律典籍编撰历程

年度	典（典录）	刑（刑狱）	礼（礼仪）	其他	备注
太祖三年（1394）	《朝鲜经国典》				笔写
太祖四年（1395）		《大明律直解》			刊行
				《经济文鉴》	笔写
太祖六年（1397）	《经济六典》（1 次）				刊行
太宗十二年（1412）	《经济六典元集详节》（1 次）				刊行
	《经济六典续录详节》（1 次）				刊行
太宗十五年（1415）	《元六典》（3 次）				刊行
	《续六典》（2 次）				刊行
世宗四年（1422）	《续六典》（3 次）				刊行
	《誊录》（1 次）				刊行
世宗十一年（1429）	《元六典》（4 次）				刊行
	《续六典》（4 次）				刊行
世宗十五年（1433）	《续六典》（5 次）				刊行
	《誊录》（2 次）				刊行
世宗十七年（1435）	《续六典》（6 次）				刊行
世宗二十年（1438）		《新注无冤录》			刊行
端宗二年（1454）			《世宗实录五礼仪》		刊行
世祖二年（1456）	《经国大典》（1 次）				笔写
睿宗元年（1469）	《经国大典》（2 次）				笔写
成宗五年（1474）	《经国大典》（3 次）				笔写
	《大典续录》（1 次）				笔写
			《国朝五礼仪》		刊行
成宗十六年（1485）	《经国大典》（4 次）				刊行

续表

年度	典（典录）	刑（刑狱）	礼（礼仪）	其他	备注
成宗二十三年（1492）	《大典续录》（2 次）				刊行
中宗九年（1514）	《大典后续录》（1 次）				笔写
中宗三十八年（1543）	《大典后续录》（2 次）				刊行
明宗十年（1555）	《经国大典注解》				刊行
宣祖四年（1571）	《各司受教》				笔写
宣祖十八年（1585）				《词讼类聚》	刊行
仁祖十四年（1636）	《各司受教追录》				笔写
孝宗即位年（1649）				《决讼类聚》	刊行
肃宗二十四年（1698）	《受教辑录》				刊行
肃宗三十二年（1706）	《典律通考》				刊行
肃宗四十六年（1720）				《通文馆志》（1 次）	刊行
英祖十九年（1743）	《新补受教辑录》				笔写
英祖年间（？）	《增补典录通考》				笔写
				《东国搤录》	笔写
英祖二十年（1744）			《春官志》		笔写
			《国朝续五礼仪》		刊行
英祖二十二年（1746）	《续大典》				刊行

续表

年度	典（典录）	刑（刑狱）	礼（礼仪）	其他	备注
英祖二十七年（1751）			《国朝续五礼仪补》		刊行
	《续大典补》（1次）				笔写
英祖二十八年（1752）			《国朝丧礼补编》（1次）		笔写
英祖三十二年（1756）	《续大典补》（2次）				刊行
英祖三十三年（1757）			《国朝丧礼补编》（2次）		刊行
正祖即位年（1776）				《谷簿合录》	笔写
正祖二年（1778）		《钦恤典则》			刊行
				《通文馆志》（2次）	刊行
正祖五年（1781）		《秋官志》			笔写
正祖八年（1784）				《奎章阁志》	刊行
				《弘文馆志》	刊行
正祖九年（1785）	《大典通编》			《太学志》	
正祖十一年（1787）	《典律通补》				笔写
正祖十二年（1788）			《春官通考》		刊行
				《度支志》	笔写
正祖二十年（1796）		《增修无冤录》			刊行
		《增修无冤录谚解》			刊行
正祖二十一年（1797）				《谷总便考》	笔写

续表

年度	典（典录）	刑（刑狱）	礼（礼仪）	其他	备注
正祖二十三年（1799）		《审理录》			笔写
纯祖八年（1808）				《万机要览》	笔写
纯祖十年（1810）			《国朝五礼通编》		笔写
纯祖二十二年（1822）				《钦钦新书》	刊行
宪宗年间（？）				《银台便考》	笔写
哲宗年间（？）				《银台便考》	笔写
高宗二年（1865）	《大典会通》				刊行
				《两铨便考》	刊行
高宗四年（1867）				《六典条例》	刊行
高宗七年（1870）				《银台条例》	刊行
高宗二十五年（1888）				《通文馆志》（3 次）	刊行

注：本表译自金伯哲研究员专著《荡平时代法治主义遗产》中的"附表 1"①，有所改动。

---

① 김백철, 2016, 《 탕평시대 법치주의 유산： 조선후기 국법체계 재구축사 》, 경인문화사, 324 면, 부표 1。

参考文献

原始资料

经书·经典类

中国：《诗经》《尚书》《礼记》《易经》《春秋》《春秋左氏传》《春秋公羊传》《论语》《孟子》《庄子》《韩非子》《周礼》《孝经》《白虎通义》《十三经注疏》《朱子语类》《五经大全》

朝鲜：《尚书古训》《大学公议》《中庸自箴》《论语古今注》《孟子要义》

史书·类书类

中国：《史记》《后汉书》《三国志》《魏书》《晋书》《南史》（北史）《宋书》《旧唐书》《新唐书》《通典》《资治通鉴》《宋史》《宋稗类钞》《涑水纪闻》《东都事略》《文献通考》《元史》《明史》

朝鲜：《高丽史》《国朝宝鉴》《朝鲜王朝实录》《日省录》《承政院日记》《备边司謄录》《弘斋全书》《内阁日历》《增补文献备考》《搢绅外任案》

法典·条例类

中国：《二年律令》《唐律疏议》《宋刑统》《至正条格》《吏学指南》《大明令》《大明律》《大明律集解附例》《大明律例附解·附录》《大清律辑注》《大清律例》

朝鲜：《大明律直解》《经济六典》《经国大典》《大典续录》《大典后续录》《经国大典注解（前集）》《经国大典注解（后集）》《各司受教》《受教辑录》《新补受教辑录》《续大典》《大典通编》《典录通考》

《典律通补》《钦恤典则》《刑典事目》《受教定例》《大典会通》《六典条例》

官箴·牧民类

中国：《大学衍义补》《资治新书》《居官寡过录》

朝鲜：《御定大学类义》《临官政要》《经世遗表》《牧民心书》《治君要诀》《牧纲》

判例·公案类

中国：《疑狱集》《折狱龟鉴》《资治新书·判语部》《廉明公案》《成案所见集》《新增成案所见集》《刑案汇览》《驳案汇编》《刑部比照加减成案》《折狱龟鉴补》

朝鲜：《钦钦新书》《秋官志》《审理录》《推案与鞫案》《民状置簿册》《私案》《钦刑典书》《明清录》《检案》《钦典》《钦书要概》《钦书掇英》《钦书驳论》《剪跋撮要》《审要》

医药·检验类

中国：《洗冤集录》《平冤录》《无冤录》《律例馆校正洗冤录》《洗冤汇编》《洗冤录集证》《洗冤录全纂》《洗冤外编》《洗冤录汇校》《重刊洗冤录汇纂补辑》《洗冤录详义》《名医类案》《续名医类案》《本草新编》

朝鲜：《新注无冤录》《增修无冤录》《增修无冤录大全》《增修无冤录谚解》《检考》

文集·杂纂类

中国：《搜神记》《世说新语》《朝野佥载》《燕翼诒谋录》《玉堂闲话》《梦溪笔谈》《鸡肋集》《尧山堂外纪》《春渚纪闻》《朱子文集》《唐宋八大家文钞》《前闻记》《元明事类钞》《夜航船》《智囊全集》《喻世明言》《型世言》《寄簃文存》

朝鲜：《与犹堂集》《与犹堂全书》《茶山诗文集》《药泉集》《寄斋杂记》《思斋摭言》《息庵遗稿》《松窝杂记》《西山丛话》《石潭日记》《栗谷全书》《燃藜室记述》《东阁杂记》《西溪集》《星湖僿说》《星

湖先生全集》《雅亭遗稿》《青庄馆全书》《阙余散笔》《台山集》《研
经斋全集》《完营日录》《俟菴先生年谱》

整理与研究资料
中国资料

［韩］白敏祯：《丁若镛哲学思想研究》，苏州大学出版社 2013 年版。

［美］苏成捷（Matthew H. Sommer）撰，李霞译：《作为生存策略的清代
  一妻多夫现象》（*Making Sex Work：Polyandry as a Survival Strategy in
  Qing Dynasty China*），黄东兰主编：《身体·心性·权力》，浙江人民出
  版社 2005 年版。

［日］夫马进：《讼师秘本〈萧曹遗笔〉的出现》，［日］寺田浩明主编，
  郑民钦译：《中国法制史考证·丙编第四卷（日本学者考证中国法制史
  重要成果选译·明清卷)》，中国社会科学出版社 2003 年版。

单光亮：《余象斗小说创作研究》，暨南大学，硕士学位论文，2006 年。

董笑寒：《清代男性之间的同性关系研究》，《近代史研究》2019 年第
  3 期。

方海：《〈折狱龟鉴补〉探析》，湘潭大学，硕士学位论文，2014 年。

方浩范：《茶山丁若镛经学哲学思想》，《周易研究》2014 年第 5 期。

高明士：《〈尚书〉的刑制规范及其影响——中华法系基础法理的祖型》，
  《荆楚法学》2021 年第 2 期。

耿松：《〈大学衍义补〉研究》，华东师范大学，硕士学位论文，2007 年。

顾希佳：《中国古代民间故事类型》，浙江大学出版社 2014 年版。

郭晓飞：《中国法视野下的同性恋》，知识产权出版社 2007 年版。

郝文轩：《〈折狱龟鉴〉和〈棠阴比事〉比较研究》，东北师范大学，硕
  士学位论文，2016 年。

何勤华：《中国法学史》（第二卷），法律出版社 2000 年版。

怀效锋：《大明律（点校本)》，法律出版社 1999 年版。

景风华：《经典之争：丧服制度与法律秩序——以汉唐之际的母杀父案为
  例》，《社会》2016 年第 2 期。

瞿同祖：《清代地方政府》，范忠信、晏锋译，法律出版社 2003 年版。

瞿同祖：《中国法律与中国社会》，中华书局 1981 年版。

李宝忠：《我国古代正当防卫制度分析》，《法制与社会》2007 年第 6 期。

李晓明：《明初〈五经大全〉传注取材新探：兼论纂修群体构成》，《安徽师范大学学报》（人文社会科学版）2019 年第 47 卷第 3 期。

李渔：《李渔全集》卷 16（《资治新书初集》），浙江古籍出版社 2010 年版。

李渔：《李渔全集》卷 17（《资治新书二集》），浙江古籍出版社 2010 年版。

连宏：《两汉魏晋弃市刑考辨》，《兰州学刊》2012 年第 9 期。

林语堂：《人生的盛宴》，湖南文艺出版社 1988 年版。

茆巍：《清代洗冤用书及技术发展研究之补阙》，《证据科学》2017 年第 25 卷。

全世潮等纂，何勤华等点校：《驳案汇编》，法律出版社 2009 年版。

苏力：《法律与文学：以中国传统戏剧为材料》，生活·读书·新知三联书店 2006 年版。

佟欣：《李渔同性恋作品研究》，辽宁大学，硕士学位论文，2013 年。

王宏治：《唐代张瑝张琇复仇杀人案》，《中国审判》2014 年第 6 期。

王跃生：《清代中期婚姻冲突透析》，社会科学文献出版社 2003 年版。

吴海航：《论元代判例的生成及其运用》，《法治研究》2014 年第 5 期。

徐忠明、杜金：《清代司法官员知识结构的考察》，《华东政法学院学报》2006 第 48 期。

许槤、熊莪纂，何勤华等点校：《刑部比照加减成案》，法律出版社 2009 年版。

严辉：《清代法医学文献整理研究》，贵阳中医学院，硕士学位论文，2008 年。

杨鸿烈：《中国法律在东亚诸国之影响》，商务印书馆 1937 年版。

杨天宇撰：《（十三经译注）周礼译注》，上海古籍出版社 2004 年版。

杨晓辉：《清朝中期妇女犯罪问题研究》，中国政法大学，博士学位论文，2008 年。

尤陈俊：《中国法系研究中的〈大明道之言〉——从学术史角度品读杨鸿烈的中国法律史研究三部曲》，《中国法律评论》2014 年第 9 期。

俞华：《五代墓志研究》，南京师范大学，硕士学位论文，2018 年。

喻豪：《〈大明律〉之共同犯罪研究》，安徽大学，硕士学位论文，
　　2020 年。

张宏杰：《中国国民性演变历程》，湖南人民出版社 2013 年版。

张晋藩、总主编：《中国法制通史 第八卷：清》，法律出版社 1999 年版。

张玮：《略论〈刑案汇览〉的史料价值》，《图书馆学刊》2009 年第
　　10 期。

张锡藩，《重刊洗冤录汇纂补辑》，张松、张群、段向坤：《洗冤录汇校》
　　（下），杨一凡主编：《历代珍稀司法文献》（第 10 册），社会科学文献
　　出版社 2012 年版。

智逸飞：《论义愤杀人的法律认定与法定话构建》，《湖南警察学院学报》
　　2020 年第 6 期。

祝庆琪：《刑案汇览三编》，北京古籍出版社 2004 年版。

　　日本与朝鲜日据时期资料

淺見倫太郎，1922，《朝鮮法制史稿》，岩松堂書店

朝鮮總督府，1935，《大典續錄·大典後續錄·經國大典註解》

朝鮮總督府，1935，《續大典》

麻生武龜，1936，《李朝法典考》，朝鮮總督府中樞院

中橋政吉，1936，《朝鮮舊時の刑政》，朝鮮總督府

朝鮮總督府，1938，《經國大典》

朝鮮總督府，1939，《校注大典會通》

朝鮮總督府，1943，《各司受教·受教輯錄·新補受教輯錄》

宮崎市定，1968，“《欽欽新書》解題”，《朝鮮學報》47（天理大學）

　　韩国资料

강정훈，2008，《정약용의 형정사상 연구：〈흠흠신서〉에 대한 윤리문
　　화적 이해를 중심으로》，동국대학교 박사학위논문

강혜종，2009，《〈흠흠신서〉의 구성과 서술방식 연구》，연세대학교 석
　　사학위논문

고숙희, 2016, "《無冤錄》과 《欽欽新書》에 나타난 중국과 조선의 법의학 세계", 《중국문화연구》 31

고숙희, 2017, "18 세기 한중사회의 일상과 범죄: 《녹주공안 (鹿洲公案)》과 《흠흠신서》를 중심으로", 《중국문학연구》 69

권연웅, 1996, "《흠흠신서》 연구 1: '경사요의' 의 분석", 《경북사학》 19, 151—191 면

김경숙, 2002, 《조선후기 산송과 사회갈등 연구》, 서울대학교 대학원 박사학위논문

김경숙, 2004, "조선시대 유배길", 《역사비평》 67, 262—282 면

김경숙, 2012, 《조선의 묘지 소송: 산송, 옛사람들의 시시비비》, 문학동네

김백철, 2007, "조선후기 숙종대 《수교집록》 편찬과 그 성격", 《동방학지》 140, 131—194 면

김백철, 2007, "조선후기 영조대 《속대전》 위상의 재검토", 《역사학보》 194, 75—126 면

김백철, 2008, "조선후기 숙종대 국법체계와 《전록통고》의 편찬", 《규장각》 32, 63—107 면

김백철, 2008, "조선후기 정조대 법제정비와 《대전통편》 체제의 구현", 《대동문화연구》 64, 337—382 면

김백철, 2008, "조선후기 영조대 법전정비와 《속대전》의 편찬", 《역사와 현실》 68, 189—236 면

김백철, 2016, 《법치국가 조선의 탄생: 조선 전기 국법체계 형성사》, 이학사

김백철, 2016, 《탕평시대 법치주의 유산: 조선후기 국법체계 재구축사》, 경인문화사

김선경, 2000, "조선 후기 여성의 성, 감시와 처벌", 《역사연구》 8, 57—100 면

김운태, 1983, 《조선왕조행정사 (근세편)》, 박영사

김은기 조현빈, 2016, "수사실무 및 법과학 지침서로서 《흠흠신서 (欽欽新書)》의 재해석", 《한국콘텐츠학회논문지》 16—5, 588 면

김호, 1998, "규장각 소장 '검안' 의 기초적 검토", 《조선시대사학보》 4, 155—229 면

김호, 2001, "100 년 전 살인사건, 검안을 통해 본 사회사", 《역사비평》 56, 272—350 면

김호, 2010, "《흠흠신서》 의 일고찰: 다산의 과오살 해석을 중심으로", 《조선시대사학보》 54

김호, 2012, "조선 후기 강상의 강조와 다산 정약용의 정·리·법", 《다산학》 20, 7—39 면

김호, 2012, "의살 (義殺) 의 조건과 한계 —다산의 《흠흠신서》를 중심으로", 《역사와 현실》 84, 331—362 면

김호, 2013, "조선후기 '인간위핍률 (因姦威逼律)' 의 이해와 다산 정약용의 비판", 《진단학보》 117, 119—145 면

김호, 2015, "조선후기의 '도뢰 (圖賴)' 와 다산 정약용의 비판", 《한국학연구》 37, 447—477 면

민족문화추진회 편, 1998—2007, 《심리록 1—6》, 민족문화추진회

박병호, 1974, 《한국법제사고》, 법문사

박병호, 1996, 《가족법논집》, 진원

박병호, 1996, 《근세의 법과 법사상》, 진원

박병호, 2006, 《전통적 법체계와 법의식》, 서울대학교출판부

박병호, 2012, 《한국법제사》, 민속원

박상기, 2016, 《형법학》, 집현재

박석무, 1971, 《다산 정약용의 법사상》, 전남대학교 석사학위논문

박소현, 2011, "법률 속의 이야기, 이야기 속의 법률: 《흠흠신서》 와 중국 판례", 《대동문화연구》 77, 413—450 면

박소현, 2011, "진실의 수사학: 《흠흠신서》 와 공안소설 (公案小說) 의 관계를 중심으로", 《중국문학》 69, 107—132 면

박소현, 2013, "18 세기 동아시아의 성 정치학: 《흠흠신서》 의 배우자 살해사건을 중심으로", 《대동문화연구》 82, 301—334 면

박소현, 2014, "팥배나무 아래의 재판관 —《당음비사》를 통해 본 유교적 정의", 《중국문학》 80

백민정, 2014, "정약용의 형법사상에 반영된 德과 禮治의 문제의식: 《欽欽新書》연구사의 분석 및 문제제기", 《한국실학연구》 28, 269—325면

백민정, 2016, "《흠흠신서》의 여성 관련 범죄 분석을 통해 본 정약용의 여성 인식과 시대적 의미", 《동방학지》 173, 161—200면

백민정, 2017, "《흠흠신서》에 반영된 다산의 유교적 재판 원칙과 규범: '경사요의'의 법리 해석 근거와 의미 재검토", 《대동문화연구》 99, 375—417면

서정민, 2012, "《흠흠신서》의 도뢰사례 고찰", 《다산학》20, 113—159면

석봉구, 2013, 《〈欽欽新書〉에 나타난 조선시대 科學搜査에 관한 연구》, 동아대학교 석사학위논문

손인희, 2015, 《조선후기 살인죄의 주범과 종범 결정과정》, 순천대학교 석사학위논문

심희기, 1997, 《한국법제사강의》, 삼영사

심희기, 2012, "조선시대 지배층의 재판규범과 관습: 흠흠신서와 목민심서를 소재로 한 검증", 《법조》 61—2, 5—36면

심희기, 2012, "동아시아 전통사회의 관습법 개념에 대한 비판적 검토", 《법사학연구》 46, 205—246면

심재우, 2003, "조선후기 형벌제도의 변화와 국가권력", 《국사관논총》 102, 101—118면

심재우, 2005, 《〈심리록〉연구: 정조대 사형범죄 처벌과 사회통제의 변화》, 서울대학교 대학원 박사학위논문

심재우, 2007, "조선말기 형사법 체계와 《대명률》의 위상", 《역사와 현실》 65, 121—153면

심재우, 2009, 《조선후기 국가권력과 범죄 통제: 〈심리록〉 연구》, 태학사

심재우, 2010, "영조대 정치범 처벌을 통해 본 법과 정치: 을해옥사를 중심으로", 《정신문화연구》 121, 41—68면

심재우, 2010, "역사 속의 박문수와 암행어사로의 형상화", 《역사와

실학》 41, 5—36 면

심재우, 2011,《네 죄를 고하여라: 법률과 형벌로 읽는 조선》, 산처럼

심재우, 2011, "조선시대 연좌제의 실상:《연좌안》 분석을 중심으로",《한국문화》55, 87—113 면

심재우, 2011, "조선시대 능지처사형 집행의 실상과 그 특징",《사회와 역사》90, 147—174 면

심재우, 2012, "조선 후기 판례집•사례집의 유형과《흠흠신서》의 자료 가치",《다산학》 20 , 41—76 면

심재우, 2013, "조선시대의 법과 여성의 몸",《역사화 실학》51, 147—179 면

심재우, 2015, "《심리록》과 조선시대 판례 읽기",《장서각》 34

심재우, 2016, "조선의 유배형과 다산 정약용",《다산과 현대》9, 357—369 면

심재우, 2018,《백성의 무게를 견뎌라: 법학자 정약용의 삶과 흠흠신서 읽기》, 산처럼

심재우, 2019, "정약용의《흠흠신서》 편찬 과정에 대한 재검토",《한국사연구》186

심재우, 2019, "《흠흠신서》 연구의 현황과 관련 필사본의 유형",《다산과 현대》12, 17—40 면

심희기, 1985, "《흠흠신서》의 법학사적 해부",《사회과학연구》 5—2, 31—62 면

안길정, 2000,《관아 이야기》상권•하권, 사계절

오갑균, 1995,《조선시대사법제도연구》, 삼영사

왕여 저, 최치운 외 주석, 김호 역, 2003,《신주무원록: 억울함을 없게 하라》, 사계절

윤사순, 1986, "다산의 생애와 사상",《철학》25, 3—17 면

임재표, 2001,《조선시대 인본주의 형사제도에 관한 연구》, 단국대학교 대학원 박사학위논문

유재복, 1990,《〈欽欽新書〉의 書誌的 研究》, 연세대학교 석사학위논

문

유재복, 1991, "《欽欽新書》의 編纂과 그 異本의 比較", 《서지학연구》 7, 181—214 면

윤재현, 2000, 《茶山의 儒敎的 自然法: 〈欽欽新書〉를 중심으로》, 성균관대학교 석사학위논문

장병인, 2001, "조선시대 성범죄에 대한 국가규제의 변화", 《역사비평》 56, 228—250 면

장병인, 2003, "조선 중·후기 간통에 대한 규제의 강화", 《한국사연구》 121, 83—116 면

장지영·장세경, 1976, 《이두사전》, 정음사

전광수, 2009, 《다산 법사상의 윤리적 성격에 관한 연구》, 부산대학교 박사학위논문

전봉덕, 1968, 《한국법제사연구》, 서울대학교 출판부

정긍식, 2009, "조선전기 중국법서의 수용과 활용", 《서울대학교 법학》 50—4, 35—80 면

정긍식 田中俊光 김영석, 2009, 《역주 〈경국대전주해〉》, 한국법제연구원

정약용 저, 홍혁기 이명진 역, 1985—1987, 《欽欽新書 1—3》, 법제처

정약용 저, 박석무·정해렴 교주, 1999a, 《欽欽新書·원문》, 현대실학사

정약용 저, 박석무·정해렴 역주, 1999b, 《역주 欽欽新書 1—3》, 현대실학사

정약용 저, 다산학술문화재단 편, 2012, 《정본 여유당전서》, 사암

정약용 지음, 다산학술문화재단 《흠흠신서》 연구회 옮김, 2017, 《역주 〈흠흠신서〉 '전발무사' 편》, 시암

정약용 저, 박석무·이강욱 역주, 2019, 《역주 흠흠신서 1—4》, 한국인문고전연구소

정주환, 2012, "다산 정약용의 법사상", 《법학논총》 36—2, 35—49 면

조균석, "《흠흠신서》에 수록된 조선시대 과실살 사례의 고찰", 《다

산학》 20，77—111 면

조극선，2012，《인재일록》 정서본 1，한국학중앙연구원 장서각

조지만，2007，《조선시대의 형사법:〈대명률〉과 국전》，경인문화사

진희권，2012，"정다산 법사상의 현대적 의의:《흠흠신서》를 중심으로"，《한국학논집》47，91—125 면

최영철，2011，"《欽欽新書》의 刑事法的 意味에 대한 一研究"，동아대학교 석사학위논문

최재천·한영우·김호 외 저，2003，《살인의 진화심리학: 조선 후기의 가족 살해와 배우자 살해》，서울: 서울대학교출판부

최종고，1989，《한국 법사상사》，서울대학교 출판부

최종고，1990，《한국 법학사》，박영사

최종고，2008，《한국의 법학자》，서울대학교 출판부

펠릭스 클레르 리델 저，유소연 역，2008，《나의 서울 감옥 생활 1878: 프랑스 선교사 리델의 19 세기 조선 체험기》，살림출판사

韓國學中央研究院 編，2007，《至正條格》(校注本·影印本)，휴머니스트

한상권，1996，《조선후기 사회와 소원제도: 상언·격쟁연구》，일조각

한상권，1992，"18 세기 前半 明火賊 활동과 정부의 대응책"，《한국문화》13，501—505 면